CHRSTOPH JAHR · UWE MAI · KATHRIN ROLLER
(Hrsg.)

Feindbilder
in der deutschen Geschichte

Reihe
DOKUMENTE, TEXTE, MATERIALIEN
Veröffentlicht vom Zentrum für Antisemitismusforschung der Technischen Universität Berlin
Band 10

Die Serie ist Themen der deutsch-jüdischen Geschichte, der Antisemitismus- und Holocaustforschung gewidmet; sie dient der Veröffentlichung von Texten aller wissenschaftlich-literarischen Gattungen: Quellen von der Autobiographie, dem Tagebuch, dem subjektiven Bericht bis zur Edition amtlicher Akten. Hilfsmittel wie Bibliographien sind ebenso eingeschlossen wie Essays zu aktuellem Anlaß oder wissenschaftliche Monographien, aber auch Materialsammlungen, die ersten Überblick oder Annäherung an komplexe Fragestellungen erleichtern sollen.
Das Anliegen der Reihe ist die Förderung des deutsch-jüdischen Diskurses in Wissenschaft und Öffentlichkeit.

10

Christoph Jahr
Uwe Mai
Kathrin Roller
(Hrsg.)

Feindbilder in der deutschen Geschichte

Studien zur Vorurteilsgeschichte im 19. und 20. Jahrhundert

METROPOL VERLAG

Die Deutsche Bibliothek – CIP-Einheitsaufnahme

Feindbilder in der deutschen Geschichte: Studien zur Vorurteilsgeschichte im 19. und 20. Jahrhundert / Christoph Jahr … (Hrsg.). – Berlin: Metropol, 1994
(Reihe Dokumente, Texte, Materialien / Zentrum für Antisemitismusforschung der Technischen Universität Berlin; Bd. 10)
ISBN 3-926893-19-2
NE: Jahr, Christoph [Hrsg.]; Zentrum für Antisemitismusforschung <Berlin>: Reihe Dokumente, Texte, …

Umschlagbild: nach dem NS-Propagandaplakat
»Bravo, Herr von Papen!«, 1932.
aus: Anschläge. Deutsche Politik an der Litfaßsäule 1900 – 1971,
Ebenhausen 1972, S. 87.

Kurfürstenstr. 135 · 10785 Berlin
Umschlaggestaltung: N. Löderbusch

Druck: Steinmeier, Nördlingen

INHALT

VORWORT

Die im vorliegenden Band versammelten Studien sind das Ergebnis einer längeren Zusammenarbeit einer studentischen Arbeitsgruppe am Institut für Geschichtswissenschaft der TU Berlin. Der Kreis ging hervor aus einem Hauptseminar zur »Geschichte von Feindbildern in Deutschland« unter der Leitung von Prof. Dr. Reinhard Rürup, der uns auch zur inhaltlichen Weiterbeschäftigung mit der Theamtik angeregt, zur Veröffentlichung ermutigt und unseren Antrag auf ein Projekttutorium unterstützt hat. Ihm gilt unser besonderer Dank.

Innerhalb der Arbeitsgruppe, die sich im Laufe der Zeit personell erweitert hat, waren wir bestrebt, gemeinsam theoretische Grundlagen zu erarbeiten. Die einzelnen Arbeiten wurden immer wieder zur Diskussion gestellt. Dennoch steht jeder Aufsatz für sich. Der einleitende Text basiert auf ausführlichen und zum Teil kontroversen Diskussionen, steht letztlich aber unter der Verantwortung des Verfassers.

Das Erscheinen des Bandes wäre nicht möglich gewesen ohne die Förderung durch Prof. Dr. Wolfgang Benz, der die Veröffentlichung im Rahmen der Reihe »Dokumente – Texte – Materialien« ermöglichte. Ihm sei ebenso gedankt wie den Mitarbeitern des Zentrums für Antisemitismusforschung, die uns durch Kritik und viele nützliche Hinweise in unserer Arbeit unterstützten: Dr. Christhard Hoffmann, Dr. Werner Bergmann, Dr. Rainer Erb und Dr. Juliane Wetzel.

Besonderer Dank gilt der Kommission für Lehre und Studium der TU Berlin (LSK) für die Förderung unserer Arbeit im Rahmen eines Studienreformprojektes.

Berlin, im Herbst 1994
Christoph Jahr, Uwe Mai, Kathrin Roller

HANS-MICHAEL BERNHARDT

Voraussetzungen, Struktur und Funktion von Feindbildern

Vorüberlegungen aus historischer Sicht

Feindbilder haben in den Jahrzehnten des »Kalten Krieges« eine prägende Rolle gespielt[1], verloren aber mit dem Ende der weltweiten Konfrontation schnell ihre bestimmende Kraft. Nicht zu erwarten war, daß es auf anderen Ebenen zu neuen, gewaltsamen Spannungen kommen würde – Anzeichen dafür, daß die weggebrochenen Blockfeindbilder und Systemstereotypen eine nicht unerhebliche integrierende Wirkung nach innen gehabt haben müssen. Auf überraschende Weise werden nun vielfältige nationale, regionale und kulturelle Unterschiede betont, die vor dem Hintergrund eines fundamentalen Umbruchs den Hang zur Überzeichnung des Eigenen und zur Abschottung gegenüber dem vermeintlich Fremden auf scheinbar unaufhaltsame Weise anwachsen ließen. Auf den ersten Blick ist unbegreiflich, daß sich Menschen nach den Erfahrungen zweier Weltkriege wieder derart von Fremdenhaß, Nationalismus und Rassismus bewegen lassen, so daß man versucht ist, darin einen anachronistischen Rückgriff auf Fehlentwicklungen des vergangenen Jahrhunderts zu sehen. Tatsächlich aber scheint politische und soziale Desorientierung gerade in modernen, strukturell offenen Gesellschaften das Bedürfnis nach einer zwischen dem einzelnen und dem Ganzen vermittelnden nationalen Identität zu steigern – bis hin zu unversöhnlicher Feindschaft und Bürgerkrieg. Kollektive Affekte des Nationalismus und Rassismus am Ende unseres Jahrhunderts entstehen offenbar nicht nur als »Ablehnung von Modernisierung, sondern sind deren Teil«[2] und haben alte neue Feindbilder wieder hervorgebracht.

I

Die vorliegenden Studien stellen die Frage nach dem Gewicht von Feindbildern in der deutschen Gesellschaft des 19. und 20. Jahrhunderts. Es geht um extrem verzerrende Vorstellungen, die seit der Nationalstaatsgründung 1871 von größeren Teilen der Gesellschaft getragen wurden und gleichsam Geschichte »gemacht« haben. Mit den Arbeiten ist allerdings keine vollständige oder systematische Analyse geschichtswirksamer Feindbilder in

1 Vgl. Robert R. Holt/Brett Silverstein (Issue Editors), The Image of the Enemy: U.S. Views of the Soviet Union, in: Journal of Social Issues, 1989, Vol. 45, No. 2, pp. 1 – 176.

2 Vgl. Karl Otto Hondrich, Wovon wir nichts wissen wollten, DIE ZEIT, Nr. 40, 25. 9. 92.

Deutschland entstanden; auch ein vergleichender Wechsel der Perspektive durch Einbeziehung anderer Staaten soll nicht vorgenommen werden.[3] Ausschlaggebendes Motiv für eine vertiefende Analyse war, daß Feinbilder in der historischen Forschung lange Zeit wenig beachtet oder nur sehr vorläufig untersucht wurden.[4] Auch der Umstand, daß in anderen Forschungsbereichen[5] oder in der Öffentlichkeit die Relevanz von Feindbildern unstrittig ist, macht es auffällig, daß aus historischer Perspektive dieses Phänomen bisher so unbeachtet blieb. Es scheint, als habe man kollektiven Affekten keine durchschlagende Wirkung auf die Entscheidungsprozesse eines aufgeklärten Zeitalters beimessen wollen, so daß auch nicht gesehen wurde, welchen historischen Stellenwert Feindbilder hatten. Die Untersuchungen sollen dazu beitragen, der Vergangenheit neue Einsichten abzugewinnen und den Wert dieser Fragestellung für die Historiographie zu verdeutlichen. Im Mittelpunkt stehen Voraussetzungen, Struktur und Funktion von Feindbildern. Es werden Fallstudien zu folgenden Komplexen vorgelegt:

- Die zur »Roten Gefahr« dämonisierte Arbeiterbewegung des Kaiserreichs stand für die Verneinung einer gottgegebenen, gemeinschaftlichen Ordnung, symbolisierte den gewaltsamen Umsturz und diente als Argument, eine demokratische Öffnung der Gesellschaft nachhaltig zu blockieren.
- »Der Jude«, stilisiert zum Negativ-Typ schlechthin, war der Inbegriff für die verhaßten Seiten der Moderne, so daß der Antisemitismus die Gesellschaft nachhaltig prägen konnte.
- Das Englandbild im Ersten Weltkrieg erhielt die Bedeutung einer innenpolitischen Kontrastfolie, die dem unproduktiven, »perfiden Krämer-

3 In die Studien sind Anregungen eines bisher unveröffentlichten Vortragsmanuskripts des Historikers Peter Jahn über »Feindbilder als Faktoren historischer Entwicklung« eingegangen. Vgl. auch : »Russenfurcht« und Antibolschewismus: Zur Entstehung und Wirkung von Feindbildern, in: ders./Reinhard Rürup (Hrsg.), Erobern und Vernichten. Der Krieg gegen die Sowjetunion 1941 – 1945, Berlin 1991, S. 47 – 64.

4 Ansätze einer historischen Feindbildforschung findet man bei Martin Broszat, Der Staat Hitlers, München 1989[12], bes. S. 433 – 442; Hans-Ulrich Wehler, Das Deutsche Kaiserreich, Göttingen 1988[6], bes. S. 78 – 118; Andreas Hillgruber, Deutsche Rußland-Politik 1871 – 1918, in: saeculum, Bd. 27, München 1976, S. 94 – 108; Franz Bosbach (Hrsg.), Feindbilder. Die Darstellung des Gegners in der politischen Publizistik des Mittelalters und der Neuzeit, Böhlau 1992; Michael Jeismann, Das Vaterland der Feinde. Studien zum nationalen Feindbegriff und Selbstverständnis in Deutschland und Frankreich 1792 – 1918, Stuttgart 1992. Eine Ausnahme bildet die Antisemitismusforschung, für die die Analyse von Vorurteilen und Stereotypen aus historischer Sicht einen hohen Stellenwert hat.

5 Der Feindbildkomplex muß einer Reihe von Wissenschaftsdisziplinen zugerechnet werden. Eine historische Feindbildforschung findet Anknüpfungspunkte bei der Vorurteilsforschung (Soziologie, Psychologie), der Friedens- und Konfliktforschung, der Literatur- und Sprachforschung, der Rezeptionsforschung (Film und Publizistik) und in Teilbereichen der Historiographie (Militär- und Sozialgeschichte).

volk« das Ideal des »Kriegers und Helden« entgegensetzte und sich damit programmatisch von der kapitalistischen Massengesellschaft abzugrenzen suchte.

- Die durch Kriegsniederlage und Revolution erschütterte Gesellschaft der Weimarer Republik wähnte sich gegenüber der »Marxistischen Weltpest« in einer ständigen, existenzbedrohenden Ausnahmesituation, so daß sich eine tragfähige Identifikation mit demokratischen Verhältnissen nicht ausbilden konnte.
- Der Nationalsozialismus entsprach mit der Ausgrenzung und Ermordung von »gemeinschaftsfremden« »Asozialen« und »Zigeunern« einer weitverbreiteten Sehnsucht nach innerer Erneuerung, indem angeblich unsteten und zweifelhaften Außenseiterexistenzen das Selbstbild einer überlegenen, leistungsfähigen »Volksgemeinschaft« gegenübergestellt wurde.
- Die Entfesselung des Zweiten Weltkriegs bot dem NS-Staat die Chance, gegen den angeblich kulturell unterlegenen, zu einer planmäßigen Gestaltung eines Gemeinwesens unfähigen »Polnischen Kulturverderber« in hegemonialer Absicht vorzugehen und zeigte die instrumentelle Dimension von Feindbildern.
- Die Protestbewegung Ende der 1960er Jahre bildete eine fundamentale Herausforderung für die bundesdeutschen Eliten, die als Träger und Wegbereiter des NS-Staates diskreditiert waren, und führte zu einer scharfen inneren Polarisierung, die das Doppelbild vom »Schweinestaat« und der »Baader-Meinhof-Bande« hervorbrachte.
- Das Wegbrechen der Systemkonfrontation der 1990er Jahre legte eine tiefe Verunsicherung über das Fortbestehen westlicher Kultur- und Politikdominanz in der Welt frei, die gegenwärtig im Feindbild »Islam« zu einer radikalen Vorstellung von den vermuteten Herausforderungen des 21. Jahrhunderts zu führen scheint.

Wer nach Feindbildern fragt, muß sich zwangsläufig, auch aus historischer Perspektive, mit Vorurteilen und Stereotypen befassen. Man steht dabei vor der grundlegenden Schwierigkeit, Erkenntnisse der Vorurteilsforschung, die sich auf das Individuum beziehen, auf die gesellschaftliche Ebene zu übertragen. Nachdem die Forschung nach 1945[6] die Anfälligkeit für Vorurteile vor allem mit einer spezifischen, »autoritären« Persönlichkeitsstruktur oder mit

6 Vgl. als »Klassiker« der Vorurteilsforschung: Gordon W. Allport, Die Natur des Vorurteils, hrsg. u. kommentiert von Carl F. Graumann, Köln 1971; Theodor Adorno u.a., The Authoritarian Personality, New York/Evanston/London 1950; Anitra Karsten (Hrsg.), Vorurteil. Ergebnisse psychologischer und sozialpsychologischer Forschung, Darmstadt 1978; K. D. Hartmann (Hrsg.), Vorurteile, Ängste, Aggressionen. Ausgewählte Beiträge aus der Reihe Politische Psychologie, Frankfurt a.M./Köln 1975[2].

frustrierenden Mangelerfahrungen in Verbindung gebracht hatte, heben neuere Forschungsansätze hervor, daß auf einer elementaren Ebene der Informationsverarbeitung vereinfachende, wertende Kategorien und Schemata unumgänglich sind, um sich ein Bild von der Außenwelt zu machen.[7] Vorurteile und Stereotypen als Formen vereinfachender, wertender Einstellungen sind danach eher als »normal« anzusehen, als Versuch, sich in einer schwer zu durchdringenden Welt zu orientieren – und nicht von vornherein Anzeichen für eine Wahrnehmungsstörung.[8] Stets einen Bezug zur Realität aufweisend, werden sie in der Regel nicht selbst hervorgebracht, sondern übernommen.[9] Vorurteile und Stereotypen sind daher auch nicht absolut zu definieren, beziehen sich vielmehr auf ein bestehendes Wertesystem. Definitorisch wird in den vorliegenden Studien zwischen beiden Begriffen nicht grundsätzlich unterschieden. Indem sie kontrastiv zum Selbstbild als negative Wertungen anderer Gruppen gebraucht werden, kommen sie dem Bedürfnis nach Aufwertung der eigenen Existenz entgegen, tragen zur Steigerung des Selbstwertgefühls bei und können beim Individuum ein gestörtes inneres Gleichgewicht wiederherstellen oder stabilisieren. Vor allem diese Mechanismen tragen zur Anziehungskraft und Tragfähigkeit von Vorurteilen bei. Dabei ist allem Anschein nach grundsätzlich der Effekt eines »ingroup favoritism« wirksam, der am besten als »positives Wir-Gefühl« zu beschreiben ist. Er läßt die eigene Gruppe differenzierter als die Fremdgruppe erscheinen, deren Homogenität wiederum überschätzt und deren Defizite mehr den ihr angeblich inhärenten Eigenschaften als der Umwelt zugeschrieben werden (»outgroup devaluation«). Menschen unterscheiden gleichsam beständig in »einer von uns« und »einer von den anderen« und räumen dann der eigenen sozialen Gruppe den Vorrang ein.

Auf der elementaren Wahrnehmungsebene sind Vorurteile nicht unbedingt schon negativ und beunruhigend, vielmehr unschädlich, weil sie durch Interaktion korrigiert, ausbalanciert und abgebaut werden können. Was aber ist demgegenüber die besondere Qualität von Feindbildern? Wie bauen sie sich auf und wie verfestigen sie sich? Nichts spricht aus wissen-

7 Einen Überblick über Forschungsstand und Literatur gibt Werner Bergmann, Psychologische und soziologische Theorien zu Vorurteil und Diskriminierung, in: ders./Herbert A. Strauss (Hrsg.), Lerntag über Vorurteilsforschung heute – gemeinsam mit der Research Foundation for Jewish Immigration, New York – am 9. November 1986, Berlin 1987, S. 9 – 27. Vgl. auch Daniel Bar-Tal/Wolfgang Stroebe et al. (Eds.), Stereotyping and Prejudice. Changing Conceptions, New York 1989; David L. Hamilton (Ed.), Cognitive Processes in Stereotyping and Intergroup Behaviour, Hillsdale/New Jersey 1981; Ulrich Wagner/Andreas Zick, Sozialpsychologische Überlegungen zu Vorurteilen und Rassismus, in: Jahrbuch für Antisemitismusforschung 1, Frankfurt a.M./New York 1992, S. 237 – 252.

8 Vgl. Werner Bergmann (Ed.), Error without Trial. Psychological Research on Antisemitism, Berlin/New York 1988.

9 Ob Vorurteile ausschließlich durch Sozialisation aufgenommen werden oder auch auf eine »angeborene« Scheu vor dem Fremden zurückgehen , ist aus historischer Sicht uninteressant.

schaftlicher Sicht dagegen, die auf den einzelnen bezogenen Erkenntnisse der Vorurteilsforschung auch auf Kollektive, Großgruppen oder Nationen zu übertragen. Unter spezifischen Umständen kann die Tendenz zu vereinfachenden Erklärungen eine Eigendynamik entwickeln, sofern der ausgleichende und korrigierende Außenkontakt und damit die Möglichkeit, gegenteilige Informationen zu verarbeiten, eingeschränkt werden und die Fähigkeit zur Selbstkorrektur verloren geht. In dieser Spirale einer sich verengenden, selektiven Wahrnehmung werden alle Ambivalenzen in der Betrachtungsweise herausgenommen, so daß sich eindimensional nur noch spezifische Wahrnehmungsmomente addieren. Die Vorstellungen von der Außenwelt verfestigen sich zu starren, unkorrigierbaren, unangemessen wertenden Einstellungen, die anderslautenden Erfahrungen und rationalen Argumenten nicht mehr zugänglich sind, häufig verbunden mit einer Verdichtung und Bündelung mehrerer Vorurteile, so daß »Feindbild« hier als besondere Ausprägung des Vorurteils gebraucht werden soll.[10] Im Unterschied zur Ebene einer stereotypen Abneigung gegen Gruppen ist aber im Feindbild ein erhebliches Steigerungspotential enthalten, das bestehende Gegensätze fundamental werden läßt. Alle Ebenen der Wirklichkeit werden einbezogen und auf einen einzigen, unüberbrückbaren Gegensatz von These und Anti-These reduziert. Charakteristisch für Feindbilder ist insofern ihre Tendenz zum Totalitären, zur Entgrenzung, weil sie die Welt auf eine einzige, antagonistische Formel von Gut und Böse zu reduzieren suchen.[11] Sie unterstellen dem »Feind« einen außerordentlich hohen Grad an Schädigungspotential, gleichsam universelle Macht. In dem dominierenden Moment der Furcht vor der Allmacht des »Feindes« besteht der qualitative Unterschied zur lediglich negativ typisierten Gruppe. Historisch relevante Feindbilder sind in der Regel in der gesellschaftlichen und politischen, besonders der nationalen Sphäre angesiedelt. Ihre über den einzelnen hinausgehende Wirksamkeit rührt daher, daß sie an wirkliche, Großgruppen tangierende Probleme anknüpfen und einen – allerdings verzerrten – milieu- und schichtenspezifischen Realitätsbezug aufweisen. Feindbilder versprechen tief verun-

10 Vgl. bes. Änne Ostermann/Hans Nicklas, Vorurteile und Feindbilder, München/Berlin/Wien 1976; Anton-Andreas Guha/Sven Papcke (Hrsg.), Der Feind, den wir brauchen, Königstein/Ts. 1985. Ein überzeugender Definitionsversuch findet sich bei: Dieter Nohlen (Hrsg.), Pipers Wörterbuch zur Politik, Bd. 5, München 1964, S. 148 ff.; Hans-Joachim Lißmann,/Hans Nicklas/Änne Ostermann, Feindbilder in Schulbüchern, in: Vierteljahrsschrift für Erziehung, Politik und Wissenschaft 1, 1975, S. 37 – 62; Günther Wagenlehner, Feindbild. Geschichte – Dokumentation – Problematik, Frankfurt a.M. 1989.

11 Feindbilder sind insoweit definitorisch von »Wahnvorstellungen« zu unterscheiden. Es geht hier nicht um krankhafte Veränderungen des Realitätsbewußtseins, die mit ihrem »hohen Grad an subjektiver Gewißheit«, ihrer »absolute[n] Unkorrigierbarkeit« und dem »objektiv Unzutreffende[n] [ihres] Inhalts« vergleichbare äußere Merkmale aufweisen; vgl. »Wahn«, dtv-Brockhaus-Lexikon, 20 Bde., Mannheim/München 1986, Bd. 19, S. 254.

sicherten, sich subjektiv bedroht fühlenden gesellschaftlichen Gruppen eine Wertsteigerung oder die Neukonstitution ihrer Identität. Der Konflikt mit der als feindlich betrachteten Gruppe führt zur Veränderung der eigenen, deren innere Widersprüche und Gegensätze integrierbar scheinen. Die der Feindgruppe im Sinne eines negativen Gegenbildes zugewiesenen Eigenschaften ermöglichen Rückschlüsse auf das erwünschte Selbstbild.

Was aber bewirkte – historisch gesehen – die Ausprägung von Vorurteilen als Feindbilder? Die Forschung hält dafür ganz überwiegend tiefgehende gesellschaftliche oder politische Krisen für ursächlich, weil sich Menschen unter diesen Umständen in viel stärkerem Maß vorurteilsbeladen und stereotyp verhalten.[12] Daran ist grundsätzlich festzuhalten, das Phänomen darf aber nicht nur in einem engen, ökonomischen Sinne verstanden werden. Der Feindbildproduktion gehen in umfassenderem Sinne wirtschaftliche, kulturelle, politische oder militärische Extremsituationen voraus, die gesellschaftliche Gruppen und Eliten fundamental verunsichern und desorientieren können: Juden wurden sicherlich nicht angefeindet, nur weil die Aktien fielen. Bei Feindbildern geht es weit mehr um die mentalen Wirkungen von Krisen als um die Krisen selbst. Feindbilder sind vor allem die Konsequenz kollektiver Ängste und Krisenstimmungen, deren Ausprägung weit über das hinausgehen kann, was sie ursprünglich auslöste. Sie haben insofern mehr mit der Situation des Wahrnehmenden zu tun als mit dem vermeintlichen »Feind«; sie sagen mehr über das Selbstverständnis des Individuums oder der Gruppe aus als über das, was ihre Ängste auslöste. Ist der äußere Anlaß für den Konflikt aber nicht mehr gegeben, ist es eher unwahrscheinlich, daß das Feindbild weiterbesteht, es ändert sich, verliert an Kontur, schwächt sich ab und kann nach einer Phase hochgradiger Zuspitzung wieder auf ein unschädliches Maß zurückgehen: Der »rote Umstürzler« wird zum »dummen Proleten«. Feindbilder müssen allerdings nicht prinzipiell vergehen; sie sind aktualisierbar und können eine außerordentliche Hartnäckigkeit aufweisen. Bekanntestes Beispiel ist die Tatsache, daß es Judenfeindschaft auch ohne Juden gibt.[13]

Die Feindbilder produzierende Dynamik von kollektiven Ängsten und Krisenstimmungen ist in der Historiographie bisher kaum beachtet worden, so daß man wohl zu Recht von einem »beharrliche[n] Schweigen über die Rolle der Angst in der Geschichte«[14] gesprochen hat. Auf nur wenige Untersuchungen kann zurückgegriffen werden.[15] Wird nach Voraussetzungen,

12 Bergmann, Theorien, S. 22.

13 Vgl. Werner Bergmann/Rainer Erb (Hrsg.), Antisemitismus in der politischen Kultur seit 1945, Opladen 1990.

14 Jean Delumeau, Angst im Abendland, 2 Bde., Reinbek b. Hamburg 1985, S. 11.

15 Vgl. Georges Levebvre, La Grande Peur de 1789, Paris 1932; Franz Neumann, Angst und Politik, Tübingen 1954; Delumeau, Angst.

Struktur und Funktion von Feindbildern in der deutschen Geschichte gefragt, muß allerdings zwischen ständisch-feudalen und strukturell offenen, modernen Gesellschaften differenziert werden: Der Stellenwert von Feindbildkomplexen ist in grundlegend unterschiedlichen politischen Kulturen zu verschieden. Die vorliegenden Fallstudien zum 19. und 20. Jahrhundert deutscher Geschichte reflektieren daher auch spezifische »Grundbefindlichkeiten« des »modernen« Menschen. Die westliche Industriegesellschaft hat dem Individuum viele Chancen eröffnet, hat es aus korporativen und ständischen Bindungen befreit, die Loslösung von religiösen Tabus ermöglicht und eine erhebliche Verbesserung des Lebensstandards bewirkt. Die fortwährende Umwälzung der gesellschaftlichen Verhältnisse aber fordert leistungsfähige, selbstbewußte und autonome Menschen. In »offenen Gesellschaften«[16] fällt es den Individuen schwerer als im Ancien régime, sich zu orientieren und das eigene Leben rational und souverän in den allgemeinen Entwicklungsprozeß einzuordnen. Die moderne, dynamische Welt bietet keine festen Orientierungen, keine eindeutigen Gewißheiten und keine dauerhaften Bindungen. Wer auf Halt, Geborgenheit, Orientierung oder Tröstung angewiesen ist, wird in der modernen Massengesellschaft ganz überwiegend auf sich selbst gestellt, so daß unüberschaubare, existentiell beunruhigende gesellschaftliche Entwicklungen die Fähigkeit zur Selbstkorrektur einer vereinfachenden, vorurteilsbehafteten Weltsicht in Frage stellen können. Extremsituationen lösen dann schwere innere Erschütterungen und Verunsicherungen aus, mit der Folge, daß fundamentale Identitätskrisen entstehen können, die anfällig machen für heftige Affekte.[17]

II

Ihre politische Brisanz bekamen Feindbilder im 19. und 20. Jahrhundert vor dem Hintergrund des modernen deutschen Nationalstaates, der in zunehmendem Maße eine Beteiligung des Volkes am politischen Willensbildungsprozeß zugestehen mußte. Gerade dieser Umstand aber eröffnete Feindbildern in Politik und Gesellschaft neue Wirkungsfelder, indem moderne Kommunikationsformen als neue Multiplikatoren wirkten: Mit Vorurteilen und Feindbildern konnten erfolgreich Politik gemacht und Wahlen entschieden werden. Der Weg der Demokratisierung war weder gradlinig noch unumkehrbar und schloß autoritäre oder totalitäre Entwicklungen nicht aus. Das Prinzip der Volkssouveränität bot keine absolute Gewähr, daß sich Menschen kollektiv der Freiheit gewachsen zeigten und die Kraft aufbrachten, sich selbst zu bestimmen. Ganz im Gegenteil: Modernisierungs- und

16 Vgl. Karl Popper, Die offene Gesellschaft und ihre Feinde, 2 Bde., Tübingen 1992[7].
17 Ostermann/Nicklas, Vorurteile, S. 20.

Wirtschaftskrisen, und – als Konsequenz deutscher Großmachtpolitik – Krieg und Kriegsniederlage belasteten die politische Willensbildung und begünstigten Politikkonzepte, die darauf abzielten, autoritäre Ordnungen plebiszitär abzustützen.[18] Offenbar wurden besonders diejenigen, die Angst vor Macht- und Statusverlusten hatten, besonders anfällig für eine verzerrende Aufnahme der Wirklichkeit. Aus dem Gefühl einer existentiellen Notlage heraus, in der es vermeintlich nur noch um das eigene Überleben ging, war man versucht, die als unangenehm und bedrohlich empfundenen Verhältnisse zu dämonisieren und ihnen eine entgrenzende, apokalyptische Dimension zu geben. Endzeitstimmung »wir oder sie« charakterisierte diese Weltsicht, die den vermeintlichen »Feind« als existentiell beunruhigende Macht ansah. Und um jede Verbindung zwischen ihm und der menschlichen Gemeinschaft zu zerschneiden, schrieb man ihm häufig tierische Attribute zu.[19] Je abstoßender die Züge des »Feindes«, um so heller das Selbstbild, »Je mehr Haß, desto mehr Tugend!«.[20] Feindbilder bekamen die Funktion von Chiffren, die nicht selten mehrdeutig oder in ihrer Bedeutung Veränderungen unterworfen waren, je nach Standort des Wahrnehmenden und der Struktur der Ängste. So erfuhr das Polenbild nach Abschluß der Versailler Friedensverhandlungen einen entscheidenden Bedeutungswandel, weil die Neukonstitution des polnischen Staates schmerzhaft an die »Schmach« von Versailles erinnerte und als ungerechtfertigte Niederhaltung und bedrohliche Einkreisung Deutschlands durch die Siegermächte mißverstanden wurde.

Zusammengefaßt offenbart die Entschlüsselung der Chiffren eine hochgradig verzerrte Wahrnehmung der modernen Welt, deren Dynamik viele Deutsche überforderte und ihr ambivalentes Verhältnis zur neuen Zeit belegte. Während man auf der einen Seite ein hocheffektives, hochorganisiertes und durchsetzungsfähiges Gemeinwesen wünschte, sehnte man sich auf der anderen Seite nach der »guten, alten Zeit« zurück und stemmte sich mit Macht gegen das Neue, das als das Unbekannt-Fremde die Unsicherheit der modernen Gesellschaft verkörperte. War man auf der einen Seite beunruhigt über die Dynamik des bürgerlichen Zeitalters, verteidigte man es andererseits aggressiv gegen vermeintlich desorganisierende, animalische Kräfte. Man wollte zeitgemäß sein und international aus einer Position

18 Das Volk ist im bürgerlichen Zeitalter nicht mehr dauerhaft von einer politischen Mitsprache fernzuhalten. Fundamentalistische, völkisch-nationalistische Protestbewegungen waren ein unübersehbarer Hinweis darauf, daß sich relevante Bevölkerungsgruppen politisch nicht mehr repräsentiert fühlten. Vgl. Hans Mommsen, Die verspielte Freiheit. Der Weg der Republik von Weimar in den Untergang 1918 bis 1933, Frankfurt a.M./Berlin 1990, bes. S. 275 – 547.

19 Vgl. Ostermann/Nicklas, Vorurteile, S. 254.

20 Ludwig Bamberger, Deutschthum und Judenthum (1880), in: Walter Boehlich (Hrsg.), Der Berliner Antisemitismusstreit, Frankfurt a.M. 1988, S. 159.

der Stärke heraus agieren, aber auf eigene, »deutsche« Weise[21] nicht den Weg der vermeintlich schwachen westlichen Demokratien oder des »barbarischen« Ostens, sondern einen »dritten« Weg nehmen.[22] Modern sein und »deutsch« schlossen sich nicht aus, waren vielmehr für viele Zeitgenossen synonym. Feindbilder entstanden nicht nur, weil sich Menschen an der Vergangenheit orientierten und an Traditionen festhielten, sondern gehörten zum integralen Bestandteil gesellschaftlicher Modernisierung[23], waren kein Rückfall in die Barbarei, sondern Zeichen dafür, daß die Zivilisation zugleich auch das Antizivilisatorische hervorbrachte. Die Anschuldigungen und Diffamierungen aber, die Feindbilder enthielten, kontrastierten in auffälliger Weise mit den für die eigene Welt als positiv angesehenen Werten. Das negative Gegenbild des Bösen ermöglichte die Wiederaufrichtung und Bewahrung der eigenen Welt, war demnach eine »Selbstdefinition durch Feindmarkierung«.[24] Charakteristisch für die Verfechter derartiger manichäischer Weltbilder war, sich als Leidtragende, als verfolgte Unschuld sehen zu wollen. Man wähnte sich von Feinden umgeben und sah es prinzipiell als gerechtfertigt an, als bedrängtes Opfer in einer existentiell bedrohlichen Situation gewaltsamen Widerstand zu leisten.

Auf gesellschaftlicher Ebene hatten manichäische Weltbilder integrierende Wirkung, indem sie – unter Ausgrenzung von »Feinden« – den inneren Zusammenhalt heterogener Bevölkerungsgruppen stärkten. Bewußt als Herrschaftstechnik eingesetzt im Sinne einer »negativen Integration«[25], erwiesen sie sich besonders geeignet, politische Machtverhältnisse zu legitimieren und zu stabilisieren. Die Konstruktion politischer Notwehr- und Bedrohungssituationen machte breite Teile der deutschen Öffentlichkeit anfällig für Vorstellungen über das Wirken minderwertiger und illoyaler Kräfte, die angeblich in gefährlicher Weise die Einheit und Stärke der deutschen Nation unterminierten. Weil die alten Machteliten in Politik, Wirtschaft, Militär

21 Für Deutschland ist charakteristisch, daß eine Modernisierung nur partiell, besonders im wirtschaftlichen Bereich wirksam wurde, während im politischen Bereich länger als in anderen Ländern vormoderne Strukturen dominierten. Wehler fand dafür die treffende Formel von der »defensiven Modernisierung«, in: Hans-Ulrich Wehler, Deutsche Gesellschaftsgeschichte 1700 – 1815, 2 Bde., München 1987.

22 Vgl. die zu unterschiedlichen Ergebnissen kommenden Untersuchungen von Wehler, Kaiserreich, und Thomas Nipperdey, Deutsche Geschichte 1866 – 1918, 2 Bde., München 1992, bes. Bd. 2. Während Wehler von einer strukturell bedingten Demokratiefeindlichkeit des Kaiserreichs ausgeht, betont Nipperdey die Ambivalenzen der wilhelminischen Gesellschaft, die durchaus Chancen zu einer Öffnung aufgewiesen habe.

23 Vgl. Anm. 2.

24 Hagen Schulze, Gibt es überhaupt eine deutsche Geschichte?, Berlin 1989, S. 28. Die konstitutive Verknüpfung von Selbst- und Fremddefinition nationaler Identität ist bereits untersucht worden: Vgl. Jeismann, Das Vaterland.

25 Vgl. grundlegend zur Frage der »negativen Integration« im Kaiserreich: Wehler, Kaiserreich, bes. S. 96 – 118.

und Verwaltung bis zur Mitte dieses Jahrhunderts auf einen autoritären deutschen Machtstaat abzielten, waren sie besonders in der Versuchung, im Zeitalter des allgemeinen Wahlrechts ihre hervorgehobene Position in erhöhtem Maß durch Feindbildproduktionen zu legitimieren und zu konservieren. Sie förderten eine Art Belagerungsmentalität der Deutschen, die aggressiv und feindselig auf pluralistische oder emanzipatorische Entwicklungen reagierte. Die Annahme jedoch, Feindbilder ließen sich in beliebiger Weise politisch einsetzen und instrumentalisieren, ist nicht haltbar. Feindbilder waren keine ständig verfügbare politische Option der deutschen Führungsschichten. Weil sie an einen harten Kern von Realität gebunden waren, konnte man Feindbilder nicht frei erfinden oder frei über sie verfügen. Wurde aber in instrumenteller Absicht auf bereits bestehende Feindbilder zurückgegriffen, war nicht mehr mit letzter Sicherheit zu sagen, wie weit die Handelnden sie bereits selbst mittrugen. Mit Blick auf die vorliegenden Studien ist hervorzuheben, daß politisches Kalkül nur selten als Erklärung für die instrumentelle Verwendung von Feindbildern ausreicht. So waren wohl weniger berechnende Überlegungen als vielmehr die im Kaiserreich weit verbreitete Furcht vor einer Spaltung der eben geeinten Nation ausschlaggebend dafür, daß die wilhelminischen Eliten mit den Mitteln des Ausnahmerechts gegen die organisierte Arbeiterschaft und ethnische oder konfessionelle Minderheiten vorgingen. Auch für die Frühphase der Weimarer Republik kann gelten, daß die Angst vor »russischen Verhältnissen« keine lancierte Taktik zur Behauptung politischer Macht, sondern eine vorherrschende Zeitströmung war, der sich auch die Sozialdemokratie als zeitweilige Regierungspartei nicht entziehen konnte und die sie zu einer folgenreichen Unterschätzung der realen Gefahr von rechts veranlaßte. In ihrer Gesamtheit plädieren daher die Studien dafür, der historischen Wirkungsmacht von Feindbildern jenseits ihrer instrumentellen Verwendung mehr Beachtung zu schenken.[26]

Weil Feindbilder stets reale Anknüpfungspunkte aufweisen und keine reinen Erfindungen sind, wird ihrer Vorgeschichte in den Studien viel Gewicht beigemessen. Worin bestand der reale Kern, ohne den ein Freund-Feind-Denken keine Breiten- und Tiefenwirkung erzielt hätte? Untersucht werden die Spannungsebenen, die sich zu Feindbildern aufbauten. Ehe die »Roten«

26 Karl Poppers Kritik am »Elend des Historizismus« zielte im Kern darauf ab, bei der »Betrachtung und Deutung der menschlichen *Geschichte* [Hervorhebung i. O.]« nicht den Fehler zu begehen, nach dem »Sinn des Spiels«, nach den »Gesetze[n] der historischen Entwicklung« zu suchen und über diese »unbrauchbare Methode« zu »wertlosen Resultaten« zu gelangen. Insoweit könnte die Überschätzung der instrumentellen Funktion von Feindbildern in der Geschichte, wie sie zum Beispiel bei Wehlers Studie über das Kaiserreich zu finden ist, mit einem der Historiographie unausgesprochen zugrunde liegenden intentionalistischen »Deutungsschema« zusammenhängen: Popper, Die offene Gesellschaft, Band 1, S. 12 – 15 und: ders., Das Elend des Historizismus, Tübingen 1987[6].

zum »Angstgegner«[27] des wilhelminischen Obrigkeitsstaates gemacht wurden, bestand schon viele Jahrzehnte der traditionelle Gegensatz zum vierten Stand, der als roher, ungebildeter und unberechenbarer Pöbel verachtet wurde. Die Arbeiterschaft stellte eine von der bürgerlichen Gesellschaft ausgegrenzte Sozialgruppe mit eigenem Milieu und spezifischen Ritualen dar. Diese realen Elemente bildeten den harten Kern, der die Vorstellung von der »Roten Gefahr« glaubhaft machte. Ehe »Der Jude« im Kaiserreich zum Inbegriff der verhaßten Moderne wurde, hatte die christliche Ständegesellschaft die Judenheit über Jahrhunderte als minderwertig, anders und fremd ausgegrenzt. Weil Juden auch nach ihrer rechtlichen Gleichstellung weiterhin als Sozialgruppe mit eigener Struktur und Gestalt sichtbar blieben, hatte die Behauptung von einer Schaden bringenden, illegitimen Machtstellung der Juden einen Anknüpfungspunkt. Ehe der »Marxismus« in der Weimarer Republik als Kampfbegriff zur Diskreditierung der parlamentarischen Demokratie verwendet wurde, hatte er lange Zeit als ein Gegenentwurf zur bestehenden Gesellschaft mit dem liberal-bürgerlichen Emanzipationsprogramm konkurriert. Weil die Revolutionen in Rußland und Deutschland erstmals eine dauerhafte Verwirklichung der marxistischen Utopie für möglich erscheinen ließen, konnte die Furcht vor einem allgegenwärtigen kommunistischen Umsturz Überzeugungskraft erhalten. Bevor der Nationalsozialismus gegenüber »Zigeunern« und »Asozialen« mit Beginn des Krieges eine inhumane und mörderische Politik praktizierte, hatte bereits der frühmoderne Staat danach gestrebt, fremde und »landschädliche« Leute durch Polizeiordnungen mit aller Strenge fernzuhalten. Und die moderne Leistungsgesellschaft des 19. Jahrhunderts kriminalisierte schließlich beide Gruppen, weil sie dem bürgerlichen Ideal regelmäßiger und geordneter Erwerbstätigkeit nicht entsprachen. Auf diesen tradierten Gegensätzen beruhte in der Phase der Kriegsvorbereitung die existentielle Furcht der NS-Führung, »Gemeinschaftsfremde« könnten die »Wehrkraft« des deutschen »Volkskörpers« unterminieren. Ähnlich verhält es sich mit den anderen, in den Studien beschriebenen Feindbildern. Ohne Bezug zu realen Spannungsebenen hätten Feindbilder keine Überzeugungskraft, keine größere historische Wirksamkeit haben können.

III

Hinsichtlich der Struktur von Feindbildern lassen die Untersuchungen noch keine verbindlichen Aussagen zu. Eindeutig ist wohl die Unterscheidung nach inneren und äußeren Feindbildern. Feindvorstellungen von Juden, Sozialdemokraten, Marxisten, Sinti und Roma bezogen sich auf nicht

27 Hans-Günter Zmarzlik, Antisemitismus im Deutschen Kaiserreich 1871 – 1918, in: Ernst Schulin/Bernd Martin (Hrsg.), Die Juden als Minderheit, München 1985³, S. 268.

voll integrierte Bevölkerungsgruppen im Innern, während sich die Vorstellungen von England und Polen auf äußere »Feinde« bezogen, die dem deutschen Vormachtanspruch entgegenstanden oder – in bezug auf den Islam – die die Identität der Bundesrepublik als integrierter Teil der westlichen Welt herausforderten. Die antijüdischen und antimarxistischen Feindbilder waren allerdings sowohl nach innen wie nach außen anwendbar. Hinsichtlich ihrer Bedrohungs- und Gefährdungspotentiale hatten die Bilder durchaus unterschiedliche Relevanz. Neben relativ »schwachen« Feindprägungen wie dem »polnischen Kulturverderber«, der herausforderte, aber nicht universell gefährdete, oder den »gemeinschaftsfremden« »Asozialen« oder »Zigeunern«, die als störend und unangenehm, aber nicht als erdrückend begriffen wurden, gab es Bilder mit absolutem Bedrohungscharakter wie die von der »Marxistischen Weltpest« oder »Dem Juden«, die den Feind als übermächtige, tödliche Gefahr für die eigene Ethnie oder den Staat ansahen. Die beiden genuin äußeren Feindbilder können als Konsequenz überzogener und gescheiterter deutscher Weltmachtansprüche interpretiert werden[28], die zum Beispiel England im Blick hatten, weil es das Deutsche Reich »perfide« davon abhielt, den ihm angeblich gebührenden »Platz an der Sonne« einzunehmen. Für die inneren Feindgruppen ist charakteristisch, daß mit ihnen nicht voll integrierte, nicht-konforme Bevölkerungsgruppen gemeint waren. Wer in der Gesellschaft nicht bereit war, demokratische Veränderungen mitzutragen, wer sich gegen eine politische Entwicklung stemmte, die zur Aufgabe eines nicht legitimierten Status zwang, oder eine wirtschaftliche Entwicklung ablehnte, weil sie eine als selbstverständlich und unverrückbar betrachtete Existenz bedrohte, neigte dazu, anderen aggressiv zu verweigern, was man nur sich selbst zugestand. Nicht nur der Verlust, sondern bereits schon die Angst vor dem Verlust war eine bedrohliche Realität und steigerte die Bereitschaft zur extremen Überzeichnung. Für diese Wahrnehmungsstrukturen lagen Emanzipation und politische Mitsprache einfordernde, aufstiegsorientierte Außenseitergruppen der Gesellschaft besonders im Blickfeld – Ausdruck eines erheblich gestörten Verhältnisses zu nicht völlig konformen Mitmenschen. Deren Sichtbarkeit disponierte sie zu Projektionsflächen von kollektiven Aggressionspotentialen. Man sprach ihnen ein Eigen- oder Existenzrecht ab und bezog sich auf bestehende Spannungsebenen und vermeintliche Abweichungen von der bürgerlichen Norm, um sie als nicht voll integrierte Bevölkerungsgruppen in eine apokalyptische Bedrohung der Gesellschaft zu verzerren.

Auf einer weiteren, zweiten Ebene der historischen Betrachtung wurde versucht, die Struktur der analysierten Feindbilder durch Charakterisierung

28 Fritz Fischer prägte dafür den treffenden Begriff vom »Griff nach der Weltmacht«.

ihrer Elemente zu bestimmen. Wie ist der »Feind« beschaffen, welche gemeinsamen, welche unterschiedlichen Eigenschaften weisen die Feindbilder auf? In einer ersten Annäherung wird erkennbar, daß nur negative Attribute – kaum verwunderlich – verwendet werden. Der »Feind« ist ebenso teuflisch wie zerstörerisch, pervers wie fremdartig, fanatisiert wie kulturlos. Es fällt schwer, eine Struktur zu erkennen. Die Charakterisierungen wirken wie eine Verneinung bürgerlicher Normen, wie ein negatives Gegenbild zur modernen Gesellschaft. Sie lassen Rückschlüsse zu auf das erwünschte Selbstbild: Wurzellos steht bodenständig gegenüber, betrügerisch – ehrlich, zersetzend – gemeinschaftlich, kosmopolitisch – national, parasitär – produktiv; emotional – rational. Aus dem negativen Gegenbild erwächst die erwünschte eigene Identität. Das Bekenntnis zur eigenen Welt erfolgt gleichsam über den »Umweg« einer Negation – zweifellos Indiz für ein schwer gestörtes Selbstbild vieler Deutscher und Ausdruck einer fehlenden positiven Identität, die andere hassen muß, um sich selbst zu finden. Dieser Befund ist geeignet, unsere bisherigen Vorstellungen über Belastungen und Fehlentwicklungen im Selbstbild der Deutschen zu bestätigen und zu konkretisieren. Nationalbewußtsein hatte sich in Deutschland zu Beginn des 19. Jahrhunderts nicht im Kampf gegen die eigenen, ständisch-feudalen Obrigkeiten, sondern gegen die französische Fremdherrschaft ausgebildet. Erst im Zusammenhang der Mobilisierung von Affekten gegen einen äußeren Feind war überhaupt vom »deutschen Volk« die Rede.[29] Weil die französischen Eroberer die Losungen von Freiheit und Gleichheit zur Legitimierung ihrer Expansion benutzten, wurden diese als Prinzipien einer feindlichen Hegemonialmacht interpretierbar. Ein Kernbestand der liberal-bürgerlichen Utopie konnte nun in Deutschland als »westliche« Idee entwertet und in Hinblick auf die deutsche Nation als fremdartig und feindlich begriffen werden.[30] Dieser Vorgang bildete den Ursprung einer Geisteshaltung, die liberale Ideen als für Deutschland wesensfremd ansah und dazu neigte, das Eigene durch Ablehnung des Fremden zu definieren. Eine weitere schwerwiegende Belastung des Selbstwertgefühls der Deutschen war das durch jahrhundertelange territoriale Zersplitterung hervorgerufene Trauma von Erniedrigung, Schwäche und Ohnmacht.[31] Weil aber der 1848er Versuch eines demokratisch verfaßten Deutschlands »von unten« scheiterte und statt dessen die mit kriegerischer Gewalt, mit *Eisen und Blut* verwirklichte

29 Vgl. Lutz Hoffmann, Die Konstitution des Volkes durch seine Feinde, in: Jahrbuch für Antisemitismusforschung 2, Frankfurt a.M./New York 1993, S. 13 – 37.

30 Vgl. zur Frage der Fehlentwicklung deutscher Identität: Eva Reichmann, Flucht in den Haß. Die Ursachen der deutschen Judenkatastrophe, Frankfurt a.M. 1962², bes. S. 145 – 167; Norbert Elias, Studien über die Deutschen. Machtkämpfe und Habitusentwicklung im 19. und 20. Jahrhundert, Frankfurt a.M. 1990, bes. S. 7 – 29 und S. 233 – 238.

31 Elias, Studien, S. 233.

Nationalstaatsbildung zum »Schlüsselerlebnis«[32] überhaupt in Deutschland wurde, konnten Defizite im Selbstwertgefühl der Deutschen zu überzogenen nationalen Machtansprüchen verleiten und die irrige Schlußfolgerung begünstigen, die Geschichte eines Volkes erfülle sich nur auf dem Wege von Krieg und Gewalt. Nicht aus einer starken Position, sondern aus der Unsicherheit einer vergleichsweisen späten Nationalstaatsbildung heraus zeigten die deutschen Eliten seit Ende des 19. Jahrhunderts eine gesteigerte Bereitschaft, mit den Mitteln des Ausnahmerechts und der Gewalt gegen alles vorzugehen, was die Nation im Innern oder von außen vermeintlich schwächte. Unangepaßte Denk- und Verhaltensweisen, eine innere Öffnung der Gesellschaft, die Einbeziehung neuer gesellschaftlicher Gruppen in die politische Verantwortung oder widersprüchliche kulturelle Milieus waren in diesem überzogenen Koordinatensystem eines fehlentwickelten nationalen Habitus feindliche, bedrohlich empfundene Tendenzen, die Deutschland angeblich existentiell schwächten. Beiden Belastungsfaktoren war gemeinsam, daß sie zu einem übersteigerten, radikalisierten Verlangen nach nationaler Homogenität führten.

Wollte man die Bildelemente der Feindbilder weiter ordnen, ließen sich politische, kulturelle und wirtschaftliche Hauptmotive unterscheiden. Zur politischen Kategorie sind folgende Attribute zu zählen: international, kosmopolitisch, wurzellos, nicht-deutsch, verschwörerisch, übermächtig und zerstörerisch; zur kulturellen Kategorie kann man rechnen: triebhaft, pervers, animalisch, anders, minderwertig, roh, wild, fanatisch, schmutzig, zweitklassig und kulturlos; zur dritten Kategorie, dem wirtschaftlichen Motiv, gehören: parasitär, krämerisch, unproduktiv, gerissen, betrügerisch, raffgierig, faul und eigennützig. Dies führt zu der Frage, warum Abgrenzungsbedürfnisse überhaupt einen so hohen Stellenwert hatten. Sind sie die langfristigen Spuren eines im 20. Jahrhundert höchst widersprüchlich organisierten Lebens in Deutschland? Sind sie die Konsequenz der inneren Zerrissenheit eines Landes, das sich bis zum Ende des Zweiten Weltkrieges bewußt vom liberalen, westlichen Politikverständnis abheben wollte und sich autoritäre politische Vorzeichen wünschte, gleichzeitig aber hochmodern, hocheffizient und überlegen sein wollte?[33] Hat dieses gewollte Dilemma einer ambivalenten Haltung zur modernen Welt Vorschub geleistet, von der man sich in gleichem Maß angezogen wie abgestoßen fühlte und deren Widersprüchlichkeit man nur zu ertragen vermochte, indem man sich ver-

32 Ebd.

33 Eine Stützung der These vom »deutschen Sonderweg« ist hier allerdings nicht intendiert; vielmehr wird auf die Perspektive der Zeitgenossen im Übergang zum 20. Jahrhundert abgehoben, die einen deutschen Sonderweg postulierten, weil er für Deutschland als adäquat betrachtet wurde.

stärkt abgrenzte? Einiges spricht dafür, daß den »Feinden« Eigenschaften zugesprochen wurden, die viele Deutsche an sich selbst gehaßt haben, weil sie sich diese Eigenschaften nicht zugestehen wollten oder durften.

Das »Wörterbuch« der Feindbilder enthielt in negativer Form die Hoffnungen und Sehnsüchte, die keinen Raum hatten, sich frei zu entfalten. Ein spezifischer nationaler Habitus in Deutschland bewirkte offenbar eine nachhaltige Verengung der Lebensäußerungen und verschloß sich krampfhaft abweichenden Lebensformen. Um sie nicht an sich herankommen zu lassen, nicht mit ihnen in Wettbewerb treten und sich damit selbst in Frage stellen zu müssen, wollte dieser Habitus sie nicht gelten lassen, ja er verachtete und feindete sie an. Undenkbar, daß Kultur oder Identität als etwas verstanden worden wäre, das sich gerade in der Auseinandersetzung mit dem Fremden entwickelt und um so reichhaltiger ist, je mehr Fremdes es zuläßt. Ein Weltbild, das nur Gut und Böse kannte und sich in Schwarz-Weiß-Katagorien erschöpfte, war augenscheinlich Ausdruck dafür, in einer vielschichtigen, dynamischen Welt sein Heil in einfachen, bequemen Deutungen zu suchen. Auffällig war, sich den einen »Feinden« unterlegen und ohnmächtig ausgeliefert zu fühlen, sich anderen dagegen kulturell weit überlegen zu glauben, weil diese als minderwertig und animalisch aufgefaßt wurden. Churchill wird die Äußerung nachgesagt, die Deutschen gingen anderen entweder an die Kehle oder lägen ihnen ergeben zu Füßen.

Diese sicherlich zugespitzte Formulierung träfe zu, wenn damit das schwer gestörte Selbstbild bezeichnet werden sollte, das bei vielen Deutschen, namentlich denen, die Verantwortung trugen, eine »brüderliche« Beziehung zu Mitmenschen – oder anderen Nationen – verhindert hat. Sich anderen entweder aggressiv überlegen oder hoffnungslos unterlegen zu fühlen, das Zusammenfallen von Aggression und Selbstzweifeln, von Hybris und Inferiorität, korrespondierte mit dem beschriebenen zwiespältigen Verhältnis zur Welt und behinderte, was eigentlich einer modernen, aufgeklärten und demokratischen Gesellschaft viel näher gelegen hätte: Toleranz, Offenheit und Vielfalt. Gemeinsamer Nenner der Feindbildmotive war die Annahme von der negativen, bedrohlichen, Schaden bringenden Macht des »Feindes«. Vollständige Abwehr und Negation waren charakteristisch mit einer ausgeprägten Tendenz zur Entgrenzung und Universalisierung des »Feindes«. Seine Macht war überall, auf allen Ebenen, im verborgenen und offen, im Innern wie von außen wirksam. Sofern sich aber mit ihm keine kulturell herabsetzenden, animalisch bedrohlichen Eigenschaften assoziieren ließen, war – wie die Studie über das »perfide Britische Krämervolk« zeigt – nur schwer ein über die Kriegszeit hinausgehendes Feindbild aufzubauen. »Der Jude« dagegen war ein Beispiel für ein breit angelegtes Feindbild, das in vielfältiger Weise mit Störungen der modernen Gesellschaft gekoppelt war und als soziale Norm eine nachhaltige Wirkung hatte.[34]

Und die Betroffenen selbst? Welche Wirkungen hatten kollektive Feindvorstellungen auf ihre Opfer? Die Studien haben diese Frage nur streifen können. Hat vielleicht das Feindbild von der »Roten Gefahr« die Sozialdemokratie langfristig zu einer überzogenen staatstragenden Einstellung veranlaßt? Hat der Wahn von »dem Juden« bei den Betroffenen das Phänomen des »jüdischen Selbsthasses« – so umstritten der Begriff auch ist – hervorgebracht und verstärkt?[35] Erschwerte die Kontinuität von Feindbildern in der deutschen Geschichte die Integration nicht-konformer, nicht vollintegrierter Gruppen? Welche schadensbegrenzenden Gegenkräfte gab es, die Feindbilder in ihrer Wirkung neutralisierten? Und wie bauen sich Feindbilder wieder ab? Es sind Fragen, über die in der historischen Feindbildforschung weiter nachgedacht werden muß.

34 Vgl. Shulamit Volkov, Jüdisches Leben und Antisemitismus im 19. und 20. Jahrhundert, München 1990, bes. S. 13 – 36.

35 Vgl. Sander L. Gilman, Jüdischer Selbsthaß. Antisemitismus und die verborgene Sprache der Juden, Frankfurt a.M. 1993.

HANS-MICHAEL BERNHARDT

»Die Juden sind unser Unglück!«

Strukturen eines Feindbildes im deutschen Kaiserreich

I

Der in den ersten Jahren des deutschen Kaiserreichs auftretende »moderne Antisemitismus«[1] prägte ein höchst wirksames Feindbild, das im Mittelpunkt dieser Studie steht, die sich insofern nicht allgemein mit dem Antisemitismus befaßt, sondern systematisieren will, welche traditionellen Motive das Feindbild »der Jude« transformierte, welche konstitutiven Elemente es aufwies und was zur Radikalisierung antijüdischer Einstellungen beitrug. Zur Rekonstruktion der Strukturen des Feindbildes werden vier Veröffentlichungen von Exponenten antisemitischer Ideologien aus der Entstehungsphase des modernen Antisemitismus – den Autoren der »Kreuzzeitung«, von Wilhelm Marr, Adolf Stoecker und Heinrich v. Treitschke – herangezogen[2], deren aufsehenerregende antijüdische Ausfälle, bereits für ihre Zeitgenossen erkennbar, Maßstäbe setzten. Als Protagonisten des Antisemitismus sind sie von der Forschung hinlänglich betrachtet worden, doch kommt man wohl auch dann nicht an ihnen vorbei, wenn auf eine Systematik von Feindbildstrukturen abgestellt werden soll. Was veranlaßte sie, antijüdische Ressentiments aufzugreifen, zu bündeln und zu radikalisieren? Welche charakteristischen Strukturen wies ihr Feindbild auf? Und was gab den Ausschlag, es zu einem festen Bestandteil der politischen Kultur des Kaiserreichs werden zu lassen?

Grundlage der Studie ist die Annahme, daß Extremsituationen – heftige gesellschaftliche Umbrüche, Krisen, Kriege oder Katastrophen – die Identität von Individuen oder von gesellschaftlichen Gruppen so stark in Frage stellen können, daß die Fähigkeit zur Ausbalancierung und Entschärfung vereinfachender Schemata der Informationsverarbeitung verloren gehen kann.[3] Die Konsequenz ist eine extrem verzerrende, durch anderslautende Erfahrungen nicht mehr korrigierbare Wahrnehmungsstruktur. Feindbilder versprechen dann eine Stabilisierung und Aufwertung der eigenen Person

1 Einen guten Überblick zu Literatur und Forschungsstand gibt Helmut Berding, Moderner Antisemitismus in Deutschland, Frankfurt a.M. 1988.

2 Vgl. bes. Detlev Claussen, Vom Judenhaß zum Antisemitismus, Frankfurt a.M. 1988; Walter Boehlich (Hrsg.), Der Berliner Antisemitismusstreit, Frankfurt a.M. 1988; Jacob Katz, Vom Vorurteil bis zur Vernichtung. Der Antisemitismus 1700 – 1933, München 1989, S. 253 – 280.

3 Vgl. die einleitenden theoretischen Überlegungen des Sammelbandes.

oder Gruppe und gewinnen durch ihre identitätsstiftende Wirkung eine hohe Durchschlagskraft: Je abstoßender der »Feind«, um so anziehender die Welt, der man sich selbst zuordnet.

II

Judenfeindschaft gab es seit dem Hochmittelalter in der christlich-abendländischen Gesellschaft. Sie ging in starkem Maß auf die Kirche zurück.[4] Im Mittelpunkt der vormodernen, religiös motivierten Judenfeindschaft stand der Vorwurf des Gottesmordes, den die Juden angeblich durch Hostienschändung und Ritualmorde symbolisch an christlichen Kindern ständig zu wiederholen trachteten. Weil sie sich der christlichen Heilsbotschaft verweigerten, sollte man ihnen die »Verworfenheit« ihrer Taten auf ewig äußerlich ansehen.[5] Diskriminierende Sondergesetze von Kirche und Staat[6] bewirkten, daß die jüdischen Minderheiten eine verachtete und oft gefährdete Existenz am Rande der christlichen Ständegesellschaft führen mußten. Zur Vergiftung der Beziehungen von Nicht-Juden und Juden trugen auch wirtschaftliche Spannungen bei. Die erzwungene Spezialisierung der Juden auf den Handelssektor und die Geldleihe wirkten besonders herabsetzend, weil der Handel in der vormodernen Welt als unproduktiv und als unehrlich galt. In einer ganz überwiegend agrarisch orientierten Gesellschaft mußte die Beschränkung der Erwerbstätigkeit der Juden auf die Zirkulationssphäre außerhalb ständischer Institutionen das Verhältnis zu Nicht-Juden nachhaltig belasten. Sie ließ Juden zum »bevorzugten Objekt gewalttätiger Begierden«[7] werden und gab religiös motivierter Ausgrenzung eine wirtschaftliche Dimension. Auch auf kultureller Ebene kam es zu Spannungen, weil die christliche Gesellschaft spezifische jüdische Eigenarten nicht tolerierte, sondern anfeindete. Juden wurden von ihrer christlichen Umgebung als Fremde angesehen, verachtet und als Herausforderung empfunden, weil sie an ihren Speisegesetzen festhielten, eine eigene Sprache sprachen, ein unterscheidbares äußeres Erscheinungsbild hatten und sich als auserwähltes Volk betrachteten. Judenheit und Christenheit sind deshalb auch als »Konfrontationskulturen« bezeichnet worden.[8] Nachhaltig belastend wirkten wirtschaftliche, politische und weltanschauliche Krisen seit dem 14. Jahrhundert, auf die die christlichen Kulturträger mit einer extremen »Welt-

4 Vgl. Ismar Elbogen/Eleonore Sterling, Die Geschichte der Juden in Deutschland, Frankfurt a.M. 1988, bes. S. 25 – 116.

5 Vgl. Katz, Vorurteil, S. 27 – 30; Ernst Schulin/Bernd Martin (Hrsg.), Die Juden als Minderheit in der Geschichte, München 1981.

6 Vgl. Raul Hilberg, Die Vernichtung der europäischen Juden, Berlin 1982, S. 11 – 27.

7 Vgl. Claussen, Judenhaß, S. 7 – 46.

8 Vgl. Amos Funkenstein, Juden, Christen und Muslime. Religiöse Polemik im Mittelalter, in: Wolfgang Beck (Hrsg.), Die Juden in der europäischen Geschichte. Sieben Vorlesungen von Saul Friedländer u.a., München 1992, S. 33 – 50.

untergangsangst« reagierten.[9] In einer Art Belagerungsmentalität fühlten sie sich ständig von inneren und äußeren Feinden bedroht, so daß nicht integrierte Minderheiten wie die Juden zur Zielscheibe allgemeiner Ängste wurden. Man glaubte, die Juden hätten sich mit dem äußeren Feind verschworen und seien – war der nicht sichtbar – mit dem Teufel im Bunde. Vor diesem Hintergrund konnte die Judenfeindschaft in einem vielschichtigen Prozeß dauerhaft in die Volkskulturen eingehen: Das negative Judenbild der Neuzeit hatte eine lange Vorgeschichte.[10] »Der Jude« wurde zum »Urbild des Anderen« und des Fremden, so daß man die »Neigung zahlreicher Menschen zur Perversion ihrer Beziehung zu nicht völlig »konformen« Mitmenschen« wohl mit Recht als »die tiefste Wurzel des Judenhasses«[11] bezeichnet hat.

Der Wandel von einer ständischen Agrargesellschaft in eine Industriegesellschaft im 19. Jahrhundert beeinflußte die tradierten Vorurteile gegenüber Juden beträchtlich, ließ sie aber, trotz aller Ansätze zur Integration divergierender Kräfte und Gruppen der vormodernen Gesellschaft, hartnäckig weiterwirken: »Mit der Muttermilch möchte ich sagen, haben wir alle ein Vorurteil gegen [die Juden] eingesogen. Alles was verwerflich ist, was verächtlich ist, alle diese Attribute eines Ganzen, setzt man zusammen, und dieses Ganze ist eben der Jude.«[12] Juden eigneten sich als Zielscheibe der Unzufriedenheit, weil sie in ihrer gesellschaftlichen Entwicklung als Sozialgruppe weiterhin Besonderheiten aufwiesen[13] und in einer charakteristischen Nähe zu den Einrichtungen der Moderne[14] wahrgenommen wurden. Weil ihnen innerhalb zweier Generationen ein nicht für möglich gehaltener sozialer Aufstieg gelang[15], kann es kaum verwundern, daß ihre Erfolgsgeschichte in der Mehrheitsgesellschaft eine besondere Sichtbarkeit[16] besaß.

9 Vgl. Jean Delumeau, Angst im Abendland, 2 Bde., Reinbek b. Hamburg 1985.

10 Vgl. bes. Stefan Rohrbacher/Michael Schmidt, Judenbilder. Kulturgeschichte antijüdischer Mythen und antisemitischer Vorurteile, Reinbek b. Hamburg, 1989; Reinhard Rürup, The Tortuous and Thorny Path to Legal Equality, in: Leo Baeck Institute Yearbook, 31, 1986, pp. 3 – 33.

11 Helmut Krausnick, Judenverfolgung, in: Hans Buchheim/Martin Broszat/Hans-Adolf Jacobson/Helmut Krausnick (Hrsg.), Anatomie des SS-Staates, 2 Bde., München 1984[4], Bd. 2, S. 235.

12 Abg. Joh. Friedrich Bauer, 7. Mai 1846, bayer. II. Kammer, 9 Bde., S. 156, zit. n. Reinhard Rürup, Emanzipation und Krise, in: Werner E. Mosse/Arnold Paucker (Hrsg.), Juden im Wilhelminischen Deutschland 1890 – 1914, Tübingen 1976, S. 30.

13 Juden waren erzwungenermaßen besser auf marktwirtschaftliche Wirtschaftsformen vorbereitet und aufgrund dieser Startvorteile besonders erfolgreich in den expandierenden Wirtschaftsbereichen Handel und Industrie. Vgl. bes. Jacob Toury, Soziale und politische Geschichte der Juden in Deutschland 1847 – 1871, Düsseldorf 1977; Monika Richarz (Hrsg.), Jüdisches Leben in Deutschland, 3 Bde., Stuttgart 1976 ff.; Werner E. Mosse, Die Juden in Wirtschaft und Gesellschaft, in: Mosse/Paucker (Hrsg.), Juden 1890 – 1914.

14 Vgl. Thomas Nipperdey, Deutsche Geschichte 1800 – 1866. Bürgerwelt und starker Staat, München 1987, bes. S. 248 – 255.

15 Vgl. Ernest Hamburger, Juden im öffentlichen Leben Deutschlands, Tübingen 1968; Richarz (Hrsg.), Jüdisches Leben.

16 Vgl. Rürup, Emanzipation und Krise, bes. S. 42 – 49.

Vor allem bei denen, die den Anschluß an die moderne Leistungsgesellschaft nicht schafften, wurden sie zu Symbolfiguren einer ungeliebten neuen Zeit. Wesentlich für das Weiterbestehen eines Negativbildes waren auch Belastungen, die sich aus dem »deutschen Weg« ihrer Gleichstellung ergaben[17], so daß sich im Bewußtsein vieler Zeitgenossen die überlieferte Vorstellung, die Juden seien anders, fremd und minderwertig, mit neuen Inhalten füllte. Die Konsequenz sich wandelnder gesellschaftlicher Verhältnisse war ein sich wandelndes negatives Judenbild, nicht aber dessen Auflösung. Einen Eindruck von diesem Entwicklungsprozeß vermittelt der zeitgenössische Erfolgsroman Gustav Freytags »Soll und Haben«.[18] Freytag war kein Antisemit, hatte aber keine Bedenken, mit einer zentralen Figur seines Romans, Veitel Itzig, die im Wandel begriffenen antijüdischen Vorurteile seiner Zeit aufzugreifen und zu literarisieren[19]: das fremdländische, offenbar orientalische Äußere (»spitze Backenknochen«); das raffgierige und betrügerische Wesen, das Juden um den wohlverdienten Schlaf des Gerechten brachte (»die Speculation war eine der schönsten«); der unbarmherzige Wille, andere um des eigenen Vorteils willen zu ruinieren (»die eisige Kälte seiner Forderungen«); das bedrohliche Eindringen in bisher verschlossene gesellschaftliche Bereiche (»Wie ein Gespenst verfolgte er [den] arme[n] Teufel von Rittergutsbesitzer«); der gewissenlose Mißbrauch von Recht und Gesetz zum eigenen Vorteil (»nach vielen Winkelzügen«).

Gemeinsamer Nenner des modifizierten, neuen Negativbildes war die Distanz zur vormodernen, christlichen Judenfeindschaft. Die Judenheit wurde nicht mehr als lästige Randgruppe begriffen und war, aus christlicher Sicht, nicht länger der Antichrist schlechthin. Wenn Freytag Juden mit grenzenlosem Eigennutz, Habgier und Schacher in Verbindung brachte, war das zunächst eine Anspielung auf das aus spätmittelalterlicher Zeit stammende *Wucherer-Motiv*, das die Vorstellung beinhaltete, Juden bereicherten sich prinzipiell auf Kosten anderer und brächten diese um die Früchte ihrer ehrlichen Arbeit. Als sich aber die Judenheit im Verlauf des 19. Jahrhunderts verbürgerlichte und ihre Selbstisolierung überwand und damit ihren gesellschaftlichen Standort grundlegend veränderte, bekam das tradierte Wucherer-Motiv einen anderen Stellenwert. Wirtschaftsformen, die einst randständige Praxis waren, wurden in der modernen Gesellschaft »zum Zentrum aller gesellschaftlicher Beziehungen«[20]; was einst als »jüdisch« verachtet wurde, war nun beherrschende Wirtschafts- und Lebensform, was einst Marginalie, war nun dominierend. Für eine vorurteilsbehaftete, vereinfa-

17 Vgl. Rürup, Emanzipation und Antisemitismus, Frankfurt a.M. 1987, S. 93 – 119.

18 Gustav Freytag, Soll und Haben, Leipzig 1903; Zitate S. 316 – 319. Das Buch erschien erstmalig im Jahr 1855.

19 Ebd., S. 316 – 319.

20 Claussen, Judenhaß, S. 28.

chende Weltsicht war es dann auch nicht schwer, die neuen Lebensverhältnisse mit einem Vorherrschen jüdischer Existenz zu verwechseln.

Auffälligkeiten in der äußeren Erscheinung, erbärmliche und unsaubere Kleidung, andere Barttracht, die »Räuber- und Geheimsprache Jiddisch«[21] hatten über viele Jahrhunderte hinweg Abneigung und Abwehr in der christlichen Gesellschaft hervorgerufen und das *Minderwertigkeits-Motiv* geprägt. Der im Blickfeld der Zeitgenossen des 19. Jahrhunderts liegende Vorgang der Verbürgerlichung der Juden hatte diese äußeren Anknüpfungspunkte eines Negativbildes nahezu zum Verschwinden gebracht. Doch auch für die moderne Staatsbürgergesellschaft blieb die Folie der überlieferten Minderwertigkeitsvorstellung weiterhin aktuell. Sie wurde nun benutzt, um den Juden gerade den Zugang zu bisher nicht zugänglichen gesellschaftlichen Bereichen, wie Freytag ihren sozialen Aufstieg beschrieben hatte, zum Vorwurf zu machen. Auch Richard Wagners 1850 anonym veröffentlichter Aufsatz »Das Judenthum in der Musik« stellte diesen Gedanken in den Mittelpunkt.[22] Juden könnten wohl, so Wagner, durch Taufe oder Assimilierung äußerlich ihre Herkunft verwischen; das Unglück aber sei, daß ihre Emanzipation dazu geführt habe, Minderwertigkeit und fehlende schöpferische Kraft in der Kunst zum vorherrschenden Prinzip zu machen. Durch die Juden erlange die kommerzielle Seite in der Musik immer größere Bedeutung und verdränge das Wahre und Schöne.

Der Hinweis auf das fremdländische Äußere eines Juden in Freytags Roman war Anspielung auf ein weiteres Grundmotiv tradierter Judenfeindschaft: das *Fremden-Motiv.* In der Überlieferung war es religiös hergeleitet worden, indem man auf die strikte Weigerung der Juden anspielte, die christliche Heilsbotschaft anzunehmen. Man betonte ihre strenge Bindung an die Tradition mit Speisegesetzen, Sabbatruhe und der Hoffnung auf Rückkehr nach Palästina, ihre angebliche Ruhe- und Heimatlosigkeit sowie ihr Festhalten an nicht-seßhaften Berufen. Juden galten als Fremde, im ständischen Sinne als Volk im Volke, jedoch mehr mit einem verächtlichen als feindseligen Unterton.[23] Vor dem Hintergrund der bürgerlichen Freiheits- und Einheitsbewegung des 19. Jahrhunderts verschwand das Fremden-Motiv nun keineswegs, sondern wurde umgedeutet und gleichsam modernisiert. Nun konnte die Judenheit in aggressiver Weise als ethnischer Fremdkörper in einer sich zusammenschließenden Nation mißverstanden werden, dem es grundsätzlich an Loyalität gegenüber den Deutschen fehle.

21 Vgl. Shulamit Volkov, Die Verbürgerlichung der Juden in Deutschland. Eigenart und Paradigma, in: Jürgen Kocka (Hrsg.), Bürgertum im 19. Jahrhundert, 3 Bde., München 1988, Bd. 2, S. 343 – 371.

22 Richard Wagner, Das Judenthum in der Musik, Leipzig 1869.

23 Vgl. Jacob Katz, A State within a State. The History of an antisemitic Slogan, in: ders., Zur Assimilation und Emanzipation der Juden, Darmstadt 1982, S. 124 – 153.

Die Wirkung von Freytags Roman war mit dem Negativbild eines Juden allerdings nicht hinreichend zu erklären: »Der Roman soll das deutsche Volk da suchen, wo es in seiner Tüchtigkeit zu finden ist, nämlich bei seiner Arbeit«, schrieb Freytag schon auf die Titelseite seines Romans. Er wollte offenbar das aufstrebende deutsche Wirtschaftsbürgertum positiv von der Gegenwelt jüdischer Geschäftspraktiken abheben. Veitel Itzig, der Jude, stand Anton Wohlfahrt – nomen est omen – gegenüber, dem ehrlichen, fleißigen und aufstrebenden deutschen Kaufmann. Mit dem Negativbild kontrastierte ein positives Selbstbild[24], das sich für den Leser hervorragend zur Identifikation eignete und durchaus zur Identitätsfindung tausender Deutscher mehrerer Leser-Generationen[25] beigetragen haben dürfte.

III

Die in den 1870er Jahren im Deutschen Kaiserreich entstehende neue Welle der Judenfeindschaft reflektierte die veränderte Stellung der Juden in Staat und Gesellschaft.[26] Der moderne Antisemitismus richtete sich vor allem gegen die rechtliche Gleichstellung der Juden und radikalisierte aggressiv die tradierte Voreingenommenheit. Trägerschichten waren Gruppen, die sich durch die strukturell offene Gesellschaft existentiell herausgefordert und benachteiligt fühlten.[27] Gemeinsamer Nenner der verschiedenen antijüdischen Strömungen war die behauptete schädliche Vorherrschaft der Juden in Wirtschaft, Politik und Kultur.[28] Juden galten als Verkörperung der bedrohlich empfundenen modernen Welt.[29] Sie wurden nicht als Individuen, sondern verzerrt als übermächtige, bedrohliche und für die deutsche Nation schädliche Gruppe wahrgenommen, der man in sozialdarwinistischer Zuspitzung unveränderliche, negative Rasseeigenschaften zuzuweisen begann. Die Exponenten des modernen Antisemitismus betonten die Distanz zur vormodernen, »mittelalterlichen« Judenfeindschaft, wollten zeitgemäß sein und schon durch die Wahl des Begriffs »Antisemitismus« die Rationalität ihrer Motive betonen.[30] Gewiß, die in der Gesellschaft tief verankerten,

24 Die konstitutive Verknüpfung von Selbst- und Fremddefinition in Hinblick auf die deutsche Nation ist untersucht worden bei Michael Jeismann, Das Vaterland der Feinde. Studien zum nationalen Feindbegriff und Selbstverständnis in Deutschland und Frankreich 1792 – 1918, Stuttgart 1992.

25 1893 erschien »Soll und Haben« bereits in der 40., 1903 in der 59. Auflage.

26 Rürup, Emanzipation und Krise, S. 42.

27 Rürup, Emanzipation und Antisemitismus, S. 133; vgl. auch Werner Jochmann, Struktur und Funktion des deutschen Antisemitismus in: Mosse/Paucker (Hrsg.), Juden, S. 389 – 478.

28 Vgl. Richarz (Hrsg.), Jüdisches Leben, Bd. 2, S. 35 – 38.

29 Vgl. Thomas Nipperdey, Das Problem der Minderheit: die Juden, in: ders., Deutsche Geschichte , S. 248 – 255.

30 Vgl. zur Begriffsgeschichte Thomas Nipperdey/Reinhard Rürup, Antisemitismus, in: Otto Brunner u.a., Geschichtliche Grundbegriffe. Historisches Lexikon zur politisch-sozialen Sprache in Deutschland, Stuttgart 1972, Bd. 1, S. 129 – 153.

religiös hergeleiteten antijüdischen Ressentiments waren weiterhin wirksam, auch die Angst vor der »jüdischen Geldmacht« war nicht neu: sie hatte bereits eine der »Nachtseite[n] der Judenemanzipation« gebildet[31]; neu aber war, daß sich die Gegner der Judenemanzipation mit der ersten fundamentalen Krise der liberal-bürgerlichen Gesellschaft und der konservativen Wende 1878/79 nicht mehr resigniert auf verlorenem Posten, sondern im »Aufwind« sahen, nicht mehr als Außenseiter, sondern als Teil einer unwiderstehlichen, unter konservativem Vorzeichen stehenden Gegenbewegung zur Moderne, mit der Folge, daß die neue Welle der Judenfeindschaft eine durchschlagende Kraft entwickelte. Antisemitische Vorstellungen bekamen für ihre Anhänger die Funktion einer Weltanschauung, die vorgab, auf alle bedrängenden Fragen oder vermeintlichen Fehlentwicklungen eine Antwort zu haben.[32] Dies offenbarte die Schwierigkeit vieler Zeitgenossen, die bis dahin nicht bekannte, von Krisen begleitete Dynamik ihrer Epoche angemessen zu verarbeiten. Weil der moderne Antisemitismus vielfältig gekoppelt war mit Störungen der modernen Gesellschaft und an eine manifeste, antimoderne Stimmung anknüpfte, erzielte er eine außerordentliche Breiten- und Tiefenwirkung. Als politisch eigenständige Bewegung war er erfolglos; über Verbände und Interessengruppen aber, die für den politischen Willensbildungsprozeß im Kaiserreich von überragender Bedeutung waren, durchdrang er ausgangs des 19. Jahrhunderts nachhaltig die wilhelminische Gesellschaft, deren demokratische Kräfte zu schwach waren, ihn wirksam zu bekämpfen. Er begann, ein anderes Gesicht zu zeigen, war nicht länger ein spektakuläres Randphänomen, sondern auf fast allen Ebenen der Gesellschaft alltäglich. Er entwickelte sich zu einer überparteilichen Gesellschaftsströmung, die als soziale Norm keiner besonderen Rechtfertigung mehr bedurfte.[33] Diese qualitative Bedeutungsverschiebung des Antisemitismus der 1890er Jahre ist bislang in der Forschung nicht hinreichend nachvollzogen worden und legt nahe, zwischen den ersten beiden antisemitischen Wellen des Kaiserreichs eine deutlichere Zäsur zu setzen.[34]

Die nachhaltige Wirtschaftskrise seit 1873 war auslösendes Moment für die Herausbildung des modernen Antisemitismus.[35] Nach Jahrzehnten der

31 Vgl. Rainer Erb/Werner Bergmann, Die Nachtseite der Judenemanzipation. Der Widerstand gegen die Integration der Juden 1780 – 1860, Berlin 1989, S. 54. Die Studie datiert den Wandel vom traditionellen Judenhaß zum modernen Antisemitismus in Deutschland auf die erste Hälfte des 19. Jahrhunderts vor.

32 Jochmann, Struktur und Funktion, S. 459 – 460; Rürup, Emanzipation und Antisemitismus, S. 115.

33 Vgl. Shulamit Volkov, Jüdisches Leben und Antisemitismus im 19. und 20. Jahrhundert, München 1990, S. 13 – 36; Klemens Felden, Die Übernahme des antisemitischen Stereotyps als soziale Norm durch die bürgerliche Gesellschaft Deutschlands (1875 – 1900), phil. Diss., Heidelberg 1963.

34 Vgl. die folgende Studie dieses Bandes.

35 Vgl. Hans Rosenberg, Große Depression und Bismarckzeit, Berlin 1967, S. 58 – 77.

Prosperität, den mit ihr verbundenen spekulativen Erwartungen und der allgemeinen Hochstimmung seit der Nationalstaatsgründung wirkte der plötzliche Kriseneinbruch schockierend und desillusionierend, verschärft durch wirtschaftliche und soziale Spannungen, die mit dem strukturellen Umbau der Gesellschaft zusammenhingen. Eine tiefgreifende und anhaltende Krisenstimmung kam auf, die in keinem Verhältnis zum Anlaß stand und sich zu einer allgemeinen Identitätskrise auswuchs. In diesem Klima neigten viele Zeitgenossen zu einer verzerrenden Wahrnehmung der Wirklichkeit, zu aggressiver Intoleranz, zu phantastischen Verschwörungs- und »Wahnvorstellungen«.[36] Vorurteile wurden gebündelt und radikalisiert, Ausdruck eines Denkens, das die Gesellschaft polarisierte und in »Reichsfeinde« und »Reichstreue« teilte. Nicht fähig, sich grundlegend demokratisch zu öffnen, abweichende Lebensformen als Bereicherung zu begreifen und Kultur als lebendigen Austausch, als Auseinandersetzung mit dem Fremden zu begreifen, neigte das Deutsche Kaiserreich zum Freund-Feind-Denken. Ein Klima sozialer Aggressionen entstand, das aggressiv innere Homogenität erwartete und gefährlich für nicht-integrierte Bevölkerungsgruppen wurde: für Katholiken, Polen, Sozialisten und – Juden.[37] Ausgangspunkt der in mehreren Wellen auftretenden antisemitischen Bewegung der 1870er Jahre war Berlin. Der neue Judenhaß fand zunächst seinen Ausdruck in einer Serie antijüdischer Schriften und Veröffentlichungen, die um 1880 und 1892/93 – nach Auslaufen der Sozialistengesetze – ihre Höhepunkte hatte. Allein in der Bismarckzeit entstanden rund 500 derartige Publikationen.[38] Die antijüdische Publizistik Mitte der 1870er Jahre spielte sich auf dem Hintergrund eines Richtungskampfes zwischen dem bis dahin dominierenden Liberalismus und dem Konservatismus ab.[39] Die Diskreditierung liberaler Wirtschaftsgesetzgebung durch die anhaltende Krise führte zum Auseinanderbrechen dieser »Koalition«, so daß die Dominanz des Liberalismus gestoppt wurde und er schließlich auch seine politische »Farbe« wechselte. Seit der politischen Wende 1878/79 war er nicht mehr »regierende Partei«.[40]

36 Hans Rosenberg gebrauchte diesen Begriff im Zusammenhang der konservativen Wende kurz nach der Reichsgründung: »In recht weitgehendem Maße war die Trendperiode von 1873 – 1896 ein zu Wahnvorstellungen neigendes Zeitalter der Neurose. Zu seinen hervorstehenden Merkmalen gehören die groteske Angst vor den ›Roten‹ und dem ›Umsturz‹, der Klassen- und Judenhaß [...].«; Rosenberg, Depression, S. 56 – 57.

37 Vgl. Hans-Ulrich Wehler, Das Deutsche Kaiserreich 1871 – 1918, Göttingen 1988[6], bes. S. 96 – 118; Rürup, Emanzipation und Krise, S. 27 – 41; Hans-Günter Zmarzlik, Antisemitismus im Deutschen Kaiserreich 1871 – 1918, in: Schulin (Hrsg.), Juden, S. 249 – 270.

38 Vgl. Felden, Übernahme.

39 Vgl. Paul W. Massing, Vorgeschichte des politischen Antisemitismus, Frankfurt a.M. 1986, S. 1 – 39.

40 Vgl. Reinhard Rürup, Deutschland im 19. Jahrhundert, 1815 – 1871, Göttingen 1984, bes. S. 224 – 225; Heinrich A. Winkler, Vom linken zum rechten Nationalismus. Der deutsche Liberalismus in der Krise von 1878/79, in: Geschichte und Gesellschaft, 4. Jg., 1978, Heft 1, S. 5 – 28.

Dieser politische Hintergrund schuf einen völlig neuen Resonanzboden für antisemitische Ausfälle, so daß die neue judenfeindliche Welle ihr Stigma einbüßte, eine Sache des »dummen Kerls«[41], des Pöbels und der Straße zu sein, sie wurde gesellschafts- und hoffähig. Diese bereits von den Zeitgenossen wahrgenommene neue Qualität der Judenfeindschaft[42] dokumentierte, daß beachtliche Teile der Eliten des Kaiserreichs begannen, Feindbilder auszubilden oder mitzutragen.

IV

Für Aufsehen sorgte 1875 eine zunächst anonym erscheinende Artikelserie in der »Neuen Preussischen Zeitung« (»Kreuzzeitung«), dem Hauptorgan des preußischen Konservatismus: »Die Aera Bleichröder – Delbrück – Camphausen und die neue deutsche Wirtschaftspolitik«.[43] Wegen ihres Erfolges erschienen die fünf Artikel auch als Sonderdruck. Verfasser war Franz Perrot, offenbar gemeinsam und in Absprache mit führenden konservativen Kreisen.[44] Hintergrund des publizistischen Vorstoßes war die Selbsteinschätzung konservativer Kräfte, sich politisch hoffnungslos in der Defensive zu befinden. Die Wahlen 1874 wurden verloren, die liberale Seite dagegen war Gewinner, verfügte über die absolute Mehrheit im Reichstag und war in der Koalition mit Bismarck dominierende politische Kraft. Bei vielen Konservativen hatte sich die Stimmung verbreitet, ihre Zeit sei abgelaufen, obgleich kein Zweifel daran bestehen konnte, daß der nach wie vor im Militär, der Bürokratie und am Hofe tonangebende preußische Konservatismus ein unerschütterliches Monopol auf die wichtigsten Schaltstellen der Macht behauptete. Weil es dem Konservatismus aber an einer breiten sozialen Basis fehlte, verstärkte die Krise seit 1873 noch das Gefühl, die traditionelle Vormachtstellung unwiderruflich eingebüßt zu haben. Andererseits waren liberale Politik und Gesetzgebung, wie sie in jenen Jahren Bismarcks liberale Minister Delbrück und Camphausen repräsentierten, durch die schwere

41 August Bebel nahm in seiner Wertung der neuen Judenfeindschaft Mitte der 1870er Jahre diese Formel vom »Sozialismus des dummen Kerls« auf, vertrat selbst aber einen anderen Standpunkt; vgl. August Bebel, in: Hermann Bahr, Der Antisemitismus. Ein internationales Interview, hrsg. v. Hermann Greive, Königstein/Ts. 1979, S. 24.

42 Diese hatte wohl auch Theodor Mommsen im Auge, wenn er vom »Kappzaum der Scham« sprach, der bis zur politischen Wende 1878/79 die gesellschaftlichen Eliten daran gehindert hatte, sich öffentlich mit diesen Positionen zu identifizieren; vgl. Theodor Mommsen, Auch ein Wort über unser Judenthum, in: Walter Boehlich (Hrsg.), Der Berliner Antisemitismusstreit, Frankfurt a.M. 1988, S. 222.

43 Neue Preussische Zeitung (»Kreuzzeitung«), Die Aera Bleichröder – Delbrück – Camphausen und die neue deutsche Wirtschaftspolitik, Nr. 148 – 152, 29. 6. bis 3. 7. 1875; alle folgenden Zitate aus Nr. 148; gegründet 1848, vertrat die Zeitung die extreme Rechte des preußischen Konservatismus.

44 Vgl. Peter G. Pulzer, Die Entstehung des politischen Antisemitismus in Deutschland und Österreich 1867 – 1914, Gütersloh 1966, S. 78; Katz, Vorurteil, S. 260 – 262.

IV. Jahrgang. Die 1875.

BREMSE.

Satirisch-humoristisches Wochenblatt.
Herausgegeben von Dr. J. Sigl.

№ 34. Preis in Bayern: halbjährlich 1 fl. vierteljährlich 30 kr. 21. August 1875.

Aera Bleichröder.

„Die Reichsgrundlag' sei ideal!"
Räth uns die Allgemeine.
Viel besser ist doch das Metall
Und gilt'ge Kassenscheine.

Von schnödem Mammon wird ein Hauf'
Gesammelt und geschaaret;
Und eine Herrschaft baut sich drauf
Mit der ihr nie gut fahret.

Titelblatt des satirischen Wochenblattes *Die Bremse* vom 21. August 1875, aus: Eduard Fuchs, die Juden in der Karikatur. Ein Beitrag zur Kulturgeschichte, München 1921, S. 163.

Die Zeitschrift nahm mit ihrem Titel Bezug auf eine aufsehenerregende Artikelserie in der Konservativen *Kreuzzeitung*, die Bismarcks jüdischen Finanzberater v. Bleichröder attackierte.

Wirtschaftsflaute so stark in Frage gestellt worden, daß die Konservativen erstmals die echte Chance zur Schwächung des politischen Gegners und zu einer Wende im Reich sahen. Die Bedeutung der »Aera-Artikel« lag darin, daß mit ihnen zur Erreichung eines politischen Ziels erstmalig die »antijüdische Karte« gespielt wurde. Indem Perrot die in seinen Augen diskreditierte Wirtschafts- und Finanzpolitik vor allem mit dem Einfluß von Bismarcks jüdischem Finanzberater Bleichröder in Verbindung brachte, war der verhängnisvolle Verdacht in die Politik eingebracht worden, alle fragwürdigen und beunruhigenden Zeiterscheinungen hingen mit dem schädlichen Einfluß reicher Juden zusammen.

Zunächst sprach Perrot die Wirtschaftskrise an. Tief saß die Verbitterung über die entstandene Lage, ein Nährboden für Überzeichnungen und Verschwörungstheorien: »Selten, vielleicht niemals vorher in der Weltgeschichte, ist eine Zeitperiode für eine großartig angelegte National-Wirthschaftspolitik günstiger gewesen [...] und vielleicht niemals ist ein großer Moment [...] vollständiger verpfuscht worden.«[45] Die Konservativen gaben nun vor,

45 Kreuzzeitung, Nr. 148.

die eigentliche Ursache für die anhaltende Krise ausgemacht zu haben und die vorgeblich zerstörerischen Kräfte des Freihandels, der Gewerbefreiheit und Freizügigkeit beim Namen nennen zu können. Auf der Suche nach Verantwortlichen richtete sich der Blick des Verfassers nicht zufällig auf eine bestimmte Person in der Umgebung des Reichskanzlers, auf Bleichröder; dieser war »mosaischen Glaubens« und »regierender Banquier« und wurde als der »intellectuelle Urheber«, das heißt als der eigentliche Kopf einer verfehlten Politik bezeichnet.[46] An dieser Sichtweise war durchaus etwas Wahres. Bleichröder spielte eine wichtige Rolle; er gehörte zu den großen jüdischen Bankiersfamilien, war Direktor der wichtigsten Berliner (Privat-) Bank und Bismarcks Finanzberater in staatlichen und privaten Angelegenheiten, galt weithin als Symbolfigur jüdischer »Geldmacht«.[47] Dem Verfasser ging es aber offensichtlich nicht nur um die Feststellung von Tatsachen. Wie viele andere sah auch er in Bleichröder den Protagonisten eines aufsehenerregenden Aufstiegs der Juden, verstieg sich aber zu der Behauptung, in Bleichröder den Exponenten einer politisch einflußreichen, verschworenen, im Hintergrund die Fäden ziehenden Bevölkerungsgruppe identifizieren zu können. Bleichröder war Jude: Das reichte 1875 offenbar bereits aus, um in der Öffentlichkeit glaubhaft auf die stereotype Gleichsetzung von »Jude« und »Geldmacht« setzen zu können, ohne sich mit dieser Vorstellung ins politische Abseits zu manövrieren: »Wenn zugleich die Geld- und Wirthschaftspolitik des deutschen Reiches immer den Eindruck von Judenpolitik (d.h. von und für Juden betriebener Politik und Gesetzgebung) machte, so ist dies sehr erklärlich, da der intellectuelle Urheber dieser Politik, v. Bleichröder, selbst ein Jude ist.«[48] Ganz im Gegenteil schien eine solche Sichtweise doch gerade die Chance zu bieten, aus einer Defensivposition herauszukommen. Indem die Vormachtstellung des Liberalismus im Bündnis mit Bismarck zur »jüdischen Geldmacht« und »Judenpolitik« dämonisiert wurde, sollte der Liberalismus wirkungsvoll diffamiert und geschwächt werden, denn unter Konservativen galten die Juden allgemein als die »Avantgarde der Liberalen«.[49] Juden der Vorherrschaft in der Wirtschaft zu bezichtigen, war Mitte der 1870er Jahre allerdings nicht mehr ganz neu.[50] Neu war, sich von einer öffentlich vorgebrachten Furcht vor der universellen jüdischen »Geldmacht« die Verbesserung einer politischen Position erhoffen zu kön-

46 Ebd.

47 Vgl. Fritz Stern, Gold und Eisen. Bismarck und sein Bankier Bleichröder, Reinbek b. Hamburg 1988.

48 Kreuzzeitung, Nr. 148.

49 Jochmann, Struktur und Funktion, S. 404.

50 Vgl. Otto Glagau, Der Börsen- und Gründungsschwindel in Berlin, 2 Bde., Berlin 1876/Leipzig 1877. Glagau prägte das Schlagwort »Die soziale Frage ist die Judenfrage« und bündelte damit die Ängste des Mittelstandes in einer ungemein wirkungsvollen Formel.

nen. Bismarck: »Ein Judenknecht«; die Ursache der Misere: »Eine jüdische Verschwörung« – das war der Kern dieses Feindbildes. Einmal in die Politik eingebracht, begann es, eine Eigendynamik zu entwickeln und zum Politikum zu werden, indem es nachhaltig zur Vergiftung des innenpolitischen Klimas beitrug. Schließlich war nicht mehr eindeutig auszumachen, wieweit ihre Urheber selbst davon erfaßt waren. Paradoxerweise scheint also gerade die Demokratisierung des politischen Willensbildungsprozesses Feindbildern neue Wirkungsfelder eröffnet zu haben.

Die Verbitterung über die hoffnungslose Situation des eigenen Lagers verleitete Perrot zu weiteren extremen Verzerrungen der Wirklichkeit. Ausgangspunkt war wieder die Bezugnahme auf allgemein bekannte Umstände: die herausragende politische Rolle Eduard Laskers und Ludwig Bambergers als führende Vertreter des Liberalismus im Reichstag: »Dazu kommt, daß unsere Mitbürger semitischer Race und mosaischen Glaubens zugleich die intellectuelle Führung der Gesetzgebung in unseren Vertretungskörpern übernommen haben [...]. [Die Juden sind] die eigentlichen Führer der sogenannten ›national-liberalen‹ Majorität des Reichstages [...] wir werden zur Zeit von den Juden eigentlich regiert.«[51] Indem Perrot aber Symbolfiguren der Liberalen in der Öffentlichkeit gleichsam wieder als Juden kenntlich machte und wie Angehörige einer verschworenen Gruppe behandelte, entfaltete er ein weiteres zentrales Element seines Feindbildes: Die Juden hätten die Schaltstellen der Macht im Staat besetzt und kontrollierten insgeheim Regierung und Parlament. Liberale Politik und Gesetzgebung wurden damit zur »Judenpolitik« stilisiert. Dieses verzerrte Bild entwickelte das konservative Lager bezeichnenderweise in dem Augenblick, als es die eigene politische Ohnmacht am schmerzhaftesten empfand. Obwohl die allgemeine Krise vor allem den Liberalismus schwer angeschlagen hatte, war es bisher nicht gelungen, ihn entscheidend zurückzuwerfen. In dieser Situation war die Wahrnehmung der Juden als einer übermächtigen Gruppe nur der verzerrte Reflex auf die Führungsrolle des verhaßten Liberalismus. Wie bedrohlich der Verfasser die Lage empfand, ging aus der Aufforderung an die Leser hervor, gegen die liberale Ära »mobil« zu machen, in der bisher eine »durch und durch jüdisch-börsenpolitische Presse [...] jede Aufklärung verhindere.« Das Stillschweigen über die einflußreiche Stellung der Juden müsse aufhören, da diese nicht wünschten, »daß das von ihnen regierte deutsche Publikum die hinter den Kulissen hergehenden goldenen Drahtseile bemerke, mittels welcher der sehr geschickt angelegte Mechanismus der bestehenden Geldregierung gehandhabt wird.«[52] Perrot wollte ein Zeichen setzen, um das konservative Lager wieder in die Offensive zu bringen und fügte

51 Kreuzzeitung, Nr. 148.
52 Ebd.

seinen Anfeindungen das Motiv der jüdischen Vorherrschaft in Presse und Reichstag hinzu. Die Angst vor dem politischen Abseits, die verzweifelte Wut über einen unverdienten, politischen Machtverlust hatten die Bündelung und Radikalisierung von Vorurteilen bewirkt und sie zu einem Feindbild verdichtet, das zentrale gesellschaftliche und politische Bereiche umfaßte, ein außerordentliches Furchtpotential aufwies und »den Juden« attackierte, aber »den Liberalen« meinte.

V

Bis zur Veröffentlichung seiner antisemitischen Schrift: »Der Sieg des Judenthums über das Germanenthum. Vom nicht-confessionellen Standpunkt aus betrachtet«[53], die noch im Erscheinungsjahr elf Auflagen erreichte, war Wilhelm Marr ein erfolgloser, liberaler Autor gewesen.[54] Im selben Jahr aber wurde er bereits zur entscheidenden Figur bei der Gründung der »Antisemiten-Liga«, die in ihrem Namen das sich überall durchsetzende Schlagwort vom »Antisemitismus« aufgriff.[55] Der Titel seiner Schrift war ein eindeutiger Hinweis, daß Marr die »Judenfrage« – nicht länger emanzipatorisch, sondern antisemitisch gestellt – als Kernproblem der Gegenwart betrachtete. Alle Übel der Gesellschaft wollte er dem negativen Einfluß der Juden zugeschrieben wissen und prägte damit ein neues, für die kommenden Jahrzehnte sehr folgenreiches Politikkonzept. Schon im Vorwort stellte er in scharfer Weise den Gedanken einer tödlichen Bedrohung der Gesellschaft durch die Juden in den Mittelpunkt. Sie wurden nicht mehr als minderwertige und verachtete Menschen am Rande der Gesellschaft, sondern als eine beunruhigende und mächtige, im Zentrum der Gesellschaft stehende Gruppe wahrgenommen. Das alte Bild stimmte nicht mehr, sie seien gar nicht so marginal, wie bisher angenommen: Sie seien eine Macht, eine »Weltmacht«! Früher habe man sie verachtet, nun aber mußte man sie fürchten: »Angegriffen sind die Juden und das Judenthum schon unzählige Male [...]. Zu dem [...] Eingeständnis, daß Israel eine Weltmacht ersten Ranges geworden ist, hat es unser Dünkel nicht gebracht. Wir haben wohl die Juden, aber – uns selbst nicht erkannt.«[56] Marrs Botschaft an seine Leser war offenbar Ausdruck einer hochgradigen inneren Verunsicherung und machte einen Menschen sichtbar, den Angst umtrieb, der sich gelähmt, mit dem Rücken zur Wand wähnte, »unterjocht« und »besiegt«, wobei er die knapp 500 000 Juden in Deutschland gleich zu »Millionen Juden« vervielfachte: »Es mußte [...]

53 Wilhelm Marr, Der Sieg des Judenthums über das Germanenthum. Vom nicht confessionellen Standpunkt aus betrachtet, Bern 1879[3].

54 Vgl. Moshe Zimmermann, Wilhelm Marr. The patriarch of Anti-Semitism, New York 1986; Pulzer, Antisemitismus, S. 48 – 50; Katz, Vorurteil, S. 267 – 269.

55 Vgl. Anm. 30.

56 Marr, Der Sieg, S. 3.

endlich einmal die Thatsache [...] eingestanden werden, daß wir die Besiegten, die Unterjochten sind [...] ich habe ausgesprochen, was Millionen Juden im Stillen denken. Dem Semitismus gehört die Weltherrschaft.«[57] Marr reagierte in dämonisierender Weise auf den für viele so unbegreiflichen Tatbestand einer emanzipierten Judenheit, die auf vielfältige Weise, in Vereinen, Klubs und Lesegesellschaften, in Restaurants, der Oper und in Theatern zum äußerlich ununterscheidbaren Teil der bürgerlichen Gesellschaft geworden war. Immer wieder sprach Marr seine Leser direkt an und konfrontierte sie mit dem Gedanken, daß die rechtliche Gleichstellung von den Juden mißbraucht worden sei, um eine »Fremdherrschaft in den Parlamenten« anzutreten, sich zu »Dictatoren der Staatsfinanzen« aufzuschwingen, als »Gesetzgeber und Richter« zu fungieren und die Presse »zu beherrschen«.[58]

Marr wollte eine neue, »nicht-confessionelle« Perspektive einnehmen und erklärte die religiös motivierte Judenfeindschaft für »hirnverbrannt« und »blödsinnig«.[59] Ihm war bewußt, daß christliche Motive als mittelalterlicher Rückgriff betrachtet und daher nicht mehr ernst genommen worden wären. Religiös motivierte Ablehnung der Juden habe jahrhundertelang nur der Selbsttäuschung gedient. In Wahrheit gehe es um »das Ringen der Völker gegen die [...] Verjudung der Gesellschaft, als ein Kampf um's Dasein«[60]; »Der germanische Staat zersetzt sich [...] in rapidester Weise.«[61] Als Zeitgenossen einer liberal beeinflußten, sich säkularisierenden Welt verblaßten für Antisemiten wie Marr die Muster des tradierten christlichen Judenhasses. Ethnische Zugehörigkeit wurde für die Charakterisierung der Judenheit wichtiger als Konfession. Vor dem Hintergrund einer fragwürdigen, aber ständig zunehmenden Biologisierung gesellschaftlicher Prozesse bildete sich eine scharf akzentuierte Vorstellung von der rassischen Andersartigkeit der Juden heraus. Sie wertete das alte Vorurteil von einer spezifisch jüdischen Physiognomie auf, indem es ihm den Anschein von Wissenschaftlichkeit und damit von Glaubwürdigkeit verlieh. Das stereotype Bild von der krummen Nase, dem dunklen, fettigen Haar und den sinnlichen Lippen eignete sich in seiner rassistischen Zuspitzung dazu, Ängste vor überlegener sexueller Potenz und hemmungslosem Triebverhalten einer fremden, jüdischen Rasse zu wecken.[62] »Der Jude« war damit nicht mehr assimilierbar, ein Fremdkör-

57 Ebd., S. 48.
58 Marr, zit.n. Katz, Vorurteil, S. 268.
59 Marr, Der Sieg, S. 8.
60 Ebd., S. 3.
61 Ebd., S. 45.
62 Über den Zusammenhang von körperlichen Merkmalen und der Herausbildung von Stereotypen vgl. Sander L. Gilman, Rasse, Sexualität und Seuche. Stereotype aus der Innenwelt der westlichen Kultur, Reinbek b. Hamburg 1992; Rainer Erb, Die Wahrnehmung der Physiognomie der Juden: Die Nase, in: Heinrich Pleticha (Hrsg.), Das Bild des Juden in der Volks- und Jugendliteratur vom 18. Jahrhundert bis 1945, Würzburg 1985, S. 107 – 126.

Der

Sieg des Judenthums

über das

Germanenthum.

Vom

nicht confessionellen Standpunkt aus betrachtet

von

W. Marr.

Væ Victis!

Achte Auflage.

Bern,
Rudolph Costenoble.
1879.

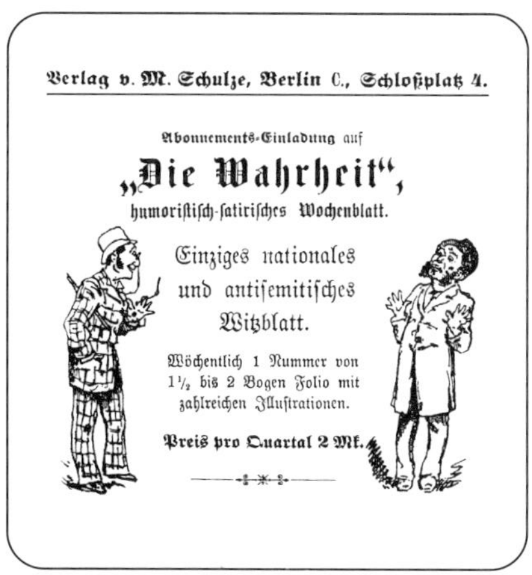

Judenfeindliche Schriften der 1880er Jahre.
Allein in der Bismarckzeit entstanden rund 500 antisemitische Publikationen.

per, ein Feind, dessen animalische Kraft ebenso gefährlich wie »gemeinschaftsfremd« erschien. Sozialdarwinistische und antisemitische Ideologien gingen eine folgenreiche Verbindung ein. Die Vorstellung von Weltgeschichte als einem antagonistischen Kampf zwischen Völkern und Rassen zog sich wie ein roter Faden durch Marrs Schrift. »Es ist wie im Krieg«, beschrieb er die Lage.[63] In einer Art moderner Weltuntergangsangst steigerte er sich in Vorstellungen eines endzeitlichen Kampfes »wir oder sie« hinein. Die geschichtliche Selbstbehauptung der jüdischen Minderheiten in der Diaspora wurde zu einem Beweis für besondere rassische Eigenschaften verdreht. Wegen ihres überlegenen und bedrohlichen Sondercharakters erklärte Marr in seinem Zerrbild von Weltgeschichte die Juden zum Feind aller Deutschen: »Kein Triumphator der Alt- und Neuzeit kann sich solcher [...] Erfolge rühmen, als der letzte Schacherjude, der an der Straßenecke auf dem Karren Band feilbietet – Ohne Schwertstreich [...] ist das Judenthum heute der social-politische Dictator Deutschlands geworden [...].«[64]; »Wir sind die Besiegten und es ist ganz in der Ordnung, daß der Sieger ›Vae victis‹ ruft.«[65]

Marrs Vorstellung vom übermächtigen Judentum stand ein Selbstbild vollständiger eigener Ohnmacht gegenüber. Ihm erschien die Lage als hoffnungslos. Er sah sich und die Gesellschaft am Ende, ließ sich aber nicht abhalten, die Unzufriedenen der Gesellschaft gegen die angebliche Judenherrschaft zu mobilisieren. Seine apokalyptische Weltsicht, die den Niedergang der vormodernen, ständisch verfaßten Welt als Weltuntergang mißverstand, hatte ihren Hintergrund in der weit verbreiteten, überzogenen Krisenstimmung. Unter den »Verlierern« einer Gesellschaft im Umbruch verstärkten sich die Gefühle der Verunsicherung und Verbitterung. Besonders kleinbürgerlichen Bevölkerungsschichten machte die Konkurrenzgesellschaft zu schaffen, in der sich scheinbar nur der wirtschaftlich Stärkere behauptete. Konkurrenz forderte zu großen Leistungen heraus, verlangte dem Individuum aber ein ungleich selbstverantwortlicheres Leben ab, als es die ständisch verfaßte Gesellschaft getan hatte. Wer nicht mithalten konnte, interpretierte das gesellschaftliche Leben leicht als »Kampf ums Dasein«. Er wurde anfällig für eine Verkennung der Realitäten und rechnete sich wie Marr zu den Verlierern, so daß auch hochgradig verzerrende Weltbilder wie der Rassismus Verbreitung fanden. Die Identifikation mit einer starken Rasse befriedigte das Bedürfnis nach Wiederaufrichtung eines verlorenen Selbstwertgefühls. Als vermeintliches Opfer war es gedanklich kein großer Schritt, ein Recht auf gewaltsamen Widerstand zu beanspruchen. Moralische Bedenken konnten leicht außer acht gelassen werden, weil man sich in Übereinstim-

63 Marr, Der Sieg.
64 Marr, Der Sieg, S. 23.
65 Ebd., S. 30.

mung mit naturgesetzlichen Prozessen sah.[66] Marr stellte rassistische Motive ins Zentrum seines Feindbildes: »Der Jude« war der »Andersartige«, der wegen unveränderlicher und bedrohlicher Eigenschaften für immer ausgegrenzt werden konnte.[67] Wer so über die Judenheit schrieb, hatte eine Weltanschauung, die sich die Rettung der eigenen Welt nur durch die Zerstörung und Vernichtung von »Feinden« vorstellen konnte.

VI

Adolf Stoecker war Pastor der evangelischen Kirche und brachte es als einer der Hofprediger am Dom in Berlin zu hohem Ansehen bei Hofe. Konservativ in seiner Gesinnung, trat er auch als hervorragender politischer Redner an die Öffentlichkeit und wurde ein erfolgreicher antijüdischer Agitator.[68] Den Hintergrund seines politischen Auftretens bildeten Befürchtungen des konservativ-protestantischen Lagers, seine einflußreiche Stellung in der Gesellschaft dauerhaft zu verlieren.[69] Im Zeitalter des allgemeinen Wahlrechts mußte eine gesellschaftliche Machtstellung auch eine breite soziale Basis haben und im Kampf um Wählerstimmen behauptet werden. Stoecker war überzeugt, daß der Konservatismus eine aktive Sozialpolitik betreiben müsse, um seine Stellung halten und der organisierten Arbeiterbewegung das Wasser abgraben zu können. Er gründete die »Christlich-Soziale Arbeiterpartei«, die allerdings bei Arbeitern erfolglos blieb. Anklang fand Stoecker mit seiner in »Christlich-Soziale Partei« umbenannten Organisation dagegen beim gewerblichen Mittelstand, den unteren Angestellten und Beamten sowie der akademischen Jugend.[70] Im Mittelstand stieß ein antijüdisches Feindbild auf große Resonanz. Erstmalig war eine konservative Kraft außerhalb des traditionellen konservativen Lagers erfolgreich – und sie war es, *weil* sie antisemitisch war.

Unter Stoeckers Reden zur »Judenfrage« gibt die Rede in der Berliner Bockbrauerei von 1883 einen guten Einblick in den Prozeß der Vermittlung eines Feindbildes.[71] Stoecker ging zu Beginn seiner Rede auf Vorfälle im Landtag ein, wo ein jüdischer Abgeordneter in einer persönlichen Erklärung – auf die

66 Mit dem sich im Übergang zum 20. Jahrhundert ausbreitenden völkischen Denken gewann die Unbarmherzigkeit gegenüber Minderheiten und Außenseitergruppen eine neue Qualität. Wer sich im Sinne eines modernen, wissenschaftlichen Denkens als Vollstrecker der Naturgesetze begriff, hatte ein weltanschauliches Koordinatensystem, das das »Ausmerzen« und Vernichten von nicht-konformen Bevölkerungsgruppen zum »Schutz« des eigenen Volkes mit einschloß. Inhumanität entstand nicht nur aus einer Ablehnung der Moderne heraus, sondern war auch deren Teil.

67 Vgl. auch Eugen Dühring, Die Judenfrage als Rassen-, Sitten- und Kulturfrage, Karlsruhe/Leipzig 1881[2].

68 Vgl. Pulzer, Antisemitismus, S. 79 – 83; Katz, Vorurteil, S. 269 – 270.

69 Vgl. Massing, Vorgeschichte, S. 26 – 27.

70 Bei Stern, Bleichröder, S. 704, findet sich ein entsprechender Nachweis.

71 Adolf Stoecker, Christlich-Sozial. Reden und Aufsätze, Berlin 1890[2].

es nach der Geschäftsordnung keine Gegenrede gab – die antisemitische Bewegung angegriffen hatte. Damit habe er – so Stoecker – Verfahrensregeln der Parlamentsdebatte zu persönlichen Zwecken mißbraucht und der Volksvertretung Schaden zugefügt: »So etwas thut man im anständigen parlamentarischen Leben nicht, man mißbraucht das letzte Wort, das man hat, nicht, um Menschen zu beleidigen, die sich nicht wehren können. (Bravo!) Deutsch ist das nicht, aber jüdisch, meine Herren, jüdisch ist das. (Lebhafter, andauernder Beifall.)«[72] Der demagogische Beginn seiner Rede legte einen Teil von Stoeckers stereotyper Wahrnehmungsstruktur frei. Deutscher Redlichkeit und Anständigkeit standen bei ihm jüdische Durchtriebenheit und Eigennutz gegenüber. In ihrer kontrastiven Verwendung wurden diese Charakterisierungen als nationale Stereotypen im Sinne spezifischer, unveränderbarer Volkscharaktere gebraucht. »Der Deutsche« war anständig, »der Jude« dagegen durchtrieben. Den Zeitgenossen war der angesprochene Vorfall mit großer Wahrscheinlichkeit bis dahin – schon wegen seiner geringen Bedeutung – gar nicht aufgefallen. Auffällig wurde die Sache erst, als Stoecker auf die jüdische Herkunft oder Konfession anspielte. Indem er das parlamentarische Auftreten eines Abgeordneten als »jüdisch« wertete, machte er ihn vor aller Augen wieder zum Juden, zum Paria. Ein Stück Integration wurde wieder rückgängig gemacht. Das Eingehen auf vorgeblich skrupellosen »jüdischen« Eigennutz erinnerte die überwiegend mittelständischen Zuhörer an Gefühle der Ohnmacht und Hilflosigkeit, die ihnen in jenen Jahren sehr vertraut waren. Neue Herstellungsmethoden in der Wirtschaft, wie die Verfahren zur Massenproduktion, oder neue Vertriebstechniken, wie der Großhandel und später das Warenhaus, waren eine bedrohliche Herausforderung für die traditionelle Handwerker- und Einzelhandelsmentalität. Auch der »neue« Mittelstand der Angestellten war wegen fehlender Aussichten auf eine selbständige berufliche Zukunft tief verunsichert. Akademiker fürchteten um ihren vormals als sicher geltenden Status.[73] In diesen Schichten war das Unverständnis gegenüber dem raschen gesellschaftlichen Wandel am größten; hier war die Verbitterung, zu den Leidtragenden der Entwicklung zu gehören, am nachhaltigsten; hier galten noch die vorindustriellen Wertvorstellungen von redlicher, produktiver Arbeit; hier war die Enttäuschung allgemein, unverschuldet um den sozialen Status fürchten zu müssen. Die Disposition für eine überzogen selektive, durch anderslautende Erfahrungen nicht mehr korrigierbare Wahrnehmung der Realität wuchs beträchtlich. Und Stoecker lieferte für diese Wahrnehmungsstruktur eine passende Folie: Es sei »jüdisch«, andere in Abhängigkeit zu bringen und dar-

72 Stoecker, Christlich-Sozial, S. 428.

73 Vgl. Rosenberg, Große Depression; Norbert Kampe, Studenten und »Judenfrage« im Deutschen Kaiserreich, Göttingen 1988.

aus einen eigenen Vorteil zu ziehen. Das wollte das Publikum offensichtlich auch hören, wie den emotionalen Reaktionen zu entnehmen ist. Die raffgierigen, die unproduktiven Juden seien es, die die wirklich »schaffenden« Hände um die Früchte ihrer redlichen Arbeit brächten. Hinter dieser Vorstellung stand das gegen kapitalistische Gewinnformen gerichtete Credo eines vorindustriellen Denkhorizonts, das das »geheiligte«, alttestamentliche Prinzip verteidigte, der Mensch müsse sich im Schweiße seines Angesichts nähren. Die Nachkommen der Ghettobewohner, die ehemaligen Hausierer, Trödler und »Luftmenschen«: wie anders war ihr sozialer Aufstieg zu erklären als damit, daß sie – die doch selbst keine produktive Arbeit leisteten – ihren Erfolg auf Kosten anderer gründeten? »Der Jude« schädige durch seine parasitäre Existenz das nationale Wohl und nutze seine beherrschende Stellung an der Börse, den Banken und im Handel, um sich an dem zu bereichern, was andere erarbeiteten. Diesen »Feind« zu schlagen, versprach Stoecker, war das geeignete Mittel, die Welt wieder in Ordnung zu bringen und den althergebrachten Werten den angestammten Platz im Leben zurückzugeben.

Ein weiteres Element in Stoeckers Freund-Feind-Denken war, Juden dem Verdacht auszusetzen, keine zuverlässigen, keine »guten« Deutschen zu sein. Im Verlauf seiner Rede sprach er daher dem schon erwähnten jüdischen Abgeordneten grundsätzlich die Legitimation ab, sich kritisch in der Öffentlichkeit zu äußern: »Ich denke mir, Herr Straßmann hat in letzter Zeit so einige Angelegenheiten seiner Glaubensgenossen vor Augen gehabt (lebhafte Zustimmung). Da sind z.B. in Mühlhausen im Elsaß einige 20 bestrafte Subjekte, darunter nur zwei Christen, die anderen Juden, die haben sich in der schamlosesten Weise vom Militärdienst gedrückt, hat vielleicht Herr Straßmann an diese Subjekte gedacht?«[74] Juden dem Verdacht der Illoyalität auszusetzen, spielte auf alte, tiefliegende Erinnerungen an vormoderne Zeiten an, in denen Juden der christlichen Ständegesellschaft fremd und unheimlich waren. Ihre Brisanz aber erhielten solche Anspielungen in einer Situation, in der die eben zusammengeschlossene Nation dem Druck von Wirtschafts- und Modernitätskrisen ausgesetzt war. Viele Menschen wollten oder konnten unter diesen Umständen anderslautende Erfahrungen oder Informationen nicht mehr an sich heranlassen. Für Stoecker und seine Zuhörer spielte nur eine untergeordnete Rolle, wie es sich in Wirklichkeit mit der Beziehung von Juden zum Militärdienst verhielt. Sofern nur immer wieder aufgenommen wurde, was ins Weltbild paßte, wuchs auch die Bereitschaft, Halbwahrheiten, Überspitzungen und Verdrehungen für die Wirklichkeit zu halten. Der Mechanismus der Selbst-

74 Stoecker, Christlich-Sozial, S. 429.

regulierung und Ausbalancierung vorurteilsbeladener Wahrnehmung war außer Kraft. Die Juden als illoyale Deutsche, als Menschen ohne Vaterland: das war der Kern dieser feindseligen Redesequenz, gut geeignet, vom Publikum aufgenommen zu werden, das sich selbst zur anderen Seite rechnete, zu den »guten« Deutschen! Diese Resistenz gegen rationale Argumente hatte schon Th. Mommsen erkannt: »Sie täuschen sich, wenn Sie glauben, daß man da überhaupt mit Vernunft etwas machen kann [...]. Was ich Ihnen sagen könnte [...] sind doch immer nur Gründe, logische und sittliche Argumente. Darauf hört doch kein Antisemit.«[75]

Selten unterließ es Stoecker, in seinen Reden die zeitgenössischen antijüdischen Stereotypen zusammenzutragen und zu bündeln. Durch beständige Wiederholung bekamen sie zusätzliche Durchschlagskraft und kontrastierten auffällig mit den positiven mittelständischen Wertvorstellungen eines ehrlichen, tugendhaften, produktiven und gottesfürchtigen Lebens: »Wir wollen nicht, daß diese halbe Million Juden in Deutschland unser Volk in Mark und Bein vernichte und uns in unserem äußeren Wohlstand und in unseren sittlichen Grundlagen verwirre und zerrütte. (Bravo!). [...] wir werden nicht ruhen, auf alle diese Subjekte, auf alle die Bankerotte und Schwindeleien, Gründungen und Betrügereien [...] so lange aufmerksam zu machen, bis unser deutsches Volk [...] sich erhebt, um die jüdische Herrschaft, die Herrschaft des elenden Mammons, zugleich die Herrschaft des gemeinen Unglaubens, von sich abzuwerfen, bis daß es seine Freiheit wiedergewinnt, wie sie dem deutschen Volk geziemt (Anhaltender Beifall).«[76] »Jüdische Herrschaft«, »gemeiner Unglaube«, »Vernichtung des deutschen Volkes«, »Wohlstand und sittliche Grundlagen zerrütten«: Stoecker steigerte die zentralen wirtschaftlichen, politischen und kulturellen Motive des modernen Antisemitismus zu einem manifesten Feindbild. Zentral war der Gedanke von der Schaden bringenden jüdischen Machtstellung, gegen die im existentiellen Eigeninteresse, aus Gründen des Überlebens mobil gemacht werden müsse. Stoecker dämonisierte die emanzipierte Judenheit zu einer »Herrschaft des elenden Mammons«, eine Vorstellung, die den namenlosen Ängsten vieler Menschen einen Namen gab. Auf der Suche nach einem einfachen Begriff, nach einer Zauberformel für den »Ungeist«, der die äußere Wohlfahrt wie die inneren Werte der Nation zu zerstören schien, fand man in »dem Juden« das vermeintliche Böse, das auf furchterregende Weise auf allen Ebenen des Lebens seine zerstörerische Macht entfaltete.

Ganz geheuer schien Stoecker die Wirkung seiner Auftritte aber nicht gewesen zu sein: »Wir sind nicht schuld, die Nationen sind nicht schuld, wenn sie sich gegen die Juden erheben, sondern die Juden sind schuld, weil sie die

75 Zit. n. Bahr, Antisemitismus, S. 27.
76 Stoecker, Christlich-Sozial, S. 429 f.

Nationen bis auf's Blut reizen; wir haben unsern Mitbürgern immer gesagt: Bleibt streng auf dem gesetzlichen Weg, aber hört nicht auf, mit aller Energie diesen Greuelzustand zu bekämpfen.«[77] Oft kam es im Zusammenhang seiner Versammlungsreden zu kleineren Ausschreitungen gegen Juden. Auch wenn er zur Gewalt nicht direkt aufrief, so wurde doch deutlich, daß Stoeckers dämonisierendes Feindbild Gewalt prinzipiell legitimierte. Bereits die christliche Judenfeindschaft hatte Gewaltanwendung mit eingeschlossen, um Juden für ihre »gottesmörderische Tat« zur Rechenschaft zu ziehen. Die gleiche Folie schien auch Stoecker auf sein Judenbild zu legen. Sie seien schuld an der Strangulierung der deutschen Nation, suggerierte er seinen Zuhörern, selber schuld, wenn sich gewaltsamer Widerstand unter den Opfern regte!

VII

Die aufsehenerregenden Erfolge der Berliner Antisemitenbewegung waren der äußere Anlaß für den im Kaiserreich in hohem Ansehen stehenden Historiker und Publizisten Heinrich v. Treitschke, 1879 in den von ihm herausgegebenen »Preußischen Jahrbüchern« einen Artikel mit dem Titel »*Unsere Aussichten*«[78] zu veröffentlichen. Die Publikation hatte besonders in den gebildeten Bevölkerungskreisen eine beträchtliche Wirkung und löste in Berlin den sogenannten Antisemitismusstreit aus, der Treitschke zu weiteren Beiträgen veranlaßte.[79] Kennzeichnend für die Veröffentlichungen Treitschkes war sein Vorwurf an die Juden, sie schadeten durch das Festhalten an ihren Eigenarten der deutschen Nation. Ohne ihre Emanzipation ausdrücklich in Frage zu stellen, forderte er von ihnen, sich im Interesse nationaler Homogenität grundlegend zu ändern und den Deutschen vollständig anzupassen. Treitschke bestritt später nachdrücklich, Antisemit zu sein; indem er aber mit dem Prestige des einflußreichen Gelehrten die Berechtigung antijüdischer Vorbehalte unterstrich, trug er wesentlich bei, dem Antisemitismus den »Kappzaum der Scham« zu nehmen. Die im Titel des ersten Artikels aufgeworfene Frage nach »Unsere[n] Aussichten« beantwortete Treitschke sinngemäß mit düster, betrüblich und bedrohlich. Während er diese Aussicht zunächst im Zusammenhang einer außenpolitischen Analyse konstatierte, bezog er sie dann auch auf innenpolitische Vorgänge. Für Treitschke hatte die Antisemitenbewegung offensichtlich ihre Berechtigung. Er identifizierte sich mit ihr als einer »natürlichen Reaction des ger-

77 Ebd., S. 431.

78 Heinrich v. Treitschke, Unsere Aussichten, in: Preußische Jahrbücher 1879, zit. n. Boehlich (Hrsg.), Antisemitismusstreit, S. 7 – 14; ders., Noch einige Bemerkungen zur Judenfrage, ebd., S. 79 – 92.

79 Vgl. Katz, Vorurteil, 270; Boehlich (Hrsg.), Antisemitismusstreit, S. 239 – 266.

manischen Volksgefühls gegen ein fremdes Element«: »der Instinct der Massen hat [...] eine schwere Gefahr, einen hochbedenklichen Schaden des deutschen Lebens richtig erkannt; [...] ich behaupte, daß in neuester Zeit ein gefährlicher Geist der Überhebung in jüdischen Kreisen erwacht ist, daß die Einwirkung des Judentums auf unser nationales Leben sich neuerdings vielfach schädlich zeigt.«[80] Die schwere innere Krise kurz nach der Nationalstaatsbildung hatte viele Menschen tief getroffen und verunsichert. Die mühsam zusammengeschlossene Nation schien in Gefahr, sich unter dem Druck gesellschaftlicher Konflikte wieder aufzuspalten. Die Gleichzeitigkeit von Staatsgründung und Krise bewirkte einen allgemeinen Identitätsverlust.[81] Was bei Treitschke von dem Hochgefühl der Reichsgründung noch verblieben war, zeigte seine kleinlaute Bemerkung: »Unsere Gesittung ist jung; uns fehlt noch in unserem ganzen Sein der nationale Stil, der instinctive Stolz, die durchgebildete Eigenart.«[82] Nach dem Sieg über die äußeren »Feinde« folgte der Katzenjammer über die Heterogenität der »verspäteten Nation«. Die innere Lage wurde als instabil empfunden. Wirtschaftsdepression, Gegensätze unter den Einzelstaaten, eine nicht-integrierte Arbeiterbewegung und künstlich beschworene ethnische Konflikte verstärkten die Gefühle der Verunsicherung, so daß Menschen wie Treitschke wohl glauben mochten, die »ganze Welt sei aus den Fugen geraten«[83]. Treitschke reagierte daher auch aggressiv auf Zeiterscheinungen, die er als ursächlich für die Schwächung der deutschen Nation ansah. Jede vermeintliche Abweichung von der »nationalen Norm« wurde heftig attackiert. Juden hatten für Menschen mit seiner Wahrnehmungsstruktur eine hohe Sichtbarkeit. Ohne den erfolgreichen Prozeß ihrer Assimilation zur Kenntnis nehmen zu wollen, verzerrte Treitschke das Fortwirken einer jüdischen Gruppenidentität[84] auch nach der rechtlichen Gleichstellung in eine bedrohliche Energie der Juden, sich weiterhin der deutschen Nation zu entziehen. Hätte ihre Sonderexistenz in voremanzipatorischer Zeit keinen Schaden anrichten können, so wirke sich nun das Festhalten an ihren Eigenarten unter den Bedingungen der Gleichstellung in hohem Maße schädlich für Deutschland aus. Wer sich der deutschen Nation nicht vollständig unter- und einordnete, befand Treitschke, schwäche Deutschland. Die Juden sollten daher »Deutsche wer-

80 Treitschke, Unsere Aussichten, S. 9 – 10.
81 Rürup, Antisemitismus und Krise, S. 112.
82 Treitschke, Unsere Aussichten, S. 13.
83 Zmarzlik, Antisemitismus, in: Schulin, Juden als Minderheit, S. 256.
84 Vgl. zur Frage des innerjüdischen Identitätswandels und den Problemen einer modernen jüdischen Existenz in Deutschland bes. Michael A. Meyer, Jüdische Identität in der Moderne, Frankfurt a.M. 1992; Marion Kaplan, The Making of the Jewish Middle-Class. Women, Family and Identity in Imperial Germany, New York 1991; Reinhard Rürup, Integration und Identität: Probleme der jüdischen Sozialgeschichte in Deutschland seit dem 18. Jahrhundert, in: Jahrbuch 1989. Berliner Wissenschaftliche Gesellschaft, S. 93 – 108.

den, sich schlicht und recht als Deutsche fühlen«[85], die Minderheit sollte sein wie die Mehrheit.

Im Blickfeld einer überzogenen, extrem überzeichnenden Wertung der Besonderheiten jüdischer Gruppenexistenz lag zunächst ihr vergleichsweise höherer Grad an Urbanität. Die großen, in bürgerlichen Vierteln weitgehend unter sich bleibenden jüdischen Bevölkerungsgruppen in Berlin, Frankfurt am Main, Hamburg und anderen Städten schienen zu beweisen, daß sie weiterhin als fest geschlossene, vielfältig miteinander verbundene, ja verschworene Gemeinschaft außerhalb der deutschen Nation zu leben gedachten. Ein gewachsener, enger innerer Zusammenhalt der Juden, zurückgehend auf eine gemeinsame Leidensgeschichte und gleiche kulturelle Wurzeln, war auch unter den Marktbeziehungen einer Konkurrenzgesellschaft eine naheliegende und zweckmäßige Verhaltensweise, wurde aber als bedrohlicher Wettbewerbsnachteil für Nicht-Juden und damit als überlegene jüdische Machtstellung mißverstanden. In diesem Sinne erschien es Treitschke nur natürlich, daß sich mit der Antisemitenbewegung Widerstand in der Nation gegen gefährliche, divergierende Tendenzen regte. Wie er wünschten sich viele Liberale, die mit der Reichsgründung zu Anhängern nationaler Machtpolitik umgeschwenkt waren, die Nation als »monolithischen Block«[86], als geschlossene, nationale Gemeinschaft. In diesem Konzept eines starken Staates gab es keinen Platz für die Anerkennung eines Eigenrechts von Minderheiten. Der »Cultus der Nationalität«[87] konnte eine eigene Gruppenidentität von Minderheiten nicht gelten lassen[88] und hätte eine »offene Gesellschaft« als Schwäche empfunden. Ein in Teilen fehlentwickeltes deutsches Nationalbewußtsein zielte aggressiv auf innere Einheit durch Ausgrenzung und ließ den Gedanken nicht aufkommen, abweichende Lebensformen oder Eigenarten von Minderheiten als kulturelle Bereicherung anzusehen und zu respektieren.[89] Seinem Charakter nach war dieser Nationalismus »manichäisch«. Er attackierte aggressiv das Nicht-Gleiche, führte Feldzüge im Sinne von Zwangsassimilierung und Zwangsgermanisierung und übertrug dabei den Haß gegenüber äußeren Feinden auf das, was er im Innern als fremd oder fremdartig empfand.[90]

85 Treitschke, Unsere Aussichten, S. 10.

86 Ebd., S. 257.

87 Ludwig Bamberger, Deutschthum und Judenthum, in: Boehlich (Hrsg.), Antisemitismusstreit, S. 159.

88 Selbst ein Linksliberaler wie Theodor Mommsen forderte von den Juden die Aufgabe ihrer Eigenart als »Preis« für den »Eintritt in eine große Nation »; vgl. Mommsen, Judenthum, in: Boehlich (Hrsg.), Antisemitismusstreit, S. 227.

89 Vgl. Zmarzlik, Antisemitismus; Eva Reichmann, Flucht in den Haß. Die Ursachen der deutschen Judenkatastrophe, Frankfurt a.M. 1962²; Norbert Elias, Studien über die Deutschen, Frankfurt a.M. 1990.

90 Bamberger, Deutschthum, S. 158 – 159.

Treitschke begann nun in seiner Schrift grundsätzlich zu problematisieren, daß Juden überhaupt integrierbar seien. Vor allem aufgrund ihrer Religion hatte er Zweifel an ihrer Loyalität als Staatsbürger. Seit den aufgeklärt-liberalen Reformern galt die jüdische Religion unter Nicht-Juden als finstere Ausgeburt des Mittelalters: »Während alles von der Zeit bewegt wird und ihrer Entwicklung und Umgestaltung unterliegt, bietet der Jude allein derselben Trotz, steht gleichsam als ein versteinert lebendes Bild einer vergangenen Zeit unveränderlich unter uns und wird hierdurch, wie alles was der Zeit entgegen ist, widerlich.«[91] Die Thora wurde als »versteinerte« Gesetzesreligion betrachtet, die keine moralische Entscheidungsfreiheit zuließ und damit mit einer modernen Existenz nicht zu vereinbaren war. Treitschke radikalisierte dieses Vorurteil von der »veralteten« jüdischen Religion derart[92], daß er Juden – nicht in einem engen rechtlichen, wohl aber weiteren, kulturellen Sinne – für nicht integrierbar hielt und sie als einen bedrohlichen Fremdkörper der Nation wahrnahm. Die Selbstdefinition moderner Juden im Kaiserreich als »deutsche Staatsbürger jüdischen Glaubens«, die zugleich mit dem Verzicht auf die traditionelle jüdische Sonderexistenz den Anspruch dokumentierte, an der jüdischen Religion festzuhalten, faßte Treitschke als strikte Weigerung auf, sich der deutschen Kultur und Gesellschaft anzugleichen. Aus seinen Ausführungen war die nachhaltige Furcht herauszulesen, daß die in seiner Zeit unübersehbaren Säkularisierungstendenzen zu einem Niedergang und »Zerfall« der ganzen Gesellschaft führen könnten: »christlicher Geist lebt in allen gesunden Institutionen unseres Staates und unserer Gesellschaft. Das Judentum dagegen ist die Nationalreligion eines uns fremden Stammes, seinem Wesen nach mehr zur Abwehr als zur Bekehrung geeignet [...]. Man stelle sich nur vor, daß die Hälfte unseres Volkes sich vom Christentum lossagte: die deutsche Nation müßte zerfallen. Alles was wir deutsch nennen, ginge in Trümmer.«[93] Untergangsangst aber disponierte Treitschke, die Juden für die weitverbreitetete »Gottlosigkeit« und »Entchristlichung« der Welt verantwortlich und damit zu Projektionsflächen seiner existentiellen Unruhe zu machen. Wie groß die Versuchung war, aus dem Gefühl der Bedrohungsangst heraus zu überzeichnen und zu dämonisieren, zeigte die in seinen weiteren Ausführungen sichtbar werdende Steigerung des Unbehagens. Zunächst griff Treitschke auf die seit Mitte der 1870er Jahre kursierende Unterstellung zurück, der Gründerkrach

91 Motive zum württembergischen Gesetzentwurf »Über die öffentlichen Verhältnisse der Israeliten«: Württ. II. Kammer, 1824, 4. außerordentl. Beilagenheft, S. 97, zit. n. Rürup, Antisemitismus, S. 30. Darauf weist auch Michael A. Meyer hin: ders., Soll und kann eine »antiquierte« Religion modern werden?, in: Beck (Hrsg.), Juden, S. 67 – 85.

92 Vgl. Michael A. Meyer, Religion, S. 84. Meyer kommt zu dem Schluß, daß die jüdische Religion in Deutschland nie eine Chance erhielt, als gleichwertige Religion anerkannt zu werden.

93 Treitschke, Bemerkungen, S. 88 – 89.

sei vor allem auf jüdische Schwindelunternehmen zurückzuführen.[94] In einem nächsten Schritt beklagte der Gelehrte den kommerziellen Geist seiner Zeit und verstieg sich zu der Behauptung, der ihm unangenehme, »schnöde Materialismus unserer Tage« sei auf die Judenheit als Folge ihrer neuen, einflußreichen gesellschaftlichen Stellung zurückzuführen. Treitschke entpuppte sich damit als Anhänger einer vormodernen, vorindustriellen Welt, die er durch »jüdischen Geschäftsgeist« »erstickt« wähnte. Offenbar in einem Gefühl großer Bedrängnis steigerte er sich in eine Vorstellung hinein, die Teile der jüdischen Bevölkerungsgruppe zu »dem Juden« reduzierte, der grundsätzlich zum Schaden seiner Nachbarn agiere: »aber unbestreitbar hat das Semitenthum an dem Lug und Trug, an der frechen Gier des Gründer-Unwesens einen großen Antheil, eine schwere Mitschuld an jenem schnöden Materialismus unserer Tage, der jede Arbeit nur noch als Geschäft betrachtet und die alte gemüthliche Arbeitsfreudigkeit unseres Volkes zu ersticken droht; in tausend deutscher Dörfer sitzt der Jude, der seine Nachbarn wuchernd auskauft.«[95] Treitschke gehörte zu denen, die die Säkularisierung der Gesellschaft als jüdische Strategie fehldeuteten, den Staat zu »entchristlichen«, um sich mehr Einfluß zu verschaffen. Wie er fühlten sich viele Zeitgenossen durch die Auswüchse der Moderne beunruhigt und bedroht, die sie kulturpessimistisch als »Tanz um das goldene Kalb« werteten und für die sie vor allem die Juden verantwortlich machten.[96]

Den Abschluß des hier näher untersuchten Treitschke-Textes bildete der Rückgriff auf das Minderwertigkeitsmotiv, indem er künstlerisch tätige Juden als »semitische Talente dritten Ranges« abqualifizierte.[97] Man hat Treitschkes antisemitischen Ausbruch mit gekränkter Eitelkeit, mit persönlichen Motiven in Verbindung gebracht.[98] Es ist gut möglich, daß sie der extremen Steigerung seiner antijüdischen Affekte die Schubkraft lieferten; eine hinreichende Erklärung für die Entstehung eines Feindbildes stellt sie damit aber noch nicht dar. Treitschkes Hinweis auf den »schnöden Materialismus« gibt möglicherweise einen besseren Ansatz, sein Denken zu analysieren. Tiefe Betroffenheit des Bildungsbürgers über die Werteverschiebung in einer Wirtschaftsgesellschaft ist herauszulesen. Treitschke gehörte zu denen, die den »Triumpf des Geldes«[99] nicht akzeptierten und Bildung als eine soziale Auszeichnung betrachteten, geboren aus »reiner« Liebe zum Wahren, Guten und Schönen. Er glaubte an die »Aristokratie der Bildung«,

94 Vgl. Anm. 50.
95 Treitschke, Unsere Aussichten, S. 11.
96 Vgl. zum Komplex antimoderner Tendenzen bes. Fritz Stern, Kulturpessimismus als politische Gefahr, Bern 1973; Rürup, Antisemitismus und Krise, S. 50 – 51.
97 Treitschke, Unsere Aussichten, S. 11.
98 Vgl. Boehlich (Hrsg.), Antisemitismusstreit, S. 262 – 265.
99 Pulzer, Antisemitismus, S. 31.

so daß er Schwierigkeiten hatte, seine Zeit richtig zu verstehen, und von der Angst gepeinigt wurde, daß »der naive Glaube an die unfehlbare sittliche Macht der ›Bildung‹«[100] dauerhaft zerstört werden könnte. Hier wurde der Prozeß einer allmählichen Demokratisierung der Kultur völlig fehlinterpretiert, der dazu führte, daß Wissenschaft und Kunst nicht länger ausschließlich einer privilegierten, exklusiven Schicht vorbehalten blieben.[101] Bildung allein war nicht länger das einzige Statussymbol des Bürgertums, mit dem es sich über andere Schichten erhob. Angesichts der Ambivalenz und Brüchigkeit der bürgerlichen Gesellschaft befiel nun viele Zeitgenossen Angst vor »grundstürzenden« Kräften[102], und vor allem Gebildete und Gelehrte gelangten zu der Auffassung, die Kultur könne untergehen. Tatsächlich aber fürchteten sie für sich einen Statusverlust, der ursächlich für eine weit verbreitete pessimistische und modernitätsfeindliche Geisteshaltung wurde. Auf diese Weise wäre besser zu erklären, warum Treitschke den gesellschaftlichen Standortwechsel der Juden zu einem bedrohlichen »Machtergreifungsprozeß« verzerrte: »[...] über unsere Ostgrenze aber dringt Jahr für Jahr aus der unerschöpflichen polnischen Wiege eine Schaar [sic!] strebsamer hosenverkaufender Jünglinge herein, deren Kinder und Kindeskinder dereinst Börsen und Zeitungen beherrschen sollen [...].«[103] »Bis in die Kreise der höchsten Bildung hinauf [...] ertönt es heute wie aus einem Munde: die Juden sind unser Unglück!«[104] Dieser Ausruf, den Treitschke geschickt anderen in den Mund legte, faßte das Feindbild formelhaft zusammen. Alle Fehlentwicklungen in der Gesellschaft, behauptete Treitschke, ließen sich auf einen einzigen Begriff bringen: die Juden. Sie seien die Wurzel allen Übels. »Die Juden sind unser Unglück!« wurde zu einer Art Zauberformel, die die unangenehmen Seiten einer komplizierten Welt auf einen einfachen, aber inhumanen Nenner brachte. Sie hatte verführerische Kraft für alle, die über die Moderne beunruhigt waren und sich gegen eine Entwicklung auflehnten, für die die Juden gar nicht ursächlich waren.[105]

VIII

Die Motive des Feindbildes »Der Jude« hatte der moderne Antisemitismus nicht selbst hervorgebracht. Sie waren bei der Herausbildung der bürgerlichen Gesellschaft in einem Prozeß der Wandlung traditioneller antijüdischer Einstellungen geprägt worden. Zu einem manifesten Feindbild

100 Treitschke, Unsere Aussichten, S. 7.

101 Vgl. Jochmann, Struktur und Funktion, S. 403 – 405; Jürgen Kocka (Hrsg.), Bürgertum im 19. Jahrhundert, 3 Bde., München 1988, bes. Bd. 1, S. 11 – 78.

102 Die »Rote Gefahr« war ein weiteres, manifestes Feindbild des Kaiserreichs.

103 Treitschke, Unsere Aussichten, S. 9.

104 Ebd., S.13.

105 Jochmann, Struktur und Funktion, S. 459 – 460.

verdichtet, radikalisiert und politisch wirksam gemacht wurden sie von desorientierten, modernitätsfeindlichen Bevölkerungsschichten der 1870er und 1880er Jahre, deren Ängste eine Selbstkorrektur ihrer verzerrenden Wahrnehmung nachhaltig blockierten. Gemeinsamer Nenner ihres Denkens war die behauptete Schaden bringende, illegitime Machtstellung der Juden: »Der Jude herrscht«.[106] Früher waren die Juden verachtet – nun fürchtete man sie. Ein Feindbild mit hohem Furchtpotential entstand, das eine starke Tendenz zur Durchdringung aller Wahrnehmungsebenen, zur Entgrenzung aufwies. Die rechtliche Gleichstellung sei von den Juden im Stillen zum Aufbau einer unrechtmäßigen, ihnen nicht zustehenden Machtstellung mißbraucht worden. Die neue Stellung der Juden wirke nun wie ein »Gift« in der Gesellschaft. Sie wurde zur »Vorherrschaft«, »Diktatur« oder auch »Weltmacht« verzerrt, besonders im Zusammenhang mit Presse, Handel und Banken. Was viele Juden charakterisierte – sich eher und radikaler von ihrer vormodernen Existenz zu lösen, innovativere, »tauglichere und zwingendere Mittel in wirtschaftlicher, wissenschaftlicher und künstlerischer Leistung einzusetzen«[107] –, war in der nichtjüdischen Umwelt des Kaiserreichs in weiten Teilen besonders unerwünscht und wurde als »zersetzend« und »zerstörerisch« angefeindet, weil man in den Traditionen des christlichen Staates stärker verhaftet war und sich gegen schnelle Veränderungen wehrte. Man verdammte die Juden als Symbole oder Vorreiter der neuen Zeit und dämonisierte sie zu einer erdrückenden und bedrohlichen Macht. Der Ruf: »Die Juden sind unser Unglück!« faßte die modernitätsfeindliche Spitze des Feindbildes formelhaft zusammen. Mit der Vorstellung von einer furchteinflößenden jüdischen Machtstellung korrespondierte die Annahme, die Judenheit sei eine verschworene und nur auf ihren eigenen Vorteil bedachte Gruppe, die im Hintergrund die Fäden ziehe. Diesen angeblich untereinander auf Gedeih und Verderb verbundenen Juden fühlte man sich in einer Welt ohne feste Bindungen, in einer Leistungs- und Konkurrenzgesellschaft hoffnungslos unterlegen, wähnte sich in einer Abwehr- und Notwehrsituation und zeichnete ein Bild eigener Ohnmacht, des gesellschaftlichen Niedergangs oder des Weltendes. Aus dieser Perspektive ging es um alles oder nichts, das heißt um das eigene Überleben, so daß es grundsätzlich gerechtfertigt schien, als »Verfolgter« mit allen Mitteln gegen den »Feind« vorzugehen.

Die Einzelmotive der überlieferten Judenfeindschaft: Wucherer-, Minderwertigkeits- und Fremdenmotiv wurden durch das moderne antijüdische Feindbild transformiert und radikalisiert. Man bezog sich auf Elemente der Realität, stellte sie aber in einen anderen Zusammenhang, verallgemeinerte

106 So formulierte R. Wagner bereits 1850; vgl. Rürup, Emanzipation und Antisemitismus, S. 220.
107 Meyer, Jüdische Identität, S. 116.

in unzulässiger Weise und gab ihnen eine dämonisierende, entgrenzende Dimension: Aus dem Wucherer-Motiv wurde die Vorstellung von »dem Juden« als dem »Unproduktiven« abgeleitet, der grundsätzlich auf Kosten anderer lebe, zu körperlicher Arbeit nicht fähig und nicht bereit sei, sich eigennützig, betrügerisch und skrupellos bereichere und den Geschäftssinn zum Maßstab aller Dinge gemacht habe. Nichts habe mehr seinen angestammten Wert, alles aber seinen Preis. Damit zerstöre »er« alle Lebenswerte und ruiniere die Wohlfahrt der deutschen Nation. Aus dem Minderwertigkeits-Motiv wurde die Vorstellung von der ethnischen *»Andersartigkeit«* der Juden abgeleitet. Man sah in der Judenheit jetzt eine andere Rasse mit unveränderlich negativen Eigenschaften. Weil man ihr durch die rechtliche Gleichstellung völlig neue Wirkungs- und Einflußmöglichkeiten gegeben habe, stehe sie im Begriff, die für die deutsche Nation konstitutiven Werte und Traditionen unwiderruflich zu zerstören. Fehlende schöpferische Fähigkeiten aufgrund rassischer Minderwertigkeit kompensierten die Juden angeblich durch ein Übermaß an reproduzierender, kritischer und zersetzender Kraft zum Schaden ihrer nichtjüdischen Umgebung.[108] Das tradierte Fremden-Motiv führte im Zeitalter eines übersteigerten Nationalismus zur Vorstellung von »dem Juden« als dem *»Nicht-Deutschen«*. Die Einschätzung der Juden als Volk im Volke, als Staat im Staate, als wurzel- und heimatlos hatte erst in der Zeit der Nationalstaatsbildung einen aggressiven und bedrohlichen Akzent, weil man nun glauben mochte, die Juden unterminierten durch die Bewahrung ihrer Gruppenidentität die deutsche Nation, die ihre Kraft vor allem aus ihrer Homogenität schöpfe. Juden wurden verdächtigt, prinzipiell illoyale Deutsche zu sein, und mit Begriffen »kosmopolitisch« oder »Goldene Internationale« nicht nur ausgegrenzt, sondern zu einer universellen feindlichen Macht erklärt.

In der Kampagne der »Kreuzzeitung« überwog noch die Instrumentalisierung eines Feindbildes, um politische Gegner wirkungsvoll zu diffamieren; Feindbilder können daher auch als zentral für die Technik der »negativen Integration«[109] angesehen werden, die in der modernen deutschen Politik eine große Rolle spielte. Die anderen Beispiele aber verdeutlichten, daß das Feindbild »der Jude« eine andere Funktion erhielt: Es charakterisierte höchst verschiedene gesellschaftliche Gruppen, indem es alle Ebenen der Wahrnehmung und Informationsverarbeitung durchdrang und ihre Weltsicht auf einen starren, rational nicht korrigierbaren Gegensatz von These und

108 Vgl. Renate Schäfer, Zur Geschichte des Wortes »Zersetzen«, in: Zeitschr. f. deutsche Wortforschung 18, 1962 (N. F.), S. 41 – 80; Alex Bein, »The Jewish Parasit«. Notes on the Semantics of the Jewish Problem with Special Reference to Germany, in: Leo Baeck Institute Yearbook, 9, 1964, pp. 3 – 40.

109 Vgl. Wehler, Kaiserreich, bes. S. 105 – 141.

Anti-These reduzierte, so daß von einer kühl kalkulierenden, primär instrumentellen Verwendung von Feindbildern keine Rede mehr sein konnte. Worin aber bestand die integrative Wirkung? Marr hatte in dem Vorwort zu seiner Schrift den zentralen Gedanken formuliert, daß es weniger um die Juden gehe als vielmehr um »uns selber«. Tatsächlich sollte in einer extrem verunsicherten Gesellschaft die Gegenwelt des Bösen eine neue Identität stiften. Die Ausgrenzung und der Ausschluß negativer, feindlicher Prinzipien konstituierten zugleich die neuen positiven Prinzipien der eigenen Welt.[110] Darin lag die eigentliche Durchschlagskraft des Feindbildes »der Jude«. Es modellierte den gemeinsamen Feind derjenigen, die sich eine neue Identität als starke nationale oder völkische Gemeinschaft wünschten, und spielte damit eine wichtige Rolle bei der Bestimmung eines Selbstbildes der Deutschen im Kaiserreich. Es ermöglichte vielen den bequemen Rückzug aus der unüberschaubaren Komplexität der Moderne in eine harmonische, übersichtliche und berechenbare Scheinwelt. Weitsichtig hatte bereits 1880 Ludwig Bamberger, liberaler jüdischer Politiker und Beteiligter im »Berliner Antisemitismusstreit«, darauf verwiesen, daß der »Cultus der Nationalität« bei der Suche vieler Deutscher nach einem neuen Selbstverständnis einen besonderen Stellenwert habe. Er berge »mehr als jeder andere« die Versuchung in sich, durch Haß auf »das Fremdartige« im Äußeren wie im Innern des Staates eine eigene Identität zu suchen mit der Konsequenz: »Je mehr Haß, desto mehr Tugend!«[111]

Und die Betroffenen selbst? Das Feindbild des modernen Antisemitismus war für sie nicht folgenlos; es hinterließ Spuren bei den Juden. In der vormodernen Welt hatten alle Anfeindungen und Verfolgungen die traditionelle jüdische Identität als auserwähltes, über die Welt zerstreutes und auf Rückkehr ins »Gelobte Land« hoffendes Volk nicht in Frage stellen können. Im postemanzipatorischen Zeitalter aber hinterließ die neue Welle der Anfeindungen unter den deutschen Juden eine »zwiespältige Wirkung«.[112] Das Weiterbestehen von Ablehnung traf sie »bis ins Mark«[113], weil ihre neue, moderne, nicht-religiöse, nicht-nationale Identität in besonderer Weise auf den Idealen der Aufklärung mit ihrem Versprechen der Gleichheit beruhte. Die deutschen Juden glaubten mehrheitlich, daß die für sie charakteristische außergewöhnliche Identifikation mit dem humanistischen deutschen Bildungsideal über kurz oder lang zu einem dauerhaften Miteinander von

110 Vgl. z.B. Iring Fetscher, Zur Entstehung des politischen Antisemitismus in Deutschland, in: H. Huss/A. Schröder (Hrsg.), Antisemitismus. Zur Pathologie der bürgerlichen Gesellschaft, Frankfurt a.M. 1965, S. 24, und Shulamit Volkov, Jüdisches Leben, S. 62.

111 Alle Zitate Bamberger, Deutschthum, S. 159.

112 Vgl. Meyer, Jüdische Identität, S. 48 – 82.

113 Ebd., S. 51.

Juden und Nichtjuden führen werde[114], so daß das erneute Auftreten feindseliger Zurückweisungen um so schmerzlicher und schockierender wirken mußte. Die Grundprinzipien der strukturell offenen bürgerlichen Gesellschaft schienen verletzt, wenn Juden weiterhin massiv abgestoßen wurden. Manche Betroffenen reagierten mit Verunsicherung, mit ständiger Besorgnis, die ihr inneres Gleichgewicht störte, entwickelten Angst vor Zurückweisung, wurden überempfindlich gegenüber Auffälligkeiten der jüdischen Sozialgruppe[115], fühlten sich minderwertig und brachten möglicherweise auch das Phänomen des jüdischen Selbsthasses hervor, das Juden dazu bewegte, sich selbst ihre Herkunft zu verübeln.[116] Andererseits kann wohl nicht übersehen werden, daß das Feindbild des modernen Antisemitismus offenbar auch zur Stärkung und Differenzierung jüdischer Identität in Deutschland beigetragen hat, die von der Gründung des Centralvereins – seinem Selbstverständnis nach ein Zusammenschluß deutscher Staatsbürger jüdischen Glaubens – bis hin zur Bewegung des Zionismus reichte, die von ihren Anhängern als notwendige Konsequenz einer mißglückten Emanzipation angesehen wurde.[117] Insgesamt bot der berechenbare, stabile Rahmen des Wilhelminischen Obrigkeitsstaates der großen Mehrheit der deutschen Judenheit zweifellos viele Entwicklungs- und Identifikationsmöglichkeiten – ungeachtet weiterbestehender Diskriminierungen in Verwaltung, Universität und Militär. Erst als staatliche Instanzen 1916 mit der sogenannten Judenzählung im deutschen Heer eine offen judenfeindliche Haltung einnahmen, zeichnete sich für die Betroffenen eine völlig neue, äußerst beunruhigende Perspektive ab.

114 Vgl. Mosse, Jüdische Intellektuelle, bes. S. 19 – 72. Seine Thesen erklären die besondere Betroffenheit deutscher Juden, in dem neuerlichen Feindbild gleichsam mit der Negation des klassisch-humanistischen Bildungsideals konfrontiert zu werden.

115 Vgl. Kaplan, Jewish Middle-Class. Kaplan zeigt auf der Ebene eines spezifischen Heirats-, Freizeit- und Haushaltsverhaltens, wie Feindbilder in die persönlichen Lebensbereiche der Betroffenen hineinwirkten.

116 Vgl. neuerdings Sander L. Gilman, Jüdischer Selbsthaß. Antisemitismus und die verborgene Sprache der Juden, Frankfurt a.M. 1993.

117 Theodor Herzl analysierte in seiner Schrift: Der Judenstaat. Versuch einer modernen Lösung der Judenfrage, Leipzig 1896, S. 29 – 30: »Nur der Haß machte uns wieder zu Fremden in unserer eigenen Umgebung, und nur er macht uns wieder zu einer Nation.«

UWE MAI

»Wie es der Jude treibt.«

Das Feindbild der antisemitischen Bewegung am Beispiel der Agitation Hermann Ahlwardts

In den 90er Jahren des letzten Jahrhunderts zeigte der Antisemitismus im Vergleich zur Zeit der Reichsgründung ein neues Gesicht und eine neue Qualität. Shulamit Volkov hat diesen Umschwung folgendermaßen skizziert: »Was in den siebziger Jahren in der Hitze der Leidenschaft geschmiedet worden war, wurde in den neunziger Jahren zur Selbstverständlichkeit. In dem früheren Zeitraum wurde der Antisemitismus mit echtem Haß gepredigt; gegen Ende des Jahrhunderts wurde er zum Bestandteil einer ganzen Kultur.«[1]

Auch bei den Propagandisten des Antisemitismus fand eine Veränderung statt. Zu Beginn des Kaiserreichs machten etablierte Personen und Vertreter der Oberschicht den Antisemitismus hof- und gesellschaftsfähig und bewirkten, daß er politisch ernst genommen wurde.[2] Zu ihnen zählten Personen wie der Hofprediger Stoecker, der sich vom Kaiser und den großen Männern mit »mystischer Macht« angezogen fühlte[3] und die Aura des Hofes genoß[4], oder der Geschichtsprofessor Heinrich von Treitschke. Ebenso betrieb die Kreuzzeitung, das Organ der staatstragenden Konservativen Partei, offen eine antisemitische Propaganda.

In den 90er Jahren dominierte hingegen eine antisemitische »Bewegung«, die von Einzelpersonen des »gebildeten Mittelstandes« wie dem Bibliothekar Dr. Otto Böckel, dem Lehrer Dr. Bernhard Förster oder dem Schulrektor Hermann Ahlwardt angeführt wurde.[5] Die Antisemiten der Gründerjahre benutzten den Antisemitismus unter anderem aus taktischen Gründen, um für ihre parteipolitischen Ziele Zustimmung und Anhänger zu gewinnen. Auch Bismarck war dem taktischen Spiel mit dem Antisemitismus nicht abgeneigt. Die Vertreter der »Bewegung« distanzierten sich von den »tak-

1 Shulamit Volkov, Antisemitismus als kultureller Code, in: dies., Jüdisches Leben und Antisemitismus im 19. und 20. Jahrhundert, München 1990, S. 33.

2 Vgl. dazu den vorangehenden Aufsatz von Hans-Michael Bernhardt, »Die Juden sind unser Unglück!« Strukturen eines Feindbildes im deutschen Kaiserreich.

3 Walter Frank, Hofprediger Adolf Stoecker und die christlichsoziale Bewegung, Berlin 1928, S. 36.

4 Hellmuth von Gerlach, Von rechts nach links, Zürich 1937, S. 106.

5 Zu den einzelnen Personen und dem hohen Anteil an Lehrern vgl. u.a. Paul Massing, Vorgeschichte des politischen Antisemitismus, Frankfurt a.M. 1959, S. 110.

tischen« Antisemiten wegen deren mangelnder Radikalität in der »Judenfrage«. Sie erkannten dabei, daß die antisemitische Agitation lediglich dazu diente, Antisemiten für die eigene Partei zu gewinnen. Die »Bewegung« – überzeugt von ihrem Ziel – hatte im Gegenzug die Absicht, die Zahl der radikalen Antisemiten zu mehren. Die Proklamationen des Antisemitismus beinhalteten für sie die Lösung aller gesellschaftlichen und sozialen Probleme. Er war für sie eine zukunftsweisende und moderne Weltanschauung, und alle, die diese Radikalität nicht teilten, hatten die sozialen und gesellschaftlichen Mißstände mitzuverantworten und waren daher politisch zu bekämpfen.[6] In letzter Konsequenz führte dies dazu, daß selbst der antisemitische Adel zu ihrem erklärten politischen Gegner wurde.

Die »Bewegung« war Teil einer politischen Entwicklung und eines »Emanzipationsprozesses« im Sinne einer Bewußtwerdung der eigenen Identität. Daher trifft die Annahme, daß der Antisemitismus und die von ihm produzierten Feindbilder lediglich in wirtschaftlichen Krisen aufflackern und danach wieder verschwinden, nur bedingt zu.[7] Der Antisemitismus veränderte die Gesellschaft und restaurierte keine Herrschaftsverhältnisse. Die Identität der »Bewegung« entwickelte sich dabei unmittelbar als Gegenbild zum Feindbild des Juden, während in der Gründerzeit das Konstrukt des Feindbildes »Jude« instrumentell verwendet wurde und nur bedingt mit dem Selbstbild der Konservativen und des Establishment zusammenhing.

Zur Untersuchung der Bedeutung und Funktion des antisemitischen Feindbildes eignet sich die »Bewegung« der 90er Jahre besonders gut, da sie aus einem ausgeprägten Feindbild ein nicht minder ausgeprägtes Selbstbild einschließlich einer eigenen und für die Zeit nicht untypischen Subkultur [8] entwickelte. Dieses Feindbild hatte konstituierende Bedeutung. Am Beispiel der Wahlkampfreden eines der bedeutenden Vertreter der Bewegung, des Schulrektors Hermann Ahlwardt, werden die einzelnen Aspekte und die Dynamik dieses Feindbildes untersucht. Gerade Ahlwardt eignet sich für eine solche Betrachtung, da er in anschaulicher Weise Wahrheit und Fiktion miteinander vermischte und daraus eine neue Form der antisemitischen Agitation entwickelte. Zugleich läßt sich an seinen Reden auch die zunehmende Radikalisierung des Feindbildes »Jude« erkennen.

Hermann Ahlwardt wandte sich erst spät der Politik zu, und die ersten vierundvierzig Jahre seines Lebens verliefen ohne besondere Auffälligkeiten. Er wurde 1846 in einem kleinen Dorf in Vorpommern als Sohn eines Handwerkers geboren, wurde Lehrer und war bereits mit fünfunddreißig Jahren

6 Vgl. Helmuth Berding, Moderner Antisemitismus, Frankfurt a.M. 1988, S. 95 f.

7 Vgl. dazu besonders die DDR-Forschung, z.B. Walter Mohrmann, Antisemitismus. Ideologie und Geschichte im Kaiserreich, Berlin (DDR) 1972.

8 Shulamit Volkov, Zur sozialen und politischen Funktion des Antisemitismus, in: dies., Jüdisches Leben und Antisemitismus, S. 51.

Direktor eines Mädchenlyzeums in Berlin. Wegen Unterschlagung wurde er jedoch 1890 vom Schuldienst suspendiert.[9] Nach der Entlassung konzentrierte er sich auf den antisemitischen Kampf und schrieb sein erstes Buch »Der Verzweiflungskampf der arischen Völker mit dem Judentum«, dessen drei Teile innerhalb von zwei Jahren erschienen. Anfang des Jahres 1892 konzentrierte er seine Agitation auf den jüdischen Bankier Bismarcks, Gerson Bleichröder[10], und versuchte gleichzeitig weitere, vermeintlich jüdische Straftaten der Öffentlichkeit mitzuteilen. Das Ergebnis seiner Agitation war seine Verurteilung wegen Verleumdung zu vier Monaten Gefängnis.[11] Am 21. Oktober 1892 trat er in Berlin-Plötzensee[12] seine Haftstrafe an, die er aber nur zum Teil absaß, da er bei einer Nachwahl im ostbrandenburgischen Arnswalde-Friedeberg mit überwältigender Mehrheit (11206 von 14512 Stimmen) als unabhängiger antisemitischer Kandidat in den Reichstag gewählt wurde und damit parlamentarische Immunität besaß. Zur Zeit der Wahl war bereits ein zweites Verfahren, der sogenannte Judenflinten-Prozeß, gegen ihn anhängig. Darin mußte er sich zu seiner Behauptung, der jüdische Unternehmer Isidor Loewe habe als Teil »der jüdischen Weltverschwörung« dem deutschen Heer absichtlich unbrauchbare Gewehre geliefert, rechtfertigen.

Hermann Ahlwardt beschäftigte nicht nur die Gerichte, sondern auch seine politischen Gegner. Beschimpfungen wie »Mißgeburt der Hölle« oder »emporwuchernde Schmarotzerpflanze«[13] gehörten zum Ton der Auseinandersetzung und charakterisieren die emotionsgeladene Atmosphäre, die für manchen Beobachter auch einen unterhaltenden Wert gehabt hatte. So mahnte Ahlwardt seine Hörer, seinen Vortrag »nicht als Erholung oder gar als eine Befriedigung ihrer Neugierde anzusehen«[14]. Obwohl er von Vertretern des Establishments gerne als »gemeingefährliche[r] Schurke«[15] oder als »Halbirrer«[16] dargestellt wurde, kam man nicht umhin, ihm zuzugestehen,

9 Zur Karriere Ahlwardts vgl. Massing, Vorgeschichte.

10 Gerson Bleichröder (1822 – 1893). Bleichröder war Hofbankier Wilhelms I. und verwaltete ebenfalls das Privatvermögen Bismarcks. 1875 wurde er in der Artikelserie der Kreuzzeitung scharf angegriffen.

11 Hermann Ahlwardt, Wie es der Jude treibt. Vortrag gehalten nach seiner Verurteilung zu vier Monaten Gefängnis am 24. Februar 1892, Berlin 1892.

12 Zu dem »Februar-Prozeß«: Hermann Ahlwardt, Wie es der Jude treibt, Berlin 1892. Vgl. auch: Der »Judenflinten-Proceß«. Sonderabdruck der stenographischen Berichte der »Neuen Deutschen Zeitung« über die Verhandlung des Kgl. Landgerichtes I zu Berlin in der Beleidigungssache Isidor Loewe und Kühne wider den Rector Ahlwardt, Mitglied des Reichstages, Leipzig 1892, S. 6.

13 Beide Zitate bei Josef Feuerring, Der Antisemitenapostel. Ein Wort der Entgegnung an Rektor Ahlwardt auf seine letzte Broschüre: Neue Enthüllungen. Judenflinten, Berlin 1892, S. 1.

14 Hermann Ahlwardt, Wach auf, deutscher Michel. Sensationelle Enthüllungen. Vortrag gehalten am 1. 11. 1891 in Mühlheim an der Ruhr, Gelsenkirchen 1892, S. 30.

15 Frankfurter Zeitung, Abendblatt, 24. 5. 1892, S. 1.

16 Beispielsweise sei hier nur auf Josef Feuerring, Antisemitenapostel, S. 15, verwiesen. Gordon Craig verwendete noch den Begriff des »halbirren Schullehrers«. Gordon Craig, Über die Deutschen, München 1982, S. 159.

daß er »gewissermaßen [...] eine öffentliche Rolle spielt«[17]. Theodor Mommsen erschien Ahlwardts Auftreten sogar als das letzte, in seinem Haß nicht mehr zu steigernde Stadium des Antisemitismus.[18]

Ahlwardt polarisierte. Während er vehement bekämpft wurde und seine Schriften verboten wurden, wuchs die Loyalität seiner Anhänger. Gerade die Verurteilung, der Versuch, ihn gesellschaftlich zu diskreditieren, hatte gegenteiligen Erfolg, und seine Anhänger fühlten sich verpflichtet, »jederzeit für ihn als den Vorkämpfer und den Märtyrer [der] guten Sache einzutreten«.[19] In einem der vielen zeitgenössischen, von seinen Anhängern formulierten Reime auf Ahlwardt hieß es: »Welch Urtheil auch der Richter spricht,/Das deutsche Volk verläßt ihn nicht,/Und wenn Caprivi selbst ihn tadelt,/Das Volk weiß selber, wen es adelt.«[20] Dieses erwachende Selbstbewußtsein des »Volkes« löste ein Gefühl politischer Heimatlosigkeit ab[21] und war, wenn auch ungewollt, eine Fortsetzung der von Treitschke angeregten »Therapie in Form eines wachsenden Volksbewußtseins«.[22]

Die zum Teil kultische Verehrung, die Ahlwardt genoß, zeigt, daß Ahlwardt eine Symbolfigur des Kampfes gegen die Juden und gegen die Obrigkeit bzw. das Establishment geworden war und als solche verehrt wurde. Mit seinem Kampf gegen die »Gebildeten« wertete er aber auch die eigenen Anhänger auf. In Zwickau prophezeite er: »Und dann m[eine] H[erren] mit dieser Bildung, die so hoch steht und das Näschen rümpfend dasteht über so eine plebejische Bewegung, damit soll man uns nicht kommen, diese Gebildeten oder vielmehr Verbildeten der Nation, die irgendwo in den Wolken umher schweben und von der Erde nichts mehr sehen. [...] Diese Leute haben allerdings überall das Heft in der Hand, gegenwärtig noch, m[eine] H[erren] aber ich denke, es wird unsere Pflicht sein, dafür zu sorgen, daß sie es nicht in der Hand behalten.«[23]

Pulzer geht davon aus, daß Ahlwardt eher mit den »großen Sozialräubern« wie »Robin Hood« oder »Schinderhannes« zu vergleichen sei[24] als mit einem parlamentarischen Politiker. Ahlwardt war damit einer der Repräsentanten des neuen Antisemitismus der 90er Jahre, der zum »Ausdruck einer

17 Bericht über den Ahlwardt-Prozeß, in: Frankfurter Zeitung, 2. Morgenblatt, 17. 2. 1892, S. 3.

18 Hermann Bahr, Der Antisemitismus. Ein internationales Interview, Berlin 1893, S. 29.

19 Deutsche Antisemiten Chronik 1888 – 1894, Zürich 1894, S. 77.

20 Politischer Bilderbogen Nr. 7, Ahlwardts Heldenthaten, Dresden 1893. Leo von Caprivi, Reichskanzler von 1890 – 1894.

21 Volkov, Antisemitismus als kultureller Code, S. 33.

22 Ebd., S. 32.

23 Hermann Ahlwardt, Wahrer und falscher Patriotismus, Vortrag gehalten im deutsch-socialen Verein zu Zwickau am 28. Mai 1892, Zwickau 1892, S. 32.

24 Peter G. Pulzer, Die Entstehung des politischen Antisemitismus in Deutschland und Österreich 1867 – 1914, Gütersloh 1966, S. 97 – 98. Ahlwardt verglich sich zumindest einmal selbst mit Schinderhannes; Ahlwardt, Meine Verhaftung, Vortrag vom 8. 7. 1892, Dresden 1892, S. 11.

Strukturkrise der deutschen Gesellschaft und ihres Verhältnisses zum Staat geworden« war.[25] Für seinen Erfolg zeichnete auch eine neue Agitationsform verantwortlich, die sich im Laufe seiner Wahlkampfreden kontinuierlich herausgebildet hatte und derart mit seiner Person verbunden war, daß man vom »Ahlwardtismus« sprach. Ahlwardt verknüpfte den Antisemitismus mit einer ausgeprägten Kritik an den bestehenden Wirtschaftsverhältnissen und dem Adel. Er wurde schließlich zum Synonym für diese Form des Antisemitismus, und Maximilian Harden beklagte sich darüber, »daß man nichts gegen den merkantielen Geist sagen darf, ohne gleich unter die Ahlwardts zu zählen«.[26]

Diese Agitationstechnik und sein Kampf gegen die bestehende Ordnung erschwerten es, seinem Treiben entgegenzutreten. Besonders der Versuch, ihn argumentativ zu bekämpfen, mußte scheitern, da sachliche Entgegnungen und administrative Maßnahmen wie seine Verhaftung entweder ignoriert wurden oder das Gegenteil bewirkten. Theodor Mommsen stellte bereits im Hinblick auf Ahlwardt resigniert fest: »Sie täuschen sich, wenn Sie glauben, daß man da mit Vernunft etwas machen kann. Ich habe das früher auch gemeint und immer und immer wieder gegen die ungeheure Schmach protestiert, welche Antisemitismus heißt. Aber es nützt nichts.«[27] Ahlwardt klagte die staatlichen Organe, den entlassenen Reichskanzler Bismarck, den Adel, das Offizierskorps und die Konservativen als »falsche Freunde« und Handlanger der Judentums an, gab die Parole »gegen Juden und Junker« aus und mobilisierte eine große Anhängerschaft über die Parteigrenzen hinweg.

Auf Versammlungen legte man ihm fast routinemäßig Lorbeerkränze auf das Haupt, und manchmal wurde dieser Akt auch noch besungen, so etwa in einer Strophe der Festgesänge zum Stiftungskommers des Deutschen Antisemiten-Bundes am 4. 3. 1893: »Nach hartem Kampf, nach heißem Tanz/ Wird schmücken ihn der Lorbeerkranz.«[28] Eine dieser »spontanen« Ehrungen Ahlwardts wurde folgendermaßen geschildert: »Ahlwardt: ›M[eine] H[erren], ich glaube, es ist wohl angesichts der Hitze im Saale gut, wenn wir eine kleine Pause eintreten lassen, damit wir dann fortfahren können.‹ Unter stürmischen Hochrufen auf Ahlwardt wird dem Redner nun ein mächtiger Lorbeerkranz überreicht; auf den breiten Seidenschleifen, die in den Dresdener Stadtfarben, schwarz = gelb, gehalten sind, liest man in Gold-

25 Shulamit Volkov, Zur sozialen und politischen Funktion des Antisemitismus, in: dies., Judenfeindschaft und Antisemitismus, S. 47.

26 Hermann Bahr, Der Antisemitismus, S. 50 – 51.

27 Zitiert nach Gordon Craig, Über die Deutschen, S. 159. Craig bezieht sich dabei auf Bahr, Antisemitismus, S. 28.

28 Laut den »Mittheilungen aus dem Verein zur Abwehr des Antisemitismus«, 2. Jahrgang (1892), S. 251, wurden Ahlwardt beispielsweise in Weissensee, Dresden und Berlin Lorbeerkränze überreicht.

druck: ›Deutsche Männer in Dresden dem braven und unerschrockenem Rector Ahlwardt‹. Nach zehn Minuten fährt der Redner fort.«[29]

Voraussetzung der Agitation oder die Selbstverständlichkeit des Antisemitismus

Die antisemitische »Bewegung« profitierte in den 90er Jahren von dem zur Selbstverständlichkeit gewordenen Antisemitismus in der Gesellschaft. Seine »Salonfähigkeit«, zu der besonders Heinrich von Treitschke beigetragen hat, diskreditierte seine Anhänger nicht mehr. Besonders deutlich wird diese Alltäglichkeit in einem Leserbrief aus Weißenburg in der Frankfurter Zeitung.[30] In diesem Brief wird geschildert, wie sich ein Leutnant in einer geselligen Runde im Honoratiorenzimmer weigerte, Karten zu spielen, so lange ein »Jud« anwesend ist. Die bloße physische Anwesenheit eines Juden wurde schon als Provokation empfunden, obwohl dieser ein »überall wohlgelittenes Mitglied der hiesigen Gesellschaft« und Träger zahlreicher Orden war. Der Auftritt des Leutnants hatte »Erfolg«. Ohne daß sich jemand für den »Jud« einsetzte, verließ dieser das Zimmer, und das Spiel konnte beginnen. Was hier im kleinen Rahmen geschah, sollte sich nach den Forderungen der Antisemiten im Großen wiederholen: »Der Jude« mußte verschwinden!

Diese kompromißlose Forderung unterschied sich von der traditionellen, christlich hergeleiteten Judenfeindschaft der Konservativen, die ihre Basis in den ostelbischen Gebieten hatten. Hellmut von Gerlach, ein preußischer Junker und in seiner Jugend ein Anhänger des Antisemiten Stoecker, sprach in seiner Autobiographie von einem »instinktiven«[31] Antisemitismus der Junker. Die Verachtung der Juden war ihnen eine Selbstverständlichkeit. Sie beinhaltete jedoch nicht die Vertreibung der Juden, sondern war Teil ihres elitären Selbstverständnisses und Teil ihres ständischen Weltbildes und ihrer kulturellen Identität. So hatte auch Friedrich Engels im Anti-Dühring den »bis ins lächerliche übertriebenen Judenhaß« als eine »wenn nicht spezifisch preußische, [so] doch eine spezifisch ostelbische Eigenschaft« erwähnt.[32]

Die traditionelle, religiöse Judenfeindschaft beschrieb recht treffend am Vorabend des sogenannten Tivoliparteitages der Konservativen im Dezember 1892 der Delegierte Oberst vom Berge-Herrndorf: »Wir wollen dem Judentum in unserem öffentlichen und Staatsleben diejenige Stellung anweisen, welche ihm nach Gottes klar und deutlich offenbartem Willen zukommt. Gott hat die Juden zur Strafe in die Gefangenschaft unter alle Völker zer-

29 Ahlwardt, Verhaftung, S. 29.
30 Frankfurter Zeitung vom 25. 12. 1891, 2. Morgenblatt, S. 1.
31 Hellmuth von Gerlach, Von rechts nach links, S. 108.
32 Friedrich Engels, Anti-Dühring. Dialektik der Natur, in: Karl Marx/Friedrich Engels, Werke, Bd. 20, Berlin (DDR) 1986, S. 104 (Text nach der dritten Auflage aus dem Jahre 1894).

streut. Für eine christliche Nation ist es daher eine Versündigung, ihre heiligsten öffentlichen und Staatsangelegenheiten den Strafgefangenen Gottes und dadurch der Mitwirkung antichristlicher Einflüsse preiszugeben. Als Christen haben wir die Pflicht, den Juden Schutz und Gerechtigkeit angedeihen zu lassen, sie als Mitmenschen vor dem Zivilgesetz uns völlig gleich zu stellen, sie aber von unserm Staatsbürgertum prinzipiell auszuschließen und zwar nicht, weil sie Semiten oder Juden, sondern weil sie Nichtchristen sind.«[33]

Die antisemitische »Bewegung« und ihr Verhältnis zur Konservativen Partei

Die Konservativen, die bereits nach der Reichsgründung durch antisemitische Agitation Wähler zu gewinnen versuchten, beabsichtigten zu den Reichstagswahlen 1893 diese Taktik zu wiederholen, um die antisemitische Bewegung einzuverleiben. In ihr sah man eine »elementare Kraft« und man wollte für die konservative Partei diese »urmächtigen Kräfte, die in der Volksseele schlummern, auf die richtigen Bahnen leiten«, damit der »gute konservative Kern, der in der antisemitischen Bewegung steckt, zurückgedrängt wird zu Gunsten des unkonservativen Antisemitismus«.[34]

Bereits im Vorfeld des Tivoli-Parteitages wurden taktische Überlegungen öffentlich diskutiert.[35] Die Konservativen erkannten nur langsam, daß die antisemitische Bewegung eigene politische Ziele hatte. Die »Bewegung« war nicht einzuverleiben und bekämpfte über den Antisemitismus mit einer radikalen Kritik am Establishment die bestehenden Verhältnisse. Deutlich bemerkte dies die Frankfurter Zeitung Mitte April 1892, die die ebenfalls konservative Norddeutsche Allgemeine Zeitung zitierte: »Wenn das Blatt jetzt entdeckt, daß der Antisemitismus eine verlogene Demagogie ist, die ihr Ziel, einen Umsturz, der noch über den hinausgehe, den der Sozialismus plane, auf verfassungsmäßigem Wege niemals werde erreichen können, so ist das eine schwere Anklage gegen die frühere Herrschaft [...].« [36]

Für die Konservativen wurde schließlich nicht die Stellung zur Judenfrage, sondern die Stellung zu den Antisemiten das beherrschende Thema. Damit mußte auch das Verhältnis zu Ahlwardt, der in den Reihen der Konservativen große Sympathie genoß, geklärt werden. Daß die Trennung zwischen der »Bewegung« und den Konservativen nicht eindeutig zu ziehen war, zeigte sich während des Tivoli-Parteitages der Konservativen, wo versucht

33 Wahlverein der Deutschen Konservativen (Hrsg.), Stenographischer Bericht über den allgemeinen konservativen Parteitag. Abgehalten am 8. 12. 1892 zu Berlin, Berlin 1892, S. 21.

34 Ebd., S. 17.

35 Beispielsweise: Frankfurter Zeitung vom 22. 3. 1892, 2. Morgenblatt, S. 2. Sie bezieht sich dabei auf die konservative Zeitung »Post«.

36 Frankfurter Zeitung vom 19. 4. 1892, Abendblatt, S. 1.

wurde, durch die Übernahme antisemitischer Positionen die »Bewegung« für sich zu gewinnen.

Die traditionellen Konservativen bemühten sich auf dem Parteitag, klare Unterschiede zu den »Radau-Antisemiten« zu ziehen. Delegierte wurden dahingehend kritisiert, daß sie die Gefahr der antisemitischen Bewegung für die Konservative Partei – die Antisemiten agitierten ohne Scheu gegen die antisemitsche Galionsfigur der Konservativen, den Hofprediger Adolf Stoecker[37] – nicht sähen. Nur wenige erkannten, daß die antisemitische Bewegung mittlerweile eine selbständige politische Kraft war, die sich nicht durch antisemitische Parolen einfangen ließ.

Deutlich wurde die neue Situation in der Rede des Kammerherrn von Blumenthal benannt, der die Partei aufforderte, sich »auch über ihr Verhältnis zum Antisemitismus Klarheit [zu verschaffen]«, da die »radikalen antisemitischen Parteien« bewiesen hätten, »daß sie unsere Gegner sind und sein wollen«.[38] Nach Zwischenrufen fuhr von Blumenthal mit seiner Rede fort und nahm darin Bezug auf die Nachwahl im traditionell konservativen ostbrandenburgischen Arnswalde-Friedeberg, wo Hermann Ahlwardt mit überwältigender Mehrheit in den Reichstag gewählt worden war: »Wir müssen unseren Parteigenossen im Lande vor Augen führen, daß es nicht angängig ist, gleichzeitig konservativ und gleichzeitig antisemitisch im Sinne der antisemitischen Partei zu sein, (Zuruf: Jawohl!) – meine Herren, daß man nicht gleichzeitig konservativ sein und Ahlwardt wählen kann (Große Unruhe. – Rufe! Schluß!) gegen einen konservativen Kandidaten.«[39]

Wie sehr in der Frage des Antisemitismus Parteibasis und Parteiführung auseinanderdrifteten, zeigte sich während des Parteitages drei Tage später. Dort wurde die Wahl Ahlwardts durch die Stimmen der Konservativen nur von einer Minderheit der Delegierten kritisiert. Die konservative Presse zeigte nach der Wahl in Arnswalde Unverständnis und Mißbilligung über das Verhalten der konservativen Wähler. Die Nationalzeitung schrieb über das Erscheinungsbild der Konservativen: »Dieses Bild ist im Wahlkreise Arnswalde-Friedeberg durch einen Zug wahrhaft grotesker Selbstironie vollständig geworden, indem die konservativen Wahlkommitees sich dort [...] genötigt glaubten, selbst ihre Gesinnungsgenossen zur Abstimmung für Ahlwardt im zweiten Wahlgange aufzufordern, nachdem sogar die extremsten Organe der Partei diese Persönlichkeit abzuschütteln für notwendig befunden. Als ein öffentlicher Skandal [...] muß es bezeichnet werden, daß der

37 Stoecker wurde 1874 aus einer Gruppe von fünf Bewerbern ernannt. Oberhofprediger war von Hengstenberg, II. Hofprediger Rudolf Kögel (1829 – 1896), III. Hofprediger Wilhelm Baur (1826 – 1896). Vgl. Walter Frank, Hofprediger Adolf Stoecker, Berlin 1928, passim.

38 Wahlverein, Stenographischer Bericht, S. 22.

39 Ebd.

Landrat des Friedeberger Kreises, von Bornstedt, einen dieser Aufrufe für Ahlwardt unterzeichnet hat.«[40]

Selbst als das Votum des Landrates vom Minister des Inneren öffentlich mißbilligt worden war, ließ dieser auf dem konservativen Parteitag erklären, daß er sich jederzeit wieder so verhalten würde. Die Vorgänge in Arnswalde-Friedeberg schilderte ein Delegierter aus diesem Wahlkreis. Seine Rede knüpft an die von Blumenthal festgestellte Unvereinbarkeit zwischen der antisemitischen Bewegung und den konservativen Prinzipien an und zeigt deutlich die ungebrochene Begeisterung für Ahlwardt:

»Meine Herren, ich bin aus Arnswalde. (Stürmischer Beifall) Wenn ich den Herrn Vorredner recht verstanden habe, – ich muß allerdings diese Prämisse gebrauchen; ich ging vor Erregung hier auf die Treppe, und weiß nicht, ob er nachher etwas anderes gesprochen hat – so hat er gesagt, man könne nicht gleichzeitig konservativ sein und Ahlwardt wählen. Nun ich bin konservativ, ich glaube mindestens ein ebenso Konservativer wie er. (Stürmischer Beifall) Ich habe jetzt in der Stichwahl Ahlwardt gewählt (Stürmischer Beifall) und mit mir viele Tausende Konservative. Das wollte ich hier nur konstatieren; weiter habe ich ihnen nichts zu sagen. (Stürmischer Beifall)«[41]

Anschließend erklärte unter stürmischem Beifall sogar der konservative Gegenkandidat Ahlwardts, daß er im zweiten Wahlgang diesem seine Stimme gegeben habe.[42]

Die Reaktionen auf dem Parteitag zeigen die Breite der Gefolgschaft Ahlwardts bei den Konservativen und demonstrieren, daß der Antisemitismus bei zahlreichen Parteimitgliedern zu einer »Herzensangelegenheit« geworden war, fern der taktisch kühlen Überlegung, diesen zu instrumentalisieren. Zugleich zeigten die Delegierten gegenüber der Parteiführung ihre Selbständigkeit, brachen die bisherige Disziplin und kündigten den Gehorsam auf.

Ahlwardtismus

Ahlwardt erlangte diese ungeheure Popularität nicht allein durch seine antisemitischen Positionen, sondern durch seine typische emotionalisierende Form der Vermittlung. Seine Zeitgenossen sprachen vom »Ahlwardtismus« und charakterisierten seine Agitation sehr treffend: »Bei dem Ahlwardtismus [...] tritt an die Stelle der reinen Begeisterung für die Idee der schwärmerische Kultus zweifelhafter Persönlichkeiten, die wie Ahlwardt [...] ausge-

40 Zitiert nach Karl Wippermann, Deutscher Geschichtskalender 1892, 2. Theil, Leipzig 1893; S. 88.
41 Wahlverein, Stenographischer Bericht, S. 28.
42 Ebd., S. 39.

rüstet mit einem reichen Maß demagogischer Kräfte den dunklen Instinkten der Masse zu schmeicheln verstehen.«[43]

In dem Bestreben, die Antisemiten für die Konservativen zu gewinnen, wurde von einzelnen Delegierten des Tivoliparteitages nicht die Übernahme des Antisemitismus gefordert, sondern die Aneignung einer populistischen Agitation. Ein Delegierter des Parteitages zeigte die Lücke auf und stellte fest: »Es ist heute bei den führenden Kreisen in der konservativen Partei Sitte, daß alles, was aus dem Herzen kommt, was sich aus dem Herzen in klaren Worten auf die Zunge drängt, alles was das Volk begeistert, sehr leicht mit der Redensart ›demagogisch‹ abgefertigt wird. (Sehr richtig !) [...] Es ist notwendig, daß sich die Führer unserer Partei angewöhnen, mehr den Volkston zu treffen.«[44]

Ahlwardt baute in seiner Agitation auf vorhandenen antijüdischen Vorurteilen und Vorstellungen auf. Er verzichtete auf eine Argumentation, da er überzeugte Antisemiten nicht mehr zu überzeugen brauchte. Da er den Antisemitsmus voraussetzte, war es ihm möglich, mit Gefühlen statt mit Argumenten zu operieren. Er arbeitete mit dem bestehenden emotionalen und zur Selbstverständlichkeit gewordenen Antisemitismus. Ahlwardt deutete nur an, seine Zuhörer wußten, was gemeint war. Seine Rolle als Erretter spielte in der Welt ihrer Gefühle. Seine Aussagen waren argumentationsfeindlich und mußten nicht hinterfragt werden.

Antisemitische Schlüsselbegriffe

Stigmata wurden in vielerlei Formen transportiert und Bestandteil der Volkskultur. Sie dienten der Kenntlichmachung der Juden, da sie durch die langsame Anpassung an ihre kulturelle Umwelt äußerlich nicht mehr erkennbar waren. Zur Stigmatisierung zählte besonders der Name sowie, als Teil der Physiognomie, die Nase. In dem hier behandelten Zeitraum findet die Karikierung der Juden in Zeichnungen und kleinen Spottversen Ausdruck. Auch das zeitgenössische »Meyers Konversations-Lexikon« führte die »gekrümmten Nasen« der Juden als anthropologisch-ethnologisches Merkmal auf und schrieb sie dem »in der jüdischen Mischrasse enthaltenen armenoiden Element« zu. Auch einer der bekanntesten volkstümlichen Autoren, Wilhelm Busch, hat das »ethnologische Merkmal« in seinen Werken verwendet. 1872 schrieb er in der »Frommen Helene«: »Und der Jud ›mit krummer Ferse,/Krummer Nas‹ und krummer Hos'/schlängelt sich zur hohen Börse/ tiefverderbt und seelenlos.« [45] Zehn Jahre später findet sich dieses Bild bei »Plisch und Plum« wieder: »Kurz die Hose, lang der Rock/Krumm die Nase

43 So in den Dresdner Nachrichten, zitiert in: Deutsche Antisemiten Chronik, S. 157.

44 Wahlverein, Stenographischer Bericht, S. 10.

45 Wilhelm Busch, Die fromme Helene (1872), in: Historisch-kritische Gesamtausgabe, Bd. 2, Wiesbaden/Berlin 1960, S. 204.

und der Stock,/Augen schwarz und Seele grau,/Hut nach hinten, Miene schlau –/So ist Schmulchen Schiefelbeiner./(Schöner ist doch unsereiner!)«[46]

Busch verbindet hier mit »dem Juden«, nachdem er ihn durch unpassende Kleidung und andere äußerliche Merkmale zu erkennen gegeben hat, negative Charaktereigenschaften und Wesenszüge und verläßt damit die rein unterhaltende Ebene. Die »krumme Nas'« wird synonym mit »seelenlos« und »tiefverderbt« gebraucht. Diese leicht einprägsame »Charakteristik«, die nicht nur durch Busch kolportiert wurde, fand auch ihre unmittelbare praktische Anwendung.

Auf der ostfriesischen Badeinsel Borkum, die mit ihrem Ruf als Antisemitenparadies »wahrhaft grotesken Gesinnungsexhibitionismus« betrieb, wurde allabendlich das »Borkum-Lied« gesungen, das Juden nicht benannte, sondern lediglich die »krummen Nasen« erwähnen mußte. Es endete mit den Versen: »Doch wer dir naht mit platten Füßen,/Mit Nasen krumm und Haaren kraus,/Der soll nicht deinen Stand genießen/Der muß hinaus! Der muß hinaus! Raus!«[47]

Ein weiteres stigmatisierendes Element waren der (jüdische) Vor- oder Familienname. Beispielhaft soll hier nur der Name Cohn erwähnt werden. Diesem Namen, der auch synonym für »Jude« gebraucht wurde, weist Dietz Bering einen Spitzenplatz unter den instrumentalisierten jüdischen Namen zu. Die erste Begründung, die dem Antrag auf Änderung des Familiennamens Cohn beigefügt wurde, datiert Bering auf 1886. Die nach seiner Auffassung präziseste Beschreibung durch einen Berliner Rechtsanwalt sei hier wiedergegeben: »Man bezeichnet einen Juden, dessen Namen man nicht kennt oder den man nur als Juden benennen will, als ›Cohn‹. ›Cohn‹ ist in weiten Volkskreisen, christlichen wie jüdischen, die Bezeichnung für diejenigen Juden, denen gewisse, typisch jüdische unsympathische Eigenschaften im hohen Maße anhaften. Das Wort hat sich auf diese Weise zum Schimpf und Lästerwort herausgebildet. Man gebraucht das Wort, um Juden in ihrer Eigenschaft als solche zu beleidigen und zu verhöhnen. Der Name ›Cohn‹ muß daher auch als Zielscheibe für Witze und Spottlieder herhalten. [...] Er gibt den Trägern unendlichen Witzeleien und Spöttereien preis. So ist auch der Antragsteller bisher ständig schwerem Kummer und unsäglichen Widerwärtigkeiten ausgesetzt gewesen.«[48] Spottverse und Karikaturen versinnlichten das Zerrbild des »Juden«. Sie appellierten an die Schadenfreude und dienten der Unterhaltung (vgl. Abbildung einer Postkarte auf Seite 67).

46 Wilhelm Busch, Plisch und Plum (1882), in: ebd., Bd. 3, S. 479.

47 Barbara Suchy, Antisemitismus in den Jahren vor dem ersten Weltkrieg, in: Köln und das rheinische Judentum. Festschrift Germanica Judaica 1959 – 1984, Köln 1984, S. 278.

48 Dietz Bering, Der Name als Stigma. Antisemitismus im deutschen Alltag 1812 – 1933, Stuttgart 1987, S. 206 – 207.

Diese Schlüsselbegriffe waren elementare Bestandteile der Redetechnik Ahlwardts. In seinen Angriffen gegen Adel und Establishment setzte er den Bekanntheitsgrad der antisemitischen Zerrbilder voraus. Er brauchte sie nur noch wachzurufen. In Dresden berichtete er kurz über den »Judenflinten«-Prozeß. Zur Person eines seiner Kontrahenten, des Waffenoffizieres Kühne, bemerkte Ahlwardt: »[...] der Mann heißt nicht Kühne, wie ich in der vorigen Versammlung sagte, sondern Kühn (Aha! Kohn!).«[49] Bereits im »Judenflinten«-Prozeß hatte er das Stichwort gegeben und sich der »Plattfüße«, die auch im Borkumlied als Stigma auftauchen, bedient: »Isidor Löwe und Kühne, alias Kohn [...] befinden sich noch auf ihren freien Plattfüßen«.[50]

Ahlwardt setzte seine Methode fort. Bei der Vernehmung des »Oberstlieutenants« Kühne am zweiten Verhandlungstag entwickelte sich folgender Dialog zwischen dem Gerichtspräsidenten Brausewetter, dem Verteidiger Ahlwardts, Rechtsanwalt Hertwig, und Kühne, nachdem dieser als Konfession evangelisch angegeben hatte: »Präsident: Der Angeklagte stellt sie als einen Juden dar. Sind Sie verwandt mit Juden? – Zeuge: Nein. – Präsident: Waren Ihre Eltern Christen ? – Zeuge: Ja. Weder in männlicher noch in weiblicher Linie ist mir bekannt, daß meine Vorfahren jüdischen Ursprungs waren. – Rechtsanwalt Hertwig: Wie weit ist der Zeuge in der Lage, seinen Stammbaum zurückzuverfolgen? – Präsident: Ich glaube es genügt, was der Zeuge in dieser Vernehmung gesagt hat.«[51]

Ahlwardt traf mehr als jeder andere den »Volkston«, was auch an der großen Teilnehmerzahl bei seinen Reden erkennbar wird.[52] Seine Reden beinhalteten im wesentlichen immer die gleichen Bestandteile. Nach der Begrüßung wies er darauf hin, daß die Judenfrage keine religiöse Frage sei, und stand damit in der Tradition von Wilhelm Marr. Im Gegensatz zu Marr vermied er es jedoch, rassentheoretische Begründungen vorzutragen, sondern kleidete diese Aussage in die für ihn typische Form. So heißt es bei ihm: »M[eine] H[erren]. Die Taufe machte aus einem Juden ebensowenig einen Deutschen, wie aus einer Hyäne einen Edelhirsch.«[53] Ahlwardt bevorzugte eine sehr bildliche Sprache. Er erzeugte Heiterkeit und spielte – wenn auch auf einer sehr plumpen Ebene – mit verschiedenen Momenten des Feind- und des viel edleren Selbstbildes. Er verstärkte dies noch dadurch, daß er im gleichen Atemzug für eine religiöse Toleranz eintrat.

49 Ebd., S. 6.

50 Ahlwardt, Judenflinten, S. 9.

51 Judenflintenproceß, S. 23.

52 Beispielsweise kamen am 9. 5. 1892 ca. 2000 Zuhörer zu einer Rede Ahlwardts im Tivoli. Frankfurter Zeitung, 14. 5. 1892, 1. Morgenblatt, S. 1. Im folgenden werden seine Reden unmittelbar vom November 1891 bis zu dem Zeitpunkt unmittelbar nach seiner zweiten Verhaftung im Sommer 1892 sowie seine Schrift Neue Enthüllungen (Teil 1 u. 2) miteinander verglichen und ausgewertet.

53 Ahlwardt, Wahrer und Falscher Patriotismus, S. 5.

Postkarte (1902), aus: Dietz Bering, Der Name als Stigma.
Antisemitismus im deutschen Alltag 1812 – 1933, Stuttgart 1987, S. 210.

Ein weiteres Element seiner Reden bestand in der Aussage, daß die Juden sich in Deutschland unberechtigterweise aufhielten, da sie niemals eingeladen worden seien. Darauf aufbauend schildert er die negativen »unproduktiven« Eigenschaften der Juden, von denen sich vorbildlich die guten Wesenszüge der Deutschen unterschieden. In ähnlicher Weise baute bereits Gustav Freytag seinen Roman »Soll und Haben« auf.[54] Folge dieses Ungleichgewichtes sei, so Ahlwardt, eine breite Verarmung des deutschen Volkes, die schließlich zu einem Sittenverfall führe. Exemplarisch verwies er dabei auf den degenerierten Adel. Im Gegenzug zeichnete er das Bild einer vorgeblich klassenlosen Gesellschaft als Alternative zu den bestehenden Verhältnissen.

Abschließend ging er, die Argumente seiner Gegner aufgreifend, auf die in seinen Augen falsch empfundene Humanität ein, die verhindere, daß man rücksichtslos gegen die Juden vorgehe. Schließlich folgte ein Appell, antisemitische Zeitungen zu kaufen und zu lesen und möglichst viele Gesinnungsgenossen zu werben. In seinen Reden baute er verstärkt die emotionalen Schilderungen aus. Bereits in der ersten hier untersuchten Rede vom November 1891 versuchte er noch durch Argumente und Zahlen, die den Einfluß der Juden beweisen sollten, zu überzeugen. Aber es tauchten hier schon einige der später immer wieder verwendeten Bilder auf. So bemühte der Schulrektor die Hermannsschlacht Heinrich von Kleists[55] und kam dabei auf die Szene zu sprechen, in der der Schmied Teuthold seine Tochter Hally tötete, da sie von einem Römer geschändet wurde. Und so wie Hermann die Tochter in fünfzehn Teile zerlegen ließ, um jedem deutschen Stamm ein Teil zu schicken, damit er von der Schande erfahren und sich gegen die Römer erheben solle, so hoffte er, daß sich das deutsche Volk nun gegen die Juden erheben werde. Ahlwardt übertrug aus diesem Beispiel das für das Feindbild notwendige eigene positive Selbstbild und verband damit zugleich den Appell zum Handeln. So wie Hally von »Fremden« geschändet wurde, würden heutzutage Mädchen, die unterbezahlt bei Juden arbeiteten, zur Prostitution gezwungen und könnten sich nur satt essen und ordentlich kleiden, »wenn sie [...] den geilen Judenjungen zu Willen sein wollten«.[56] Ahlwardt appellierte gleichzeitig, nicht mit Verachtung auf diese Mädchen zu schauen. Damit erreichte er, daß die gesellschaftliche Ächtung der Prostitution auf die Juden, als die eigentlich Verantwortlichen, umgeleitet wurde. Er löste sich von der bestehenden Moral. Durch das Bild des amoralischen Verhaltens der »Judenjungen« schuf Ahlwardt eine weitere, kollektive Bedro-

54 Vgl. Hans Michael Bernhardt, »Die Juden sind unser Unglück«: Strukturen eines Feindbildes im deutschen Kaiserreich, in diesem Band.

55 Die »Hermannsschlacht« wurde 1809 abgeschlossen und bezog sich aktuell auf die französische Besetzung des Rheinlandes. Die entsprechende Szene findet sich im vierten Akt, fünfter Auftritt.

56 Ahlwardt, Wach auf, S. 8.

hung. Für seine Hörer lieferte er im Gegenzug in der Person des Schmiedes ein Identifikationsangebot. Wurde in der Rede vom November nur der Sachverhalt geschildert, entstand daraus später eine kleinere Geschichte mit dem sittenreinen »Kleinen Mann« als Hauptfigur. Dabei präsentierte er keine abstrakten Analysen verborgener Zusammenhänge, sondern offerierte »Geschichten aus dem Leben«. Der Hinweis etwa, daß der Schneider von den »jüdischen Bazaren« ausgenutzt werde, war nur von sekundärer Bedeutung. Ahlwardt stieg in seiner Rede in das »Souterrain der Gefühle« hinab und baute jene wirkungsvolle »human-interest-story« auf, die um diese Zeit immer häufiger in der Tagespresse verwendet wurde.[57] In Dresden sagte er:

»Sie wissen ferner, wie ekelhaft geil in geschlechtlicher Beziehung der Jude ist (Sehr wahr!) und daß ihm zur Befriedigung seiner allergemeinsten Sinnlichkeit, die sonst unter anderen Menschen in diesem Maße nicht zu finden ist, durchaus nicht eine Stammesgenossin dient, sondern er trägt seine sinnlichen Gelüste in unser Volk hinein unter deutsche Mädchen, die mit Mühe und Sorgfalt von ihrer Mutter erzogen, von ihrem Vater im Schweiße seines Angesichtes ernährt und zu allen guten Dingen angehalten sind. (Pfui!) [...] Tausende von deutschen Mädchen fallen der jüdischen Sinnlichkeit alljährlich zum Opfer; Und wenn der Jude eines solchen Mädchens satt ist, dann bekommt sie einen Tritt und mag als zweite Garnitur vielleicht einen deutschen Mann noch beglücken! (Pfui! Sauvolk!)«[58]

Bemerkenswert ist das in diesem Redeabschnitt dem Auditorium vermittelte Gefühl, als Deutsche nur noch »zweite Garnitur« zu sein. In seinen Augen ist nicht nur das männliche Ego verletzt, sondern auch das Gefühl, nicht mehr der Herr im eigenen Haus zu sein. Die detaillierte Schilderung der »allergemeinsten Sinnlichkeit« diente als Ersatz für die eigenen unterdrückten Triebe. Ahlwardt baute dieses Bild aus. Er sprach nicht nur die persönliche Bedrohung an, sondern appellierte an die kollektive Verantwortung aller für die ihnen anvertrauten Personen und Werte, die durch den Juden bedroht seien: »Meine Herren, können Sie's verantworten, wenn Sie durch Nachlässigkeit, durch Schlaffheit dem Vorschub leisten, daß die Töchter deutscher Eltern Konkubinen dieser Parasiten werden, die uns ausplündern und dann mit dem Raube unsere armen Töchter bethören?«[59]

Bei der Vermittlungstechnik Ahlwardts war es wichtig, daß der Schneider als Träger positiver Charakterzüge und Repräsentant einer sauberen Häus-

57 Zu diesem Bereich: Bodo Rollka, Die Reise ins Souterrain, Eugene Sue und Günther Wallraff, Berlin 1987, S. 25 – 26. Von dort sind auch die Begriffe übernommen worden. Kurt Tucholsky zitierte 1928 den britischen Verleger Northcliffe, der dieses Genre mit prägte: »Eine gute Nachricht [...] enthält dreierlei: Blut, Vagina und Nationalflagge«. Kurt Tucholsky, Ein besserer Herr (1928), in: Ausgewählte Werke, Bd. 5, Berlin (DDR) 1985, S. 62.

58 Ahlwardt, Verhaftung, S. 32 – 33.

59 Ahlwardt, Judenfrage, S. 10 – 11.

lichkeit ein Identifikationsangebot für seine Zuhörer darstellte. Nahm der Zuhörer dieses Angebot an, übernahm er auch die Bedrohungsangst. Ebenfalls über den Antisemitismus und in Anlehnung an das eben geschilderte Beispiel thematisierte Ahlwardt die sogenannte »Fuchshumanität«, die lediglich im November 1891 noch als »Marderhumanität« bezeichnet wurde. In anschaulichen Bildern definierte er den Begriff Feind neu. Ausgangspunkt war ein kleiner Bauernhof, der von einem zufriedenen Bauern bewirtschaftet wurde. Dieses Idyll störte nun ein Fuchs bzw. Marder, der in den Hühnerstall eindrang und einzelne Hühner tötete. An seine Hörer stellte er die Frage, was zu tun sei, den Fuchs zu töten, um die eigenen Hühner zu schützen oder den Fuchs aus »humanitären« Gründen gewähren zu lassen, da er doch nur seinem Instinkt folge. Ohne Zweifel sei es aber, so Ahlwardt, die Aufgabe des Bauern, seine Hühner zu schützen. Er zog nun die Parallelen zu dem Verhältnis zwischen Antisemiten, den anderen Deutschen und den Juden. Bei der Übertragung dieses Beispieles in die menschliche Gesellschaft übernimmt er die Argumente seiner Gegner und versuchte damit, diese zu widerlegen. Es sei wohl ein humanitäres Gebot, tolerant zu sein und Verständnis für den Mitmenschen zu haben, aber nicht auf Kosten der Schutzbedürftigen. Dieses humanitäre Gebot sei falsch, denn ebensowenig wie der Bauer den Fuchs könne man selbst das Treiben der Juden tolerieren. Die neue und wahre Humanität sei es, »daß wir die armen Deutschen und ihre Kinder von dem Vampyr befreien, der sie aussaugt. Das ist ein religiöses Werk, aber es ist auch unsere Pflicht«.[60] Die Argumentation wird durch die Biologisierung scheinbar plausibel und erhält dadurch quasi naturgesetzliche Überzeugungskraft. Zugleich impliziert »dieses Naturgesetz« zu handeln, da das Nichtstun dem »Fuchs« entgegenkomme. Ebenso greift das Beispiel die bei Ahlwardt schon im Vorfeld ausgesprochene Kritik am Adel, der seine schützende Funktion nicht wahrgenommen habe, erneut auf und überträgt die Verantwortung den Antisemiten. Der quasi naturgesetzliche Auftrag, die Juden zu vertreiben, legitimiert das Handeln der Antisemiten, da er das Naturrecht über das staatliche Recht stellt. Dies erklärt auch, weshalb die staatlichen Sanktionsversuche und Bestrafungen für Ahlwardt und seine Anhänger keinerlei Bedeutung hatten. So fragte er programmatisch seine Hörer in Anlehnung an die Befreiungskriege: »Wer gab uns das Recht im Jahre 1813 und 14 das französische Joch zu brechen ?«[61]

Ahlwardt unterscheidet sich hier von den Antisemiten, die in den 80er Jahren Pogrome in Pommern und Westpreußen in dem Glauben anzettelten, sie würden im staatlichen Sinne handeln. Sie waren danach um so ent-

60 Ahlwardt, Wach auf deutscher Michel, S. 30.
61 Ebd., S. 7.

täuschter, als sie merkten, daß dies nicht der Fall war.[62] Ahlwardt und seine Anhänger sahen in der Bestrafung gerade den Beweis dafür, daß der Staat »in Judenhände« geraten sei.

Ahlwardt brachte in seinen Reden eine von zahlreichen Menschen empfundene Desintegration zum Ausdruck. Durch den Antisemitismus vermittelte er ein amorphes Gefühl von Unterlegenheit und fand dadurch bei seinen Anhängern Aufmerksamkeit und Zustimmung. Er mahnte seine Hörer, sich nicht dem Irrglauben hinzugeben, daß Auseinandersetzungen zwischen den Parteien Zeichen für eine politische Gegnerschaft seien. Im Gegenteil: Da sich die Parteien und Zeitungen in Judenhänden befänden, seien die Auseinandersetzungen Scheingefechte, denn »die Redacteure stellen sich zusammen und trinken zusammen eins und lachen über die dummen Deutschen, die sich von ihnen etwas vormachen lassen«.[63] Dieses Bild wiederholte Ahlwardt in seinen Reden. Später tranken sie beim Spott über die Deutschen als Zeichen des Sieges Champagner.[64] In seinen Visionen schließt sich selbst die ehemals unbeugsame Justitia dem ausgelassenen Treiben an: »M[eine] H[erren], die Binde ist herunter gerutscht und ich sehe es vor meinen Augen, wie sie da einen Cancan aufführt, zu dem ein Faun mit nach oben gebogener Nase die Musik macht.«[65] Ebenso werden aber auch Fiktion und Realität miteinander vermischt, wenn Ahlwardt feststellt, daß die Juden über die »dummen Deutschen« lachen, »sie verhetzen und von ihren eigentlichen Feinden ablenken«[66]. Es war durchaus eine richtige Beobachtung, daß Konflikte als Herrschaftstechnik von den Regierenden in die Gesellschaft getragen und »Reichsfeinde« systematisch aufgebaut wurden.[67] Besonders betonte er in diesem Zusammenhang den Kulturkampf und das Sozialistengesetz, die zum Ziel hatten, vom »eigentlichen Feind«, nach seiner Ansicht den Juden, abzulenken. Im Bild der verlachten Deutschen spielt der Adel bereits keine Rolle mehr. Er stellt sich nicht schützend vor das bedrängte Volk und überläßt damit anderen die Initiative, die Ahlwardt mit seiner Rückbesinnung auf die Befreiungskriege übernimmt. Fast schon zwingend ist danach die öffentliche Demontage des Adels. Besonders dessen Verbindung mit dem jüdischen Großbürgertum wird als Beweis für sein Versagen und seine Abhängigkeit gewertet. Ahlwardt radikalisierte seine Kritik am Adel konsequent. Im November 1891 erwähnt er lediglich,

62 Vgl. Christhard Hoffmann, Politische Kultur und Gewalt gegen Minderheiten. Die antisemitischen Ausschreitungen in Pommern und Westpreußen 1881, in: Jahrbuch für Antisemitismusforschung, Bd. 3, 1994, S. 93 ff.
63 Ahlwardt, Über die Judenfrage (28. 4. 1892), S. 23.
64 Ahlwardt, Wahrer und falscher Patriotismus (28. 5. 1892), S. 25.
65 Ahlwardt, Patriotismus, S. 33.
66 Ahlwardt, Rede über Judenflinten (16. 5. 1892), S. 5; ebenfalls: Ahlwardt, Die Judenfrage, S. 26.
67 Vgl. besonders Wehler, Kaiserreich, S. 96 – 100.

daß der Adel in Abhängigkeit geraten sei.[68] Drei Monate später wurde die familiäre Verbindung zwischen Adeligen und Juden bereits zu einem Verrat am eigenen Volke .[69] Dies steigert sich später zu der Behauptung, daß bereits ein »Theil unseres Adels« glaubt, »daß vom reichgedeckten Tisch der Juden für sie auch etwas abfallen werde«. Der Adel sei deshalb mit dem Judentum zusammengegangen, »damit sie im Verein mit diesen alle anderen arbeitenden Klassen beherrschen und ausbeuten«[70].

Konsequenterweise wurde der Adel und speziell dessen politische Repräsentanz, die konservative Partei, von Ahlwardt bekämpft. Gerade die taktischen Versuche der Konservativen waren für ihn der Anlaß aufzuzeigen, daß die antisemitische Bewegung und die Konservativen keine gemeinsame Basis und kein gemeinsames Ziel hatten. Am 8. Juli erklärte er in Dresden nach seiner Verhaftung: »Die Konservativen möchten [...] die Antisemiten auf ihre Seite ziehen, damit sie durch diese ihren Willen durchsetzen, der sich schließlich mehr noch auf andere Dinge bezieht, als auf die Judenfrage. Ich kann sie aber nicht genug warnen meine Herren, sich mit Leuten, welche in der Judenfrage keine ernsten Konsequenzen ziehen, irgendwie einzulassen (Bravo!). Es giebt für mich kein Schwanken oder Drehen, sondern nur ein ganz reines entweder oder.«

Ahlwardt gab dadurch zugleich auch einem erwachenden Selbstbewußtsein Ausdruck. Er (und seine Anhänger) identifizierten sich mit dem Staat und fühlten sich nicht mehr durch die Konservativen vertreten, sondern sahen in ihnen eine Bedrohung »ihres« Staates. Zwei Tage zuvor hatte Ahlwardt seine Zuhörer in Leipzig gewarnt, daß »diese sogenannte conservative Partei [...] ebenso gefährlich, wie irgend eine andere staatsfeindliche Partei« sei, denn – so Ahlwardt – »vor diesen Herren hüten sie sich noch mehr als wie vor den Juden selbst. (Bravo! Sehr richtig)«.[71] Konkret habe dies zur Folge, daß »wir ihnen nämlich überall da, wo wir können, ihre Mandate abnehmen. (Sehr richtig)«.[72]

Im Verhältnis zwischen der »Bewegung« und den antisemitischen Konservativen wird aber auch eines besonders deutlich: Die Identifikation mit der Nation und dem Staat war die Voraussetzung, der Glaube an die existentielle Bedrohung der Anlaß und das Versagen des Adels die Rechtfertigung für den politischen Kampf der antisemitischen Bewegung gegen das Establishment.

Dieser politische »Verrat« der Konservativen und des Adels am Volke würde – sozusagen als letzter Beweis – von der Natur als höchster unbe-

68 Ahlwardt, Wach auf (1. 11. 1891), S. 10.
69 Ahlwardt, Wie es der Jude treibt, (24. 2. 1892), S. 9.
70 Ahlwardt, Meine Verhaftung, S. 26.
71 Ahlwardt, Die Judenfrage, S. 37.
72 Ahlwardt, Meine Verhaftung, S. 37.

stechlicher Instanz selbst bestraft. Gegen dieses »Vergehen an der Natur« wehre sich die Natur vehement. So bat Ahlwardt seine Hörer: »[...] sehen Sie sich die Producte an, die in den Ehen zwischen Deutschen und Juden gezeugt sind. (Beifall) Ich frage Sie alle, sind diese bejammernswürdigen Gestalten nicht ein Protest der Natur gegen die Vermischung beider Völker ?«[73] Die naturgesetzliche Begründung zur Ausgrenzung der Juden als biologisch Fremde war ein Beitrag zur Dehumanisierung des Feindes. So erfährt der »Jude« von Februar bis Juli 1892 folgende Wandlung: »Raubgesellschaft« (24. 2. 1892), »Räuberbande« (28. 4. 1892), »Vampire und Blutsauger« (16. 5. 1892), »Vampire und Wanzen« (28. 5. 1892), »Parasitenvolk« (5. 7. 1892), »giftige, verlogene und hinterhältige Gesellschaft« und »ekelhafteste aller Menschenstämme« (8. 7. 1892). Den Juden wurde langsam das Menschsein abgesprochen. Bei einer seiner Bemerkungen gegen den »Freisinn« sagte er: »Verachten müssen wir aber doppelt und dreifach den, der diesen Wesen – Menschen können wir kaum noch sagen – freisinniger Statthalter ist, um sich von ihnen dafür füttern zu lassen. (Stürmischer Beifall und Pfuirufe).«[74]

Zuvor ging er bereits einen Schritt weiter. Er verglich die Juden mit einem Krebsgeschwür und unterstellte damit eine von ihnen ausgehende tödliche Bedrohung. In derselben Rede brachte er eine weitere, seit Herder gebräuchliche biologische Metapher für Juden ins Spiel. Sie seien »die Parasiten der Menschheit«[75]. Keine harmlosen »Parasiten« wie die Mistel, sondern solche, »die nicht nur in unserem Blute leben, sondern dasselbe zur gleichen Zeit vergiften, so daß der gesamte Organismus zu Grunde gehen muß«[76]. Und nach diesem Beispiel aus der Biologie fuhr Ahlwardt fort: »Die Juden dagegen saugen uns nicht bloß alle Lebenskraft aus, sondern zu gleicher Zeit vergiften sie auch unsern Körper.«[77] Ahlwardt verstand dies wörtlich:

»Das, was man französische Krankheit nennt, ist eigentlich eine orientalische Pest. Aus den Kreuzzügen scheint diese Krankheit aus dem Abend-

73 Ahlwardt, Rede über Judenflinten, S. 7. Aus diesen »bejammernswerten Gestalten« werden schließlich »mißratene Produkte«. Ahlwardt, Patriotismus, S. 7.

74 Ahlwardt, Verhaftung, S. 33.

75 Ebd., S. 30. Ahlwardt gebraucht einen schon klassischen Vergleich. Christoph Cobet, Der Wortschatz des Antisemitismus, München 1973, S. 139, benennt – sich auf Alexander Bein beziehend – Herder als denjenigen, der als erster die Juden als Parasiten bezeichnete. Herder schrieb (1787): »Das Volk Gottes, dem einst der Himmel selbst sein Vaterland schenkte, ist Jahrtausende, ja seit seiner Entstehung eine parasitäre Pflanze auf den Stämmen anderer Nationen; ein Geschlecht schlauer Unterhändler beinah' auf der ganzen Erde, das trotz aller Unterdrückung nirgend sich nach eigener Ehre und Wohnung, nirgend nach einem Vaterland sehnt«; Johann Gottfried Herder, Ideen zur Philosophie der Menschheit, 12. Buch, 3. Kapitel, in: ders., Sämtliche Werke, Bd. 14, Berlin 1909, S. 67.

76 Ahlwardt, Verhaftung, S. 30.

77 Ebd., S. 31. Zur Genese des Begriffs »Blutsauger«: Stefan Rohrbacher/Michael Schmitdt, Judenbilder, Kulturgeschichte antijüdischer Mythen und antisemitischer Vorurteile, Reinbek 1991, S. 131 – 136.

lande gekommen zu sein; natürlich von den Juden (Sehr richtig), und nun sollen es die Franzosen gewesen sein!«[78]

Die physische Bedrohung durch Krankheiten ließ »den Juden« bei Ahlwardt somit weit gefährlicher erscheinen als den »Erbfeind« Frankreich. Das Bild des jüdischen Parasiten gebrauchte Ahlwardt häufig. Er baute es aus und brachte, in seinem Vergleich bleibend, auch die Anwendung von Insektenpulver ins Spiel.[79] Die implizierte Übertragung in den Alltag überließ er seinen Zuhörern.

Je stärker er den Feind angriff, um so positiver zeichnete er das Selbstbild. Am deutlichsten wird dies, wenn Ahlwardt von sich selbst spricht. Auf die Äußerung des konservativen Reichstagsabgeordneten von Friesen und des Herausgebers der konservativen Kreuzzeitung, von Hammerstein, die Führer der Antisemiten seien sittlich nicht rein, erklärte Ahlwardt: »Es ist peinlich, m[eine] H[erren] von sich selbst zu sprechen, angesichts dieser Erfahrung muß ich aber sagen, daß ich keinen Menschen kenne, den ich sittlich höher stelle, wie mich selbst. (Bravo! Sehr gut!)«[80] So wie er bereits in der Abgrenzung zur sittlichen Verkommenheit der Juden seinen Zuhörern den sittenreinen »kleinen Mann« präsentierte, so widmet er sich ebenfalls dem Arbeitsethos der Deutschen und der Juden. Bereits in seiner Bezeichnung der Juden als »Raubgesellschaft« wird seine Zielrichtung deutlich: Die Juden erarbeiten ihr Geld nicht durch »ehrliche« Arbeit. Durch das Unverständnis der kapitalistischen Produktionsweise, die in bisher kaum bekannter Weise eine Kapitalakkumulation ermöglichte, entstand über den Antisemitismus eine Kapitalismuskritik. Von der schlichten Aussage, »Geld wächst nicht auf Bäumen«[81], leitet er über zu der Feststellung, daß Geld erarbeitet werden müsse, und fragt seine Hörer, durch welche Arbeit »die Juden« – und hier verweist er auf Bleichröder – ihr Vermögen erarbeitet hätten. Seine Antwort erfolgt umgehend: Da sie das Geld nicht ehrlich erarbeitet haben könnten, müßten sie es anderen ehrlich arbeitenden Menschen gestohlen haben. Daher sollte auch bei Juden nicht mehr gekauft werden, denn »an dieser Ware klebt der Schweiß, kleben die Tränen und der Fluch unserer deutschen Brüder«[82].

Bei Reden Ahlwardts ist es schwierig, klar und eindeutig den Antikapitalismus vom Antisemitismus zu trennen. Es wird daher auch das Wort Bebels,

78 Ebd., S. 32 – 33.

79 Ebd., S. 28. Gordon Craig hebt hervor, daß im Programm Ahlwardts »die Vorstellung des Holocaust« enthalten gewesen sei, und lediglich »Adolf Hitlers dämonischer Wille« gefehlt habe, sie in die Wirklichkeit umzusetzen. Gordon Craig, Über die Deutschen, München 1982, S. 159.

80 Ahlwardt, Verhaftung, S. 17.

81 Ahlwardt, Wach auf, S. 11.

82 Ahlwardt, Die Judenfrage (5. 7. 1892), S. 20 – 21.

»der Antisemitismus sei der Sozialismus des dummen Kerls«, verständlich.[83] Ahlwardt besetzte bereits derart die Kapitalismuskritik, daß sich, wie bereits erwähnt, auch Maximilian Harden beklagte. Er lenkte daher nicht durch den Antisemitismus von einer Kapitalismuskritik ab, sondern versuchte das eine mit dem anderen zu erklären. Es verwundert daher auch nicht, daß die Wahl der antisemitischen Kandidaten in einzelnen Regionen (z.B. Sachsen) den Übergang von den konservativen hin zu sozialdemokratisch dominierten Wahlkreisen begleitete. Nicht ohne Genugtuung bemerkte Liebknecht 1893 zu dieser Entwicklung: »Ja, die Herren Antisemiten ackern und säen, und wir Sozialdemokraten werden ernten.«[84] Im Gegensatz zu den Sozialdemokraten strebte Ahlwardt zurück zu einer traditionellen, ständisch gegliederten Gesellschaft ohne außenpolitische Konfrontation oder territoriale Ansprüche. Er unterschied sich darin von der später durch den Alldeutschen Verband hergestellten Vermischung zwischen außenpolitischer Aggression und einem nach innen gerichteten Antisemitismus. In dieser Utopie wird auch seine Desintegration aus der Gesellschaft erkennbar, da er die staatlich verordneten Feindbilder als solche ablehnt und die Juden als »Drahtzieher« im Hintergrund ansieht. So spricht er – den offiziellen Feindbildern zum Trotz – davon, daß den »edlen Polen« durch die Teilung ihres Landes Unrecht widerfahren sei[85] und daß durch die »Erbfeinde«, die Franzosen, keine Gefahr ausgehe. Seinen Zuhörern sagte er: »Die Franzosen haben ebensowenig Lust zum Kriege wie Sie m[eine] H[erren]. Ich bin durch Frankreich gewandert und habe die Leute kennengelernt, das sind so brave und arbeitsame Leute, die so wenig vom Kriege wissen wollen, wie wir alle. Die Hetzerei kommt aus Paris wie hier aus Berlin. Wer hetzt, sind die Juden.«[86]

Träger des Deutschtums sollte der »freie deutsche Mann« sein, fleißig und »produktiv«. Unter diesen »freien Männern« sollte es keine Unterschiede und keinen Parteienzwist geben, da alle Parteien berechtigte Anliegen vertreten würden.[87] Besonders auch die Arbeiter – egal ob sie Sozialdemokraten seien oder nicht – zählte er zu »unseren Brüdern«. Die Forderungen der Arbeiter seien berechtigt, da es ihnen »durch die Juden« verwehrt sei, an den Segnungen der Kultur teilzuhaben.[88] Sein Verständnis für die Arbeiter ist

83 Zu diesem Bebelzitat vgl. den Aufsatz von Hans-Michael Bernhardt in diesem Band, Anm. 41.
84 Rede über den Kölner Parteitag 1893, Bielefeld 1893, S. 28, zit. nach: August Bebel, Schriften, Bd. 1, S. 329.
85 Ahlwardt, Wach auf, S. 6.
86 Ahlwardt, Patriotismus, S. 24.
87 Besonders betonte dies Ahlwardt ab dem 28. 4. 1892. Vgl. dazu: Ahlwardt, Die Judenfrage (28. 4. 1892), S. 24; ders., Rede über Judenflinten (16. 5. 1892), S. 6; ders., Wahrer und falscher Patriotismus (28. 5. 1892), S. 25; ders., Die Judenfrage (5. 7. 1892), S. 13; ders., Meine Verhaftung, (8. 7. 1892), S. 37 – 37.
88 Ahlwardt, Die Judenfrage, S. 10.

Teil einer Entwicklung, da er noch im November 1891 die Sozialdemokratie grundsätzlich mit den Juden und dem »starken Mann im Osten« zu den Feinden des Reiches zählte.[89]

Judenflinten

Ahlwardt ging einzig und allein von einer Bedrohung durch die Juden aus und präsentierte seinen Hörern auch die entsprechenden »Fakten«. Am deutlichsten, und politisch äußerst brisant, entwarf Ahlwardt das Bild der Bedrohung des Volkes in seiner »Judenflinten«-Kampagne. Mittels Broschüren, die reißenden Absatz fanden, teilte Ahlwardt der Umwelt neue »Entdeckungen« mit.[90] Am Karfreitag 1892 veröffentlichte Ahlwardt seine Schrift »Neue Enthüllungen. Judenflinten«. In dieser Broschüre, die 33 Auflagen erlebte, warf er der Waffenfabrik Ludwig Loewe vor, dem deutschen Heer im Auftrag der Juden unbrauchbare Gewehre geliefert zu haben, um Deutschland schutzlos zu machen, um anschließend »auf den Ruinen des deutschen Wohlstandes, der Freiheit und Tugend, einen Tempel der Weltherrschaft zu errichten«.[91] Ahlwardt inszenierte daraus eine allumfassende Weltverschwörung:

»Das Judenthum hat die ganze Kulturwelt durchsetzt. Es herrscht unter dem Befehl geheimer Oberen [...] über alle Völker. Es hetzt die Nationen gegeneinander und verfeindet durch alle möglichen Teufelskünste innerhalb der Völker die religiösen, die politischen und die sozialen Parteien. Während diese sich zerfleischen, verfolgt der Jude seinen Weg zur Weltherrschaft mit immer weniger gehinderten Schritten.«[92]

Ahlwardt bezieht sich dabei – um Seriosität bemüht – auf Helmuth von Moltke, der 1832 konstatierte, daß die Juden »durch unbekannte Obere zu gemeinsamen Zwecken folgerecht geleitet werden«[93]. Erstaunlicherweise wurde von den Kritikern Ahlwardts das echte Moltke-Zitat angezweifelt.[94]

Es war auch eher eine Frage des Zufalls, ob die Verschwörungstheorien, wie sie Moltke entwarf und Ahlwardt verbreitete, als Paranoia in einer Heilanstalt behandelt wurden – wie beispielsweise bei dem früheren Senatspräsident Daniel Schreber[95] – oder ob sie als politische Äußerung akzeptiert

89 Ahlwardt, Wach auf, S. 30.

90 Die »Judenflinten«-Broschüre erlebte über 30 Auflagen.

91 Ahlwardt, Neue Enthüllungen, S. 3.

92 Ebd., S. 3 – 4.

93 Darstellungen der inneren Verhältnisse und des gesellschaftlichen Zustandes in Polen, Berlin 1832, in: Gesammelte Schriften und Denkwürdigkeiten des Grafen Helmuth von Moltke, Berlin 1892 ff., Bd. 2, S. 101.

94 Josef Feuerring, Der Antisemitenapostel. Ein Wort der Entgegnung an Rektor Ahlwardt auf seine letzte Broschüre: Neue Enthüllungen. Judenflinten, Berlin 1892, S. 10 – 11.

95 Der frühere Dresdener Senatspräsident Paul Schreber befand sich zur gleichen Zeit wegen seiner Wahnvorstellungen in einer Heilanstalt. Nach seiner Entlassung veröffentlichte er seine damaligen Vorstellungen: »Ein Wiener Nervenarzt, dessen Name zufällig mit dem des oben

wurden. Schreber befand sich 1893 wegen seines Verfolgungswahns in psychiatrischer Behandlung, Ahlwardt im Reichstag. Ahlwardt schrieb es auch einzig der Tatsache, daß er unter dem Schutz der Öffentlichkeit stehe, zu, daß er noch nicht ins Irrenhaus gebracht worden sei.[96]

Seine Berichte, angesiedelt zwischen Bekanntem und Unbekanntem, zwischen Schrecklichem und Vertrautem, erzeugten Spannung, erregten Aufsehen und befriedigten durch ihre vermeintliche Information darüber, »was hinter den Kulissen los ist«, die kognitiven Bedürfnisse seiner Leser. Die emotionalen Bedürfnisse befriedigte Ahlwardt durch die Personalisierung seiner Information. So las er einen anonym verfaßten Brief aus Ratzeburg vor, in dem von einem jungen Soldaten erzählt wurde, der durch ein geplatztes Gewehr ein Auge verlor.[97]

Aus der vermeintlichen Bedrohung des deutschen Volkes inszeniert er eine Trilogie der Errettung. Bei seiner Rede in Dresden berichtete er, daß in Cottbus ein Gewehr geplatzt sei und einem Landwehrmann die Hand abgerissen habe. Ahlwardt präsentierte nun den ersten Teil der Trilogie. Nach dem Hinweis, daß angeblich in Cottbus auf seine Initiative hin die sogenannten Judenflinten ausgetauscht worden seien, erklärt er:

»Diese 52er, welchen die unbrauchbaren Gewehre abgenommen worden sind, habe ich sämtlich aus schwerer Gefahr gerettet (stürmischer Beifall, Hochrufe auf den Redner), und m[eine] H[erren], ein solcher Erfolg ist es wohl werth, daß man sich mit Vergnügen einmal einige Wochen in Untersuchungshaft einsperren läßt (wiederholter stürmischer Beifall), es ist thatsächlich kein Opfer, es wird bloß von unserer sentimentalen Zeit übertrieben.«[98]

Sein Kampf gegen die von ihm angenommene Weltverschwörung der Juden machte ihn bei seinen Jüngern zum Helden, seine Verurteilung zum Märtyrer, und seine Reden ließen ihn zum Erlöser eines von allen Seiten bedrohten deutschen Volkes werden. Sehnsüchtig fragte auch ein Gesinnungsgenosse: »Wann wird der Retter kommen?«[99]

Seine Verurteilung wandelte den Antisemitismus von einer opportunistischen Taktiererei zu einer inneren Mission, die als vorbildlich empfun-

genannten Benediktinerpaters identisch war, ein getaufter Jude und Slawophile, der durch mich Deutschland slawisch machen und gleichzeitig die Herrschaft des Judenthums darin begründen wollte; er schien in seiner Eigenschaft als Nervenarzt [...] eine Art Verwalter der Gottesinteressen für eine andere Gottesprovinz (namentlich die slavischen Gebietsteile Österreichs) zu sein.« Daniel Paul Schreber, Denkwürdigkeiten eines Nervenkranken, Leipzig 1903, S. 49 – 50.

96 Ahlwardt, Judenflinten, II. Theil, S. 10.

97 Ahlwardt, Judenflinten, I. Theil, S. 4.

98 Ahlwardt, Verhaftung, S. 16. Dem Ausland wollte Ahlwardt durch seine »Enthüllungen« zeigen, »daß es in Deutschland noch unbestechlich ehrliche Augen giebt, die über dem Wohle des Vaterlandes wachen«; Ahlwardt, Enthüllungen, S. 6.

99 Hermann Neumann, Die Judenjagd, Berlin 1892, S. 14.

Politischer Bilderbogen No. 7 »Ahlwardt's Heldenthaten«, Dresden 1892

Der Präsident sagt kalt und stahlhart:
„Ach gehen sie nur mit Ihrem Ahlwardt!“
Nach Dresden geht Bescheid express,
Versenden Sie, Herr F. W. Glöß.

In Tausenden von Exemplaren
Wird nun die Schrift ins Volk gefahren,
Und „Löwe“ heißt es kreuz und quer:
„Wird nunmehr ein Gefangener.“

den wurde. Etwas später kam Ahlwardt auf die Situation in Sachsen zu sprechen und übertrug dabei das Schicksal des Ratzeburger Soldaten auf das deutsche Volk:

»Im Laufe der Weltgeschichte ist es jedem deutschen Stamme vergönnt gewesen, etwas Besonderes für seine deutschen Mitbrüder zu thun. Auch uns in Preußen ist es einmal vergönnt gewesen, für die Befreiung von dem napoleonischen Joche etwas hervorragendes zu leisten. Jetzt aber sind wir gefesselt und geknebelt, wir können in Berlin nicht mehr wie wir wollen. Jetzt kommen wir zu ihnen, hülfeflehend, jetzt ist es an Ihnen, in erster Linie die Befreiung des Vaterlandes von dem entsetzlichen Elend zu bewirken. (Stürmischer Beifall) [...] Lassen Sie sich diese Begeisterung nicht durch kleine Bedenken und Ärgernisse trüben, halten Sie aus, und Sie werden von hier aus die Befreiung Deutschlands von dem schmachvollsten Feinde ins Werk setzen. (Stürmischer Beifall)«[100]

Ahlwardt, der diesen Appell an die Sachsen zu einem späteren Zeitpunkt bei seinen Reden wiederholte, hatte bereits im ersten Teil seiner Broschüre den Aufruf an das ganze deutsche Volk gerichtet. Ähnlich dem Appell an die Sachsen, in dem er die Erinnerung an die Befreiungskriege wachrief, schrieb er im ersten Teil seiner Broschüre:

»Wie mitten aus dem Herzen des Volkes, die zögernden deutschen Fürsten mit sich fortreißend, die Bewegung gegen den ersten Napoleon siegreich durchbrach, so muß auch heute, wo wiederum die Fürsten zögern, die kriegerische Bewegung gegen das scheußliche Judenthum durch das Volk leben-

100 Ahlwardt, Verhaftung, S. 21.

Doch Löwe bleibt auf freien Füßen
Und Ahlwardt muß es bitter büßen;
Das Volk verläßt nicht seinen Sohn
Und schickt zehntausend Mark Caution.

Es scheint, als würde der Prozeß
Für Ahlwardt was Gefährliches,
Bis er beweiset auf den Akten,
Daß die Gewehre selten knackten.

dig werden! Zahllose traurige Erfahrungen von heute bezeugen es: nur durch das Volk kann das Volk noch gerettet werden!«[101]

Die Wurzeln einer antisemitischen Subkultur

Der Erste Staatsanwalt im »Februar«-Prozeß ließ im Vorfeld der Verhandlung die Bemerkung fallen, Ahlwardt »betreibe seine Verleumdungen gewerbsmäßig«[102]. Doch nicht die Verleumdungen wurden gewerbsmäßig vertrieben, sondern die antisemitischen Devotionalien. Der Ahlwardt-Rummel trieb die skurrilsten Blüten. Ein Versandkatalog der antisemitischen Buchhandlung P. Westphal bot neben antisemitischer Literatur auch andere Kultgegenstände an. Als Devotionalien, die zur Ahlwardt-Verehrung erworben werden konnten, wurden unter anderem Ahlwardt-Büsten verschiedener Größe, Gedenkmünzen, Ahlwardt-Plakate, Ahlwardt-Bilderbögen, die Ahlwardt-Cigarre und Ähnliches angeboten. Die Vermarktung Ahlwardts ist einerseits ein Indiz für die ungeheure Popularität, die dieser Mann besaß, andererseits war sie eine Methode zur Vermittlung des Antisemitismus. Der Erwerb von Ahlwardt-Artikeln war ein demonstrativer Akt und damit eine (stille) antisemitische Meinungsäußerung; dies ermöglichte dem Sympathisanten durch den Kauf der Artikel, an dem »Heldenkampf« Ahlwardts teilzuhaben. Eine Variante entwickelte der Dresdener Gastwirt Oscar Dietrich. Am 8. Januar 1893 inserierte er in den Dresdener Nachrichten: »Von Montag, den 9.ds. bis Sonntag, den

101 Ahlwardt, Wie es der Jude treibt, S. 6.
102 Ahlwardt, Enthüllungen, S. 36.

15.ds. stelle [ich] meinen Gästen 2 neue Billards zu Gunsten der Familie Ahlwardt zur Verfügung. Ich werde nach Schluß sämtliches Billardgeld durch die Dresdener Nachrichten der Familie Ahlwardt überweisen lassen. Vorwärts in der guten Sache.«[103]

Eine weitere Form sympathisierender Interaktion war die Teilnahme an den Ahlwardt-Solidaritätssammlungen. Nachdem Ahlwardt am 4. 6. das erste Mal wegen seiner »Judenflinten«-Schrift verhaftet und die Kaution von 10 000 Mk.[104] vom Deutschen Antisemiten Bund hinterlegt worden war, wurde er am 16.6. auf freien Fuß gesetzt. Eine Woche später, am 25. 6., wurde er erneut verhaftet, diesmal betrug die Kaution 50 000 Mk. Eine Sammelaktion der Staatsbürgerzeitung brachte in kürzester Zeit die Summe zusammen, so daß Ahlwardt am 1. Juli endgültig aus der Untersuchungshaft entlassen wurde.

Ausblick

Ahlwardt entwickelte in den 90er Jahren des letzten Jahrhunderts eine moderne Form des Antisemitismus, die ihre Wurzeln und Voraussetzungen in der Urbanisierung und einer entstehenden Massenkultur hatte. Er ersetzte argumentative Reden durch unterhaltende und inszenierte Auftritte. Indem er den gemeinsamen Feind lächerlich machte und herabwürdigte, entstand eine ritualisierte Form des Spannungsabbaus und der gemeinsamen Entladung von Aggressionen. Er wirkte dadurch identitätsstiftend.

Theodor W. Adorno beschrieb fünfzig Jahre später die antisemitische Agitation am anderen Ende der Welt, an der US-amerikanischen Westküste, und stellte dort vergleichbare Aspekte der antisemitischen Agitation fest.[105] Er nannte besonders die personalisierte Form der Vermittlung, das stark ausgeprägte Selbstbild der gesunden, tüchtigen, selbstlosen, »armen aber ehrlichen« amerikanischen Bürger von gesundem Menschenverstand, denen alles Intellektuelle zuwider ist. Weiterhin hob er als wichtigen Aspekt die Mitteilung vermeintlicher »Insider-Informationen« und diverser Skandalgeschichten über sexuelle Exzesse und Greuel hervor, die in ritueller Form, einer »Show«, vermittelt würden.

Aus dem Verhältnis zwischen einem inszenierten und bedrohlichen Feind und dem entwickelten Selbstbild entstand sowohl im Kaiserreich als auch an der Westküste der USA eine nicht zu unterschätzende und nicht zu kontrollierende Kraft, die ihre Energie und Dynamik aus dem Bewußtsein zog, eine Mission zu erfüllen.

103 Dresdener Nachrichten 8. 1. 1893, Anzeige Restaurant »Fuchsbau«.
104 Judenflintenproceß, S. 5.
105 Theodor W. Adorno, Antisemitismus und faschistische Propaganda, in: Ernst Simmel (Hrsg.), Antisemitismus, Frankfurt a.M. 1993, S. 148 – 162.

KATHRIN ROLLER

Die »rote Gefahr«

Das Feindbild »Sozialdemokratie« der Konservativen im frühen Kaiserreich

Vor dem Hintergrund der Industrialisierung und der sozialen Gegensätze innerhalb eines autoritären Obrigkeitsstaates soll im folgenden das Feindbild »Sozialdemokratie« in seiner konservativ-protestantischen Ausprägung untersucht werden. Der zeitliche Schwerpunkt liegt in der Phase der Anfänge des Sozialistengesetzes während der konservativen Wende der Regierungspolitik 1878/79 sowie der Vorgeschichte seit Gründung des Deutschen Reiches.

Mehrere gesellschaftliche Gruppen wurden in dieser Periode von der Bismarck-Regierung zu sogenannten Reichsfeinden erklärt. Der Diskriminierung der Sozialdemokratie durch die Konservativen kommt besondere Bedeutung zu, da sich an den Interessen der letzteren die Bismarcksche Regierung seit Ende der 70er Jahre wesentlich ausrichtete. Zudem prägte das feudalistisch-patriarchale Weltbild der Konservativen mit seinem dominanten antisozialistischen Feindkomplex die Gesellschaft des Kaiserreichs und erhielt eine über das Kaiserreich hinausweisende Bedeutung.

Die Konservativen waren nicht die einzigen, die die »Sozialdemokratie« auszugrenzen versuchten. Auch die Liberalen, insbesondere die Nationalliberalen, und das Zentrum entwickelten einen dezidierten Antisozialismus. Jede Trägergruppe verlieh »ihrem« Feindbild spezifische Charakteristika, wobei die Bilder aber auch viele gemeinsame Merkmale aufwiesen. Die alte Polarisierung Konservative – Liberale bestand zwar nach wie vor, wich aber allmählich einer gemeinsamen Gegnerschaft gegen die Arbeiterbewegung. Der Schwenk vieler Bürgerlicher vom Liberalismus zum Konservatismus gerade im hier untersuchten Zeitraum, aber auch die ideologischen Unterschiede innerhalb des konservativen Lagers machen eine klare Bestimmung des Begriffs »Konservativer« schwierig. Als Quellen dienen hier Äußerungen von Mitgliedern der konservativen Parteien und Interessenvertreter, einschließlich solche von Bismarck. Ergänzend werden Personen aus deren geistigem Umfeld zitiert, vereinzelt auch Nationalliberale. Wichtige Quellen sind schließlich Zeitungsartikel und populäre Hetzschriften.

Bestimmte Aspekte des Feindbildes »Sozialdemokratie« im Kaiserreich sind von verschiedener Seite analysiert worden. Dabei wurde es stets in den

Zusammenhang der nationalen Einigung und der Sammlungspolitik der Machteliten eingeordnet.[1] Thematisiert wurde auch die Frage seiner Instrumentalisierung. Unter dem Stichwort »negative Integration« hat Hans-Ulrich Wehler ein Konzept damaliger »Herrschaftstechniken« entwickelt, das seither eines der gängigen Muster zur Analyse Bismarckscher Politik ist und hier zur Diskussion gestellt werden soll.[2]

In seiner neuesten, zusammen mit Peter Brandt vorgelegten Publikation (»Vaterlandslose Gesellen«) über das Verhältnis der Sozialdemokratie zur Nation[3] hat Dieter Groh zentrale Aspekte des antisozialdemokratischen Feindbildes behandelt. Um eine Feindbild-Studie handelt es sich dennoch nicht, da der Autor vor allem die Perspektive der Sozialdemokratie[4] einnimmt, und zwar im wesentlichen diejenige der Parteiführer. Insofern bietet die Studie vor allem Material zur Frage des Realitätsgehaltes des Feindbildes und zur Frage der Wirkung auf die Sozialdemokratie, ablesbar an deren Reaktionen – all dies allerdings nur auf das Motiv der »Vaterlandslosigkeit« bezogen.[5]

Bei solchen eher politikgeschichtlichen Studien fehlt eine eingehendere Textanalyse, die Rückschlüsse auf das Selbstbild und die Mentalität der Träger zuließe und die das Feindbild unter dem Aspekt der Konfrontation mit Entwicklungen der »Moderne« zu interpretieren versucht.

Von der Reichsgründung bis zum Sozialistengesetz: Eine Skizze

Das 1870/71 gegründete Deutsche Reich war trotz der nationalen Einigung in bezug auf seine innere Situation wenig konsolidiert, geschweige denn homogen. Entlang vieler innenpolitischer Konfliktlinien wurde großen Gruppen innerhalb des Reiches eine politische und gesellschaftliche Außenseiterrolle zugewiesen: Juden, Polen, Katholiken, Sozialdemokraten.

Die Arbeiterbewegung war zu dieser Zeit noch von zwei Parteien repräsentiert: dem Allgemeinen Deutschen Arbeiterverein Lassalles und der in Eisenach von Bebel und Liebknecht gegründeten Sozialdemokratischen Arbeiterpartei Deutschlands, die sich in Abgrenzung zu den Lassalleanern als eigent-

1 Vgl. beispielsweise Dieter Groh, Die mißlungene »innere Reichsgründung«. Verfassung, Wirtschaft und Sozialpolitik im Zweiten Reich, in: Revue d'Allemagne 4, Nr. 1 (1972), S. 89 – 112.

2 Siehe Hans-Ulrich Wehler, Das Deutsche Kaiserreich 1871 – 1918, Göttingen 1988[6], u.a. S. 101; kritisch dazu zum Beispiel Hans-Günter Zmarzlik, Das Kaiserreich in neuer Sicht?, in: Historische Zeitschrift 222 (1976), S. 108, 112, 123; vgl. auch Groh, Reichsgründung, S. 103, sowie Dieter Groh/Peter Brandt, »Vaterlandslose Gesellen«. Sozialdemokratie und Nation 1860 – 1990, München 1992, S. 26 – 30, 339 f. (mit weiteren Literaturhinweisen).

3 Siehe Groh/Brandt, »Vaterlandslose Gesellen«.

4 Vom Feindbild betroffen und in den Bildern benannt sind sowohl Männer als auch Frauen (»ArbeiterInnen«, »SozialdemokratInnen«). Diejenigen, die als Konservative politische Macht besaßen, waren dagegen Männer – und nur deren Redeweise wird hier untersucht.

5 Ältere Studien wie die von Werner Pöls oder Reinhard Höhn sind mit großem Verständnis für die Sozialistenfurcht und die »notwendigen« reaktionären Maßnahmen geschrieben. Vgl. Werner Pöls, Sozialistenfrage und Revolutionsfurcht in ihrem Zusammenhang mit den an-

lich revolutionäre Partei verstand. Auch die Arbeiterinnen hatten begonnen, sich trotz aller Restriktionen zu organisieren. Außerdem hatten sich 1868 die sozialistischen deutschen Arbeiter der »Internationalen« angeschlossen. Die Vorstellung von einem über alle Nationalgrenzen hinweg vereinigten Proletariat wurde zu einem der zentralen Elemente des Bildes von der »roten Gefahr«.

Ein für die Entwicklung dieses Bildes wesentliches Motiv war die Haltung der deutschen Arbeiterbewegung zur Pariser Kommune 1871. Zunächst hatten Teile der Lassalleaner, aber auch der Eisenacher, den Krieg gegen Frankreich unterstützt. Die nationale Einigung war durchaus auch eine Hoffnung großer Teile der Sozialdemokratie gewesen. Sie versprachen sich davon eine Zentralisierung und Stärkung der Arbeiterklasse. Dennoch waren Bebel, Liebknecht und andere von Anfang an gegen diesen Krieg gewesen. Und als nach der Ausrufung der Republik in Paris am 4. September 1870 die deutschen Truppen den Krieg weiterführten, riefen beide sozialdemokratischen Parteien zu sofortigem Frieden und zum Verzicht auf Annexionen auf. Die neue französische Republik entwickelte sich jedoch nicht sozialistisch-revolutionären Hoffnungen entsprechend. Um so mehr galt daher die Solidarität der deutschen SozialistInnen dem Aufstand der Kommune im März 1871, der sich gegen die bürgerliche Nationalversammlung richtete und alle revolutionären Zusammenbruchserwartungen zu bestätigen schien.

Die internationalistische Arbeitersolidarität, die Verurteilung der Annexion Elsaß-Lothringens, die Ablehnung der in den folgenden Jahren abgehaltenen Sedansfeiern, die oppositionelle Haltung zum Militarismus und eben die Solidarität mit der Pariser Kommune, die allgemein mit »Brand und Mord« identifiziert wurde und bei vielen deutschen Bürgern einen Schock ausgelöst hatte – das alles begründete die Stigmatisierung der SozialdemokratInnen als »vaterlandslose Gesellen«. Für Bismarck, der sich durch die gemeinsame kriegerische Gegnerschaft zum »Erbfeind Frankreich« nicht zuletzt eine einigende Wirkung nach innen erhoffte, waren alle, die Opposition bezogen, als »Reichsfeinde« aus der zu konstruierenden Gemeinschaft auszuschließen.

Der Aufstieg der Sozialdemokratie vollzog sich dennoch unaufhaltsam, besonders nach der Vereinigung beider Parteien 1875 in Gotha. Als die neue Sozialistische Arbeiterpartei Deutschlands (SAP) bei den Reichstagswahlen von 1877 einen überraschenden Wahlerfolg erzielte und zur viertstärksten Partei des Reiches wurde[6], verstärkte dies die Beschwörung der »roten Gefahr« erneut.

geblichen Staatsstreichplänen Bismarcks, Lübeck/Hamburg 1960, u.a. S. 40 – 42, und Reinhard Höhn, Die vaterlandslosen Gesellen. Der Sozialismus im Licht der Geheimberichte der preußischen Polizei 1878 – 1914, Bd. 1 (1878 – 1890), Köln/Opladen 1964, S. VIII.

6 Vgl. Ernst Rudolf Huber, Deutsche Verfassungsgeschichte seit 1789, Bd. 4: Struktur und Krisen des Kaiserreichs, Stuttgart/Berlin/Köln/Mainz 1982², S. 103.

Zu denjenigen, die sich von dieser »Gefahr« am meisten bedroht sahen, gehörten die Konservativen in ihren verschiedenen Strömungen. Sie wurden auf der parlamentarischen Ebene durch mehrere Parteien repräsentiert, die auch eine wichtige Rolle für die öffentliche Meinungsbildung spielten. Die politische Haltung der gemäßigteren Freikonservativen Partei – nach 1871 im Reichstag Deutsche Reichspartei – war vollkommen bismarcktreu. Die Mitglieder kamen aus dem hohen Adel, aus den Führungsschichten der Landwirtschaft und der Industrie, aus dem hohen preußischen Beamtentum und der Wissenschaft. Diese Partei vertrat vor allem die Interessen der Großbourgeoisie bzw. versuchte, sie mit den Interessen des grundbesitzenden Adels auszugleichen. Sie hatte jedoch keine so großen Wahlerfolge wie die reaktionäre Konservative Partei, die mit ihren feudalen und nur auf Preußen orientierten Zielen zunächst vehemente Gegnerin der Bismarckschen Politik und des Nationalstaats war. Mit der Gründung der Deutschkonservativen Partei 1876 als Nachfolgerin hatten sich jedoch diejenigen Kräfte durchgesetzt, die einen Kurswechsel anstrebten. Sie bekannten sich zu den national- und rechtsstaatlichen Prinzipien und erkannten, zumindest in Teilen, die kapitalistische Entwicklung an. Die Partei war damit von 1879 bis 1890, abgesehen von einem kleineren bismarckfeindlichen Flügel, eine zuverlässige Stütze Bismarckscher Politik. Sie vertrat vorwiegend die Wirtschaftsinteressen der ostelbischen Junker, die auch die Schlüsselpositionen in Militär und Bürokratie besetzten. Die gesamte Führungsgruppe und auch die Mehrheit der Abgeordneten waren Adlige. Zum Teil konnte auch der städtische Mittelstand mit einer antiliberalistischen Handelspolitik für die Konservativen gewonnen werden.[7] Daneben gab es schließlich die sozialreformerische Linie der »Sozialkonservativen«.[8] Sie befürworteten den Eingriff des Staates zum Ausgleich der sozialen Gegensätze und waren den Problemen der ArbeiterInnen, in der Regel aber nicht den Bemühungen der Sozialdemokratie gegenüber aufgeschlossen. Ein organisatorischer Ausdruck dieser Strömung war die 1878 von Adolf Stoecker gegründete Christlich-Soziale Arbeiterpartei, die sich aber bald zu einer antisemitischen, antiliberalistischen, extrem konservativen Mittelstandspartei entwickelte.[9]

7 Vgl. ebd., S. 24 – 40; vgl. Dieter Fricke u.a. (Hrsg.), Die bürgerlichen Parteien in Deutschland. Handbuch der Geschichte der bürgerlichen Parteien und anderer bürgerlicher Interessenorganisationen vom Vormärz bis zum Jahre 1945 (2 Bde.), Leipzig 1968/70, Bd. 1, S. 673 – 687; Bd. 2, S. 561 – 568.

8 Vgl. dazu Johann Baptist Müller, Der deutsche Sozialkonservatismus, in: Hans-Gerd Schumann (Hrsg.), Konservatismus, Königstein i. T. 1984^2, S. 199 – 221; vgl. auch Wilhelm Ribhegge, Konservative Politik in Deutschland. Von der Französischen Revolution bis zur Gegenwart, Darmstadt 1989, S. 113 – 121.

9 Vgl. Huber, Verfassungsgeschichte, Bd. 4, S. 40 – 44; vgl. auch den Aufsatz von Hans-Michael Bernhardt in diesem Band.

Wichtig für den Prozeß der öffentlichen Meinungsbildung war auch die wachsende Zahl von Interessenverbänden, die sich verstärkt seit den 70er und 80er Jahren vor allem seitens der industriellen und agrarischen Unternehmer herausbildeten. Sie spielten eine wesentliche Rolle für die antisozialistische Agitation.[10] Die zunehmende Zahl von Verbänden, die Organisierung vieler Lebensbereiche in Vereinen sind genauso wie die steigende Wahlbeteiligung Kennzeichen einer die ganze Gesellschaft durchdringenden Politisierung, die einen politischen Massenmarkt entstehen ließ.[11] Allerdings verstanden sich viele dieser Verbände als nicht-demokratisch, ja anti-demokratisch.[12] In diesen Markt griffen zunehmend auch die Massenmedien in ihrer enormen Vielzahl ein. Von allen politischen Richtungen her wurde versucht, in Zeitungen und Zeitschriften sowie mit Broschüren, Flugschriften oder Volkskalendern Einfluß auf die Bevölkerung zu gewinnen.[13]

Diese Massenagitation traf auf eine sich in langfristigem politischen und ökonomischen Wandel befindende Gesellschaft. Das Klima eines teilweise als bedrohlich erlebten Umbruchs machte Teile der Gesellschaft für Polarisierungen empfänglich. Die folgenreiche Krisenstimmung wurde unterstützt durch eine den Gründerjahren folgende Wirtschaftskrise. Nachdem die hohe französische Kriegsentschädigung zunächst übertriebene Spekulationen ausgelöst hatte, führte die Weltwirtschaftskrise von 1873 zum Börsensturz und zum Zusammenbruch vieler Gründungen. Die anschließende »Große Depression«[14], deren Hauptursache die anhaltende Überproduktion war, dauerte mit Schwankungen bis 1895. Die Absatzkrise der Industrie wurde wie die hinzukommende strukturelle Agrarkrise auf die ArbeiterInnen abgewälzt. Viele zum Teil große Streiks waren die Folge.[15]

Eine Antwort der Regierenden auf die Wirtschaftskrise war die Wende vom Freihandel zur Schutzzollpolitik. In dieser Zeit verschärfte sich auch die Bekämpfung der Sozialdemokratie. Zur Durchsetzung sowohl der antilibera-

10 Vgl. Alex Hall, The War of Words. Anti-socialist Offensives and Counterpropaganda in Wilhelmine Germany 1890 – 1914, in: Journal of Contemporary History 11 (1976), S. 21 ff.; vgl. auch Wehler, Kaiserreich, S. 90 ff.

11 Vgl. Hans Rosenberg, Große Depression und Bismarckzeit. Wirtschaftsablauf, Gesellschaft und Politik in Mitteleuropa, Frankfurt a.M. 1976[2], S. 119 ff., 123.

12 Vgl. zum Beispiel Wehler, Kaiserreich, S. 90; vgl. Dieter Langewiesche, Das Deutsche Kaiserreich. Bemerkungen zur Diskussion über Parlamentarisierung und Demokratisierung Deutschlands, in: Archiv für Sozialgeschichte 19 (1979), S. 640 ff.

13 Vgl. Kurt Koszyk, Deutsche Presse im 19. Jahrhundert, Berlin 1966, S. 127 f. und 306 f.; vgl. Hall, War, S. 15 ff.

14 Nach: Rosenberg, Depression.

15 Vgl. Horst Lademacher, Wirtschaft, Arbeiterschaft und Arbeiterorganisationen in der Rheinprovinz am Vorabend des Sozialistengesetzes 1878, in: Archiv für Sozialgeschichte 15 (1975), S. 111 – 116. Zur Agrarkrise vgl. Friedrich-Wilhelm Henning, Die Industrialisierung in Deutschland 1800 bis 1914, Paderborn u.a. 1989[7], S. 205 – 215, 223 – 230; vgl. Wehler, Kaiserreich, S. 44 f.

len Wirtschaftspolitik als auch der antisozialistischen Gesetzgebung und Propaganda entstand ein Bündnis zwischen Bismarck, »Rittergut und Hochofen«.[16] Diese Interessenkoalition der vorindustriellen Eliten als Träger der politischen Herrschaft einerseits und der industriellen Großbourgeoisie als wirtschaftlich führender Kraft andererseits machte die Jahre 1878/79 zur entscheidenden – konservativen – Wende der Bismarckschen Politik.

Zwei Attentatsversuche auf Kaiser Wilhelm I. im Mai und Juni 1878, für die in der Öffentlichkeit sogleich die SAP verantwortlich gemacht wurde, waren schließlich willkommener Anlaß für den Entwurf des Sozialistengesetzes.[17] Nachdem dieser im Reichstag zunächst mehrheitlich abgelehnt wurde, löste Bismarck nach dem zweiten Attentat den Reichstag auf. Im Herbst wurde das »Gesetz gegen die gemeingefährlichen Bestrebungen der Sozialdemokratie« dann vom neuen Reichstag verabschiedet. Alle sozialdemokratischen und gewerkschaftlichen Organisationen, Versammlungen und Schriften wurden daraufhin verboten, über viele Bezirke und Städte wurde der »kleine Belagerungszustand« verhängt, Personen wurden auf vielfältige Art schikaniert, ausgewiesen oder verhaftet. Lediglich die Reichstagsabgeordneten konnten noch öffentlich arbeiten. Trotz dieser Bedingungen konnte die Partei derartig anwachsen, daß sie bei den Wahlen von 1890 – kurz bevor das Sozialistengesetz auslief, da es nicht mehr verlängert wurde – alle anderen Parteien übertraf.[18]

Inhaltliche und strukturelle Feindbildelemente

Beschwörungsformeln

Damit das »finstere Gespenst« des Kommunismus[19], von dem man sich spätestens seit der Pariser Kommune bedroht fühlte, auch wirklich als Gefahr erkannt würde, erhielten die Beschwörungssätze bestimmte strukturelle Elemente und Motive, die als eine Art Code dienten und insgesamt zu entschiedenem Handeln herausforderten: die Konstruktion einer weltweiten Bewegung, deren Ziel die Zerstörung per se und universale Macht sei, die permanente Sprache des Kampfes und der prinzipiellen Fragen, das Motiv der

16 Vgl. dazu Fritz Fischer, Bündnis der Eliten. Zur Kontinuität der Machtstrukturen in Deutschland 1871 – 1945, Düsseldorf 1985², S. 11 – 15.

17 Vgl. Gesetz gegen die gemeingefährlichen Bestrebungen der Sozialdemokratie (21. 10. 1878), in: Walter Steitz (Hrsg.), Quellen zur deutschen Wirtschafts- und Sozialgeschichte von der Reichsgründung bis zum Ersten Weltkrieg, Darmstadt 1985, S. 86 ff.

18 Vgl. Ernst Rudolf Huber, Deutsche Verfassungsgeschichte seit 1789, Bd. 3: Bismarck und das Reich, Stuttgart/Berlin/Köln/Mainz 1988³, S. 877 f.

19 Das »rote Gespenst« oder »Gespenst des Communismus« geht als Bildsymbol auf den ersten Satz im Kommunistischen Manifest von Karl Marx (1848) zurück: »Ein Gespenst geht um in Europa – das Gespenst des Kommunismus.« Seither taucht es immer wieder als diffamierender Topos auf. Vgl. Michael Klant (Hrsg.), Der rote Ballon. Die deutsche Sozialdemokratie in der Karikatur, Hannover 1988, S. 10 f., 14.

internationalen Verschwörung und der Verführung der Massen, die Bündelung von Feindbildern, die Beschreibung des Feindes als »anders« und die Abwertung dieses »anderen«.

Für den Publizisten Moritz Busch war der historische Moment, an dem sich die Gefahr des »Weltenbrandes« und der roten Weltherrschaft offenbarte, bereits der 4. September 1870, der Tag der Ausrufung der französischen Republik: »Wir meinten anfangs nur Frankreich uns gegenüber zu haben, und so war es auch bis zum Tage von Sedan. Nach dem 4. September aber hat sich vor uns eine andre Macht erhoben: die allgemeine Republik, die internationale Vereinigung der vaterlandslosen Schwärmer für den Gedanken der Vereinigten Staaten von Europa, die kosmopolitische Revolution. [...] Von allen Richtungen der Windrose eilen sie herbei, um uns als Soldaten der Monarchie zu bekämpfen. Polen, Irländer, Spanier, Italiener, selbst Zuzügler aus der Türkei haben sich den französischen Republikanern als ›Brüder‹ angeschlossen. Alles, was einen Weltbrand ersehnt, worin die alten Staaten vergehen sollen, die gesamte kosmopolitische Demagogie, die Roten [...] betrachten das jetzige Frankreich als den Herd, an dem sich diese große revolutionäre Feuersbrunst entzünden müsse. [...] Auch die deutschen Demokraten der verschiednen Farben beugen sich vor dem Pariser Geiste.«[20]

Vom gegenwärtigen »Kampf« der christlichen, konservativen Weltanschauung gegen den »wiedererwachten Unglauben« heißt es in der Allgemeinen Conservativen Monatsschrift: »Die Deutschen hat Gott von je her benutzt, wenn es galt, principielle Fragen zum Austrag zu bringen.«[21] Die Aufforderung zum Zusammenschluß aller Christen zur Verteidigung ihrer Heiligtümer bringt ein gewisses manichäisches Element in diesen Text. Das Absolute, das den Zielen der Sozialdemokratie angeblich anhaftete, wird auch aus dem Satz Bismarcks deutlich: »Ja, meine Herren, wenn wir [...] unter der Tyrannei einer Gesellschaft von Banditen existieren sollen, dann verliert jede Existenz ihren Wert.«[22] Dies legt beinahe die Konsequenz nahe, daß nur einer von beiden existieren könne, der Feind oder man selbst.

Wie Moritz Busch betonte auch der antisozialistische Hetzer und Nationalliberale Hans Blum, unter den Aufständischen in Paris seien viele Polen,

20 Moritz Busch, Tagebuchblätter, Bd. 1 (1899), nach: Ursula Schulz (Hrsg.), Die deutsche Arbeiterbewegung 1848 – 1919 in Augenzeugenberichten, München 1981³, S. 176; Moritz Busch war Bismarcks »violent antisemitischer Preßlakai« (Wehler, Kaiserreich, S. 113). Vgl. auch Johannes Corvey (alias Henry Wiethake), Die deutsche Sozialdemokratie unter dem Ausnahmegesetz. Ein Zeit- und Streitbild, Hagen 1884, S. 9.

21 Martin v. Nathusius, Die christliche Weltanschauung, in: Allgemeine Conservative Monatsschrift für das christliche Deutschland 1 (Januar – Juni 1879), S. 2, vgl. auch S. 7.

22 Bismarck vor dem Reichstag am 17. 9. 1878, nach: Iring Fetscher, Attentate und Arbeiterbewegung in Deutschland, in: Diether Döring/Otto Ernst Kempen (Hrsg.), Sozialistengesetz, Arbeiterbewegung und Demokratie, Köln/Frankfurt a.M. 1979, S. 60 f.

Belgier und andere Ausländer gewesen.[23] Der damit beabsichtigte Beweis der »Vaterlandslosigkeit« solcher Kämpfer und die Beschreibung einer Weltverschwörung sollten die Sozialdemokratie als Feind von innen und von außen charakterisieren. Tendenziell wurde allen inneren Feinden des Reiches eine internationale Verankerung angelastet.[24] Man war in integrativer Absicht aber auch häufig bestrebt, den »Geist des Aufruhrs« als etwas von außen in die deutsche oder in diesem Fall die französische Arbeiterschaft Hineingetragenes, ihr jedoch im Grunde Fremdes zu diffamieren.[25]

In diese Richtung zielte auch die immer wiederkehrende Beschreibung einer verführbaren, ungebildeten »Masse«, die durch systematisch geschulte und durchaus gescheite, letztendlich aber hintertriebene Agitatoren und gewerbsmäßige Revolutionäre mit dreisten Lügen und trügerischen Versprechungen zum Aufstand und zur Zerstörung verleitet werde.[26] Marx erschien dabei meist als Führer mit guter wissenschaftlicher Bildung, als »Nährvater des internationalen Revolutionsgesindels«[27]. Man war bemüht, die »eigentlichen«, im Geheimen agierenden Drahtzieher einer Bewegung zu entlarven und eine besondere Gefahr auf sie zu projizieren. Am Ende stand die Vorstellung von einer vorzüglich organisierten Masse, hinter der diffuse Mächte wirkten, von deren Tun nur Eingeweihte wüßten.[28] Dies wirkte angststeigernd, da das tatsächliche Ausmaß der Bedrohung in geheimnisvollem Dunkel lag.[29]

Ein weiteres Strukturmerkmal der Argumentation war die Bündelung von Feindbildern. In allen möglichen inneren und äußeren Feinden wurden Verbündete der SozialdemokratInnen oder ihnen zumindest Nahestehende gesehen, was die vermeintliche Macht dieser Bewegung wesentlich verstärkte. Für die Republik Frankreich und die oft erwähnten Polen wurde das bereits verdeutlicht. Dasselbe galt auch für das Zentrum, das aus der Sicht Bismarcks »gerade in Existenzfragen [...] jede reichsfeindliche Bestrebung unter ihren Schutz [nimmt]«[30]. Für eine differenzierte Betrachtung war bei einer solchen Schwarz-Weiß-Malerei kein Platz. So klagte Bismarck: »Was hilft uns die theoretische Parteinahme des römischen Stuhles gegen die Sozialisten,

23 Vgl. Hans Blum, Die Heiligen unserer Sozialdemokratie und die Pariser Kommune von 1871 in ihrer wahren Gestalt. Geschichtliche Erinnerungen zur Warnung aller guten Deutschen, Wurzen 1898, S. 11.

24 Vgl. Wehler, Kaiserreich, S. 108 f.

25 Vgl. zum Beispiel Alfred Krupp, Ein Wort an meine Angehörigen [Ansprache an die Fabrikarbeiter vom 11. 2. 1877], in: Wilhelm Berdrow (Hrsg.), Alfred Krupps Briefe 1826 – 1887, Berlin 1928, S. 347.

26 Vgl. zum Beispiel Bismarck (1876), nach: Schulz (Hrsg.), Arbeiterbewegung, S. 203 f.; vgl. Dokument Nr. 1 des Berliner Polizeipräsidenten vom 11. 12. 1878, in: Höhn, Gesellen, S. 1 – 5.

27 Blum, Die Heiligen, S. 18.

28 Vgl. Treitschke (1874), nach: Schulz (Hrsg.), Arbeiterbewegung, S. 196 f. und Glückauf vom 21. 7. 1872, nach: ebd., S. 188.

29 Siehe zum Motiv der »Enthüllung der wahren« Gefahr Abb. 1, 2 und 3.

30 Bismarck (1880), zit. nach: Schulz (Hrsg.), Arbeiterbewegung, S. 234.

Abb. 1: Wilhelm Scholz (?), Schwarz rote Enthüllung, Kladderadatsch 7 (1877), aus: Michael Klant (Hrsg.), Der rote Ballon. Die deutsche Sozialdemokratie in der Karikatur, S. 27.

wenn die katholische Fraktion im Lande [...] in allen ihren Abstimmungen den Sozialisten wie jeder anderen subversiven Tendenz öffentlich Beistand leistet?«[31] Und in einem Büchlein, das laut Vorwort in jedem deutschen Bücherregal stehen sollte, wurde die Sozialdemokratie in Reimen wie diesem verhöhnt: »Liebknecht und Most – Windthorst, Majunke:/Beseht's bei Licht – s'ist Soß' wie Tunke.«[32]

Als markanteste Verknüpfung ist wohl diejenige zwischen Antisozialismus und Antisemitismus zu bezeichnen, die später zu einem der folgenreichsten Feindkomplexe der deutschen Geschichte wurde. Der Berliner Polizeipräsident berichtete 1879, die Gönner und Verteidiger der Sozialdemokratie seien Juden. Bedenke man ferner, »daß die hervorragendsten Führer der Umsturzparteien im Auslande [...] Juden sind, [...] so wird die Behauptung gerechtfertigt sein, daß dem Judentum ein hervorragend revolutionairer Characterzug eigen ist, [...] [dem] jedes patriotische Gefühl«[33] fremd sei.

Und auch der Vergleich mit Russen und »Zigeunern« sollte der Diffamierung der SozialistInnen dienen. So entspreche der »Communismus« – der gemeinsame Besitz und das »herdenmäßige Zusammenarbeiten« – einer früheren, niedrigeren Kulturstufe, wie sie beim slawischen Volk seit alters vorzufinden sei. Aber »was für die Russen taugt und sich meinetwegen auch für die Zigeuner wohl eignet, paßt [...] am letzten für uns Deutsche«.[34]

Hier wurden durch das Zusammenziehen verschiedener »Feinde« die auf die einen projizierten Merkmale – »niedrigere Kulturstufe« – auch auf die anderen übertragen. Angesprochen wurde dabei außerdem das Motiv der Fremdheit, das zur Polarisierung beitrug. Es basierte auf der Realität, daß ArbeiterInnen und Nicht-ArbeiterInnen, ihre Lebensweise und ihre Wohnquartiere betreffend, in ein- und derselben Stadt in völlig getrennten Welten lebten. Wie sich dieses Motiv im Denken niederschlug, zeigt beispielhaft der quasi-»ethnologische« Bericht des Pfarrers Paul Göhre, der 1890 eine »Entdeckungsreise« in eine »unbekannte Welt« unternahm: Er lebte für drei Monate unerkannt als Arbeiter unter Arbeitern. Und seine trotz aufklärerischer Grund-

31 Ebd.; vgl. auch Abb. 1.

32 Parvulus Mastix, Der rothe Büchmann. Classische Citate mit sozialdemokratischen, christlich-sozialen und centrumistischen nebst verschiedenen und vielen anderen Extempore's, Leipzig 1879, S. 17; die Reime dieses Büchleins basieren auf Umdichtungen populärer klassischer Gedichte. Johann Joseph Most: Führender Funktionär der SPD, 1878 aus Berlin ausgewiesen, vertrat einen zunehmend anarchistischen Standpunkt, der zum Parteiausschluß führte; Ludwig Windthorst: Führer der Zentrumspartei; Paul Majunke: Mitglied des Reichstags für das Zentrum.

33 Der Polizei-Präsident v. Madai in seinem zweiten Lagebericht über den Stand der sozialistischen Bewegung vom 10. Juni 1879, in: Höhn, Gesellen, S. 13.

34 Ins Schlaraffenland mit den Sozialdemokraten! Sieben Leitartikel der Magdeburger Zeitung, Magdeburg 1876, S. 9 (eine dem rechten Flügel der Nationalliberalen zuzuordnende, stark sozialistenfeindliche Zeitung).

haltung letztlich missionarischen Absichten lauteten: »die Erziehung, die Veredlung, die Christianisierung der heute noch wilden, heidnischen Sozialdemokratie«[35] – als spräche er über ein fremdes Kolonialvolk.

»Fremd« und »wild« – war ein solcher Gegensatz, verbunden mit einer fundamentalen Abwertung, erst einmal aufgebaut, war der Ausschluß im Grunde vollzogen. Karl Marx wurde zum »Undeutschen«, die sozialistische Agitation zur »Entdeutschung der deutschen Arbeiter«.[36] Wer sich auflehnte, wurde ähnlich wie ethnische oder religiöse Minderheiten aus der vorab als homogen definierten Gemeinschaft heraus-definiert. Nur so konnte die Fiktion einer einheitlichen, nationalen Identität hergestellt und jeglicher Konflikt entpolitisiert werden.

Konkrete politische Feindbestimmung

Die zentralen politischen Vorwürfe gegen die SozialdemokratInnen betrafen deren angebliche Ablehnung, ja Zerstörung und Umstürzung all der Werte und Einrichtungen, die die neue deutsche Nation oder vielmehr »das Deutsche« schlechthin verkörpern und stabilisieren sollten: Ordnung, Gesetz, Zucht, Obrigkeit, Vaterland, Monarchie, Militär, Familie, Kirche, Religion, Eigentum.

Als Anknüpfungspunkte für die Vorwürfe dienten verschiedene Ereignisse, die die Sozialdemokratie in Opposition zur Regierung brachten. Politische Analysen der realen Gegnerschaft kippten jedoch meist sehr schnell um in Verallgemeinerungen, Konstruktionen und wilde Projektionen.

Angefangen hatte es mit der Verweigerung der Kriegskredite 1870 durch die Arbeiterparteien. Deren Solidarität mit der Pariser Kommune war dann vollends Auslöser für die explizite Feindbestimmung: Bismarck erklärte 1878, von dem Augenblick an, als Bebel und Liebknecht sich offen »zu dem Evangelium dieser Mörder und Mordbrenner« der Kommune bekannten, habe er »in den sozialdemokratischen Elementen einen Feind erkannt, gegen den der Staat, die Gesellschaft sich im Stande der Notwehr befindet«.[37] Anlaß zur Hetze bot dann wieder die Gothaer Vereinigung der beiden Arbeiterparteien, denn »nun konnten die communistischen Sieger die letzten Schleier von ihren Bestrebungen fallen lassen«.[38] Die durch die beiden Attentate auf den

35 Paul Göhre, Drei Monate Fabrikarbeiter und Handwerksbursche [Leipzig 1891], hrsg. v. Joachim Brenning und Christian Gremmels, Gütersloh 1978, S. 116.

36 Hans Blum, Das erste Vierteljahrhundert des Deutschen Reiches (1871 – 1895), Braunschweig 1896, S. 63.

37 Bismarck (1878), zit. nach: Schulz (Hrsg.), Arbeiterbewegung, S. 221 f. Blum kleidete diesen Moment später in eigene Worte und schrieb, Bismarck habe nun »das wahre Antlitz der Socialdemokratie erkannt, wie unter Blitzesleuchten. [...] Mit dieser Partei gab es hinfort seiner Überzeugung nach keinen ›landsmannschaftlichen Kampf‹ mehr. Sie mußte zertreten und vernichtet werden wie giftiges Gewürm« (Blum, Vierteljahrhundert, S. 13).

38 Ebd., S. 63.

Kaiser ausgelöste und während der Reichstagswahl 1878 noch verstärkte antisozialistische Hetze schließlich war beispiellos. »Alles Menschliche, alles Deutsche in uns empört sich dagegen [sc. gegen das Attentat]. [...] Hätte er [sc. der Attentäter] an Vater und Mutter gedacht, so müßte die Greisengestalt ihn zittern gemacht haben; wäre er ein Deutscher, so hätte der Anblick des Helden von Königgrätz, Gravelotte, Sedan ihn erbleichen machen; lebte irgendein sittliches Gefühl in ihm, so hätte das Gebot ›Du sollst nicht töten‹ seine Hand von der himmelschreienden Tat zurückgehalten. Der Mörder war ein Unmensch!«[39] Daß die Attentäter, hier sogar gleich »Mörder«, aus den Reihen der Sozialdemokraten kämen, wurde schon in den Tagen danach – trotz eindeutig gegenteiliger Beweise – »mit Sicherheit« behauptet und prägte für lange Zeit ihren Ruf als »Kaisermörder«.

Der sozialdemokratische Feind erschien in erster Linie als »Verräter« des Vaterlandes, als »Todfeind der Nation«.[40] Sozialismus und Vaterland schlossen sich quasi aus, folgt man der Erklärung des rechten Nationalliberalen und Historikers Treitschke für die Wahlniederlage der Sozialisten 1871: »Die Macht des Sozialismus sank in demselben Maße, als die Idee des Vaterlandes im Volke lebendig wurde.«[41]

Feind war auch, wer sich gegen die die Nation stabilisierende Ordnung und das Gesetz erhob. Die zunehmende Repression war nach Bismarck »nur ein Beweis, [...] daß die Achtung vor den Gesetzen erheblich geschwunden ist«.[42] Daß Sozialisten und Anarchisten daher gern in einem Atemzug genannt wurden, verwundert nicht, wobei »Anarchist« stets gleichgesetzt wurde mit »Bombenleger« und »Dynamitverbrecher«.[43] Der Anarchismus sei »das aus der Art geschlagene Kind der Sozialdemokratie«[44] oder auch das »dritte Stadium des Sozialismus«[45]. Ihre Zerstrittenheit untereinander habe rein taktische Gründe.

Der Angriff der SozialistInnen auf das Eigentum gehörte ebenso in den Katalog ihrer »staatsgefährdenden« Tendenzen. Für die Konservativen hatte dies sicherlich eine etwas andere Konnotation als für Liberale, für die frei verfügbares Privateigentum Basis ihrer kapitalistischen Produktion war. In konservativem Sinne war insbesondere das Eigentum von Boden darüber hinaus die Grundlage von Tradition und Seßhaftigkeit, von alter ständischer Ordnung und natur- oder gottgegebenen Verhältnissen. Nun aber wähnte der preußische Innenminister Eulenburg die Liebe zu König und Vaterland,

39 Die Gegenwart vom 15. 6. 1878, zit. nach: Schulz (Hrsg.), Arbeiterbewegung, S. 218 f.
40 So die bismarcktreue Norddeutsche Allgemeine Zeitung vom 24. 5. 1878.
41 Treitschke (1874), zit. nach: Schulz (Hrsg.), Arbeiterbewegung, S. 184 f.
42 Bismarck (1874), zit. nach: ebd., S. 195.
43 Vgl. Corvey, Die deutsche Sozialdemokratie, S. 14.
44 Ebd., S. 5.
45 Ebd., S. 11; vgl. auch S. 14, und Blum, Die Heiligen, S. 42.

zu Gesittung und Religion in der ihnen eigenen Basis, in der Eigentumsordnung, bedroht.[46]

Schließlich sahen die Konservativen, vor allem durch ein befürchtetes Zusammengehen von Sozialdemokraten und Linksliberalen, eine Gefahr der weiteren Parlamentarisierung und Demokratisierung heraufziehen. Der Charakter von Demokratie jedoch schwanke »zwischen Anarchie und Despotie«[47]. Durch die Gleichsetzung von Demokratie mit Chaos und Herrschaft des Pöbels wurden indirekt die SozialdemokratInnen auch zu Feinden der Freiheit in konservativem Sinne. »Freiheit« besaß in der konservativen Ideologie hohe Bedeutung, wobei der Begriff häufig als Gegenkonzept zur sozialistischen »Gleichheit« erschien und unauflösbar mit dem Eigentumsbegriff verbunden war: Freiheit der Privilegien und des Besitzes.[48] Der Konservative finde, so formulierte es Meyer, sein Freiheitsbedürfnis eher befriedigt in einer gegliederten Gesellschaft, die eines jeden Eigentümlichkeiten bewahre, als in der »amorphen Masse der ›gleichen‹ Staatsbürger«, denn »in der Anarcho-Despotie, unter dem rechtlich vollkommen Gleichen entscheidet dann allein die Kraft, die Macht«.[49]

All diese Gefahren, durch die Konservative ihre Welt von allen Seiten bedroht sahen, bündelten sich im traditionellen Schreckbild der Revolution, in dem alles Negative zusammenfloß. Sie galt ausschließlich als Zerstörung jeglicher Ordnung, und die Furcht vor ihr saß seit der Französischen Revolution bei den herrschenden Eliten tief.

Wie ist der Feind? – Mit dem Feindbild verknüpfte Stereotype

In Texten, die den Feind politisch zu lokalisieren versuchten, wurde meist noch etwas anderes mit hoher Affektivität mittransportiert. Da ist das Bild von »zuchtlosen und verkommenen Rotten«[50], von Abenteurern und »Bourgeoisfressern«[51], faulen, zechenden und sittenlosen »Sonnenbrüdern«[52] und von barbarischen und bestialischen Arbeitern. Das Deutsche, das Menschliche steht da dem Unmenschlichen, Unzivilisierten und Enthemmten gegenüber. Mit unmenschlicher Grausamkeit hätten die Aufständischen in Paris »selbst zarte Frauen in den Klöstern« verfolgt, »wie Tiger lechzten sie,

46 Vgl. Lademacher, Wirtschaft, S. 117; vgl. auch Krupp, Wort, S. 346.

47 Rudolf Meyer, Der Emancipationskampf des vierten Standes (2 Bde.), Berlin 1874/75, S. 469.

48 Vgl. Klaus Fritzsche, Konservatismus, in: Franz Neumann (Hrsg.), Politische Theorien und Ideologien, Baden-Baden 1974/75, S. 50; vgl. Kurt Lenk, Deutscher Konservatismus, Frankfurt a.M./New York 1989, S. 96 – 98.

49 Meyer, Emancipationskampf, S. 469; vgl. auch Alfred v. Martin, Weltanschauliche Motive im altkonservativen Denken, in: Gerhard A. Ritter (Hrsg.), Deutsche Parteien vor 1918, Köln 1973, S. 144, Anm. 2.

50 Blum, Die Heiligen, S. 11.

51 Corvey, Die deutsche Sozialdemokratie, S. 14.

52 Magdeburger Zeitung, Schlaraffenland, S. 9.

die Communisten, nach dem Blute der Priester«.[53] Die Revolution erscheint als »Entfesselung aller Leidenschaften«[54].

Das eigentliche Anliegen, das sich hinter der nur vorgeschobenen Not oder dem genauso vorgeschobenen Friedensziel verstecke, sei die Macht, der Kommunismus.[55] Und dahinter wiederum verstecke sich in Wahrheit die reine Lust an Genuß und Konsum.[56] Wenn die SozialdemokratInnen »das faule und satte Schlaraffenleben der Zukunft« schilderten, spreche das nur für ihre Genußsucht. Das Ziel ihrer Wünsche sei es, »zwanzig Stunden des Tages den freien Künsten des Schlafens, Trinkens und Redehaltens [zu] widmen. [...] Alle faulen Glieder des Weltteils arbeiten dem Sozialismus in die Hände«.[57] Zu diesen Motiven der sozialdemokratischen »Verführer« gesellten sich die niedrigsten Beweggründe: »der gemeine Neid, der rohe Haß und der pure Unglaube«[58] – der Kommunismus als Ausbruch des Reichs der Todsünden.

Sexuelle Anspielungen wiesen auf die Triebhaftigkeit des Proletariers und der Proletarierin hin und deuteten die Unterhöhlung des Familienmodells und Sittlichkeitsideals an. Als »Beweis« wurden häufig die vielen unehelichen Kinder von Arbeiterinnen angeführt. Die von den SozialdemokratInnen angeblich propagierte und praktizierte »freie Liebe« war immer wieder Anlaß zur Diffamierung: »›Ein Mädchen, das an meiner Brust/mit Äugeln schon dem Nachbarn sich verbindet‹,/fühlt sozialistisch selbstbewußt/und weiß, wie ›freie Liebe‹ kommt und schwindet.«[59]

53 So der konservative katholische Theologie-Professor L. Friedlieb in der Streitschrift: Die rote und die schwarze Internationale, München 1874, S. 61.

54 Göhre, Monate, S. 81.

55 Vgl. dazu Schulz (Hrsg.), Arbeiterbewegung, S. 176 f.: Moritz Busch referiert hier Äußerungen Bismarcks zur Zeit der Reichsgründung. Daß die Not der Arbeiter nicht nur vorgeschoben sei, sondern daß die Sozialisten die Arbeiter durch ihre Politik gar bewußt in Armut halten würden, um ihre Verelendungsthese zu bestätigen, taucht als Motiv immer wieder auf (vgl. James S. Roberts, Wirtshaus und Politik in der deutschen Arbeiterbewegung, in: Gerhard Huck (Hrsg.), Sozialgeschichte der Freizeit. Untersuchungen zum Wandel der Alltagskultur in Deutschland, Wuppertal 1982², S. 135). In einer Karikatur aus dem Kladderadatsch von 1888 (Nr. 57) hindert Liebknecht einen Lakaien daran, einer hungernden Familie Suppe zu bringen, mit dem Argument, nur Unzufriedene würden sozialdemokratisch wählen (s. Klant, Ballon, S. 37). Hintergrund war u.a. die Ablehnung der Sozialversicherung durch die Sozialdemokraten; vgl. Ribhegge, Konservative Politik, S. 118 f.

56 Vgl. Nathusius, Weltanschauung, in: Allgem. Conservative Monatsschrift 1 (Jan.–Juni 1879), S. 9.

57 Beide Zitate Treitschke (1874), nach: Schulz (Hrsg.), Arbeiterbewegung, S. 196 f.

58 Adolf Stoecker, Die Bewegungen der Gegenwart im Lichte der christlichen Weltanschauung, Heidelberg 1881, S. 20. Das Motiv des »Neides« und der »Genußsucht« taucht mit großer Kontinuität quer durch die politischen Lager auf, so auch im zentrumsnahen Staatslexikon (Julius Bachem [Hrsg.], Staatslexikon, Freiburg i. Br. 1901 – 04², Bd. 5, S. 84). Und Nietzsche schrieb: »Wen hasse ich unter dem Gesindel von Heute am besten? Das Sozialisten-Gesindel, die Tschandala-Apostel, die den Instinkt, die Lust, das Genügsamkeits-Gefühl des Arbeiters mit seinem kleinen Sein untergraben – die ihn neidisch machen, die ihn Rache lehren ...« (Friedrich Nietzsche, Der Antichrist [1888], in: ders., Werke in drei Bänden, Bd. 2, hrsg. v. Karl Schlechta, München 1955, S. 1228).

59 Mastix, Büchmann, S. 17.

Die sozialistischen ArbeiterInnen, das war der Mob auf der Straße, der Pöbel, das waren verirrte Spinner, betrunkene Weltverbesserer, keinesfalls aber ernstzunehmende Gesprächspartner. Wohl aber wurde die von ihrem Verhalten angeblich ausgehende Gefahr ernst genommen: »Gar zu lockend klingt der Ruf der Begierde in diesem nordischen Lande, in dieser Welt der entsagenden Arbeit«[60], warnte Treitschke. Sprach man von den »Sozis«, sprach man meist auch von sich. Die »wüste Sinnlichkeit« und das »radikale Toben« standen als verführerische Bedrohung dem eigenen Selbstbild gegenüber: dem »nachhaltigen Ernst der Arbeit«, den »Pflichten«, dem »gesetzliebenden Volk« und der »Mannszucht des deutschen Heeres«.[61]

Eine Gefahr für die deutsche Kultur

Die Kulturbedrohung war für die Konservativen, zumindest rhetorisch, die eigentliche und erschreckendste Gefahr. Und wer die Kultur zerstöre, zerstöre mit ihr das neue deutsche Reich, in dem sie sich manifestiere.[62] Die Konservativen betrachteten die soziale Frage »nicht nur als Interessensfrage des 4. Standes, sondern führten sie zurück ›auf die tiefsten Prinzipien der Weltanschauung‹«.[63] In einem Atemzug mit den sozialen Verhältnissen wurden immer die moralischen genannt, das Seelisch-Geistige wurde gegenüber dem Leiblich-Materiellen höher bewertet.

Die Bedrohung der Religion und damit auch der Legitimation der Monarchie aus dem Gottesgnadentum durch Materialismus und Rationalismus, durch einen aufklärerischen und kritischen Geist wurde daher zu einem zentralen Punkt, zumal vor allem das protestantische Christentum als Basis der eigentümlich deutschen Sittlichkeit das Spezifische der deutschen Nation sei.[64] Denn »das Volk wird zum Volk nicht durch die gemeinsame Sprache, sondern durch den gemeinsamen Gottesbegriff und seine Erscheinungen Staat und Kirche«.[65] Der Sozialismus hingegen sei »die Giftpflanze, welche auf dem Boden des Unglaubens üppig emporwächst«.[66] In ihrer »satanischen Gottlosigkeit« setzten die Sozialisten an die Stelle Gottes die Vernunft, was einer »Verschwörung gegen Thron und Altar«, einem »Krieg gegen Gott« gleichkomme.[67] An die Stelle des Glaubens an »die Kraft der göttlichen Thatsachen« trete »das Zweifeln am Übernatürlichen, das Raisonniren über

60 Treitschke (1874), zit. nach: Schulz (Hrsg.), Arbeiterbewegung, S. 197.
61 Ders. (1874), zit. nach: ebd., S. 197 f.
62 Vgl. Friedlieb, Die rote und die schwarze Internationale, S. 48.
63 Christoph Freiherr von Maltzahn, Heinrich Leo (1799 – 1878). Ein politisches Gelehrtenleben zwischen Romantischem Konservatismus und Realpolitik, Göttingen 1979, S. 186.
64 Vgl. ebd., S. 201 (über H. Leo).
65 Ebd., S. 196 (über H. Leo).
66 Friedlieb, Die rote und die schwarze Internationale, S. 3.
67 Ebd., S. 9, 21, 30, 80.

die biblischen Wahrheiten, das Herumnörgeln an den Lehren der Kirche«.[68] »Mit kühner Hand pflanzt der Materialismus sein Fragezeichen hinter jeden Satz des Glaubens auf!«[69]

Kritik und Aufklärung waren im Grunde gleich Zerstörung. »Der hauptsächlichste Giftstachel und Fluch dieser socialdemokratischen Agitation liegt in ihrer absolut negativen, zersetzenden, auflösenden, aller Wahrhaftigkeit und Billigkeit Hohn sprechenden Kritik alles dessen, was besteht und geschieht.«[70] Die zersetzende Wirkung der Kritik werde dadurch verstärkt, daß immer breitere Schichten von solchen Tendenzen ergriffen würden, sich also politisch artikulierten und gleiche Rechte einforderten.[71] Dieser Prozeß sei gerade auch im Hinblick auf die Kultur schädlich, denn in einer egalitären Massengesellschaft sei Kultur nicht mehr möglich, da »keine Kultur ohne Dienstboten«[72] denkbar sei. Eine hochzivilisierte Gesellschaft lebe von den natürlichen Unterschieden.[73] Ansprüche der ArbeiterInnen auf gerechte Verteilung und gleiche Rechte wurden als ungerechtfertigt zurückgewiesen und in »Neid« uminterpretiert. Daher klagte der Kunsthistoriker Grimm 1872: »Unser Volk fängt an, seine Struktur zu verlieren. Die den niederen, handarbeitenden Klassen zuströmende geistige Anregung muß sie zum Genusse dessen führen, was Aristoteles als die einzige würdige Beschäftigung des freien Bürgers anerkennt: zum Philosophieren ohne körperliche Arbeit [...]. Wie soll sich das jemals ausgleichen?«[74] Außerdem gereiche »wirkliche Muße [...] jedem zum Verderben, der die Sprache der Musen nicht versteht«.[75]

Mit dem gesellschaftlichen Ordnungsgefüge sah man den Erhalt einer »tausendjährigen Kultur«[76] bedroht. »Was Jahrhunderte an Gutem geschaffen, veredelt und geheiligt haben, soll vernichtet werden«[77], so Krupp. Die sittlichen Grundpfeiler dieser Kultur seien mit der modernen materialistischen Lebensauffassung nicht vereinbar, nach der es nur um Konsum, Profit und Nutzen gehe. Für den Materialisten Marx sei kein geistiges Lebensprinzip vorhanden.[78] Durch Fälschung der Weltgeschichte im Sinne der materialistischen Philosophie werde versucht, »die ganze alte Bildung und Kultur,

68 Stoecker, Die Bewegungen der Gegenwart, S. 25.
69 Friedlieb, Die rote und die schwarze Internationale, S. 68.
70 V.A. Huber, zit. nach: Müller, Sozialkonservatismus, S. 202.
71 Vgl. Bismarck (1874), in: Schulz (Hrsg.), Arbeiterbewegung, S. 195.
72 Treitschke, zit. nach: Langewiesche, Kaiserreich, S. 640.
73 Vgl. Magdeburger Zeitung, Schlaraffenland, S. 9, 18. Ähnlich drückte Nietzsche seine aristokratische Massenverachtung aus: »Die *Ungleichheit* der Rechte ist erst die Bedingung dafür, daß es überhaupt Rechte gibt. – Ein Recht ist ein Vorrecht. [...] Eine hohe Kultur ist eine Pyramide« (Nietzsche, Antichrist [1888], in: ders., Werke, S. 1227; Hervorhebung original).
74 Nach: Schulz (Hrsg.), Arbeiterbewegung, S. 189.
75 Treitschke (1874), nach: ebd., S. 197.
76 Magdeburger Zeitung, Schlaraffenland, S. 11.
77 Krupp, Wort, S. 344.
78 So Friedlieb, Die rote und die schwarze Internationale, S. 18.

Abb. 2:
Hermann Scherenberger (?), Hasselmann's Enthüllungen, Ulk 42 (17. 10. 1878), aus: Klant, Ballon, S. 27.

Christentum und Bibel aus Herz und Köpfen der Massen und aus der ganzen Welt hinauszufegen«.[79] Ohnehin sei Bildung etwas, woran es den sozialdemokratischen Arbeitern mangele.[80]

Auch die patriarchale Familie als Institution, die dem konservativen Kulturverständnis entsprechend als »Grundlage aller staatlichen und gesellschaftlichen Organisierung« und »Bewahrerin der Kultur« galt, sah man mannigfach von Auflösung bedroht, ohne freilich dort, wo sich familiäre Strukturen tatsächlich veränderten, nach den sozialen Ursachen zu fragen. Man identifizierte den beklagten Verfall der Familie mit einem Zerfall der Gesellschaft, woran die sozialdemokratische Bewegung ursächlich beteiligt sei.[81] Mit dem Thema Familie war aber in der Regel die Frau angesprochen. Veränderungen der Rolle und des Auftretens von Frauen gerieten somit zum Angriff auf einen Grundbestand der Kultur – die patriarchale Ordnung. Dementsprechend galten Frauen, die sich, anstatt ihren Familienpflichten nachzukommen, politisch betätigten oder angeblich gar sexueller Freiheit hingaben, als unnatürlich, unweiblich, verderblich und letztlich bedrohlich. Und als solche sah man die Frauen des Proletariats in ihrer Gesamtheit an. Der »rothe Büchmann« brachte es erneut auf den Punkt: »›Der Mutterliebe zarte Sorgen‹,/der ›freien Liebe‹ sind sie fremd!/Bricht des Kommunestaates Morgen/nur an erst, wird der Staat auch sorgen/für Päppelflasche, Windeln, Hemd.«[82]

Auch die Hexe fehlte nicht als Stereotyp für sozialistische Frauen.[83] Die Abbildungen 2 und 3 aus dem Jahre 1878 zeigen jeweils Allegorien der häßlichen Frau.[84] Das Attribut der Frau in Abbildung 2 ist ein drohend erhobener Dolch. Die Hexe erscheint hier als das, was in späterer Zeit vor allem die »Flintenweiber« waren: als Bild von Frauen, die aus dem ihnen zugeschriebenen Bereich ausbrechen, indem sie sich zum Beispiel bewaffnen. Die Waffe ist eindeutig als Penissymbol interpretierbar und stellt eine Bedrohung für den Mann dar.[85] Während der Pariser Kommune wurde dem Bürgertum einer der größten Schrecken durch die aktiven revolutionären Frauen, die

79 Göhre, Monate, S. 79.

80 Vgl. Liebknecht, aus einem Flugblatt zitierend, nach: Schulz (Hrsg.), Arbeiterbewegung, S. 229 f.

81 Auch dieser Zusammenhang besaß als Stereotyp lange Kontinuität; vgl. den Konservativen Heinrich Leo (1848), in: Maltzahn, Heinrich Leo, S. 182.

82 Mastix, Büchmann, S. 32.

83 Vgl. ebd., S. 21. Beliebtes Opfer von Hexenphantasien war Berta Hahn, Sozialdemokratin, Mitbegründerin (1873) und erste Vorsitzende des Berliner Arbeiterfrauen- und -mädchenvereins, der ersten proletarischen Frauenorganisation Berlins.

84 Vor allem in der Zeit nach 1890 sollte dieses Bild der Hexe immer wieder politisch führende Sozialdemokratinnen wie Rosa Luxemburg diffamieren. So zum Beispiel im Kladderadatsch 40 (1906) (in: Klant, Ballon, S. 73). Die Besen der durch die Lüfte reitenden Hexen stellen hier eindeutig Penissymbole dar.

85 Zur Synonymität von »Flintenweib« und »Hexe« als zwei Erscheinungsformen der bedrohlichen »Frau mit dem Penis« vgl. Klaus Theweleit, Männerphantasien, Bd. 1: Frauen, Fluten, Körper, Geschichte, Reinbek b. Hamburg 1980, S. 87. In bezug auf die Autoren der Freikorps-

Abb. 3:
Anonym, Musée Tintamarresque (Krachmuseum)
Sozialdemokratischer Maskenscherz Berliner Wespe 43 (25. 10. 1878),
aus: Klant, Ballon, S. 27.

»Petroleuses«, eingejagt.[86] Der Journalist Johannes Corvey beschrieb die von diesen Frauen ausgehende Bedrohung so: »Es gibt auch solche, die ihre Männer immer wieder anfeuern, nicht zu erlahmen [...], die selber unter ihren zarten Mitschwestern Propaganda machen, [...] an Fanatismus die Männer weit überbieten. [...] Sie sind eine Caricatur, eine Satyre auf ihr Geschlecht [...]. Eine solche Frau muß man reden hören: Alles lodernde Flamme, Bewegung, Leben, Gift und Haß; nichts Versöhnendes, Milderndes, Ausgleichendes im Charakter.«[87] Umgekehrt, hieß es, hätten die männlichen Kommunarden nicht einmal ebenbürtig wie Männer zu kämpfen verstanden, sondern »rissen aus wie die Hasen«[88], ein bedrohliches Zeichen für die patriarchale Basis der Kultur.

literatur während der Weimarer Republik, in der diese Frauenfiguren ebenfalls auftauchen, hat Theweleit analysiert: »Diese Männer empfinden den ›Kommunismus‹ als *direkten* Angriff auf ihr *Geschlechtsteil*« (ebd., S. 81; Hervorhebung original).

86 Vgl. Ute Gerhard, Unerhört. Die Geschichte der deutschen Frauenbewegung, Reinbek b. Hamburg 1990, S. 123.

87 Corvey, Die deutsche Sozialdemokratie, S. 57 (zur Person Corveys konnten keine näheren Angaben gefunden werden).

88 Blum, Die Heiligen, S. 10.

Bedeutung, Funktion und Wirkung des Feindbildes

In der ständigen Wiederkehr all dieser Motive und Formeln liegt ein Schlüssel zur Erklärung der Wirkungskraft von Feindbildern: Es handelt sich um sprachliche Codes zur Umschreibung von Ängsten und Interessen, deren Bedeutungen allgemein oder zumindest von einer gesellschaftlichen Gruppe sofort verstanden werden und die, indem sie benutzt werden, für die Träger zur Realität werden. Wie nun sehen die sich im Feindbild spiegelnden Ängste und Interessen der Konservativen aus?

Politische Feindbestimmung

Zunächst ist zu fragen, inwieweit die Vorstellung von sozialdemokratischen Ideen und Zielen nicht auch deren tatsächlichen Ideen und Zielen entsprach, wo also das Feind»bild« beginnt. Hier soll es zwar weniger um eine politische Einschätzung der Sozialdemokratie gehen als vielmehr um Feindbildstrukturen und ihre Eigendynamik. Es muß aber betont werden, daß die in dem Feindbild enthaltenen Stereotype nicht losgelöst von realen Zusammenhängen entwickelt wurden. Anders hätten sie wohl keine derartige Verbreitung finden können. Ausgangspunkt war ein tatsächlich gravierender politischer Konflikt mit jener Partei, deren Mitglieder mit teilweise revolutionärer Rhetorik eine grundlegende Veränderung der Gesellschaft forderten. Es stellt sich jedoch die Frage, wann und warum aus einem politischen »Gegner« ein lebensbedrohlicher »Feind« wurde. Entscheidend ist zunächst, daß durch selektive Wahrnehmung, Vereinfachung und Abschottung gegen anderslautende Wahrnehmungen, von bewußten Lügen ganz zu schweigen, eine differenzierte Betrachtung auf der Ebene einer politisch ernstzunehmenden Gegnerschaft verhindert wurde.

Die SozialdemokratInnen erschienen in der konservativen Vorstellung als homogene Gruppe. Daß beispielsweise ihre Einstellung zum Nationalstaat weder in der zeitlichen Entwicklung noch unter den verschiedenen AnhängerInnen einheitlich war, schien nicht von Bedeutung. Ebensowenig spielte eine Rolle, daß Liebknecht selbst noch anläßlich der Verhängung des Belagerungszustandes über Berlin 1879 erklärte, die Sozialdemokratie werde »gesetzlich vorgehen«, um dem Bürgertum zu zeigen, »daß die Sozialdemokratie nicht das rote Schreckgespenst ist«.[89] Als aber auf der Konferenz der SAP im schweizerischen Schloß Wyden 1880 das Wort »gesetzlich« aus dem Gothaer Programm gestrichen wurde, da es nach dem Sozialistengesetz jeden Sinn verloren habe, erschien dies wieder als erneute Bestätigung der »Gefahr, die dem ruhigen Bürger [...] vorschwebt«[90].

89 Nach: Schulz (Hrsg.), Arbeiterbewegung, S. 228.
90 Bismarck (1884), zit. nach: ebd., S. 246.

Die rechten Agitatoren ließen sich nicht abhalten durch die reformistische und gewaltfreie Parteipolitik oder Äußerungen wie die des Sozialdemokraten Auer vom Oktober 1880, nach dessen Meinung es ein Fehler sei, so zu tun, als gehe es primär darum, sich »auf die ›große Revolution‹ vorzubereiten, deren Ausbruch schon vor der Tür stehe. [...] Eine Partei der bloßen Revolution [...] ist die deutsche Sozialdemokratie nie gewesen«.[91] Auch daß der Streit zwischen Sozialisten und Anarchisten bei weitem nicht nur taktische Fragen umfaßte, interessierte nicht. Angesichts der fehlenden revolutionären Praxis und der bewußten Vermeidung von Gewalt auf sozialdemokratischer Seite war die »rote Gefahr« als solche ein Phantom.

Proletarier, Agitatoren und die Spiegelung im Feind

Um zu erklären, wie sich das Feindbild dennoch auf breiter Basis verankern konnte und dadurch eine differenzierte Auseinandersetzung vermieden wurde, reicht die Analyse der politischen Angriffe nicht aus. Die affektive Ebene stereotyper Zuschreibungen spielte eine wichtige Rolle für die Diffamierung und Ausgrenzung des Gegners.[92] Die oben beschriebenen Bildelemente lassen dabei eine gewisse Zweiteilung des Feindbildes erkennen.

Im Vordergrund stand zunächst eine Art der Diffamierung, die sich bei vielen anderen Feindbildern mit rassistischer oder sexistischer Zuschreibung wiederfindet, nämlich durch Stereotypen, die als Verkehrung bürgerlicher Werte das Unzivilisierte, Animalische, Kindliche, Triebhafte, das Gewalttätige, Maßlose, Unsittliche, Ausschweifende, Sexuelle, Rohe und Ungebildete entwarfen: die Wilden im eigenen Land, die ungeformte Masse. Dem entsprach auch die abwertende Gleichsetzung von Kommunismus mit »herdenmäßigem Zusammenleben« und »niederer Kulturstufe« – sozusagen auf dem bürgerlichen Weg von »Natur« zu »Kultur« weit zurückgeblieben. Hier nun vermischten sich die Abwehrreaktionen der vorindustriellen, konservativen Eliten mit spezifisch bürgerlichen Projektionen. Solche Stereotype hatten bereits eine mit dem Aufstieg des Bürgertums verknüpfte Tradition[93], man konnte also gut auf sie zurückgreifen. Eine andere Quelle war das protestantische, lustfeindliche Ethos. Das Exzessive wurde vom Standpunkt der Eliten des bürgerlichen Zeitalters als höchst bedrohlich empfunden für den Stand der Zivilisation, den sie erreicht zu haben glaubten. Die Projektionen dessen, was man selbst in einer rationalisierten und disziplinierten Welt nicht mehr war oder nicht mehr sein durfte, auf diejenigen, die es vermeint-

91 Zit nach: ebd., S. 234 f.

92 Vgl. Daniel Katz, Nationalismus als sozialpsychologisches Problem, in: Heinrich A. Winkler (Hrsg.), Nationalismus, Königstein i.T. 1978, S. 73.

93 Vgl. Manfred Gailus (Hrsg.), Pöbelexzesse und Volkstumulte in Berlin. Zur Sozialgeschichte der Straße (1830 – 1980), Berlin 1984, S. 1 – 41.

lich noch waren, waren demnach Produkt der Phantasie eines im Laufe des 19. Jahrhunderts konditionierten Bürgertums. Umgekehrt produzierten und stabilisierten sie unter anderem durch diese Abgrenzung erst das Bürgerliche und Kultivierte, das Gute und Rechtschaffene. Erst in der Spiegelung im sittenlosen Pöbel wurde, ähnlich wie zunächst auch in der Abgrenzung vom Adel, die eigene bürgerliche Identität bestimmt: das Normierte und Rationale, der Fleiß, das Züchtige, die Disziplin. In solch stereotyper Redeweise entlud sich gleichzeitig die Aggression, das Aufgestaute, Abgespaltene, Nichtgelebte oder nicht mehr Lebbare in nicht weniger exzessiven Phantasien.[94]

Für Konservative war es besonders die in solchen Bildern zum Ausdruck kommende Freiheit im Sinne von Emanzipation, gerade auch die imaginierte sexuelle Freiheit beider Geschlechter, die angeblich alle Ordnung und Kultur untergrub und den Schritt zur Revolution, zur »allgemeinen Freiheit«, beschleunigte.[95] Gegen die anarchische Masse wurde die gegliederte Ordnung gestellt.

Allerdings gab es noch eine andere Seite des konservativen Feindbildes. Es fand zwar im Zeitalter der Industrialisierung ein zunehmendes Ineinanderschieben von bürgerlichen und feudal-ständischen Interessen und Welt-Vorstellungen statt, je mehr sich auch die alten Eliten mit den neuen kapitalistischen Bedingungen arrangierten und man sich in gemeinsamer Frontstellung gegen die Arbeiterklasse wiederfand. Die konservative Ideologie bestimmte sich aber gerade zu dieser Zeit im wesentlichen nach wie vor durch eine Ablehnung und Verachtung all dessen, was die moderne Entwicklung verkörperte.[96] Dem entsprach, daß man die Sozialdemokratie als einen Feind konstruierte, den man mit Aufklärung, Kritik, Rationalismus, Materialismus, Demokratie, Vernunft, Internationalität identifizieren konnte. Dieser Teil des Feindbildes machte sich nun besonders an den »Agitatoren« und sozialdemokratischen Führern oder besser »Verführern« fest. »Und wenn die Führer fehlen, an Verführern fehlt es niemals, um die Masse für ihre Zwecke zu brauchen«[97], so Stoecker. Einen Anspruch auf wirkliche Führung der »unmündigen Masse« konnte man nur für sich selbst, den Adel, akzeptieren. Von den Agitatoren hieß es, sie seien »keineswegs sentimentale Süßwasser-Politiker [...], sondern energische, praktische Männer«.[98] Die Parteiführer hätten den Geist ihrer internationalen Anhänger »geschult, für das ›Klasseninteresse‹ fast militärisch disciplinirt und dressirt«.[99] Hier kommt fast schon eine Bewunderung für die Männer und die Diszipliniertheit der Bewegung zum Ausdruck. Die Gefahr erwuchs hier nicht aus einer als »fremd«

94 Vgl. ebd., S. 38.
95 Vgl. ebd., S. 20.
96 Vgl. Fritzsche, Konservatismus, S. 57.
97 Stoecker, Die Bewegungen der Gegenwart, S.19 f.
98 Corvey, Die deutsche Sozialdemokratie, S. 13.
99 Ebd., S. 10.

konstruierten, »unzivilisierten« Welt, sondern aus der eigenen. Die Feinde kämpften mit den eigenen Mitteln, die ihnen aber nur andressiert sein und eigentlich nicht ihrem Wesen entsprechen konnten. Als bedroht empfand man hier im Unterschied zu den obigen Stereotypen eher eine »einfache und gemüthafte Welt«.

Die Verknüpfung zweier solch scheinbar widersprüchlicher Bildkomplexe, die zwei verschiedene spezifische psychische Bedürfnisse erfüllen, ist nicht untypisch für Feindbilder.[100] Sie verleiht ihnen vielmehr besondere Wirkungskraft.

Ihre Fortsetzung fand gerade die zweite Tendenz in der konservativen Beschwörung einer Gefahr für die deutsche Kultur. Hier tritt deutlich zutage, daß die Aussagen über die SozialdemokratInnen eigentlich Aussagen über die Konservativen selber sind. Was wurde da bedroht durch Materialismus, Gottlosigkeit und Sittenverfall, durch Kapitalismus wie durch Revolution, Aufklärung und Frauenbewegung, durch den »Ansturm der Massen« und den angeblichen Werteverlust?

Kultur

Der Begriff »Kultur« meinte in seiner konservativen Prägung im ausgehenden 19. Jahrhundert vor allem »die die Zivilisation überlagernde Spiritualität«[101]. Kultur als das, worin sich das »deutsche Wesen«, der »deutsche Geist« manifestiere, die »Kulturseele«, das Gemeinschaftsgefühl, die Integration in eine Lebenswelt, welche Ordnung und Geborgenheit, Harmonie, Einheit und Maß verspreche.[102] Der Begriff der Kultur wurde meist unter Berufung auf Ewigkeitswerte und anthropologische Konstanten als zentrale Kategorie konservativen Denkens verwendet. Dieses Denken ging von der Gemeinschaft beziehungsweise vom Staat als gottgegebener oder natürlicher Ordnung und nicht vom Individuum aus. Der Mensch sei religiöses Wesen und die Religion Grundlage der Gesellschaft.[103] Mit dieser Ordnung, die über Jahrhunderte organisch gewachsen und daher unveränderlich sei, war im 19. Jahrhundert insbesondere von seiten der feudal-aristokratisch-agrarischen Klasse die ständische, patriarchalische Ordnung gemeint, in der jede Person ihren natürlichen, mit Rechten und Pflichten verbundenen

100 Nach Peter Jahn ordnen sich die verschiedenen deutschen Feindbilder jeweils in diese beiden Grundmuster. Bei affektiv hochgeladenen Feindbildern stellt er eine Tendenz zur Universalisierung dieser Grundmuster fest (Peter Jahn in einem Vortrag »Feindbilder als Faktoren historischer Entwicklung«, unveröffentlichtes Vortragsmanuskript, Berlin o.J.).

101 Ernst Deuerlein, Die Konfrontation von Nationalstaat und national bestimmter Kultur, in: Theodor Schieder/Ernst Deuerlein (Hrsg.), Reichsgründung 1870/71. Tatsachen, Kontroversen, Interpretationen, Stuttgart 1970, S. 248.

102 Vgl. ebd., S. 239, 248, 250; vgl. Katz, Nationalismus, S. 72.

103 Vgl. Samuel Huntington, Konservatismus als Ideologie, in: Hans-Gerd Schumann (Hrsg.), Konservatismus, Königstein i.T. 1984², S. 91.

Platz habe. Aus der daraus abgeleiteten Ungleichheit der Menschen ergebe sich die Notwendigkeit hierarchischer Organisation, die aber mit Klassen primär nichts zu tun habe. Im Gegenteil: Wenn erkannt worden sei, daß Arbeiter und Herren Brüder seien, dann sei die soziale Frage zum größten Teil gelöst.[104] Die Demokratisierung des Konsums, des »modernen Genusses«, in der industriellen Massengesellschaft widersprach ständischen Vorstellungen.[105] Die vom Volk erwarteten Ideale lauteten vielmehr Dankbarkeit und Treue, Sparsamkeit und Genügsamkeit, ganz im Sinne Krupps, der seinen Arbeitern vorhielt: »In früheren Zeiten waren die Löhne viel geringer, die Leute waren aber zufrieden und bescheiden.« Er empfahl ihnen statt des verschwenderischen Kneipengangs oder gar des Politisierens: »Genießet, was Euch beschieden ist. Nach gethaner Arbeit verbleibt im Kreise der Eurigen.«[106] Das »häusliche Glück« symbolisierte all diese Werte friedlicher Stabilität. Das propagierte Ideal eines innigen Familienlebens wäre zudem als Ausdruck der »gemüthaften, einfachen Welt« zu interpretieren, so wie der Mensch generell als Wesen des Gefühls erscheint, der eher nach Erfahrung, Klugheit und Gewohnheit entscheidet als nach Vernunft.[107]

Krise

In der zweiten Hälfte des 19. Jahrhunderts waren die sozialen Beziehungen vielfachen gesellschaftlichen Veränderungen unterworfen, die die bisherige Position von einzelnen und von Teilen der Gesellschaft in Frage stellten. Diese sahen sich häufig veranlaßt, »sich in das Unbehagen an der Kultur zu flüchten«[108]. In der Artikulierung eines Kulturpessimismus äußerte sich die Angst vor der Auflösung der hierarchischen Ordnung.

»Die Industriefeindschaft ist das beherrschende Kennzeichen der bürgerlichen Gesellschaft des 19. Jahrhunderts. Obwohl sie sich immer stärker die Fortschritte des wirtschaftlichen Aufstiegs aneignete, brachte sie den dadurch bedingten Veränderungen Abneigung und Feindschaft entgegen.«[109] Die Flucht in die Kultur als Gefühlskultur war demnach die Flucht vor dem Neuen, vor der Kritik, die immer mehr unbefragt Gültiges zerschlug. Man flüchtete »in die Behauptung, daß die Welt rational gar nicht erfaßt [...] werden dürfe, sondern nur als ›Leben‹, als *vorrationaler* Seinsstrom anzunehmen sei«.[110]

104 Vgl. Friedlieb, Die rote und die schwarze Internationale, S. 3.
105 Vgl. Müller, Sozialkonservatismus, S. 206.
106 Krupp, Wort, S. 347.
107 Vgl. Huntington, Konservatismus, S. 91, und Lenk, Deutscher Konservatismus S. 74 – 77, allg. auch S. 30 ff.
108 Deuerlein, Konfrontation, S. 248; vgl. Fritz Stern, Kulturpessimismus als politische Gefahr, Bern 1963.
109 Ebd., S. 249 f.
110 Fritzsche, Konservatismus, S. 48; Hervorhebung original.

Der Kulturpessimismus traf sich also mit der Furcht vor der sozialistischen Revolution. Die Sozialdemokratie geriet so eher zu einem Symbol, einer Chiffre für die Angst vor Veränderung und Auflösung und für Zivilisationskritik, die je nachdem mit anderen Chiffren oder Feinden austauschbar wurde.

Den Hintergrund dieses zur Krise der Moral und des Geistes stilisierten Prozesses bildete ein gravierendes Legitimationsproblem der Herrschenden. Diese ideologische Krise muß man im Zusammenhang mit krisenhaften oder als krisenhaft empfundenen ökonomischen und gesellschaftlichen Phänomenen und mit der realen Interessenlage von Adel und Bürgertum sehen und nach deren Bedeutung für Funktion und Wirkung des Feindbildes fragen. Die wirtschaftliche Depression dieser Zeit war für jede gesellschaftliche Gruppe auf eigene Weise spürbar.[111] Sie verschärfte vorhandene Spannungen und lieferte weiteres Material, um aus einem politischen Gegner einen Feind werden zu lassen: Die angesichts der Depression ausweglos scheinende Lage der ArbeiterInnen begünstigte den Aufstieg der Sozialdemokratie und schuf damit neue Nahrung für die Bedrohungsvorstellungen der Bürgerlich-Konservativen. Den SozialdemokratInnen wurde gar eine Mitschuld an der Krise zugeschoben. Außerdem waren sie scharfe GegnerInnen der den Interessen der Schwerindustrie und der Großagrarier dienenden Schutzzollpolitik. Die teilweise maßlosen Übertreibungen der Krisenauswirkungen[112] sind daraus erklärbar, daß während der Industriellen Revolution Ansprüche und Hoffnungen großer Teile der Gesellschaft stark gestiegen waren und nach der Reichsgründung eine Euphorie ausgebrochen war, die nun plötzlich getrübt wurde.

Den Konservativen erschienen die wirtschaftlichen und gesellschaftlichen Umwälzungen der letzten Jahre in Richtung auf eine industrielle Massengesellschaft als sehr schneller und plötzlicher Bruch. Der Sozialkonservative Meyer analysierte: »Es war die Reichthumsbildung und die Armuthsentwicklung, welche die Reste der alten Gesellschaftsorganismen schnell zerstörte.«[113] Die Folge sei eine moderne, von Geldgier gehetzte Gesellschaft. Die konservative Orientierung an einer vorkapitalistischen Wirtschaftsweise, die an traditioneller Bedarfsdeckung orientiert war, wurde durch diese Entwicklung, zu der unter anderem die zunehmende Mobilität, der Niedergang des Handwerkerstandes und die Auflösung der angeblich traditionellen Familienform gehörte, zunehmend in Frage gestellt.

111 Vgl. Wehler, Kaiserreich, S. 46.

112 Rosenberg, Depression, S. 56, spricht vor dem Hintergrund der Wirtschaftskrise von einem »zu Wahnvorstellungen neigenden Zeitalter der Neurose«; allerdings ist weder mit »Wahnvorstellungen« noch mit der Wirtschaftskrise allein dem Phänomen Feindbild befriedigend auf die Spur zu kommen.

113 Meyer, Emancipationskampf, S. 447, 449.

War für den Adel, als dessen Klassen-Ideologie man den Konservatismus in gewisser Hinsicht begreifen kann[114], die durch die Französische Revolution ausgelöste Freiheitsbewegung eine Infragestellung seiner politischen und sozialen Privilegien, so bedrohte die Industrielle Revolution nun auch seine ökonomische Basis. Abgesehen von Ausnahmen sank der preußische Adel nach 1870 in der Vermögens- und Einkommenshierarchie gegenüber dem Großbürgertum laufend ab. Nur zu einem kleineren Teil fand er durch Umstellung seiner Produktionsmethoden oder durch den Aufbau industrieller Unternehmen Anschluß an die industrielle Entwicklung des Kaiserreichs.[115]

In zunehmendem Maße flüchtete sich andererseits das sich durch die Ansprüche der Arbeiterschaft bedroht fühlende Bürgertum »unter die Fittiche der alten Mächte«, die ihm Beistand gegen den Aufstieg des Vierten Standes und ökonomische Vorteile »als Kompensation für den Verzicht auf die politische Demokratie«[116] gewährten. Vor allem das immer mehr vom Wirtschaftsbürgertum verdrängte und um seine Identität ringende Bildungsbürgertum schwang sich allmählich zum Retter der Kultur auf.[117]

Sündenbock

Als klassisches Element des Feindbildes tauchte in den Äußerungen immer wieder der Vorwurf einer Mitschuld der SozialdemokratInnen an der wirtschaftlichen Krise auf: »Die [englischen] Arbeiter haben [...] Arbeit eingestellt, um höhere Löhne zu erpressen, dadurch ist zum großen Theil die Arbeit von England auf das Ausland übergegangen. Dies ist auch ein warnendes Exempel.«[118] Die »sozialistisch-demokratischen Umtriebe« hätten, so betonte vor allem auch Bismarck, »wesentlich mit dazu beigetragen, den geschäftlichen Druck [...] zu schaffen; sie haben ganz gewiß die deutsche Arbeit verteuert und vermindert [...], und dadurch haben wir aufgehört, konkurrenzfähig zu sein. [...] Und deswegen klage ich die Führer der Sozialisten an, daß sie an der Not, in der sich der Arbeiterstand heutzutage befindet, wesentlich mit schuld sind«.[119]

Die SozialdemokratInnen würden das Investitionsklima verderben durch Beunruhigung der Wirtschaftskreise und die absichtliche Verschärfung der Gegensätze statt ihrer Ausgleichung. Denn wie sollte der Unternehmergeist

114 Vgl. Huntington, Konservatismus, S. 89.

115 Vgl. Helga Grebing, Geschichte der deutschen Parteien, Wiesbaden 1962, S. 55.

116 Beide Zitate Jens Flemming, Preußen und das deutsche Kaiserreich – vom Ende her gesehen, in: Journal für Geschichte 3, Heft 1 (1981), S. 45.

117 Vgl. Deuerlein, Konfrontation, S. 251; vgl. Norbert Schafferdt, Die arbeitslosen Akademiker. Die Krise 1880 – 1900 und der Rechtsruck des Bildungsbürgertums, in: Journal für Geschichte 6 (1982), S. 14 f.

118 Krupp, Wort, S. 348.

119 Bismarck (1876), zit. nach: Schulz (Hrsg.), Arbeiterbewegung, S. 204.

wachsen, »wenn der Kommunismus ameisenartig um sich greift, wenn man das Erarbeitete durch Brand und Plünderung zu verlieren fürchten muß und noch dazu die Aussicht hat, dafür, daß man etwas hat, massakriert zu werden«.[120] Aus diesem von ihm als gegeben angesehenen Zusammenhang von Depression und Sozialrevolution folgerte Bismarck daher: »Solange wir [...] den kommunistischen Ameisenhaufen [nicht] mit der inneren Gesetzgebung austreten, werden wir keinen Aufschwung haben.«[121]

Konfliktabwehr und »negative Integration«

Diese im Zeichen allgemeiner Unzufriedenheit stehende Sündenbockfunktion hängt eng mit der Bindemittel-Funktion des Feindbildes zusammen. Angesichts der ausgebliebenen »inneren Nationsbildung« nach der Reichsgründung stärkte das Feindbild den Zusammenhalt der übrigen Nation. Es stützte und sicherte das Bündnis zwischen nationalem Bürgertum und preußischer Staatsmacht, das sich auch im Bündnis zwischen »Rittergut und Hochofen« ausdrückte und stets gegen die Arbeiterbewegung gerichtet war. Aus dem Mißverhältnis zwischen Industrialisierung und fortdauernder Dominanz vorindustrieller Gruppen und Normen im Kaiserreich resultierte eine große Spannung, wohingegen man sich angesichts des Mangels eines gemeinsamen Wertesystems zumindest auf die Bestimmung des Feindes verständigen konnte, so der Wehlersche Ansatz der »negativen Integration«.[122]

Mit dieser politischen Analyse läßt sich jedoch noch nicht die Dynamik des Feindbildes erklären. Sie rührt unter anderem daher, daß ganz verschiedene Bedürfnisse und Ängste der Konservativen angesprochen wurden. Die rassistische, chauvinistische oder konterrevolutionäre Projektion von Haß auf eine »out-group« kann aus sozialpsychologischer Sicht als Ausdruck einer Konfliktabwehr interpretiert werden.[123] Ein Blick auf die Konservativen als Trägergruppe zeigt, daß der abzuwehrende Konflikt in der umfassenden Infragestellung der bisherigen privilegierten Einbindung in die Machtverhältnisse bestand. Und die Angst vor Machtverlust vollzog sich auf mehreren Ebenen: So ging es nicht nur um die Wahrung ökonomischer Verteilungsmuster und parteipolitischer Machtinteressen, sondern auch um die Verteidigung der als bedroht empfundenen Geschlechterhierarchie und der geglaubten Welterklärungs-Wahrheiten.

Das Gegenstück zu dieser Abwehr war ein militanter Nationalismus, der kompensatorischen Zusammenhalt nach innen bot. Zudem versprach der Nationalismus eine ideologische Kraft zu sein, mit der sich auch die Bevöl-

120 Bismarck, zit. nach: Lademacher, Wirtschaft, S. 111.
121 Bismarck (1877), zit. nach: Wehler, Kaiserreich, S. 87.
122 Vgl. ebd., S. 96 ff.
123 Vgl. Katz, Nationalismus, S. 79 ff., 82.

kerung in die reaktionäre Politik des autoritären Obrigkeitsstaats integrieren ließ. Diese Integrationsbemühungen lassen sich anhand der jährlichen Sedansfeste illustrieren, die als nationale Feiertage mit Volksfesten die Einigung in der Bevölkerung erfahrbar machen und fortsetzen sollten. Nichts könne, so die klaren Worte eines zeitgenössischen Strafrechtlers, solchen Gruppen wie den Sozialisten soviel schaden »wie ein Volksfest, an dem jährlich daran erinnert wird, wer die Begründer und wer die Feinde des deutschen Reiches im Jahre 1870 gewesen sind«.[124] Der Einschluß der einen sollte sich durch Ausschluß der anderen herstellen.

Unter den daher besonders zu Beginn des neuen Nationalstaats zahlreichen »Reichsfeinden« nahm die Sozialdemokratie eine dominante Stellung ein, da sie eine wirkliche Gegenmacht darstellte.[125] Während für manche Konservative die soziale Frage in erster Linie noch ein moralisches und ideelles Problem war, stand die Integration nach innen und das Primat der Systemerhaltung als machtpolitische Frage in der Bismarckschen Politik laut einiger historischer Studien an erster Stelle.[126] Auch die Politik nach außen wie die Kolonialpolitik wird häufig primär als Ablenkung von inneren sozialen Spannungen interpretiert und in den großen Zusammenhang von Sammlungs- und Schutzzollpolitik, Sozialistengesetz und Sozialpolitik gestellt, in dem Bismarck die soziale und politische Dynamik der industriellen Welt zu zähmen und so zur Bewahrung des status quo zu nutzen suchte.[127]

Instrumentalisierung oder Sozialistenfurcht

Eine solche Interpretation entlang der Macht- und Herrschaftsinteressen unterstellt allerdings eine durchweg bewußte, instrumentelle Einsetzung des Feindbildes durch die Herrschenden.[128] Die Feindbildproduktion erscheint in dieser Sichtweise als ganz zentrale Herrschaftstechnik des Kaiserreiches, vermittelt durch alle gesellschaftlichen Institutionen. Die Bevölkerung wird so zum ursprünglich »unbeschriebenen Blatt«, zur Masse rein passiv empfangender KonsumentInnen. Dadurch werden zwei Aspekte völlig ausgeblendet: Zum einen können Stereotype schon mit einer längeren Tradition in der Bevölkerung vorhanden und wirksam sein und so einen fruchtbaren Boden für die Mobilisierung von Ängsten bilden. Herrschaftstechniken würden zudem nicht funktionieren, wenn nicht auch in der Be-

124 Nach: Fritz Schellack, Sedan- und Kaisergeburtstagsfeste, in: Dieter Düding/Peter Friedemann/Paul Münch (Hrsg.), Öffentliche Festkultur. Politische Feste in Deutschland von der Aufklärung bis zum Ersten Weltkrieg, Reinbek b. Hamburg 1988, S. 279.

125 Vgl. Zmarzlik, Kaiserreich, S. 116.

126 Vgl. Rosenberg, Depression, u.a. S. 208.

127 Vgl. Wehler, Kaiserreich, S. 173 – 175.

128 Vgl. z.B. ebd., S. 101; vgl. zur Kritik an dieser Sichtweise Zmarzlik, Kaiserreich, S. 108, 112, 123, sowie David Blackbourn, The Politics of Demagogy in Imperial Germany, in: Past & Present 113 (1986), S. 157.

völkerung Bedürfnisse nach Konfliktabwehr oder die Bereitschaft zur Unterordnung vorhanden wären. Und zum anderen sind möglicherweise auch die Herrschenden selbst nicht frei vom Glauben an die Gefahr.[129]

Für ein bewußtes taktierendes Umgehen mit der feindlichen Atmosphäre durch Bismarck spricht auf den ersten Blick zum Beispiel die Tatsache, daß er mit seiner Taktik der »wechselnden Mehrheiten« eine scheinbare Nähe zu den SozialistInnen dann nicht scheute, wenn es ihm opportun oder inhaltlich vertretbar erschien. So gab es zwar einerseits inhaltliche und strategische Überschneidungen der Feindbilder »Sozialdemokratie« und »Liberalismus«, aber andererseits gab es durchaus auch gewisse Berührungspunkte zwischen sozialistischer und konservativer, besonders sozialkonservativer Kritik an der Moderne, meist in gemeinsamer Gegnerschaft zum Liberalismus, der »Herrschaft der schrankenlosen Konkurrenz und des krassesten Egoismus«[130]. Konkret konnte das beispielsweise die gemeinsame Ablehnung der umstrittenen Sonntagsarbeit bedeuten, wenn auch unter ganz unterschiedlichen Vorzeichen.[131] Der Hochkonservative Hermann Wagener hatte 1871/72 gar, wenn auch vergeblich, versucht, seine Gesinnungsgenossen mit den Lassalleanern zu verbinden.[132] Als Bismarck sich wegen seiner Sozialpolitik und seiner Verstaatlichungspläne den Vorwurf des Kommunismus einhandelte, erwiderte er 1882: »Sozialistisch sind viele Maßregeln, die wir getroffen haben, [...] und etwas mehr Sozialismus wird sich der Staat [...] überhaupt angewöhnen müssen. [...] Wenn Sie glauben, mit dem Worte ›Sozialismus‹ jemand Schrecken einflößen zu können oder Gespenster zu zitieren, so stehen Sie auf einem Standpunkte, den ich längst überwunden habe [...].«[133] Und auch 1884 demonstrierte er seine Freiheit von Berührungsängsten, als er – stets mit dem Ziel, die Sozialdemokratie positiv zu bekämpfen – gar für das »Recht auf Arbeit« plädierte[134] und dafür Kritik von rechts einstecken mußte. Von einem instrumentellen Verhältnis zum Feindbild zeugte schließlich besonders seine Ansicht, die Furcht vieler vor der Sozialdemokratie sei letztlich ein ganz nützliches Element, um in der Sozialreform fortzuschreiten.[135]

Die Aktivierung des Feindbildes sollte auch der Legitimierung der antisozialistischen Repressionsmaschinerie – man erwärme schließlich keine Schlange an seiner Brust[136] – und dem Beweis staatlicher Stärke dienen: »[...] als ob die Regierung nicht wachsam und stark genug wäre, die Zukunft des ruhigen

129 Vgl. Jahn, Feindbilder, S. 4.

130 Adolf Stoecker, Zur Begründung einer christlich-sozialen Arbeiterpartei [3. 1. 1878], in: Christlich-Sozialistische Reden und Aufsätze von Adolf Stöcker, Berlin 1890[2], S. 4.

131 Vgl. ebd.; vgl. Norddeutsche Allgemeine Zeitung vom 24. 5. 1878.

132 Vgl. Müller, Sozialkonservatismus, S. 216, Anm. 20.

133 Bismarck (1882), zit. nach: Schulz (Hrsg.), Arbeiterbewegung, S. 240 f., s. auch S. 236.

134 Vgl. ebd., S. 247.

135 Vgl. Bismarck (1884), in: ebd., S. 250.

136 So Krupp, Wort, S. 348.

Bürgers zu schützen [...]«.[137] Die Gewalt des Feindes wurde betont, um die eigene Gewalt zu rechtfertigen. »Diese Menschen trotzen auf die Gewalt der Fäuste, und sie verstehen nur die Sprache der Gewalt.«[138]

Betrachtet man allerdings die Umstände des Sozialistengesetzes, dann ist dieses selbst durchaus als Ergebnis feindbildgeleiteten politischen Handelns zu interpretieren.[139] Eine Politik im Geiste des Sozialistengesetzes, deren Erfolg selbst von einigen Konservativen bereits früh bezweifelt wurde und deren Mißerfolg mit der stetigen Erstarkung und Konsolidierung der Partei hätte deutlich werden müssen, die aber dennoch zwölf Jahre lang durchgehalten wurde, spricht dafür, daß die Verantwortlichen selbst nicht frei waren von dem Feindbild. Obwohl zum Beispiel in vielen Karikaturen sozialistenfeindlicher Blätter die gegenteilige Wirkung des »Sozialistennährgesetzes« offen verlacht wurde[140], wurde das Gesetz noch dreimal durch den Reichstag verlängert.

Das Sozialistengesetz war gleichzeitig Ausdruck des erfolglosen Versuchs, dem Wandel der Gesellschaft im Industriezeitalter durch Behauptung der privilegierten Position zu entgehen. Auch indem man darauf wartete, daß ein wirtschaftlicher Aufschwung die sozialen Spannungen quasi von selbst mildere, wurde die Benennung und Austragung des realen Konfliktes, der ja nicht nur die soziale Frage, sondern auch die politische Mitbestimmung betraf, durch das Feindbild vermieden. So behandelte insbesondere Bismarck trotz Einsicht in die politische Brisanz der sozialen Frage diese fast ausschließlich als »Lohn- und Magenfrage«[141]. Hier kommt eine weitere Funktion des Feindbildes zum Ausdruck, nämlich die des Politik-Ersatzes.[142]

Die in der Literatur vorherrschende rein politikgeschichtliche Betrachtungsweise ist, was die Frage der Instrumentalisierung des Feindbildes anbelangt, zudem teilweise zu sehr verengt auf das Jahr 1878. Groh hat demgegenüber zu Recht betont, daß Bismarck bereits seit 1871 die Sozialdemokratie bekämpft hat, was gegen eine bloße Instrumentalisierung der Stimmung nach dem Attentat zum Zwecke der Ausmanövrierung der Nationalliberalen im Reichstag spreche.[143]

Dem Sozialistengesetz ging also eine Geschichte der Repression seit der Reichsgründung voraus – unter Rückgriff auf Bilder und Maßnahmen aus noch früherer Zeit. Das Gesetz legitimierte und systematisierte lediglich

137 Bismarck (1884), zit. nach: Schulz (Hrsg.), Arbeiterbewegung, S. 246.

138 Treitschke (1878), zit. nach: ebd., S. 219.

139 Jahn, Feindbilder, S. 5, spricht hier von »psychisch gesteuerten Handlungszwängen« gesellschaftlicher Führungsgruppen.

140 Vgl. Klant, Ballon, S. 38 – 41, Abb. 27 – 32.

141 Vgl. Groh, Reichsgründung, S. 106, 109; vgl. auch Lademacher, Wirtschaft, S. 111.

142 Hier spricht Jahn von »psychisch gesteuerten Handlungsgrenzen« (Jahn, Feindbilder, S. 5).

143 Vgl. Groh, Reichsgründung, S. 103.

eine schon bestehende schikanöse Praxis.[144] Diese schuf bereits eine polarisierte Stimmmung in Teilen der Bevölkerung, die ihrerseits wiederum die Grundlage für die Verwirklichung weiterer repressiver Maßnahmen war. Die antisozialistische Dynamik erhielt schließlich nach den beiden Attentatsversuchen auf den Kaiser einen großen Schub. Eine solche Dynamik in der Bevölkerung entzieht Feindbilder häufig ebenfalls dem rein manipulativen Zugriff.

Die Attentate: Hysterie und Monarchismus

Man benutzte die Attentate und die sich anschließende exzessive Sozialistenhetze in der Presse zur Mobilisierung monarchischer und vaterländischer Gefühle, zu zahlreichen Treuebezeugungen gegenüber dem Kaiser. Die Norddeutsche Allgemeine Zeitung vom 14. Mai 1878 berichtete von der Bewegung im ganzen Land, von Flaggenschmuck, dicht gefüllten Kirchen, dem Absingen der Nationalhymne vor Theatervorstellungen, von Feierlichkeiten, Grußadressen und dichten Spalieren an der Straße, auf der Seine Majestät sich erstmals wieder zeigte. In der Presse wurde reger Anteil an seiner täglichen Befindlichkeit und seinem Appetit genommen: Man litt mit dem Kaiser und genas mit ihm, identifizierte sich mit ihm, er war einer von »uns«.[145] Mit dem Kaiser wurde man selbst getroffen: »In der Person des Kaisers wollte das Verbrechen den Staat und die Gesellschaft treffen.«[146] Damit wurde die von der konservativen und liberalen Presse für die Attentate verantwortlich gemachte Sozialdemokratie zum ganz persönlichen Feind.

Die Flut von Majestätsbeleidigungs-Prozessen in dieser Zeit ist weniger ein Indikator dafür, wie in der Bevölkerung über das Attentat gesprochen wurde, sondern dafür, wie sehr dort denunziert und gespitzelt wurde, wie tief das Feindbild in der Bevölkerung verankert war und von dort mitgetragen wurde. Daran ablesbar ist auch, wie eifrig und streng die Gerichte dieses »Vergehen« nach den Attentaten verfolgten und wie sehr das öffentliche Leben kontrolliert und polarisiert war. Bei Arbeiterversammlungen oder in Wirtschaften tauchten Denunzianten auf, die die Arbeiter zu einem Hoch auf den Kaiser aufforderten – und wer sitzen blieb, wurde angezeigt. Andere Prozesse wurden aufgrund belauschter Gespräche auf der Straße, auf der

144 Vgl. dazu Ignaz Auer, Nach zehn Jahren. Material und Glossen zur Geschichte des Sozialistengesetzes, Nürnberg 1913, S. 69 ff.; vgl. Horst Karasek, Belagerungszustand! Reformisten und Radikale unter dem Sozialistengesetz 1878 – 1890, Berlin 1978, S. 27 – 37; vgl. Fetscher, Attentate, S. 51 – 56 und 66 f.

145 Vgl. zum Beispiel Extra-Blatt der Neuen Preußischen Zeitung (Kreuzzeitung) vom 10. 6. 1878; vgl. auch Bismarcks Reichstagsrede »Schutz gegen die Banditen« vom 17. 9. 1878, nach: Fetscher, Attentate, S. 61.

146 Norddeutsche Allgemeine Zeitung vom 15. 5. 1878.

Parkbank, beim Einkaufen oder wegen denunzierter Äußerungen in Privatgesprächen geführt.[147]

Diese Stimmung heizte sich im Wahlkampf nach der Auflösung des Reichstags weiter auf. Der Ruf nach einer einzigen, alle nicht-sozialdemokratischen Kräfte vereinigenden »Ordnungspartei«, der nun auch stark von den Liberalen kam, macht abermals die negativ integrierende Seite der Hetze deutlich.

Sozialistengesetz: Spaltung der Gesellschaft

In dieser Situation wurde vom neuen Reichstag das Sozialistengesetz erlassen, und nach nur wenigen Tagen begann seine Umsetzung. Es nahm politisch verdächtigen Personen den Anspruch auf bürgerliche Rechte. Es sollte die Entwicklung einer proletarischen Subkultur und eines Zusammengehörigkeitsgefühls aufhalten; es sollte die Bewegung in der Bevölkerung treffen, die Agitation, das Unberechenbare, den Feind und weniger den politischen Gegner. Die Reichstagsfraktion konnte nämlich während der ganzen Zeit weiterarbeiten, Wahlkandidaturen waren auch künftig möglich. Die Wirkungen des Sozialistengesetzes, aber ebenso der vielen flankierenden Maßnahmen und Verordnungen reichten bis tief in den Alltag und die Kommunikationsstrukturen der Arbeiterbewegung hinein: Verhaftungen, Hausdurchsuchungen, Ausweisungen und Verbote sowohl sozialdemokratischer als auch gewerkschaftlicher Organisationen und Druckschriften waren nur die sichtbarsten Folgen. Spürbar für alle aber war zum Beispiel der Versuch, die wichtige Solidarität der Gastwirte, deren Räume meist die einzige Möglichkeit zu politischer und geselliger Versammlung boten, zu zerstören; Überwachung, Bespitzelung, Denunziationen, Selbstzensur, Entlassungen, Existenzangst prägten den Alltag der SozialdemokratInnen, ihrer Familien, aber auch der Sympathisierenden.

Seit 1878, bereits vor den Attentaten, wurde der Polizeiapparat aufgerüstet. Die preußische politische Polizei wurde als eigenständiges Organ zur Bekämpfung der Sozialdemokratie eingerichtet.[148] Mit der Stärkung der Exekutive als Element einer Politik der Machterhaltung war auch eine stärkere Überwachung ihrer Staatstreue verbunden. Den Beamtenstand »völlig frei und rein« von Umsturztendenzen zu erhalten, war ein im Juli 1878 formuliertes Ziel des preußischen Innenministers.[149] Eine Auswirkung des Feind-

147 Vgl. Auer, Jahre, S. 66 – 69.

148 Der Polizeipräsident von Berlin gab seit dem Erlaß des Sozialistengesetzes in regelmäßigen Abständen Lageberichte über die Bekämpfung der Sozialdemokratie heraus; vgl. Dokumententeil, in: Höhn, Die vaterlandslosen Gesellen, S. 1 – 345.

149 Vgl. Heinz Gerhard Haupt, Aus dem Sozialistengesetz lernen?, in: 100 Jahre Sozialistengesetz. Eine Ausstellung zur Praxis staatlicher Repression im Deutschen Reich und Bremen 1878 – 1890, bearb. v. Christian Ellßel, Bremen 1978, S. 12.

bildes war damit auch die ganz reale gesellschaftliche Polarisierung, die Scheidung in »Gute« und »Böse«, »Reine« und »Verseuchte«, die Spaltung der Nation im Innern als Ersatz für die »innere Reichsgründung«. Der Feind wurde nun nicht mehr nur rhetorisch-imaginär, sondern auch real aus der Rechtsgemeinschaft ausgeschlossen, das Feindbild schuf Realität. Umgekehrt machte ein Feindbild die Identifikation, sprich: die Unterordnung unter einen autoritären Staat scheinbar leichter, was die Empfänglichkeit für die Propaganda mit erklärt.

Reaktionen der »Opfer«: Ein Ausblick

Seinen Zweck, die organisierte Arbeiterbewegung zu zerschlagen, hat das Sozialistengesetz nicht erfüllt. Die SAP gewann im Gegenteil zunehmend AnhängerInnen, auch aus nichtproletarischen Kreisen. Trotzdem tat das Feindbild seine Wirkung, nicht zuletzt unter den SozialistInnen selbst. Es hat zwar nicht verhindert, daß ein großer Teil der deutschen ArbeiterInnen damals sozialistisch wurde, aber Ergebnis ist ebenso, daß die SozialdemokratInnen zunehmend bemüht waren, die gegen sie gerichteten Vorurteile zu widerlegen und ihre Staatstreue und Gesetzesliebe, ihren Familiensinn und Bildungswillen und ihr Nationalbewußtsein unter Beweis zu stellen.[150] Der Frage, wie die SozialdemokratInnen auf das Feindbild reagierten und warum, müßte jedoch weiter nachgegangen werden: (Über-)Anpassung an die Normen des Gegners und damit verbundene Diskriminierung der »Deklassierten«[151] in den eigenen Reihen, Ausbau einer Subkultur, Reformismus oder Radikalisierung sind einige mögliche Antworten. Ungeachtet der tatsächlichen Politik blieb die sozialistische Rhetorik meist unvermindert revolutionär. An ihr setzte auch das unverändert bleibende Feindbild nach 1890 an.[152] Es gelang den konservativen Führungsgruppen damals in weiten Teilen, dem neuen Reich die Ordnungs- und Wertvorstellungen des Adels zu oktroyieren.[153] Das Vorhandensein von Feindbildern unterstützte dies ganz wesentlich. Eine echte Demokratisierung, geschweige denn eine Revolution, blieb aus.

Fazit

Kennzeichnend für das frühe Kaiserreich war eine weitverbreitete Krisenstimmung, deren besondere kulturpessimistische Ausformung bei den Anhängern einer konservativen Ideologie verschiedene Motive vereinigte: So verbanden sich hier die auf die Arbeiterpartei projizierten Verschwörungs-

150 Vgl. Diskussionsbeiträge von Barbara Loer und Wolfgang Abendroth, in: Döring/Kempen (Hrsg.), Sozialistengesetz, S. 107, 111 – 113.

151 Vorwärts, Nr. 49 vom 27. 2. 1892.

152 Vgl. Wehler, Kaiserreich, S. 88.

153 Vgl. Flemming, Preußen, S. 44 f.; vgl. Grebing, Geschichte, S. 55 – 58.

vorstellungen der oft adligen Eliten, die ihr vorkapitalistisch-ständisches Weltbild und ihren Machtanspruch zunehmend bedroht sahen, mit den gegen den proletarischen »Pöbel« gerichteten Aggressionen eines konservativen (Klein-)Bürgertums, die gespeist wurden aus der Angst vor einem sozialen Abstieg und einem Abgrenzungsbedürfnis gegen die sich formierende Arbeiterklasse. Die konkreten Feindbildelemente korrespondierten jeweils mit konservativen Grundeinstellungen beziehungsweise stellten diese durch die Abgrenzung vom Feind erst her. Sie drückten ein spezifisches Bedrohungsgefühl aus.

Die Sozialdemokratie stellte offenbar eine Chiffre für die materiellen und soziokulturellen Veränderungen im Laufe des 19. Jahrhunderts dar, als deren Opfer sich die Konservativen begriffen. Denn sie wurde zwar in der Tat mehr und mehr zu einer wichtigen politischen Kraft, aber diese konservative Selbststilisierung zum Opfer stand in diametralem Gegensatz zur realen Machtverteilung im frühen Kaiserreich. Die Opferstilisierung war das Gegenstück zur Beschwörung einer »roten Gefahr«, auf die mit einer repressivreaktionären Politik geantwortet wurde. Das Feindbild wurde so zur handlungsrelevanten Kategorie. Diese Politik sollte der Wahrung ökonomischer und machtpolitischer Interessen dienen – Unterdrückung der Ansprüche der Arbeiterklasse durch eine »Revolution von oben« unter Aufrechterhaltung der monarchisch-autoritären Ordnung. Im Grunde war sie aber ein Ersatz für adäquates Handeln: Das Feindbild lieferte Deutungsmuster für Entwicklungen, die man nicht wahrhaben und auf die man nicht eingehen wollte. Hier kommt der antiemanzipatorische Charakter des Feindbildes zum Tragen. Es stellte sich im Kern, unter Benutzung von in der Bevölkerung vorhandenen Bildern und Gefühlen, als Ausdruck einer ideologischen Legitimationskrise, erhöht zur Sinnkrise, dar. In seiner Umkehrung produzierte es Identität: das »Gute und Beständige«. Daß dieses Feindbild in seinen verschiedenen Varianten gesellschaftlich breit verankert war, zeigt die Feststellung, daß es langfristig seine Wirkung auch auf die Sozialdemokratie selbst – etwa in Form von Anpassungsbemühungen – nicht verfehlte.

CHRISTOPH JAHR

»Das Krämervolk der eitlen Briten«

Das deutsche Englandfeindbild im Ersten Weltkrieg

I. Einleitung

»Selbstdefinition durch Feindmarkierung«[1] ist als die Konstante deutscher Identität seit den Tagen der Napoleonischen Kriege bezeichnet worden. Die eigene Identität wurde über die Abgrenzung vom »Erbfeind« Frankreich definiert, was unter anderem die Ablehnung von Rationalismus, Aufklärung und Demokratie bedeutete.[2] Mit dem Aufbruch des Deutschen Kaiserreichs zur imperialistischen »Weltpolitik« ab den 1890er Jahren trat aber die Rivalität mit England[3], der damals mächtigsten Industrie-, Handels- und Kolonialmacht, zunehmend in den Vordergrund. Als das imperialistische Zeitalter in den Ersten Weltkrieg mündete, war es daher vor allem die Feindmarkierung England, die zum gemeinsamen Kampf motivieren sollte. Dies ist um so erstaunlicher, als es der erste Krieg beider Staaten gegeneinander überhaupt war und viele Deutsche England lange mit Bewunderung betrachtet hatten. Wie daraus im Ersten Weltkrieg ein Feindbild wurde, ist Gegenstand dieser Untersuchung.

Einleitend wird die Entwicklung des deutschen Englandbildes bis 1914 dargestellt, anschließend dann der massive Ausbruch des Englandhasses im Weltkrieg. Im analytischen Teil soll an Hand einiger »Professoren-Kriegsschriften« herausgearbeitet werden, was den qualitativen Umschlag von stereotypengeprägter Polemik zum Feindbild ausmacht. Anschließend wird aufgezeigt, wie und wozu versucht wurde, das »Feindbild England« zu instrumentalisieren.

Die leitenden Fragestellungen sind dabei: Welcher Techniken bediente man sich bei der Feindbildproduktion und an welche traditionellen Stereotypen wurde dabei angeknüpft? Wo lag der Umschlagpunkt vom Stereotyp zum Feindbild? War das Feindbild England qualitativ anders als andere äußere

1 Hagen Schulze, Gibt es überhaupt eine deutsche Geschichte?, Berlin 1989, S. 28.

2 Für die konstitutive Rolle der Feindschaft bei der Herausbildung der europäischen Nationen vgl. Michael Jeismann, Das Vaterland der Feinde. Studien zum nationalen Feindbegriff und Selbstverständnis in Deutschland und Frankreich 1792 – 1918, Stuttgart 1992, und Linda Colley, Britons. Forging the Nation 1707 – 1837, London 1992.

3 Hier halte ich es mit George Mikes: »When people say England, they sometimes mean Great Britain, sometimes the United Kingdom, sometimes the British Isles – but never England.«

Feindbilder? Welche Funktion hatte das Feindbild nach innen? Wie war es motiviert? Wie wirkte es in der Nachkriegszeit weiter?

II. Antibritische Stereotypen vor 1914

Allgemeine Völkerstereotypen über England

Die älteste und bekannteste Charakterisierung Englands ist das »perfide Albion«[4], was seine eigensüchtige und treulose Außenpolitik kennzeichnen sollte. Dieses in Frankreich geprägte Schlagwort läßt sich bis ins 14. Jahrhundert zurückverfolgen, erhielt seine entscheidende Wendung aber durch die Französische Revolution und die Napoleonischen Kriege, als England zu dem Feind des gesamten Kontinentaleuropas stilisiert wurde. Es fand ab den 1840er Jahren auch in Deutschland weitere Verbreitung und ist so zählebig, daß noch in Meyers Konversationslexikon von 1981 ohne jeglichen distanzierenden Kommentar darauf Bezug genommen wird.

Eng damit verbunden ist der Vorwurf der öffentlichen Heuchelei, des »cant«, als dessen Wurzel man meist den Puritanismus betrachtete. Ebenfalls in der Napoleonischen Zeit wurde das Schlagwort von der »nation boutiquière« geprägt, dem der deutsche Begriff »Krämervolk« – und das auch in England bekannte »nation of shopkeepers« – entspricht.[5]

Die Symbolfigur Englands ist »John Bull«. Entstanden 1712[6], war er zunächst eher gutgläubig, tollpatschig und unkultiviert, vor allem aber selbstsüchtig auf seinen eigenen Vorteil bedacht. Dieses Bild wurde immer negativer, und im »Berlinischen Kalender auf 1822« wurde John Bull mit »einer bösen dickleibigen alten Spinne«[7] verglichen.

England wurde schon früh als Erfinder des Liberalismus, Parlamentarismus und Kapitalismus und deren negativer Erscheinungen wahrgenommen, was Anknüpfungspunkte für konservative[8], aber auch linke Gesellschaftskritik bot, etwa wenn Heinrich Heine seine Abscheu gegen die »römische Wolfsgier« und die »Schlangenlist Karthagos« jener »Insel der Verdammnis, jenes steinkohlenqualmige, maschinenschnarrende, kirchengängerische England«[9]

4 Vgl. H. D. Schmidt, The Idea and Slogan of »Perfidious Albion«, in: Journal of the History of Ideas 14, 1953, S. 604 – 616.

5 Vgl. Georg Landauer, England. Eine Voruntersuchung, Wien 1915, S. 11.

6 Vgl. Wolfgang Michael, Das Urbild John Bulls, in: Historische Zeitschrift 100, 1908, S. 237 – 262.

7 Zit. nach Siegfrid Hartwagner, Der Kampf der deutschen Karikatur gegen England im Weltkriege 1914 – 1918, Phil. Diss., Berlin 1941, S. 113.

8 Vgl. Helgard Hoffmeister, Zur Beurteilung des englischen Parlamentarismus durch junkerlich-bourgeoise Ideologie nach 1871, in: Wissenschaftliche Zeitschrift der Humboldt-Universität, Gesellschaftswissenschaftliche Reihe 33, 1984, S. 289 – 295.

9 Vgl. H. Behrendsen, Heinrich Heine über England, in: Die Grenzboten 74, 1915, Heft 1, S. 57 – 61, Zitate S. 59 – 60; vgl. dazu Siegbert S. Prawer, Frankenstein's Island. England and the English in the Writings of Heinrich Heine, Cambridge 1986.

äußerte. Karl Marx' Kapitalismusanalyse orientierte sich an den Verhältnissen in England, ebenso diejenige Friedrich Engels'.[10]

In Meyers Konversationslexikon von 1889 finden sich unter dem Stichwort »Engländer« alle Nationalstereotypen der Zeit: »die Trunksucht [ist] noch immer ein Laster des gemeinen Volkes«, dem allerdings entschieden entgegengearbeitet werde. Und weiter: »Ein Freund der Leibesübungen und Wettkämpfe ist der Engländer unbedingt.« Auch über die tieferen Charaktereigenschaften wurde man sorgfältig unterrichtet: »Man hat dem Engländer oft Gemüt abgesprochen, aber gewiß mit Unrecht. Zurückhaltend, ja kalt beim ersten Begegnen, ist er wahrer und zuverlässiger Freundschaft fähig.« Die Bedeutung der Religion wurde im Meyer ebenfalls ausführlich gewürdigt:

»Ein religiöser frommer Sinn, der sich keineswegs in bloßen Äußerlichkeiten [...] offenbart, beeinflußt auch das gewöhnliche Leben und äußert sich in zahllosen Werken der Barmherzigkeit. Allerdings, wo persönliche Würde und Freiheitsliebe so hoch geachtet werden, da muß auch die Zahl der Heuchler eine große sein. Freilich hängen in einem handeltreibenden Land gar viele an materiellem Gewinn [...]«, doch fänden »auch höhere Bestrebungen« einen fruchtbaren Boden, z.B. in Wissenschaft und Literatur. Was schließlich den Nationalstolz der Briten und ihr Verhältnis zur Tradition anbelangt, wurde mitgeteilt: »Hoch entwickelt ist der Nationalstolz, der gar manchmal in Hochmut ausartet«, doch deckten die Engländer ihre eigenen Schwächen auch schonungslos selbst auf. »Bedachtsam in der Rede und nur ausnahmsweise durch Gefühle zu Gewaltthaten hingerissen, hält der Engländer fest an alten Gewohnheiten und Bräuchen.«

Von der Bewunderung zur Entfremdung

Am Beispiel Heinrich v. Treitschkes läßt sich die – nicht geradlinige, in der Tendenz aber deutliche – Entfremdung zwischen Deutschland und England in den bildungsbürgerlichen Kreisen nachzeichnen.[11] Treitschkes Abkehr vom Liberalismus nach 1870 spiegelte sich in seiner immer feindseliger werdenden Haltung zu England wider. 1859 äußerte er noch, es sei die Freiheit, »welche England zum seegewaltigen Albion gemacht und sein Volk geadelt und gestählt hat«[12], doch beklagte er schon früh den »finstere[n] Fanatismus der Gesellschaft, [die] mit jüdischer Härte auf der Feier des Sabbats«[13]

10 Vgl. Charles E. McClelland, The German Historians and England, Cambridge 1971, S. 118 – 130.

11 Zur Entwicklung vom 18. Jahrhundert bis zum »Ende der Anglophilie« um 1870 vgl. McClelland, Historians, S. 12 – 158, und Ernst Leipprand, Treitschkes Stellung zu England, Stuttgart 1928, S. 5 – 13; Christian Fälschle, Rivalität als Prinzip. Die englische Demokratie im Denken des wilhelminischen Deutschland 1900 – 1914, Frankfurt a.M. 1991, bietet keine neuen Erkenntnisse.

12 Preußische Jahrbücher 3, 1859, S. 114.

13 Heinrich v. Treitschke, Die Freiheit, 1861, in: ders., Aufsätze, Reden und Briefe, hrsg. v. Karl Martin Schiller, Bd. 2, Meersburg 1929, S. 27.

bestehe und Andersdenkende stigmatisiere. 1876 schrieb er, die Deutsche Nation habe »in ihrem eigenen Einheitskampfe die engherzig reaktionäre Gesinnung des heutigen Englands genugsam kennengelernt und läßt sich durch die abgestandenen Lobpreisungen der britischen Freiheit nicht mehr täuschen«.[14] 1884 schließlich hatte sich sein Denken bereits zu der Erwartung eines unvermeidlichen Krieges verdichtet: »Mit Österreich, mit Frankreich, mit Rußland haben wir bereits abgerechnet; die letzte Abrechnung mit England wird voraussichtlich die langwierigste und schwierigste sein.«[15] Besonders signifikant ist seine Ansicht, daß das auf seine Handelsmacht gegründete Britische Empire im Zeitalter der Nationalstaaten anachronistisch sei und dem lebenstüchtigeren deutschen Staatswesen die angemessene Stellung verweigere:

»In dem Jahrhundert der nationalen Staaten und der großen Volksheere läßt sich eine solche kosmopolitische Handelsmacht auf die Dauer nicht mehr behaupten; [...]« Zwar stecke noch immer viel Energie in der englischen Nation, aber: »Überreich und übersatt, verletzbar an hundert Stellen ihres weitzerstreuten Besitzes, fühlen die Briten, daß sie auf der weiten Welt nichts mehr zu wünschen und den jungen Kräften des Jahrhunderts nur noch die Machtmittel eines überwundenen Zeitalters entgegenzustellen haben [...].«[16] Die Angst um den Bestand des noch ungefestigten Nationalstaates, ein überspanntes Kraftgefühl bei gleichzeitiger Furcht, in der zukünftigen Entwicklung von England behindert zu werden, verwandelte die enttäuschte Englandliebe des ehemaligen Liberalen in Anglophobie. Treitschkes Ansichten fanden in den nationalen Kreisen weite Verbreitung. Heinrich Claß beispielsweise, langjähriger Vorsitzender des Alldeutschen Verbandes, nannte Treitschke den »Meister, der mein Leben bestimmte.«[17] Auch in den Schulbüchern des Kaiserreichs wich die anfängliche Bewunderung Englands und der Engländer einer kühleren, mehr die Rivalität beider Nationen betonenden Betrachtungsweise, ohne daß aber Feindschaft propagiert wurde.[18]

Politischer Antagonismus: Vom Vorbild zum Rivalen

Das deutsch-britische Verhältnis spitzte sich seit der Jahrhundertwende deutlich zu.[19] Der Burenkrieg 1899 bis 1902 gab in ganz Europa Anlaß zu heftiger antibritischer Polemik. Ein deutsches Beispiel von vielen: Das bri-

14 Deutschland und die orientalische Frage, 15. 12. 1876, in: ebd., Bd. 4, S. 372.
15 Die ersten Versuche deutscher Kolonialpolitik, 27. 10. 1884, in: ebd., S. 674.
16 Beide Zitate in: Die Türkei und die Großmächte, 20. 6. 1876, in: ebd., S. 326 – 327.
17 Heinrich Claß, Wider den Strom, Leipzig 1932, S. 15.
18 Vgl. Roland Schopf (Hrsg.), England und die Engländer in Schulbüchern des Kaiserreichs und der Weimarer Republik, Frankfurt a.M. 1990, hier S. 29 – 106.
19 Vgl. Paul M. Kennedy, The Rise of the Anglo-German Antagonism 1860 – 1914, London 1980, und Robert K. Massie, Die Schalen des Zorns. Großbritannien, Deutschland und das Heraufziehen des Ersten Weltkrieges, Frankfurt a.M. 1993.

tische Vorgehen gegen die Buren habe gezeigt, »daß der Grundzug der englischen Politik eine geradezu schamlose Selbstsucht ist, die [...] sich vielfach mit dem Mantel frömmelnder Heuchelei zu decken sucht und offen nur gegen Schwächere hervorzutreten wagt«.[20] Neben der aggressiven Wortwahl ist hier vor allem die kollektive, undifferenzierte Gleichsetzung des gesamten englischen Volkes mit der Politik seiner Regierung auffallend.

Als besondere Bedrohung des Britischen Empire mußte das große Flottenbauprogramm aufgefaßt werden, zumal die Agitation des Flottenvereins, der Alldeutschen usw. nicht dazu angetan war, die offiziellen Versicherungen, die neue Flotte sei rein defensiv, glaubhafter zu machen. Mochte der langjährige Marine-Staatssekretär und Antreiber der deutschen Flottenrüstung, Alfred v. Tirpitz, nach dem Krieg auch schreiben: »Der Plan einer deutschen Schlachtflotte ist noch ohne Gedanken an einen Krieg mit England gefaßt worden«[21]: In einem geheimen Memorandum hatte er 1897 unmißverständlich eine Flotte konzipiert, »die gegen England aufgebaut ist«[22].

Als 1904 bis 1907 die britisch-französischen bzw. britisch-russischen Verträge geschlossen wurden, galt England als heimlicher Drahtzieher der paranoid wahrgenommenen »Einkreisung« Deutschlands. So wurde ein Vorfall aus dem Jahre 1807, die ohne Kriegserklärung erfolgte Beschießung Kopenhagens und Entführung der dänischen durch die britische Flotte zu einem »Kopenhagen-Komplex« der deutschen politischen Führung, ein Menetekel für die im Aufbau befindliche eigene Flotte.[23]

Anhand der Zweiten Marokko-Krise im Herbst 1911, als Frankreich in seinem Widerstand gegen die deutschen Ambitionen auf Marokko von England unterstützt wurde, läßt sich sehr gut aufzeigen, daß »der englische ›Neid‹ auf das emporsteigende Deutschland [...] ein Grundzug im Englandbild des größten Teiles der bürgerlichen Presse«[24] war. England habe Deutschland verraten und sei »schlimmer geworden als der Erbfeind [Frankreich], und dies trotz der vielen deutschen Freundschaftsdienste«.[25] Diese Ohnmachtsgefühle führten dazu, »daß der Ingrimm [...] sich in erster Linie gegen dieses perfide Albion richtet [...]. Sind wir schon Besiegte, die sich dem Machtan-

20 Alldeutsche Blätter 9, Nr. 28, 9. 7. 1899, S. 225; zum Gesamtzusammenhang vgl. Ulrich Kröll, Die internationale Buren-Agitation 1899 – 1902. Haltung der Öffentlichkeit und Agitation zugunsten der Buren in Deutschland, Frankreich und den Niederlanden während des Burenkrieges, Münster 1973, bes. S. 67 – 81 u. 129 – 137.

21 Alfred v. Tirpitz, Erinnerungen, Leipzig 1919, S. 58.

22 Das geheime Memorandum ist abgedruckt bei Jonathan Steinberg, Yesterday's Deterrent. Tirpitz and the Birth of the German Battlefleet, London 1965, S. 208 – 223, Zitat S. 214.

23 Vgl. Jonathan Steinberg, The Copenhagen Complex, in: Journal of Contemporary History 1, 1966, S. 23 – 46.

24 Klaus Wernecke, Der Wille zur Weltgeltung. Außenpolitik und Öffentlichkeit im Kaiserreich am Vorabend des Ersten Weltkrieges, Düsseldorf 1970, S. 94.

25 Matthias Erzberger, Kühl bis zum Schluß, in: Allgemeine Rundschau Nr. 36, 9. 9. 1911.

spruch des Siegers zu fügen haben?«[26], denn die Bewunderung für England »ist doch nicht so groß, daß sie uns zu knechtischen Vasallen des Inselreiches machen kann«.[27] Besonders scharfe antibritische Töne kamen von rechtsaußen: Carl Peters, berüchtigter Kolonialpolitiker, beschrieb die City of London als »das große Saugorgan, durch welches fremde Völker ausgeplündert werden«, und stellte dem das Selbstbild »eines gesunden, fleißigen Volkstums wie des deutschen [...]«[28] gegenüber. Die Alldeutschen schließlich ließen Töne vernehmen, die drei Jahre später Allgemeingut werden sollten: England »ist unser Feind, den zu fassen unsere Pflicht, den zu hassen unser Recht ist. [...] Das Tischtuch freundlichen Verkehrs muß endlich zerschnitten sein zwischen dem selbstbewußten Deutschen Reich und dem perfiden England!!«[29] So verfestigte sich bei vielen die Erwartung eines unausweichlichen Endkampfes um die Weltherrschaft zwischen Großbritannien und Deutschland, der in zahlreichen Publikationen gefordert und ausgemalt wurde.[30]

Doch auch die Hoffnung, daß es doch gelingen könne, mit den »stammverwandten Vettern« zu einem Ausgleich zu kommen, war weiterhin vorhanden. Manche Liberale wie Max Weber hofften, Deutschland könne sich England in den innenpolitischen Verhältnissen annähern und durch diese Gesellschaftsmodernisierung Kräfte für die imperialistische Expansion freisetzen.[31]

Diese divergierenden, Haßliebe zu nennenden Tendenzen bündelten sich förmlich in der Person Wilhelms II. Seine Bewunderung alles Britischen und die dynastischen Bindungen einerseits, die zum Konflikt treibende Herausforderung Englands durch die Flottenrüstung – sein ureigenstes Herzensanliegen – andererseits, waren jedenfalls kaum in einer Person zu vereinen. Wie sehr England das unerreichbare – und gerade darum immer wieder mit Haßausbrüchen verfolgte – Vorbild war, zeigt eine Äußerung Philipp Eulenburgs, eines der engsten Vertrauten Wilhelms: »Es klingt scheußlich für ein deutsches Ohr, wenn ich sage, der Deutsche Kaiser ist überhaupt kein Deutscher, sondern genaugenommen Engländer.«[32]

Für die Vorkriegszeit läßt sich somit ein sehr ambivalentes, zwischen Bewunderung, Neid und Haß oszillierendes deutsches Englandbild feststellen, in dem bereits ein breites Bündel negativer stereotyper Wahrnehmungsmuster ausgebildet worden war. Eckart Kehr deutete die wachsende deutsch-britische

26 Leipziger Neueste Nachrichten, zit. nach: Deutsche Tageszeitung, Nr. 442, 1. 9. 1911.

27 Deutsche Tageszeitung, Nr. 456, 8. 9. 1911.

28 Schluß der Vorstellung, in: Der Tag, Nr. 292, 13. 12. 1911; Wilhelms II. Randbemerkung dazu: »richtig!«, vgl. Kennedy, Antagonism, Anm. 41, S. 525.

29 Alldeutsche Blätter, 21, Nr. 31, 9. 9. 1911, S. 299.

30 Einige dieser Schriften sind nachgedruckt in: Seeds of Conflict. The Prelude to War with England, 3. Bde., Nendeln 1976.

31 Zu Weber vgl. Willy Schenk, Die deutsch-englische Rivalität vor dem ersten Weltkrieg in der Sicht deutscher Historiker, Aarau 1967, S. 19 – 23.

32 Zit. nach Harold James, Deutsche Identität 1770 – 1990, Frankfurt a.M. 1991, S. 36 – 37.

Rivalität »klassisch« sozialimperialistisch, indem er die Englandfeindschaft als das Ventil bezeichnete, »das gezogen wurde, um den aufeinander prallenden Kräften der Industrie und der Landwirtschaft einen außenpolitischen Ausweg zu ermöglichen [...]«.[33] Dieser Ansatz hat aber nur wenig Erklärungskraft, wenn man nach den tieferen Gründen für die extreme Fixierung der deutschen politischen Führung und bürgerlich-nationalistischen Öffentlichkeit auf den Rivalen England fragt. Die Bilder des »englischen Neids« auf das aufstrebende, kraftvolle Deutschland – eine Projektion des eigenen Neides der zu spät gekommenen Nation auf die saturierte Weltmacht – und der von England vorangetriebenen Einkreisung Deutschlands – eine Bedrohung der eigenen imperialistischen Expansion – hatten sich zu kollektiven Wahnvorstellungen verdichtet. Kaum schien mit der Gründung des deutschen Nationalstaates das jahrhundertealte Trauma preußisch-deutscher Geschichte, die Ohnmacht gegenüber der Intervention ausländischer Mächte, überwunden, wiederholte sich scheinbar diese demütigende Situation. Es war wie der Wettlauf zwischen Hase und Igel: Wo auch immer auf der Welt die Deutschen ankamen, scholl ihnen das »Ich bin schon da!« der Engländer entgegen. Als England am 4. August 1914 Deutschland den Krieg erklärte, schien es bewiesen: »Der Engländer« war treulos, verschlagen, perfide.

III. Von der Russlandfeindschaft zum Englandhaß

Propagandistisch begründet wurde der Krieg primär als Verteidigungskrieg gegen das »zaristisch-despotische« Rußland, um die Zustimmung der Liberalen und vor allem der SPD für den Krieg zu erlangen.[34] Als die Hoffnung zerplatzte, England neutral halten zu können, brachen dann aber antibritische Emotionen in bis dahin ungekannter Heftigkeit aus. Nach Bekanntwerden der britischen Kriegserklärung »bemächtigte sich der Menge [vor der britischen Botschaft in Berlin] gerechte Empörung. [...] Ein elementarer Ausbruch der Entrüstung folgte«.[35] Auch Wilhelm II. ließ seinem Haß auf das »perfide Albion« freien Lauf und urteilte vernichtend über die Bemühungen um einen Ausgleich mit Großbritannien: »und da hat es Leute gegeben, [...] die geglaubt haben, man könne England gewinnen oder beruhigen!!!«[36]

33 Eckart Kehr, Englandhaß und Weltpolitik [1928], in: ders., Der Primat der Innenpolitik, hrsg. v. Hans-Ulrich Wehler, Berlin 1965, S. 149 – 175, Zitat S. 170.

34 Die Ideologisierung machtpolitischer Auseinandersetzungen als Kampf gegen Tyrannei, Barbarei, Händlergesinnung usw. ist keine Erfindung der Neuzeit, wie Eric Carlton, War and Ideology, London 1990, u.a. an den Beispielen Athen, Sparta, Rom und Karthago zeigt.

35 Vossische Zeitung, Nr. 392 (Morgenausgabe), 5. 8. 1914.

36 Zit. nach Fritz Fischer, Der Griff nach der Weltmacht. Die Kriegszielpolitik des kaiserlichen Deutschland 1914/1918, Düsseldorf 1964[3], S. 99; das zielte wohl u.a. auf den Reichskanzler Bethmann Hollweg.

Wie besonders einschneidend gerade der angebliche englische Verrat empfunden wurde – oft verbunden mit einer relativ »nachsichtigen« Behandlung der anderen Kriegsgegner –, betonte ebenso die rasch einsetzende Agitationsliteratur:

»*Der Franzmann* [...] suchte nach Erneuerung für den brüchig gewordenen Schlachtruhm, [...] das verstand man bis zu einem gewissen Grad, da war ein offener Feind – er mochte kommen. *Der Russe?* [...] Der deutsche Zorn galt dem wortbrüchigen Zarismus, nicht dem blind geschobenen russischen Volke. Aber an jenem denkwürdigen Abend, als *Englands* Kriegserklärung bekannt wurde, da ging ein Riß durch die deutsche Seele, da starrte das deutsche Volk mit ungläubigem Entsetzen auf das Ungeheuerliche dieses Bluts- und Kulturverrats [...]. Damals wurde in dem deutschen Volksherzen [...] etwas geboren, was ihm bisher fremd war, dessen es vielleicht bedurfte als der letzten Stählung und Härtung, um seine Weltmission erfüllen zu können: *Der glühende bittere Haß gegen England!*«[37]

Mit solchen Worten wurde zu begründen versucht, warum der Krieg primär eben nicht gegen Rußland, sondern gegen Frankreich und England geführt wurde. In der Kriegspropaganda spielte daher die Auseinandersetzung mit England eine herausragende Rolle. Im »Deutschen Bücherverzeichnis« für 1914 bzw. 1915 – 1920 sind unter der Rubrik »Deutschlands Feinde« mit Abstand am meisten antienglische Titel erfaßt. Ebenso hatten in den Satirezeitungen »Simplicissimus«, »Kladderadatsch« und den »Lustigen Blättern« mehr als doppelt soviele Karikaturen England zum Thema wie Frankreich, besonders im Herbst 1914 und später immer dann, wenn die Frage des unbeschränkten U-Bootkrieges aktuell wurde.[38]

Auch die Lyriker stellten sich rasch auf den neuen Todfeind ein. Das bekannteste dieser Elaborate ist Ernst Lissauers »Haßgesang gegen England«:

»Wir haben nur einen einzigen Feind: /Den ihr alle wißt, den ihr alle wißt,/ Er sitzt geduckt hinter der grauen Flut,/Voll Neid, voll Wut, voll Schläue, voll List,/Durch Wasser getrennt, die sind dicker als Blut./[...]/Drosselnder Haß von siebzig Millionen,/Sie lieben vereint, sie hassen vereint,/Sie haben alle nur einen Feind:/England.«[39]

Der »Haßgesang«, über den gesagt wurde, daß er »von verschmähter Liebe«[40] triefe, ist ein Beispiel dafür, wie die Mitglieder einer nicht voll von der Mehrheitsgesellschaft akzeptierten Minderheit gerade in Kriegszeiten oft versuchen, sich durch betont nationalistisches Auftreten des Stigmas nationaler Illoyalität zu entledigen. Lissauer war Jude, und so wurde sein »Haßgesang«

37 Alfred Geiser, Das perfide Albion, Bielefeld [1915], S. 1 – 2, Hervorhebung original.
38 Vgl. Hartwagner, Kampf, S. 161 – 163.
39 Ernst Lissauer, Worte in die Zeit, Berlin 1914.
40 Berthold Otto, Mammonismus, Militarismus, Krieg und Frieden, Berlin 1918, S. 122.

im Zweiten Weltkrieg nicht mehr verwandt. An seine Stelle trat das ebenfalls 1914 von Hermann Löns gedichtete »Denn wir fahren gegen Engeland«.

Nicht nur die Dichter, auch unzählige andere Deutsche fühlten sich dazu aufgerufen, all ihre lyrischen Fähigkeiten aufzubieten, um mit der Heftigkeit ihres Hasses ihre patriotische Tugendhaftigkeit zu beweisen. Ein Jörg Ritzel reimte unter dem Titel »Der große Fluch«:

»Genug des Wahnes und der irren Bande,/Die Stamm an Stamm und Blut an Blut gereiht!/Die Sachsenerde zittert ob der Schande,/Gedenkt des Namens sie, der sie entweiht!//[...]//Ein Völkerfluch wird wuchern er auf Erden,/ Solang der Name England wird genannt!/Dann wird auch endlich Dir der Friede werden,/Mein vielgeprüftes deutsches Vaterland.«[41]

Pastor Bernhard Lösche beschrieb den Krieg gar als Weltgericht:

»Mit Blut wird in das Buch der Weltgeschichte/Geschrieben euer Greuel ew'ger Fluch./Um Rache schreit zu Gott im Weltgerichte/Zerstampfter Länder Brand- und Mordgeruch!/Für Recht und Ehre wird vom deutschen Volk gestritten/Im heil'gen Kriege. Gott mit uns! Weh euch, ihr Britten [sic!]!«[42]

Ein K.A.W. schließlich übertraf selbst Lissauers Haßausbruch noch:

»An Grey. ›Krieg ohne Haß‹ hat Grey uns angesagt,/›Krieg ohne Haß‹, wer kann dieses Wort begreifen?/Denn wer da Kriege führt, will Menschen töten,/ Und wer auf Erden tötet ohne Haß,/Wenn er kein gottverfluchter Mörder ist?/Und solchen Krieg hat Edward Grey ersonnen/In schnöder Habsucht mörderischem Geist,/Und hat die Meute auf uns losgelassen./[...]/Krieg ohne Haß, o grauenhaftes Wort,/Von einer Krämerseele ausgeheckt,/Vom echten Sohn des entmenschten Volks:/Du willst nicht hassen, Grey? Wir aber wollen's/[...]/Hör an! Dich wird der deutsche Haß verfolgen,/Dich Bluthund, Völkermörder, Jugendschlächter [...].«[43]

Hier fällt die in dieser Exzessivität neue Verwendung dehumanisierender Vokabeln auf, doch gab es auch Gegenstimmen wie Friedrich Ulmers Gedicht »Haß«:

»Man sagt mir, Deutscher, hasse, hasse,/[...]/Halt still, du Herz! Dein deutsches Wesen,/Dein tiefster Urgrund ist das nicht,/Der Haß ist Tod und kein Genesen,/Ist einer Hölle Schwergewicht./Die vielen gramdurchfurchten

41 Überall. Illustrierte Zeitschrift für Armee und Marine (vulgo: »Flottenzeitung«) 17, Nr. 5, Februar 1915, S. 289; vgl. auch Hans Joachim Lang, England als Erzfeind in der deutschen Kriegsdichtung 1914 – 1915, in: Franz Karl Stanzel/Martin Löschnigg (Hrsg.), Intimate Enemies. English and German Literary Reactions to the Great War 1914 – 1918, Heidelberg 1993, S. 201 – 221.

42 Bernhard Lösche, Du stolzes England – schäme dich! Leipzig 1914, S. 24; vgl. auch Klaus Vondung, Geschichte als Weltgericht. Genesis und Degradation einer Symbolik, in: ders. (Hrsg.), Kriegserlebnis. Der Erste Weltkrieg in der literarischen Gestaltung und symbolischen Deutung der Nationen, Göttingen 1980, S. 62 – 84, und Arlie J. Hoover, God, Germany and Britain. A Study in Clerical Nationalism, New York 1989, bes. S. 51 – 65.

43 Zit. nach Immanuel Genähr, Die Kriegsseelenkunde der Engländer und anderes. Vaterländische Herzenserleichterungen, Gütersloh 1917, S. 155 – 156.

Wangen,/Und sei es selbst in Englands Reich,/Die Augen, die voll Tränen hangen,/Schmerzstarr der Blick und wund und bleich...«[44]

Ein beliebter Ansatzpunkt für die antibritische Propaganda war die plötzlich erwachte Entrüstung über »Englands Verbrechen am katholischen Irland«[45], die schließlich zur Gründung der »Deutsch-Irischen Gesellschaft« führte, die auch über ein eigenes Publikationsorgan verfügte, die »Irischen Blätter«. Dabei war Irland nur »ein opportunes Instrument deutscher Englandpolitik gewesen, beziehungsweise das Objekt der gegen England gerichteten persönlichen Abrechnung einiger politisch engagierter Wissenschaftler und Schriftsteller«.[46]

Auch das neue Medium Film wurde in den Dienst der geistigen Mobilmachung genommen. So erfüllten in einem »Film zwei gegen England gerichtete Situationen vollkommen dies gewünschte Ziel, wie es aus Zurufen und Bemerkungen des fast durchweg gebildeten Wiesbadener Kurpublikums deutlich hervorging.«[47] Bildung allein, so zeigt sich hier einmal mehr, schützt nicht vor der Anfälligkeit für grobschlächtige Propaganda.

Als nach über zwei Jahren noch immer kein Frieden in Aussicht stand und sich die Stimmung besonders in der Arbeiterschaft drastisch verschlechterte, versuchten die militärischen Heimatbehörden, dem entgegenzuwirken. Die Wirtschafts- und Ernährungsprobleme wurden in sozialimperialistischer Manier auf den Kriegsgegner England projiziert und der Krieg zum antikapitalistischen Kreuzzug stilisiert. Das Kriegspresseamt produzierte zahlreiche Broschüren, die zeigen sollten, daß »der Krieg ein Kampf des angelsächsischen Kapitals gegen das deutsche Volk ist«.[48] Im »Vaterländischen Unterricht« versuchte man, den Soldaten die Ursachen und tiefere Bedeutung des Krieges mit Hilfe einer für Feindbilddenken typischen Verschwörungstheorie aufzuzeigen: Aus wirtschaftlichem Neid heraus »wußte England Frankreichs Revanchelust und Rußlands Ausdehnungsbestrebungen so geschickt den von

44 Zit. nach ebd., S. 58 – 59.

45 Vgl. z.B. Franz Meffert, Englands Verbrechen am katholischen Irland. Eine apologetische Studie, Mönchengladbach 1917.

46 Hans-Dieter Kluge, Irland in der deutschen Geschichtswissenschaft, Politik und Propaganda vor 1914 und im Ersten Weltkrieg, Frankfurt a.M. 1985, S. 313; vgl. auch Gerhard Loh, Irland in der Berichterstattung deutscher Tageszeitungen 1914 – 1918, 2 Bde., Frankfurt a.M. 1987.

47 »Der Film als politisches und wirtschaftliches Werbemittel«, Bericht eines Hauptmanns Herzog, Referent im Preußischen Kriegsministerium, Januar 1917, Sächsisches Hauptstaatsarchiv Dresden – Kriegsarchiv, 23918, Bl. 3 – 7, Zitat Bl. 4.

48 Anonymus, Der Krieg des englischen Kapitals gegen die deutsche Arbeiterschaft, gedruckt im Kriegspresseamt, Berlin [1917], S. 3, Bundesarchiv-Militärarchiv Freiburg, PHD 7/186; vgl. allgemein Gunther Mai, »Aufklärung der Bevölkerung« und »Vaterländischer Unterricht« in Württemberg 1914 – 1918. Struktur, Durchführung und Inhalte der deutschen Inlandspropaganda im Ersten Weltkrieg, in: Zeitschrift für Württembergische Landesgeschichte 36, 1977, S. 199 – 235, bes. S. 222 – 229.

ihm eingeleiteten Einkreisungsplänen einzufügen, daß eine zielbewußte Kriegsverschwörung daraus wurde«.[49]

Unter den Soldaten der Westfront war gleich zu Kriegsbeginn ein neuer Gruß entstanden und populär geworden, »Gott strafe England!«, worauf zu erwidern war: »Er strafe es!«[50] Dieser Fluch verbreitete sich dann schnell auch in der Heimat, wo er auch auf Kriegspostkarten gedruckt wurde. Wie eine Paraphrase des »Haßgesanges« mutet dann auch dieses auf die Melodie der »Marseillaise« zu singende Soldatenlied an:

»Ob uns auch Weltenmeere trennen,/Für unsern Haß ist nichts zu weit./ In euch wir unsern Feind erkennen,/: Der gegen uns zu aller Zeit:/Denn nimmer mehr lacht uns der Frieden,/Bevor wir England nicht besiegt,/Bevor der deutschen Kraft erliegt/Das Krämervolk der eitlen Briten./Nicht scheuen wir den Feind,/Gefahr ist's, die uns eint./Und nur ein Ziel ist uns bekannt:/ Wir kommen, Engeland!«[51]

Hier ist es deutlich ausgesprochen: der Feind ist notwendig, um die *eigene* Gruppe zu konstituieren. Mit dem »Feind« selbst hat das Feindbild höchstens sekundär zu tun.

Die antibritischen Stereotypen waren auch bei der militärischen Führung weit verbreitet. Der deutsche Generalstabschef Erich v. Falkenhayn galt an sich als sachlich-kühl. Beim Thema England wurde aber auch seine Wortwahl merklich erregter, als er Ende 1915 schrieb: England sei zu großen Opfern bereit, um »die dauernde Ausschaltung des ihm am gefährlichsten erscheinenden Nebenbuhlers zu erreichen. [...] Schonung hat Deutschland von diesem Gegner nicht zu erwarten [...]«.[52] Der zum Nationalheros hochstilisierte Generalstabschef und spätere Reichspräsident der Weimarer Republik, Paul v. Hindenburg, ließ gar soldatisch-derb und noch völlig unstaatsmännisch verlauten: »1866 war ein Zweikampf zwischen zwei Kavalieren, 1870/71 waren wir gezwungen, einen ungezogenen Straßenjungen zu züchtigen, heute aber müssen wir einen Schuft niederschlagen.«[53]

Einige gingen schließlich so weit, die »rassische Wertigkeit« des »stammverwandten germanischen Volkes« in Zweifel zu ziehen. Indem dargelegt wurde, daß die »germanischen Elemente« bei den Briten durch »fremdrassige« derart überlagert worden seien, daß nur noch die Deutschen als echte Germanen

49 Aus den »Richtlinien für den Vaterländischen Unterricht« im XIX. Armeekorps (Sachsen), 15. 12. 1917, zit. nach Wilhelm Deist (Hrsg.), Militär und Innenpolitik, Bd. 2, Düsseldorf 1970, Dok. 345, S. 890 – 891.

50 Vgl. »Alldeutsche Blätter« 24, Nr. 50, 12. 12. 1914, S. 436 – 437.

51 Zit. nach Winfried Elbers, Das deutsche Soldatenlied im 1. Weltkrieg und seine publizistische Bedeutung, Phil. Diss., Münster 1963, S. 84.

52 Erich von Falkenhayn, Die Oberste Heeresleitung 1914 bis 1916 in ihren wichtigsten Entschließungen, Berlin 1920, S. 177.

53 Alldeutsche Blätter 26, Nr. 46, 11. 11. 1916, S. 436; Hindenburg war am 29. 8. 1916 Falkenhayns Nachfolger geworden.

gelten könnten, war alles geklärt: »Die wahre Ursache dieses Krieges ist die denkbar ursprünglichste, der allgemeine Rassenhaß gegen den Germanen, die *Rassenverschwörung*.«[54] In einer vom rassistisch-sozialdarwinistischen Denken geprägten Gesellschaft konnte damit endgültig die letzte romantisch-sentimentale Bindung zu dem »Krämervolk« gekappt, die Verschwörungstheorie der »Einkreisung« auf die Spitze getrieben und der eigene Auserwähltheitsanspruch neu fundiert werden. Doch auch ohne explizit rassistische Begründung wurde die Ebenbürtigkeit der englischen »Lügenbrut« bisweilen bestritten.[55] Dies blieben aber seltene Ausnahmen. Auch die angesichts der antikapitalistischen, antiliberalen, antimodernistischen Stereotypen naheliegende Verbindung des »Feindes« England mit antisemitischen Topoi kam im Ersten Weltkrieg kaum vor. Die »Irischen Blätter« berichteten allerdings über angebliche Pläne Cromwells, »Irland von seinen alten Einwohnern [...] zu ›säubern‹ und es alsdann, man schmeckt den Puritaner – mit Juden zu kolonisieren«.[56] Treitschkes Gedanken erwiesen sich einmal mehr als langlebig.

Solche Haßausbrüche trübten das Deutschlandbild im Ausland weiter und boten der britischen Propaganda einen idealen Ansatzpunkt. Lissauers »Haßgesang« wurde ins Englische übersetzt und in den USA verbreitet.[57] Zusammen mit dem Gruß »Gott strafe England!« war er auch ein Lieblingssujet britischer Karikaturisten.

In Deutschland selbst scheint die Wirkung der Feindpropaganda begrenzt gewesen zu sein. In der Mehrzahl der Soldatenlieder war die Charakterisierung der »Feinde« eher humorvoll-überlegen als aggressiv. Nicht die gegnerischen Soldaten wurden darin als die eigentlichen Feinde angesehen, sondern deren Politiker und Militärs.[58] An vielen Frontabschnitten bildete sich ein *live and let live-system* heraus, das bis zu gegenseitigen Besuchen im

54 Alldeutsche Blätter 24, Nr. 36, 5. 9. 1914, S. 330, Hervorhebung original; vgl. auch Lorenz Morsbach, England und die englische Gefahr, Berlin 1917, S. 8 – 9, und ein Prof. Engel in den Leipziger Neuesten Nachrichten, 26. 8. 1914, abgedruckt bei Lösche, England, S. 4, sowie Hermann Muchau, Namens- und Stammesverwandtschaft der alten Iren (Manapier) mit den Germanen am Niederrhein, in: Irische Blätter 1, Nr. 3, Juni 1917, S. 163 – 185, u. Nr. 4, Juli 1917, S. 266 – 272, bes. S. 165.

55 Vgl. Carl Kahle, »Denn wir fahren gegen Engeland!«, in: Niedersachsen 22, 1916 – 1917, Nr. 8, 15. 1. 1917, S. 115 – 116.

56 Ernst Schultze, Die Greuel der englischen Aushungerungskriege in Irland, in: Irische Blätter 1, Nr. 2, Mai 1917, S. 107 – 130, Zitat S. 117.

57 Z.B. in der New York Times vom 29. 10. 1914, gedruckt unter dem Titel: The German Hymn of Hate, London 1914; zum »Feindbild Deutscher« vgl. K. Joy Melhuish, Deutschland und der deutsche Feind in den Augen der Briten und Franzosen 1914 – 1916, in: Bernd Hüppauf (Hrsg.), Ansichten vom Krieg, Königstein 1984, S. 155 – 176; zum teilweise heftigen Deutschenhaß in England vgl. Panikos Panayi, The Enemy in our Midst. Germans in Britain during the First World War, New York 1991, bes. S. 153 – 279.

58 Reinhard Olt, Krieg und Sprache. Untersuchungen zu deutschen Soldatenliedern des Ersten Weltkrieges, Bd. 1, Gießen 1981, S. 128 – 129.

Aus: Hans Weigel u.a., Jeder Schuss ein Russ, jeder Stoss ein Franzos. Literarische und Graphische Kriegspropaganda in Deutschland und Österreich 1914 – 1918, Wien 1983, S. 116.

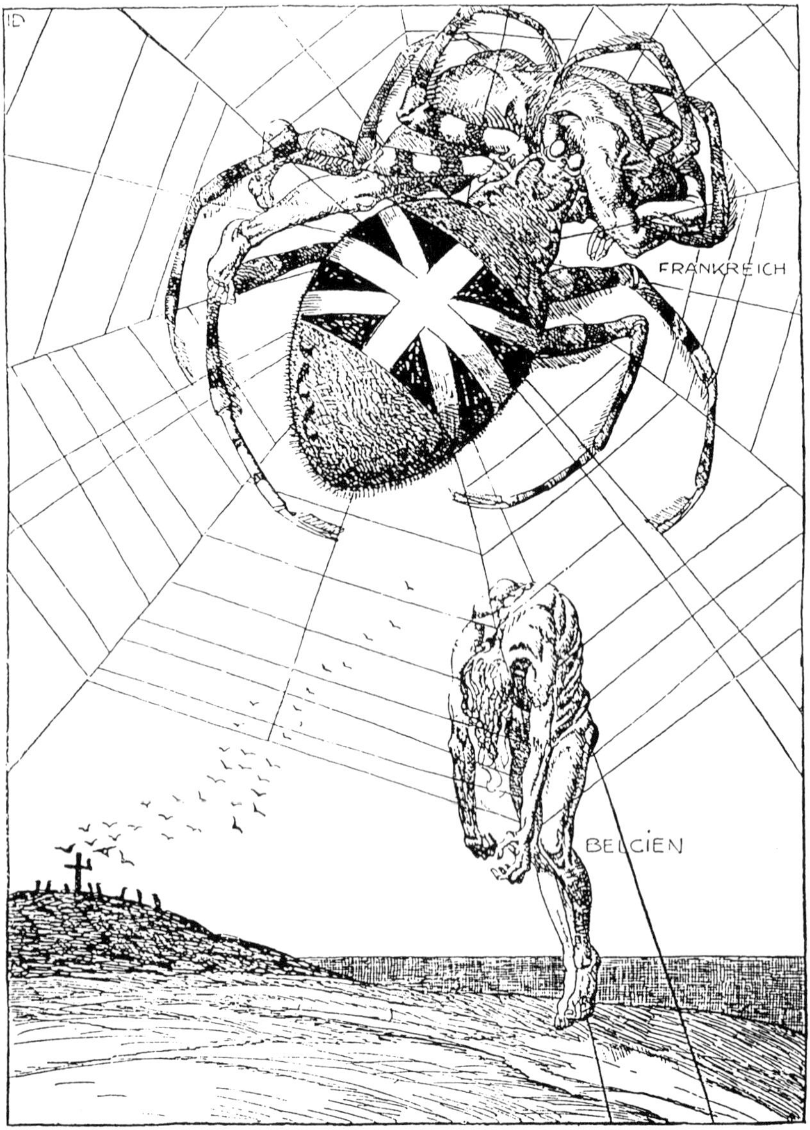

Die englische Spinne. Zeichnung von Julius Diez (München)
aus der Münchner „Jugend“,
aus: Alfred Geiser, Das perfide Albion, Bielefeld [1915].

Schützengraben und informellen »Waffenruhen« führte.[59] Die wütende, quasi-offizielle Englandhetze fand auch bald Widerspruch. So schrieb Georg Landauer, Kriegsfreiwilliger und später ein bedeutender Zionist, daß die meisten Deutschen »den undeutschen Lissauerschen Haßgesang längst abgelehnt haben, der zu Kriegsbeginn im ersten Entrüstungssturme [...] sich eine trügerische und darum vergängliche Volkstümlichkeit erhaschen konnte. [...] Diese Entrüstung ist gerecht, gesund und des Deutschen würdig; der Gruß aber: ›Gott strafe England. Er strafe es!‹ hat sie krankhaft entstellt«.[60]

IV. Das Feindbild in den Propagandaschriften deutscher Professoren

Haßliebe

Nahezu alle Kriegsschriften deutscher Professoren betonten, daß England der Hauptgegner im Krieg sei.[61] Diese Literatur ist ermüdend eintönig, zumeist wurden die alten Stereotypen aufgewärmt und radikalisiert. Mochten viele Autoren ihrem Haß aber auch noch so exzessiv freien Lauf lassen, zu einem wirklichen Feindbild hat es sich nur bei wenigen verdichtet.[62] Schon am Anfang mancher Schriften stehen Sätze, die schlecht in das Bild ungezügelten Englandhasses passen:

»Die Geschichte wird dereinst zu entscheiden haben, wer [...] das Recht auf den Anspruch besessen hat, das Schwert im Namen und zur Verteidigung der Kultur zu führen, wir oder die anderen. [...] wir können schließlich nur sagen, worin wir das Abweichende seiner Art finden. Zu entscheiden, welche Art die höhere sei, wer mehr ›Kultur‹ oder mehr ›Zivilisation‹ besitze, das mag einer ruhigeren Zukunft überlassen bleiben.«[63]

Auch Gustav Manz mahnte, das ungeheure Anklagematerial gegen England »sollte nicht dazu führen, uns selbst oder andere in die flackernde Fieberglut der Haßgesangslyrik hineinzuhetzen«.[64] Es ist der Versuch, einen Rest an Objektivität zu bewahren, den Gegner von heute nicht als den ewigen, unveränderlichen und daher nur zu vernichtenden Feind darzustellen. Einerseits bewegen sich auch diese Autoren in den engen Bahnen der tradierten antibritischen Stereotypen, andererseits versuchen sie doch zu differenzieren.

59 Vgl. dazu Tony Ashworth, Trench Warfare 1914 – 1918. The Live and Let Live System, London 1980.

60 Georg Landauer, Der Verruf des Fremden, Wien 1916, S. 84 – 86.

61 Vgl. Klaus Schwabe, Wissenschaft und Kriegsmoral, Göttingen 1969, S. 290.

62 Zur Schulbuchliteratur bilanzierend Schopf (Hrsg.), England, S. 107 – 110.

63 Max Frischeisen-Köhler, Das englische Volk und die Kultur, in: Das englische Gesicht. England in Kultur, Wirtschaft und Geschichte, Berlin 1915, S. 11 – 57, Zitat S. 13 – 14.

64 Das Englandbuch der Täglichen Rundschau, Berlin 1915, S. XV – XVI.

Kein Autor unterläßt es, die bittere Enttäuschung über den englischen »Verrat« zu betonen. Natürlich ist England der Hauptschuldige am Krieg, doch wird oft unterschieden zwischen dem englischen Volk und der Regierung: »der Imperialismus und die ihm persönlich und finanziell sehr nahestehende Hochfinanz haben den Krieg gemacht; er war kein Krieg des englischen Volkes«[65], und gegen diese Politik »hat sich aber dauernd auch in England selbst eine starke Opposition gerichtet«.[66] Hermann Oncken trennte sogar säuberlich deutschfreundliche von deutschfeindlichen Kabinettsmitgliedern.[67]

Es galt auch als eine ausgemachte Sache, daß England allein aus niederer »Krämergesinnung« heraus am Krieg teilnehme: »Nicht die Leidenschaft, wie in Frankreich, nicht mystische Träume, wie in Rußland, die nüchterne politische Berechnung hat den Gegner [England] ins Feld geführt.«[68] Während Leidenschaft und mystische Träume als handlungsleitende Motive akzeptiert werden, gilt dies nicht für die als Auswuchs des »Krämerdenkens« diffamierte nüchterne Berechnung, in letzter Konsequenz eine Absage an rationales politisches Handeln. Oft wurde aber der englischen Politik positiv angerechnet, daß sie »zwar immer rücksichtslos und selbstisch, aber auch immer klar und vernünftig gewesen«[69] sei.

Dem Kriegseintritt aus niederen Motiven entspricht im Lichte dieser Propagandaschriften die unfaire Kampfesweise der Engländer, die angeblich »die gelbe Rasse« gegen Deutschland hetzen und nicht ehrlich mit Kanonen, sondern heimtückisch mit dem »Gift der Lüge«[70] kämpfen. Der Vorwurf, außereuropäische, d.h. »minderwertige« Völker gegen Deutschland zu hetzen, traf in ähnlicher Weise Rußland, als »halbasiatisch« diffamiert, und Frankreich wegen des Einsatzes afrikanischer Kolonialtruppen; ein Ausfluß eines ganz selbstverständlichen, unreflektierten rassistischen Denkens.

Daß die offizielle englische Politik grundsätzlich unehrlichen Charakters gewesen sei, war Allgemeingut. Doch differenzierte etwa Wilhelm Dibelius, wenn er schrieb, daß die britischen Verständigungsversuche mit Deutschland vor 1914 keineswegs nur Heuchelei gewesen seien, denn »kein Krieg und keine häßliche Haltung der offiziellen englischen Politik gibt uns das Recht, den ehrlichen Idealismus englischer Privatpersonen zu verdächtigen«.[71] Diese Unterscheidung von privater Ehrlichkeit und öffentlicher Heuchelei ist freilich der Grundtenor aller Schriften; der Vorwurf der Unsittlichkeit solle

65 Wilhelm Dibelius, England und wir, Hamburg 1914, S. 9.

66 Ebd., S. 8.

67 Vgl. Hermann Oncken, Deutschland oder England, München 1914, S. 4 – 7.

68 Klaus Rathgen, Deutschland, die Weltmächte und der Krieg, Hamburg 1914, S. 14.

69 Otto Seeck, Katechismus des Weltkrieges. 39 zeitgemäße Fragen, nach bestem Wissen und Gewissen beantwortet, Münster 1917, S. 70.

70 Beide Zitate: Dibelius, England, S. 5.

71 Ebd., S. 8.

»nicht den einzelnen Engländer treffen, der [...] einen der höchststehenden sittlichen Type darstellt, die sich denken lassen; nur die immer wieder durchbrechenden Voraussetzungen alles insularen politischen Denkens, die so sehr zur nationalen Eigenart geworden sind, daß auch der Einzelne nicht anders kann«.[72]

Manchmal wird eine leichtfertige Verallgemeinerung von Einzelbeobachtungen auf ein ganzes Volk abgelehnt: »Natürlich sind allgemeine Urteile über den Charakter verschiedener Völker immer gewagt und nur mit Einschränkungen zutreffend«, um genau dies dann aber doch zu tun: »Aber vielleicht ist das gerade dem englischen Volk gegenüber noch am ehesten möglich, und daß es möglich ist, ist schon ein bezeichnender Zug.«[73] Diese scheinbar ruhige, sachliche und abwägende Argumentation war sichtlich an ein bürgerliches, liberales Publikum gerichtet, das sich mit grobschlächtigen Haßausbrüchen nicht identifizieren wollte. Trotz stereotyper Wahrnehmung ist zumindest das Bemühen um gerechte Beurteilung feststellbar: »Was wir als innere Unwahrhaftigkeit zu leicht nur auffassen, bildet für das englische Bewußtsein, das nicht das Bedürfnis nach innerer, organischer Einheitlichkeit kennt, vielfach gar keinen Konflikt.«[74]

Auch ein anderer Vorwurf taucht immer wieder auf: »Auf allen Gebieten des Lebens tritt uns in England das *Massenhaftige*, Kompakte und Undifferenzierte dieses Volkes entgegen, [...] die Freude am Wilden, Lauten, ins Auge fallenden, am derben Sport, am geräuschvollen Vergnügen. Die Instinkte des Volkes sind die Instinkte der Masse.«[75] Hier werden offensichtlich die Ängste des Bürgertums, in der modernen Massengesellschaft seine kulturelle und soziale Identität zu verlieren, nach außen projiziert, einhergehend mit der identitätsstiftenden Versicherung, daß in Deutschland die Individualität des Einzelmenschen gewahrt bleibe.

Als Quintessenz aller Betrachtungen des »britischen Wesens« liest man häufig Sätze wie diesen: »Immer wieder vermissen wir eine gewisse Innerlichkeit und selbstlose Hingabe an das Ideal. Wir dürfen aber nicht vergessen, daß dieses Manko die Schattenseite sehr bedeutender Fähigkeiten und Leistungen auf anderen Gebieten ist. Das englische Recht, die englische Selbstverwaltung, die englische Kolonisierung sind einzigartige Schöpfungen.«[76] Neben dem vielen Trennenden wurde eben doch auch immer wieder das Verbindende betont, meist unter dem Schlagwort der »stammverwandten germanischen Vettern«[77]. Und so wird dann die Hoffnung ausgesprochen, daß, sei erst ein-

72 Oncken, Deutschland, S. 13.
73 Beide Zitate Frischeisen-Köhler, Volk, S. 16.
74 Ebd., S. 19.
75 Dibelius, England, S. 16, Hervorhebung original.
76 Frischeisen-Köhler, Volk, S. 54 – 55.
77 Vgl. z.B. Dibelius, England, S. 24 – 25.

mal die »unerträgliche puritanische Anmaßung Englands«[78] gebrochen und Deutschland als gleichberechtigt anerkannt, sich wieder ein Ausgleich zwischen beiden Nationen werde finden lassen, so daß der Feind von heute nicht auch der Feind von morgen sein müsse, er sich vielmehr »positiv« weiterentwickeln könne und »das scheinbar fest erstarrte ›englische Gesicht‹ in Zukunft ein recht verändertes Aussehen gewinnen wird«.[79]

Einen Begriff inflationär zu gebrauchen, heißt, ihn zu entwerten. Daher wäre es nicht angebracht, bei diesen Beispielen von einem Feindbild zu sprechen. Mit dieser Feststellung sollen die zahlreichen, notorischen Englandhaß predigenden Schreiber keineswegs entschuldigt werden, doch propagierten sie eher ein Haßbild, und der Gegenbegriff zu Haß ist – enttäuschte – Liebe.

Feindbild

Die aufschlußreichste antienglische Schrift, Werner Sombarts »Händler und Helden«, ist eine der Publikationen, in denen der »Geist von 1914«[80] – die dezidierte Abwendung von den »westlichen Werten« wie Liberalismus, Parlamentarismus und Kapitalismus – am klarsten hervortritt. Hier soll aber primär aufgezeigt werden, wie Sombart den Boden rational kontrollierbarer Argumentation verläßt und bewußt ein Feindbild konstruiert.

Werner Sombart[81], geboren 1863, studierte Jura, Wirtschafts- und Staatswissenschaft, Geschichte und Philosophie. Er bemühte sich, das Marxsche Denken mit der bürgerlichen Nationalökonomie zu verbinden, was ihm heftige Angriffe als »Kathedersozialist« einbrachte, so daß er erst 1918 eine Universitätsprofessur in Berlin erhielt. Seit 1908 wandelten sich Sombarts Anschauungen. Er suchte jetzt, unter Ablehnung von Empirie und materialistischer Geschichtsauffassung, hermeneutisch das »Wesen« der Nationalökonomie zu ergründen. In der Weimarer Republik wurde er zu einem führenden »Sozialkonservativen«. Sein Weg führte ihn schließlich an die Seite des Nationalsozialismus. Er starb 1941.

Die emphatisch »Euch jungen Helden draußen vor dem Feinde« gewidmete, Anfang 1915 verfaßte Schrift richtet sich an das nationale Bürgertum mit dem Anspruch, ein Programm für die nach dem Krieg einzuleitende Gesellschaftsneuordnung zu sein. Die Abgrenzung gegen England dient weniger der Kennzeichnung des äußeren Feindes, als vielmehr der klaren

78 Ebd., S. 28.
79 Frischeisen-Köhler, Volk, S. 56.
80 Vgl. Reinhard Rürup, Der »Geist von 1914« in Deutschland, in: Hüppauf (Hrsg.), Ansichten, S. 1 – 30.
81 Vgl. im folgenden Bernhard vom Brocke, Werner Sombart, in: Hans-Ulrich Wehler (Hrsg.), Deutsche Historiker, Bd. 5, Göttingen 1972, S. 130 – 148.

Feindmarkierung im Inneren. Hauptgegner ist, wer die von Sombart so diffamierten »englischen Werte« in Deutschland vertritt.

Gleich zu Anfang nennt Sombart den aktuellen Krieg einen Glaubenskrieg und heiligen Krieg um die divergierenden Weltanschauungen des Händlers und des Helden. Zwar fänden sich diese in allen Völkern, doch werden sie, mit der Behauptung einer unveränderlichen Volksseele, als nicht soziale, sondern nationale Phänomene bestimmt, so daß das ganze englische Volk als homogene Masse dargestellt wird: »In diesem Sinne lassen sich Völker auch als Händlervölker und Heldenvölker unterscheiden [...]. Die beiden Völker, die repräsentativ die Gegensätze vertreten, sind die Engländer und die Deutschen.«[82] Die Trennung der Völker in »blutsbestimmte« Händler- und Heldenvölker war für Sombart nicht neu. Doch nicht mehr Etrusker, Friesen und Juden waren die Händlervölker par excellence, wie er noch zwei Jahre zuvor postuliert hatte[83], jetzt mußten es die Engländer sein: Wissenschaft als Kriegspropaganda.

Im folgenden werden dann die oben bereits genannten Stereotypen ausgebreitet, wenn auch bisweilen ins Groteske übersteigert und radikalisiert, darin selbst noch pointierte Englandhasser wie Eduard Meyer[84] oder Max Scheler[85] übertreffend. Das allein macht aber den qualitativen Umschlag zum Feindbild noch nicht aus; dieser wird vielmehr durch ganz spezifische Techniken erreicht.

Die eigene Gruppe wird positiv definiert. Es gelte, »die unvergleichliche Überlegenheit des deutschen Geistes dem *deutschen* Leser [...] vor die Seele zu stellen, auf daß er seiner Deutschheit wieder froh werde«.[86] Die Abgrenzung gegen die Engländer erfolgt durch die Gegenüberstellung mit »deutschem Geist«: »›mit tiefem Ekel‹ hat sich der deutsche Geist gegen die ›Ideen des 18. Jahrhunderts‹, die englischen Ursprungs waren, erhoben.«[87] Dies sei natürlich nicht die Folge eigener Borniertheit, denn: »Wir verstehen alle fremden Völker, keines versteht uns, und keines kann uns verstehen.«[88] Schließlich wird sogar jeglicher Wert des Feindes für die Deutschen geleugnet, denn »die Engländer sind unserem Wesen nicht nur völlig fremd [...].

82 Werner Sombart, Händler und Helden. Patriotische Besinnungen, München 1915, S. 6, ähnlich S. 28.

83 Vgl. Werner Sombart, Der Bourgeois. Zur Geistesgeschichte des modernen Wirtschaftsmenschen, Leipzig 1920 [zuerst 1913], bes. S. 266 – 281.

84 Vgl. Eduard Meyer, England. Seine staatliche und politische Entwicklung und der Krieg gegen Deutschland, Stuttgart 1915.

85 Max Scheler, Der Genius des Krieges und der deutsche Krieg, Leipzig 1917³; laut der »Kategorientafel des englischen Denkens«, S. 413 – 414, neige der Engländer dazu, Kultur mit Komfort, Denken mit Rechnen oder Charakter mit Borniertheit usw. zu verwechseln.

86 Sombart, Händler, S. 6, Hervorhebung original.

87 Ebd., S. 55.

88 Ebd., S. 135.

Sie können uns auch in keinem Sinn bereichern oder erfreuen mit ihrer Kultur, wie es die slawischen, die romanischen, die nordgermanischen, die keltischen Nationen immerhin tun«.[89] Damit ist der Feind als allen anderen Nationen entfremdet stigmatisiert.

Die Differenzen zwischen dem »Wir« und den »Anderen« werden zu einem dualistischen Entweder-Oder übersteigert: »Händler und Held: sie [...] bilden gleichsam die beiden Pole aller menschlichen Orientierung auf Erden.«[90] Und noch zugespitzter: »Denn um dieses Entweder-Oder handelt es sich ja immer: Händler im Sumpf [...] oder Held auf der Höhe des Idealismus. So heißen für den modernen Menschen Gott und der Teufel, Ormuzd und Ahriman.«[91] Sombart als »moderner Mensch« charakterisiert vermeintlich divergierende Lebensentwürfe nicht in den Kategorien der Aufklärung, des Rationalismus, der Moderne, sondern ausdrücklich in voremanzipatorischem Sinn. Feindbilddenken ist Teil auch der modernen Gesellschaft, deren Exponenten nicht vor grob verzerrender Wahrnehmung komplexer gesellschaftlicher Zusammenhänge gefeit sind.

Des weiteren werden Tatsachen nach Belieben weggelassen oder verfälscht, etwa bei der Behauptung, England habe immer nur Handelskriege geführt und sei seinen Bündnispartnern gegenüber nach Erreichung der eigenen (Handels)Ziele stets illoyal gewesen. Die Napoleonischen Kriege aber und der gemeinsame preußisch-englische Kampf bei Belle Alliance werden, da nicht ins Bild passend, mit keinem Wort erwähnt. Die englische Philosophie wird als individualistisch, ohne Opferbereitschaft des einzelnen fürs Ganze dargestellt. Wo selbst Sombart zugeben muß, daß dies eine verzerrende Darstellung ist, reagiert er mit Häme: »Gerechtfertigt ist nach der Ansicht Spencers nur ein ›Verteidigungskrieg‹, weil (man höre!) durch die Aufopferung einer kleineren oder größeren Anzahl Individuen die Gesamtheit erhalten wird.«[92]

Ebenfalls typisch für stereotypes Denken ist die Verwendung von Unangreifbarkeitsformeln, die ausdrückliche Unzugänglichkeit für abweichende Erfahrungen. Beispielsweise führt Sombart aus: Die Existenz einer durch die Geschichte unveränderlichen Volksseele »ist jedenfalls ein Etwas, dessen Bestand nicht geleugnet werden kann«[93], ebenso wie es eine »ausgesprochen englische Ethik und Soziallehre« gebe, was man »auch nicht [wird] widerlegen können mit dem Hinweis auf einzelne Ausnahmeerscheinungen«.[94]

89 Ebd., S. 138
90 Ebd., S. 64.
91 Ebd., S. 108.
92 Ebd., S. 34.
93 Ebd., S. 5.
94 Ebd., S. 17 – 18.

Und wenn Sombart behauptet, alle deutschen Denker hätten den Krieg heilig gesprochen, muß er tief ins Repertoire der Realitätsverdrängung greifen: »Die Schrift des alt werdenden *Kant* über den ›Ewigen Frieden‹, in der nicht der große Philosoph, sondern nur der vergrämte, gnittrige und verärgerte Partikulier [...] zu Worte kommt, bildet die einzige, unrühmliche Ausnahme.«[95]

Eine weitere Funktion von Feindbildern ist die Stabilisierung des Selbstbildes. Ist das bisherige Leben geprägt von Kulturpessimismus, subjektiver Verunsicherung durch die Sinnentleertheit moderner Technik und die alle Lebensbereiche erfassenden Probleme gesellschaftlicher Umbrüche, so wird all das hinweggefegt durch den Kampf gegen den Feind:

»Alles bekommt nun wieder einen Sinn [...]. Wie segnen wir, die wir über das Gewimmel in unseren Landen, über die Kaninchenstallhaftigkeit vieler unserer Provinzen gar oft die Nase gerümpft haben, jetzt dieses viele Volk, da es sich in unabsehbaren dichten Kolonnen gegen die Grenze wälzt, um das Vaterland gegen übermütige Feinde zu verteidigen.« »Und nun möge auch die Technik ihren Eroberungszug ruhig fortsetzen; nun bangen wir uns nicht mehr. Jetzt wissen wir: wozu. Die 42-cm-Mörser [...] haben uns wieder einen Sinn des technischen Fortschritts offenbar gemacht.«[96]

Und so formuliert Sombart die Konsequenz dieses Denkens in Freund-Feind-Kategorien: die Bedrohung Deutschlands durch äußere Feinde »gehört *notwendig* zu dem Idealbilde, das wir uns von dem zukünftigen deutschen Volke machen«.[97]

Von hier aus ist es nur noch ein kurzer Schritt zum heilsgewissen Sendungsbewußtsein: »Und das auserwählte Volk dieser Jahrhunderte ist das deutsche Volk«[98], was den pseudosakralen Charakter mancher Textstellen erklärt, in denen Sombart seine aus der Feindmarkierung destillierte Staats- und Nationsteleologie in typologischer Entsprechung von Sündenfall und Erlösung zelebriert: »Das Leben vor dem Kriege – Aussichtslose Rettungsversuche – Die Erlösung von dem Übel.«[99]

Ist der Feind erst einmal als der Antichrist, als Verneiner aller positiven Werte schlechthin entlarvt, wird er auch nicht mehr als Mensch betrachtet, sondern wie ein parasitäres Tier oder eine unheilbare Krankheit. Aus dieser Perspektive »erscheint Großbritannien wie einer jener Riesenpolypen, die nur noch aus Fangarmen und einem enormen Verdauungsapparat bestehen«[100], das englische Wesen als »englische Krankheit«, die »auch den

95 Ebd., S. 93, Hervorhebung original.
96 Ebd., S. 119 – 120 und S. 125.
97 Ebd., S. 127 – 128, Hervorhebung vom Verfasser.
98 Ebd., S. 142.
99 Ebd., Kapitelüberschriften neun bis elf.
100 Ebd., S. 37.

deutschen Volkskörper bereits befallen«[101] habe, und das englische Volk gar als »ein Haufen lebender Leichname. Der ganze Volkskörper wird angefault«.[102] Diesem Verdikt fallen auch die von der »englischen Krankheit« infizierten Deutschen anheim: »Und möchte vor allem drei Viertel unserer ›Intellektuellen‹ [...] gleich der Teufel holen.«[103]

Sombarts Schrift rief Zustimmung, überwiegend aber Widerspruch hervor. Der Pazifist Friedrich Wilhelm Foerster nannte sie einen Teil der »Pathologie des Weltkrieges«[104], und der Tübinger Anglist Wilhelm Franz schrieb, daß diese Schrift nur auf den wirkungslos bleiben könne, »der weder Urteil noch Empfindung für das Komische hat. Es wird keinem Menschen, der über gesunden Menschenverstand verfügt, in den Sinn kommen, Auslassungen dieser Art widerlegen zu wollen, denn ernst zu nehmen sind sie nicht«.[105]

Ernst zu nehmen sind sie leider doch, wenn auch sicher anders, als Sombart sich das gedacht hatte. Der bloße Verweis auf die intellektuelle Unhaltbarkeit seines Pamphlets wird dessen tieferer Bedeutung jedoch nicht gerecht, denn er übertrieb und radikalisierte nicht einfach, verleugnete nicht nur die Wissenschaft zu Gunsten der Tagespolitik.[106] Es langt auch nicht hin, »Händler und Helden« als »Reflex der Phasenversetzung der wirtschaftlichen und gesellschaftlichen Entwicklung beider Gesellschaften [zu] deuten«.[107] Es war Sombarts Wahrnehmung prägendes Denken in Freund-Feind-Kategorien, das diese Kapitulation des Intellekts und der Humanität vor dem Affekt zustande brachte.

Was dieses Feindbilddenken hervorgerufen hat, lassen die Textstellen erkennen, wo das Feindbild zu Selbstbezichtigung und Katharsis Anlaß gibt. Um nach Jahren des Außenseiterdaseins als »Kathedersozialist« endlich das billet d'entrée ins wilhelminische Establishment zu erlangen, anzuzeigen, daß man nunmehr dazugehörte, war es selbstverständlich, die Ressentiments der nationalistischen Elite zu teilen. Und so gestand Sombart voller Zerknirschung, daß er und mit ihm »viele und nicht die Schlechtesten vor dem Kriege einem völligen Kulturpessimismus verfallen waren. Wir hatten die feste Überzeugung gewonnen, [...] daß der Händlergeist sich überall einzunisten im

101 Ebd., S. 99.
102 Ebd., S. 102.
103 Ebd., S. 125.
104 Friedrich Wilhelm Foerster, Weltpolitik und Weltgewissen, München 1919, S. 92.
105 Wilhelm Franz, Geistige Werte in England, in: Süddeutsche Monatshefte 12, Mai 1915, S. 284 – 287, Zitat S. 284; zur Rezeption von »Händler und Helden« vgl. Friedrich Lenger, Werner Sombart 1863 – 1941. Eine Biographie, München 1994, S. 248 – 252.
106 Vgl. Schwabe, Wissenschaft, S. 29, 39 u. 187.
107 Wolfgang J. Mommsen, Zur Entwicklung des Englandbildes der Deutschen seit dem Ende des 18. Jahrhunderts, in: Lothar Kettenacker u.a. (Hrsg.), Studien zur Geschichte Englands und der deutsch-britischen Beziehungen, München 1981, S. 375 – 397, Zitat S. 394; ähnlich verharmlosend auch Lenger, Werner Sombart, S. 246 – 248.

Begriffe stehe […]. Da ereignete sich das Wunder. Der Krieg kam«.[108] Sombarts Botschaft wurde verstanden. Gustav Schmoller begrüßte es, »daß dieser Marxianer, dieser ästhetische Genußvirtuose nun zum leidenschaftlichen England- und Händlerhasser, zum glühenden deutschen Patrioten, zum Verherrlicher des Krieges gleich einem Treitschke geworden ist. […] Wir freuen uns, daß diese Umkehr des Saulus in einen Paulus sich vollzogen hat«.[109]

V. Anglophilie und die »Keime der Fäulnis«

Sombart war nicht der einzige mit einem manifesten Englandfeindbild. Die Alldeutschen etwa waren ja schon vor 1914 als scharfe Englandgegner hervorgetreten. Deren Presse aber klagte im Krieg immer wieder heftig, daß sich der Gedanke, in England den dauerhaften Todfeind Deutschlands zu erblicken, nicht recht verbreiten wolle: daß »der Krieg *mit allen Mitteln* gegen eben dieses England geführt werden muß, das ist […] noch lange keine Binsenweisheit, nicht einmal eine allgemeine Erkenntnis«.[110] Wenn diese Einschätzung einigermaßen korrekt ist, wofür einiges spricht, erhebt sich die Frage, wer wohl diese heimlichen Englandfreunde waren: »Emsiger denn je sind jene pazifistisch-probritischen Kreise, die Verständigungsideologen und Fanatiker einer Remis-Partie, am Werke, *deren Treiben es verschuldet,* daß man drüben an die Festigkeit unseres Willens […] nicht glaubt […].«[111] »Probritisch« ist hier zu einem ebenso polemischen Kampfbegriff geworden wie »pazifistisch«, gleichzusetzen mit Defaitismus.

Der Vorwurf der Anglophilie wurde aber auch in der innenpolitischen Agitation gegen Bethmann Hollweg eingesetzt. In einem der vielen Pamphlete gegen ihn liest man über die vermeintlichen Folgen seiner weiteren Kanzlerschaft: Der nationale Niedergang werde sich fortsetzen, da »sich der Gönnerschaft Herrn von Bethmann Hollwegs […] gerade diejenigen ›geistigen Führer‹ des Volkes erfreuen, die in Weltanschauung, Literatur, Schrifttum und Kunst die Keime der Fäulnis in seine Seele gesenkt haben. […] Und welche Wege würde Herr von Bethmann Hollweg uns in der auswärtigen Politik führen? […] Wir haben schon angedeutet, […] daß der deutsch-englische Versöhnungstraum noch längst nicht ausgeträumt ist«.[112] Die Politik nach innen, die liberale Öffnung der Gesellschaft, wird mit der Politik nach außen, der An-

108 Sombart, Händler, S. 117.

109 Gustav Schmollers Rezension von »Händler und Helden«, in: Schmollers Jahrbuch 39, 1915, Heft 4, S. 402 – 403.

110 Alldeutsche Blätter 26, Nr. 35, 26. 8. 1916, S. 329, Hervorhebung original; ähnlich schon: ebd. 24, Nr. 37, 12. 9. 1914, S. 333; um dem abzuhelfen, bildeten sich »Volksausschüsse zur raschen Niederwerfung Englands«, vgl. ebd. 26, Nr. 45, 4. 11. 1916, S. 425 – 426.

111 Alldeutsche Blätter 27, Nr. 8, 17. 2. 1917, S. 80, Hervorhebung original.

112 Junius Alter [i.e. Franz Sontag], Das Deutsche Reich auf dem Weg zur geschichtlichen Episode, o.O. [1917], S. 62 – 63.

lehnung an England, gleichgesetzt; beide aus dieser Sicht verderblichen Fehlorientierungen haben also einen gemeinsamen Nenner.

In ähnlichem Geiste wurde auch die außenpolitische Rivalität Deutschlands und Englands direkt auf die angeblich unterschiedlichen Gesellschaftsstrukturen zurückgeführt: »Die englische Seebeherrschung ist ein Monopolstreben wie alle kapitalistischen Tendenzen«, »kosmopolitische Form [und die] zentrale Macht seiner Londoner Börse« seien für sie kennzeichnend, dagegen sei »die deutsche Uebersee-Entwicklung eine Volksbewegung in höchster Form«.[113]

Auch der angeblich unstillbare Englandhaß der Deutschen wurde mit einer unmißverständlichen Drohung nach innen verbunden: »Und vernichtet, zertreten vom deutschen Volkszorn würde jeder, der diesem Feind gegenüber vorzeitig von einem billigen Frieden reden wollte!«[114] Auf der ersten öffentlichen Versammlung der im September 1917 gegründeten Deutschen Vaterlandspartei sagte deren Vorsitzender v. Tirpitz: »Der innerste Wesensgrund dieses Weltkrieges ist die nichtüberbrückbare Kluft zwischen dem europäischen Kontinent und der Weltauffassung Englands [...]. Der unüberbrückbare Gegensatz der Interessen fehlt im Osten.«[115] Tirpitz mußte 1916 als eine Art Märtyrer der »Kanzlerfronde« wegen seiner Oppositionshaltung zum Reichskanzler zurücktreten.[116] Er sprach der »nationalen Opposition« aus dem Herzen, denn das Konstituens der äußersten Rechten war nicht etwa ein extremes Rußlandfeindbild, sondern der mit den innenpolitischen, eine Demokratisierung Deutschlands fordernden Gegnern gleichgesetzte Feind England. Im Krieg wurde damit die »wehleidige Weichlichkeit«, die ängstliche »Versöhnungseile [und schlappe] Haltung vieler Heimatkreise«[117] gebrandmarkt. Aus diesen »Flaumachern« des Jahres 1916 wurden später die »Novemberverbrecher« des Jahres 1918 gemacht.

Schließlich wurde vom Sieg über den äußeren Feind auch der Sieg über die mit ihm verknüpften Werte erhofft: »Was aber wird aus dem Weltbilde der ›Frankfurter Zeitung‹, wenn die stärkste Kapitals- und Handelsmacht zusammenbricht?«[118], oder mit den Worten Max Schelers: »Jeder Krieg gegen Eng-

113 Alle Zitate in: Flottenzeitung 20, Nr. 11, August 1918, S. 913 – 914.

114 Geiser, Albion, S. 2 – 3.

115 Paraphrase der Rede vom 24. 9. 1917, zit. nach Karl Wortmann, Geschichte der Vaterlands-Partei 1917 – 1918, Halle 1926, S. 40 – 41.

116 Dazu Tirpitz, Erinnerungen, S. 259: »Darum zitterte man in England, daß der Kanzler fallen und eine kräftige Kriegführung Platz greifen könnte, darum stiegen in London die Kurse, als mein Rücktritt sich vollzog.«

117 Aus der Schützengrabenzeitung Liller Rundschau, zit. nach: Alldeutsche Blätter 26, Nr. 36, 2. 9. 1916, S. 340.

118 Alldeutsche Blätter 27, Nr. 2, 6. 1. 1917, S. 13; in Nr. 10, 3. 3. 1917, S. 97 wurde die Frankfurter Zeitung als »das Blatt für Burgfrieden, Börsenwohlfahrt und undeutsche Politik« tituliert; Houston St. Chamberlain behauptete gar, »daß England, sobald es etwas gegen Deutschland

land als gegen das Mutterland des modernen Kapitalismus ist auch Krieg gegen den Kapitalismus und seine Auswüchse überhaupt.«[119]

Im tagespolitischen Kampf diffamierte man mit dem Vorwurf der »Engländerei« vordergründig Bethmann Hollweg, »der sich der deutschen Demokratie und den Engländern empfahl«[120], und seine »Politik der Diagonale«, die vorsichtigen Ansätze einer Öffnung der wilhelminischen Klassengesellschaft, denn »man kann sich eben von der alten Vorliebe oder Abneigung nicht frei machen und bildet sich ein, daß, wer England bekämpft, auch den Parlamentarismus bekämpfe, und wer Rußland, die Selbstherrschaft«.[121] Eigentlicher Gegner aber war der Liberalismus als Gesellschafts- und Lebensprinzip, das Schreckgespenst einer offenen, pluralistischen Gesellschaft, deren Anfängen es bereits zu wehren galt. Ein auf die Abwehr dieser Gesellschaftsmodernisierung reduzierter »Deutscher Idealismus« sollte den englischen »Krämergeist« überwinden. Diese Verknüpfung des äußeren Feindes mit dem innenpolitischen Kampf gegen den Liberalismus und das »westeuropäische« Gesellschaftsverständnis hat Georg Landauer schon 1915 aufgezeigt und kritisiert:

»Schießt nicht unsere gerechte Entrüstung über ihr Ziel [...], indem sie ein ganzes [...] Volk durch die Bezeichnung als Krämervolk, richtiger gesagt, durch das, was sie in diese Bezeichnung hineingelegt wissen will, als verächtlich stigmatisiert [...]? Ist nicht der Vorwurf [...] ein Anachronismus, ein Schlagwort, ausgegraben aus dem Archive jener von uns fernab liegenden Zeit, in welcher unter den Berufsstellungen die des Kaufmanns als geringzuschätzend über die Achsel angesehen wurde?«[122]

VI. Fazit und Ausblick

Die Wahrnehmung Englands und der Engländer war hochgradig durch negative Stereotypen geprägt, wobei vor allem die Auffassung, daß das »perfide, degenerierte« England ungerechtfertigterweise dem »jugendlich-vitalen« Deutschland den »Platz an der Sonne« streitig mache, paranoide Züge annahm. England stand dabei als Chiffre für die abgelehnten Werte und negativen Folgeerscheinungen der industriellen Massengesellschaft[123], die aber als einzig mögliche Grundlage der gewünschten deutschen Weltmachtstellung andererseits nicht wirklich zur Disposition stand. Insofern liegt die ge-

im Schilde führe, sich der Frankfurter Zeitung bediene«, zit. nach Krüger, Nationalökonomen, Anm. 169, S. 326.

119 Scheler, Genius, S. 74.

120 Tirpitz, Erinnerungen, S. 259.

121 Seeck, Katechismus, S. 65.

122 Landauer, England, S. 93.

123 Für den Sinngehalt der jeweiligen Feindbilder in Deutschland und Frankreich kommt Jeismann, Vaterland, S. 375, zu einem ähnlichen Ergebnis.

schichtliche Bedeutung des Feindbildes England primär darin, daß es in den innenpolitischen Auseinandersetzungen der Kriegs- und Zwischenkriegszeit als *ein* Vehikel zur Beförderung jener im weitesten Sinne antimodernistischen und antiwestlichen Ideologie des »Geistes von 1914« diente, die vorgab, einen dritten, »deutschen« Weg zwischen Kapitalismus und Sozialismus darzustellen.

Oswald Spengler, ein Vordenker der »Konservativen Revolution«, identifizierte seine innenpolitischen Gegner in diesem Sinn als »das englische Heer Deutschlands«: »Welcher dunkle Drang ließ all jene Deutschen für Napoleon kämpfen und fühlen, als er mit französischem Blute die englische Idee über den Kontinent trug? [...] Gegen dieses Meisterstück von Staat, unsre echteste und eigenste Schöpfung [...], rannte das englische Heer Deutschlands an. [...] Was hier zum tödlichen Streich ausholte, war nicht notwendig ein Verrat aus weltbürgerlichem Hange oder schlimmeren Gründen; es war [...] ein verhängnisvoller Inbegriff von politischen Wünschen, Gedanken, Formen, die in Wirklichkeit nur ein Engländer ausfüllen, meistern, nutzen kann, für Deutsche [...] nur ein Anlaß dilettantischer Betätigung, in seiner staatsfeindlichen Wirkung vernichtend, vergiftend, selbstmörderisch. Es war die unsichtbare englische Armee, die Napoleon seit Jena auf deutschem Boden zurückgelassen hatte.«[124]

Dem stand aber auch noch in der Kriegszeit eine teils unverhohlene Bewunderung Englands gegenüber, das fast jeder politischen Richtung Identifikationspunkte bot: Den Liberalen galt es als Ursprungsland demokratisch-parlamentarischer Entwicklung; wer imperialistische Expansion wünschte, fand im Britischen Empire sein Vorbild; den Konservativen schließlich war England ein Muster politischer und sozialer Stabilität. Der »Feind« stand in diesem Fall also ebenso für das, was man an gesellschaftlichen und politischen Entwicklungen nicht akzeptieren wollte, wie für das, was man selbst erstrebte und bewunderte. Machtpolitisch erfolgreich wie England wollte man sein, ohne dafür denselben Preis zu zahlen wie das »Krämervolk«: die stetige und irreversible Liberalisierung von Staat und Gesellschaft. Somit waren für die Englandfeindschaft weniger konkrete Bedrohungsängste konstitutiv als vielmehr der Umschlag von Bewunderung und enttäuschter Liebe in Neid und Haß. Ein allgemein verbindlicher Feindbegriff konnte so allerdings kaum gefunden werden.

In Auseinandersetzung mit dem zum »Erbfeind« stilisierten Frankreich hatte sich die deutsche Nation konstituiert. Die Ablehnung alles »Welschen« wurde so ein fester Bestandteil der deutschen Kultur und Politik. England dagegen stand »nur« der als notwendig und legitim angesehenen eigenen

124 Oswald Spengler, Preußentum und Sozialismus, München 1920, S. 6 – 7.

Expansion – noch dazu mehr im wirtschaftlichen und politischen als im territorialen Sinn – im Wege. Das Unvermögen, die Prinzipien der englischen balance-of-power-Politik zu verstehen und sie daher als Heuchelei zu deuten, wurzelte tief in der spezifisch deutschen Ausformung des modernen Nationalismus.[125] Stereotype Wahrnehmungsmuster konnten so einen großen Einfluß auf das (außen)politische Denken der deutschen Machteliten gewinnen, die für den Aufbau von Feindbildern unabdingbare Bedrohungsangst mußte aber auf einem vergleichsweise abstrakten Niveau konstruiert werden. Je abstrakter die vermeintliche Bedrohung aber ist, um so schwieriger sind Angstgefühle zu vermitteln.

Für die Aktivierung archaischer Vernichtungsängste, daß man sich, wie etwa gegenüber Rußland, von der Überflutung durch aus der Tiefe des Raumes hereinbrechende, alle Kultur zerstampfende »Horden« unmittelbar und existentiell bedroht sah, fehlte damit jeglicher Anknüpfungspunkt. Nicht einmal den extremsten Englandhassern kam es in den Sinn, etwa das Schreckgespenst einer plündernden und mordenden englischen Soldateska an die Wand zu malen, und eine Verteufelung des gesamten englischen Volkes wie das Ausleben exzessiver Ausrottungsphantasien unterblieben, von wenigen radikalen Ausnahmen abgesehen. Das Bild der Engländer als eines »stammverwandten« Volkes erwies sich als so stark, daß auch im Krieg ein Rest von Respekt erhalten blieb. Als »Germanen« waren selbst die perfiden, eitlen und degenerierten Briten noch ein Gegner, dem man die Achtung nicht völlig versagte.

Die als innere Feinde wahrgenommenen »Juden« und »Marxisten« waren Teil des eigenen Volkes und daher um so gefährlicher; die Russen und Franzosen bedrohten Deutschlands Grenzen. Aber England? »Durch Wasser getrennt, die sind dicker als Blut.« Nicht nur geographisch, gerade mental waren die Engländer vielleicht auch einfach zu weit entfernt, um auf Dauer als unmittelbare Bedrohung erscheinen zu können. Man glaubte zwar, »den Engländer« genau zu kennen, und doch stellte sich immer wieder heraus, »wie wenig [die Deutschen] von England und den Engländern wissen«[126]. Aber nur wenn man sich kennt, kann man auch Feindschaft entwickeln.

Das waren in der Summe gewichtige Gründe dafür, daß sich die im Kern »antiwestlich-antimodernistischen« Stereotypen gegenüber England nicht zu einem weitverbreiteten, dauerhaften Feindbild wie gegenüber »den Russen« verdichteten, das allerdings seine extreme Dynamik auch erst durch die Verbindung mit antimarxistischen und antisemitischen Stereotypen erhielt. Verglichen damit oder gemessen am Feindbild »Jude« machten auch

125 Diesen Aspekt betont besonders Norbert Elias, Studien über die Deutschen. Machtkämpfe und Habitusentwicklung im 19. und 20. Jahrhundert, Frankfurt a.M. 1992, hier S. 209 – 216.
126 Kurt v. Stutterheim, England. Heute und Morgen, [Berlin 1938], S. 7.

die radikalsten Englandhasser letztlich nur mäßigen Gebrauch von der innenpolitischen Instrumentalisierung der Englandfeindschaft.

Da es gegenüber England nach dem Ersten Weltkrieg kaum Kristallisationspunkte für eine Verfestigung des Feindbildes gab wie gegenüber Polen im »Volkstumskampf um Oberschlesien« oder gegenüber Frankreich im Zuge der Ruhrbesetzung 1923, hat sich wohl, trotz aller weiter bestehenden Ambivalenzen des deutschen Englandbildes, zumeist die Auffassung durchgesetzt, die Entfremdung von England und der Krieg gegeneinander seien überflüssig und vermeidbar gewesen. Leipprand bemerkte 1928 dazu: »Es war ein Verhängnis, daß Treitschke viele falsche und einseitige Vorstellungen von englischer Art dem deutschen Volk übermittelte.«[127] Auch in den Schulbüchern der Weimarer Republik wurde das Bemühen um ein ausgewogenes Englandbild stärker.[128] Selbst Ernst Lissauer distanzierte sich von seinem als Inbegriff deutschen Englandhasses geltenden »Haßgesang«.[129]

Hitlers Außenpolitik schließlich war geprägt von dem Versuch, einen Konflikt mit Großbritannien zu verhindern, es wenn möglich gar in die eigenen Weltherrschaftspläne einzubinden. Meyers Konversationslexikon von 1938 nahm England beinahe in Schutz, unter dem Stichwort »Großbritannien« liest man: die Entente Cordiale von 1904 wurde »ein für Europa schlechthin entscheidendes Ereignis, da G[roßbritannien] nun unter den Einfluß des unversöhnl[ichen] Deutschenfeindes Frankreich geriet«. Es war ein verbreiteter Wunsch, »das *alte* England und das *junge* Deutschland in Freundschaft verbunden zu sehen«.[130] Erst mit dem Scheitern dieser unrealistischen Hoffnungen setzte die antibritische Propaganda 1939/40 wieder ein, jetzt auch alle Register antisemitischer Agitation ziehend.

Ob allerdings die optimistische Annahme Foersters zutreffend ist, daß die geistigen »Pathologien« eines Krieges mit diesem wieder verschwinden, muß wohl doch bezweifelt werden. Wer genau zuhört, wird selbst heute noch in manchen Äußerungen über England und die Engländer viele alte Motive wiederfinden, und es ist zu befürchten, daß sie heute (wie damals) dazu benutzt werden sollen, einen antiemanzipatorischen, antiwestlichen deutschen »Sonderweg« zu proklamieren, um die universale Gültigkeit der Postulate der Aufklärung in Frage zu stellen.

127 Leipprand, Treitschke, S. 91.
128 Vgl. Schopf (Hrsg.), England, S. 183 – 334.
129 Vgl. Ernst Lissauer, Zum eigenen Leben, Chemnitz 1924, S. 7.
130 Stutterheim, England, S. 8, Hervorhebungen vom Verfasser.

ANDREAS RISTAU

»Die marxistische Weltpest«

Das antimarxistische Feindbild der Nationalsozialisten. Entstehung, Entwicklung und Struktur bis 1923

» (...) auf dieser Welt, da ein Wesen von dem anderen lebt, wird der Feind ewig nur totgeschlagen werden können.« (Hitler)

Einleitung

Die Geschichte der Entstehung und des Aufstiegs der nationalsozialistischen »Bewegung« ist ohne bestimmte Grundmotive, Ressentiments und daraus abgeleitete ideologische Prämissen kaum zu verstehen.[1] Von besonderer Bedeutung ist hierbei, daß die Nationalsozialisten mit einer ganzen Reihe von Feindbildern operierten, die politisch-taktisch instrumentalisierbar waren und deshalb wirkungsvoll in ihr politisches Handeln umgesetzt werden konnten. Das bekannteste und folgenreichste Feindbild war der rassische Antisemitismus[2], für den die Begriffe Holocaust und Auschwitz als dauerhafte Mahnung stehen. Daneben findet sich als weiteres wichtiges Feindbild der Antimarxismus. Antisemitismus und Antimarxismus stellten gewissermaßen die Grundpfeiler der nationalsozialistischen Ideologie dar und wurden zu prägenden Maximen ihres Handelns.

Diese Arbeit will zeigen, wie die NSDAP von Anfang an beide Feindbilder miteinander vermischte und sie in ihrer politischen Praxis oft gleichsetzte. Diese Gleichsetzung beruhte auf der Prämisse, daß nach der »Schwächung« Deutschlands durch Novemberrevolution, die Auseinandersetzungen um

1 Darauf ist vielfach hingewiesen worden. Vgl. u.a. Karl Dietrich Bracher, Die deutsche Diktatur. Entstehung, Struktur und Folgen des Nationalsozialismus, Frankfurt a.M./Berlin/Wien 1979[6]; Martin Broszat, Der Nationalsozialismus. Weltanschauung, Programm und Wirklichkeit, Hannover 1960; ders., Der Staat Hitlers. Grundlegung und Entwicklung seiner inneren Verfassung, München 1986[11]; Ian Kershaw, Hitlers Macht. Das Profil der NS-Herrschaft, München 1992; Eberhard Jäckel, Hitlers Weltanschauung. Entwurf einer Herrschaft, Tübingen 1969; Ernst Nolte, Der Faschismus in seiner Epoche. Die Action française. Der italienische Faschismus. Der Nationalsozialismus, München 1986[7].

2 Zum Antisemitismus in Deutschland u.a.: Helmuth Auerbach, Nationalsozialismus vor Hitler in: Wolfgang Benz/Hans Buchheim/Hans Mommsen (Hrsg.), Der Nationalsozialismus. Studien zur Ideologie und Herrschaft, Frankfurt a.M. 1993, S. 13 – 28; Helmut Berding, Moderner Antisemitismus in Deutschland, Frankfurt a.M. 1988; Reinhard Rürup, Emanzipation und Antisemitismus. Studien zur Judenfrage der bürgerlichen Gesellschaft, Göttingen 1975.

die demokratisch-parlamentarische Verfassung und die Bestimmungen der Versailler Verträge eine »Gesundung Deutschlands« und damit ein wie immer geartetes »Wiedererstarken« erst dann möglich sei, wenn »der Marxismus« als »Wegbereiter der Judenherrschaft« vernichtet worden sei. Diese Vorstellung wurde zum Leitfaden für die politische Entwicklung und den Aufstieg der NSDAP in der Weimarer Republik und trug entscheidend dazu bei, Bündnispartner bei den alten Eliten und auf seiten der bürgerlichen Rechten zu gewinnen.

Damit stellt sich aber allgemeiner die Frage, wie der Antimarxismus in Deutschland überhaupt entstanden ist und, konkreter, welche Funktion er für die Nationalsozialisten eigentlich besaß. Gab es vielleicht in der deutschen Geschichte selbst Kontinuitäten, die dieses Feindbild förderten und stützten? Können tatsächlich zwingende Motive für antimarxistische Einstellungen und Haltungen gefunden werden oder stellten sie lediglich manifeste Wahnvorstellungen von einer »roten Gefahr« dar, die sich nicht aus den Erfahrungen mit der Novemberrevolution und der Weimarer Republik ableiten und erklären lassen? War der Antimarxismus nur bei den Nationalsozialisten zu finden oder handelte es sich hier um ein breit gestreutes gesellschaftliches Phänomen? Und schließlich, was folgte für die NSDAP in ihrem praktischen politischen Handeln daraus? Dies sind nur einige der vielen Fragen, die im Rahmen einer historischen Feindbildanalyse des nationalsozialistischen Antimarxismus untersucht werden können.

Diese Untersuchung geht davon aus, daß bestimmte Einstellungen und Reaktionsmuster aus der deutschen Geschichte selbst erwachsen sind, und versucht aufzuzeigen, warum sie in den Handlungsrahmen der Nationalsozialisten aufgenommen werden konnten. Der Antimarxismus soll hier als »Fallbeispiel« untersucht werden, weil er neben vielen irrationalen Komponenten auf einen realen Kern, die Novemberrevolution, rekurrierte und in geradezu exemplarischer Weise Stereotypen und Vorurteile in einem manichäischen Feindbild bündelte.

In einem ersten Schritt sollen die Voraussetzungen aufgezeigt werden, die dem spezifisch nationalsozialistischen Antimarxismus zugrunde lagen. Dazu gehörten vor allem die antimarxistischen Einstellungen großer Teile der Bevölkerung im Kaiserreich, die sich nach dem verlorenen Weltkrieg und der Novemberrevolution verfestigten und teilweise erheblich radikalisierten. Vor allem die Vorgänge um die bayerische Räterepublik im Jahre 1919 spielten dabei eine wichtige Rolle. Die Verbindung zur bolschewistischen Revolution in Rußland, die von vielen nationalsozialistischen Ideologen gezogen wurde, die ständig geschürten Ängste vor dem »deutschen Bolschewismus« sowie die darin enthaltenen paranoiden Vernichtungsvorstellungen sollen auf ihre Motivation hin analysiert werden. Solche Vernichtungsphantasien müssen mit der politischen Wirklichkeit der Novemberrevolution und der frühen Weimarer Republik kontrastiert werden, wenn man verstehen will, warum die Furcht vor dem »Umsturz« und die in diesem Zusammenhang geschürten Ängste so virulent werden konnten, obwohl, wie die historische Forschung nachweisen konnte, zu keinem Zeitpunkt die reale Chance einer »bolschewistischen Revolution« in Deutschland bestand.[3]

Die Frühgeschichte der NSDAP und ihre Entwicklung bis zum fehlgeschlagenen »Hitlerputsch« im Jahre 1923 wird in einem kurzen Exkurs beschrieben, da sich schon in diesem Zeitraum das gesamte ideologische und politische Instrumentarium herausgebildet hat, mit dem die »Bewegung« später die Macht in Deutschland erobern konnte. Eine wichtige Frage ist schließlich, wie ausgeprägt die nationalsozialistischen Feindbildmotive gegenüber »dem Marxismus« waren, welche Struktur sie hatten und wie sie in praktisches Handeln umgesetzt wurden. Anhand nationalsozialistischer Quellen aus der Zeit[4] sollen diese Fragen konkretisiert und analysiert werden.

Zur Entstehung des antimarxistischen Feindbildes

Die Entwicklung bis 1918

Antiliberale und antidemokratische Traditionen, insbesondere aber Vorurteile und Haßvorstellungen gegenüber dem »roten Feind« existierten in Deutschland schon lange vor 1918. Kann man Bismarcks Sozialistengesetzgebung noch als Versuch werten, den Obrigkeitsstaat gegen alle vermeintlichen Angriffe von seiten der Linken von »oben« zu modernisieren, indem die herrschenden Eliten und die aufstrebende Bourgeoisie vor der ökonomischen und politischen Herausforderung durch die Sozialdemokratie geschützt wurden[5], so läßt sich spätestens seit den 90er Jahren des 19. Jahrhunderts eine neue Form des politischen »Abwehrkampfes« von seiten kon-

3 Vgl. hierzu insbesondere die Darstellung und Diskussion der neueren Forschung bei Eberhard Kolb, Die Weimarer Republik, 1988[2], S. 153 – 163. Eine neuere Publikation, die diese These ebenfalls vertritt, hat Hans Mommsen vorgelegt: Die verspielte Freiheit. Der Weg der Republik von Weimar in den Untergang 1918 – 1933, Frankfurt a.M./Berlin 1989.

4 Hier vorwiegend der »Völkische Beobachter« Auch kann nicht auf »Mein Kampf« verzichtet werden. Zwar wurde dieses Buch erst nach dem Putsch von Hitler konzipiert und geschrieben, andererseits läßt es aber Rückschlüsse auf das Denken und Handeln der Nationalsozialisten vor 1923 zu.

5 Vgl. Hans-Ulrich Wehler, Das deutsche Kaiserreich 1871 – 1918, Göttingen 1988[6]. Er bemerkt zu Bismarcks Herrschaftstechnik der »negativen Integration«: »Er [Bismarck] machte sich den uralten sozial-psychologischen Gegensatz von ›in-group‹ und ›out-group‹ zunutze und stilisierte innere Konflikte derart um, daß er eine Mehrheit von ›reichstreuen‹ Elementen gegen eine Minderheit von ›Reichsfeinden‹ führen konnte, die zwar als ›ernsthafte Gefahr‹ erscheinen mußten, das Gesamtsystem aber doch nicht wirklich in Frage zu stellen vermochten«, S. 96. Zu dieser Herrschaftstechnik gehörte auch die sukzessive Neubestimmung eines jeweiligen Feindbildes gegen Katholiken, Liberale und Sozialisten, ebd., S. 98 – 100. Auch seien schon bei Bismarck »biologistische Metaphern einer Liquidationspolitik« gegenüber der linken Opposition festzustellen, ebd., S. 101.

servativer und reaktionärer Kräfte erkennen.[6] Diese hatten jetzt nicht mehr nur die bloße Stabilisierung des Kaiserreiches im Auge, sondern richteten ihre Aufmerksamkeit verstärkt auf die Herausforderungen, die sich einer aufstrebenden imperialistischen Großmacht in Mitteleuropa stellten. Der »moderne Kapitalismus« mit einer deutlichen Vorherrschaft der industriellen Produktion über den sich weitaus weniger schnell entwickelnden agrarischen Sektor bedurfte anderer, neuer Umgangsformen gegenüber einer Arbeiterbewegung, die jetzt nicht mehr nur mit den Mitteln des Ausnahmerechts zu bekämpfen war.

Diese neue Entwicklung brachte dabei unterschiedliche Bewertungen zwischen den konservativen Eliten und den Teilen des Bürger- bzw. Kleinbürgertums zum Vorschein, deren soziale und ökonomische Position in die »Zange« zwischen Kapital und Arbeit zu geraten drohte, während gerade sie sich doch als die Hauptstütze des Regimes empfanden. Als »wahrhaft nationale, patriotische« Gruppe gegenüber den »undeutschen«, den »vaterlandslosen Gesellen« der Dynamik des »modernen Kapitalismus« ausgesetzt, blieb ihre Integrationsfigur der Kaiser. Daher galt ihre »Abwehr« innenpolitisch den Sozialdemokraten als den vermeintlichen »Vaterlandsverrätern«. Historisch trauerten sie dem alten Ständesystem nach, während sie sich politisch eng an die herrschenden Eliten anlehnten und deren außenpolitisches Großmacht- und Hegemonialkonzept unterstützten.[7]

Es können daher in der Nach-Bismarck-Ära zwei aus differierenden Quellen und Motiven entstandene, antimarxistische Einstellungen unterschieden werden:

1. Die überwiegend aus staats- und gesellschaftspolitischen Anschauungen abgeleitete Ablehnung »des Marxismus« durch die herrschenden Eliten, d.h. die Aristokratie, das Militär, die Bürokratie und das Großkapital.[8]
2. Die »Abwehrhaltung« zur proletarischen »Masse« der kleinbürgerlichen Gruppen, die vor allem die Angst vor der Konkurrenz durch die Arbeiterbewegung beherrschte, weil sie durch den einsetzenden Modernisierungsdruck den Abstieg in ein proletarisches Milieu befürchteten.[9]

6 Dazu v.a. Fritz Fischer, Bündnis der Eliten, Zur Kontinuität der Machtstrukturen in Deutschland 1871 – 1945, Düsseldorf 1979. Er sieht im Bündnis von »Rittergut und Hochofen« eine der Voraussetzungen ungehemmter Großmachtpolitik, S. 11 – 15. Zur unterschiedlichen Feindbildbewertung vgl. Wehler, Das deutsche Kaiserreich , S. 101 – 105.

7 Vgl. Wehler, Das deutsche Kaiserreich, S. 140 – 141.

8 Vgl. Fischer, Bündnis der Eliten, S. 12 – 14. Eine interessante Interpretation dieses Problemkreises liefert Nolte, der im »industriellen Feudalismus«, angestrebt vor allem von den Alldeutschen, eine potentielle Antithese zu den moderneren gesellschaftlichen Lösungsvorschlägen der Sozialdemokratie sieht: Nolte, Der Faschismus in seiner Epoche, S. 369 – 375.

9 Vgl. Karl-Dietrich Bracher, Die Auflösung der Weimarer Republik. Eine Studie zum Problem des Machtverfalls in der Demokratie, Düsseldorf 1984[5], S. 142 – 146; Wehler, Das deutsche Kaiserreich, S. 134 f.

Diese antimarxistischen Einstellungen weisen bei genauerer Betrachtung aber wichtige inhaltliche Gemeinsamkeiten auf:

a. Die gemeinsame ideologische Grundlage stellte die konservative Wert- und Ordnungsvorstellung des »Herr-im-Hause«-Standpunktes dar, der auf einem patriarchalisch-feudalistischen Weltbild fußte. Es war eng verknüpft mit der Vision einer Rückkehr zum vorindustriellen Ständestaat, bevorzugt in seiner preußischen Ausprägung.[10]
b. Die diesem Weltbild zugrunde liegenden politischen Philosophien waren weitgehend geprägt von reaktionären Gegenentwürfen bestimmter romantischer Traditionen gegen die aufklärerischen Prinzipien und insbesondere gegen die französische Revolution. Solche Traditionen manifestierten sich schon in den frühen Jahren des Kaiserreichs vorzugsweise in einem »oberflächlichen patriotischen Pathos der wilhelminischen bürgerlichen Gesellschaft«.[11]
c. Die außenpolitischen Großmachtträume sind sozialpsychologisch auf dem Hintergrund der »zu spät gekommenen« Nation zu sehen. Hierbei handelte es sich auch um eine »Flucht« vor der innenpolitischen Modernisierung, die durch das Erstarken der Arbeiterbewegung zwingend erforderlich gewesen wäre.[12]

In all diesen Punkten lassen sich ganz eigentümliche Kontinuitäten antimarxistischer und, weit schärfer noch, antiproletarischer Einstellungen und Anschauungen erkennen, deren Gemeinsamkeiten nicht in einem einheitlichen positiven Gegenentwurf zum politischen und philosophischen System der marxistischen Theorie bestand, sondern in einer Kette von Negationen, deren Hauptmerkmale in der Aufrechterhaltung der gegebenen Ordnung, der Eindämmung der »roten Gefahr« nach innen und in expansionistischen Bestrebungen nach außen bestanden.[13]

10 Vgl. Hermann Glaser, Bildungsbürgertum und Nationalismus. Politik und Kultur im Wilhelminischen Deutschland, München 1993; ders., Spießer-Ideologie. Von der Zerstörung des deutschen Geistes im 19. und 20. Jahrhundert und dem Aufstieg des Nationalsozialismus, Frankfurt a.M. 1985. Vgl. dazu auch die klassische sozialdemokratische Interpretation, hier vertreten von Rudolf Hilferding und Bruno Bauer, wiedergegeben bei: Wehler, Das deutsche Kaiserreich, S. 110.

11 Martin Broszat, Die Machtergreifung. Der Aufstieg der NSDAP und die Zerstörung der Weimarer Republik, München 1987², S. 67. In neuerer Zeit wies beispielsweise Kühnl im Rahmen einer Diskussion der »Sonderwegs«-These auf die besondere Bedeutung von Illusions- und »Lebenslügen«-Politik der herrschenden Klassen in Deutschland hin: Reinhard Kühnl, Die französische Revolution und der deutsche Weg. Belastungen und Chancen einer politischen Tradition, in: Blätter für deutsche und internationale Politik, 1, 1989, S. 105 – 119.

12 Vgl. Wehler, Das deutsche Kaiserreich, S. 171 – 179; Fischer, Bündnis der Eliten, S. 25 – 33.

13 Vgl. Broszat, Machtergreifung, S. 68, Wehler, Das deutsche Kaiserreich, S. 140 f. Siehe auch: Fischer, Bündnis der Eliten, S. 8.

Diese Kontinuität ist mit dem Beginn des Ersten Weltkriegs nur scheinbar unterbrochen, statt dessen aber nur programmatisch umformuliert worden. So war der Begriff »Burgfrieden« im Bewußtsein der herrschenden Gruppen und ihrer Apologeten, anders als in Frankreich und England, nicht allein mit einem zeitlich begrenzten innenpolitischen »Waffenstillstand« verbunden. Er implizierte vielmehr die Idee einer konfliktfreien Gesellschaft, einer »Volksgemeinschaft« Während des Krieges wurde diese Vorstellung einer Gesellschaft ohne Klassen in dem ideologisch behafteten Schlagwort der »Fronterfahrung« zusammengefaßt.[14] Andererseits hatten die damit verbundenen politischen Konzeptionen für die Kriegs- und Nachkriegszeit keineswegs ein Aufweichen oder gar Aufheben des antimarxistischen Feindbildes zur Folge. Dies wurde spätestens im Jahre 1917 deutlich, als absehbar war, daß der Krieg unter den Prämissen der Annexionspolitik nicht mehr zu gewinnen sein würde. Mit der Gründung der »Vaterlandspartei« wurde jetzt zum ersten Mal der Versuch unternommen, eine breite bürgerliche Massenbewegung zu mobilisieren.[15] Unter dem Deckmantel übergeordneter »nationaler Interessen« trat sie als reine »Gegenbewegung gegen die pazifistische Sozialdemokratie und den sich ankündigenden Umsturz«[16] auf. Ihr Versuch einer Mobilisierung der letzten Kräfte im Verbund aller staatstragenden Gruppen und Organisationen, auch als »letzte Revolution von oben«[17] beschrieben, verweist bezüglich Personen und ideologischer Motive derart auf die spätere NSDAP, daß man hier durchaus von einer »präfaschistischen Sammlungs- und Einheitspartei«[18] sprechen kann. Die ideologische Orientierung der »Vaterlandspartei«, insbesondere ihr programmatischer Antisemitismus, ihre sozialdarwinistische Terminologie und die daraus entwickelten Weltmachtvorstellungen waren für die NS-Ideologie von weitreichender Bedeutung.[19]

Erst als die militärische Niederlage nicht mehr abzuwenden war, boten die bislang führenden Eliten der Sozialdemokratie eine Regierungsbeteiligung an, in erster Linie, um sich der Verantwortung für die völlig desolate mili-

14 Vgl. Gunther Mai, Das Ende des Kaiserreiches. Politik und Kriegführung im ersten Weltkrieg, München 1987, S. 31 – 38 und S. 88 – 139.

15 Zur Geschichte der »Vaterlandspartei« vgl. Manfred Weißbecker, Deutsche Vaterlandspartei (DLVP) 1917 – 1918, in: Dieter Fricke u.a. (Hrsg.), Lexikon zur Parteiengeschichte. Die bürgerlichen und kleinbürgerlichen Parteien und Verbände in Deutschland (1789 – 1945), Bd. 1, Köln 1984, S. 391 – 403.

16 Konrad Heiden, Adolf Hitler. Das Zeitalter der Verantwortungslosigkeit. Eine Biographie, 2 Bände, Zürich 1936, Band 1, S. 73.

17 Wehler, Das deutsche Kaiserreich, S. 212 – 218.

18 Fischer, Bündnis der Eliten, S. 54.

19 Vgl. Wehler, Das deutsche Kaiserreich, S. 212 – 218, Fischer, Bündnis der Eliten, S. 54 f., Joachim Petzold, Die Entstehung der Naziideologie, in: Wolfgang Wippermann (Hrsg.), Kontroversen um Hitler, Frankfurt a.M. 1986, S. 177 – 179.

tärische und gesellschaftliche Situation entziehen zu können. Die Spaltung der Arbeiterbewegung war dabei aus der Sicht der konservativen Kräfte unerheblich. Man sah hierin lediglich eine taktische Variante insgesamt umstürzlerischer Bestrebungen »der« Sozialdemokratie. Die Beteiligung der SPD-Führung an der Novemberrevolution ist den Rechten daher auch nicht als das erschienen, was sie objektiv war – die Absicht, sich an die Spitze der revolutionären Bewegung zu stellen, um diese besser unterminieren und kanalisieren zu können[20] –, sondern statt dessen als weiterer Beweis für die prinzipielle Unzuverlässigkeit und Revolutionsfreudigkeit der Sozialdemokratie insgesamt verstanden worden. So hat man etwa die Beteiligung an der Arbeiter- und Soldatenregierung von Ebert und Scheidemann, der dazu noch die »unsägliche Republik« ausgerufen hatte, niemals verziehen. Die radikale Rechte, aber auch die weniger militanten Konservativen, fanden darin einen wichtigen Ansatzpunkt ihrer Agitation gegen »den Marxismus« und damit gegen die Weimarer Republik insgesamt.[21]

Die schon in der Vorkriegszeit vorhandene antimarxistische Haltung der Rechten gegenüber der SPD-Führung wurde in den Anfängen der Republik lediglich zugunsten einer punktuell taktischen Zusammenarbeit bei der Niederschlagung linker Aufstände zurückgestellt. Die stigmatisierende Haltung gegenüber dem »inneren Feind« ist dennoch niemals fallengelassen worden. Am deutlichsten kam dies in der Dolchstoßlegende zum Ausdruck, mit der den Nationalsozialisten wichtige Kampfbegriffe gegen »den« Marxismus und die parlamentarische Demokratie überhaupt geliefert wurden.[22]

Die Agitation gegen die »Novemberverbrecher« und die Dolchstoßlegende

Durch den militärischen Zusammenbruch und die Novemberrevolution wurde das Weltbild breiter Bevölkerungskreise erheblich erschüttert. Insbesondere deshalb, weil die deutschen Truppen doch scheinbar, vor allem nach dem Frieden von Brest-Litowsk, unaufhaltsam in der Offensive waren und noch im Sommer und Herbst 1918 von den führenden Militärs unverminderte Siegeszuversicht verbreitet wurde.[23] Nicht nur die Militärzensur, auch die Selbstsuggestion der führenden Eliten über den Stand des Krieges ließen einen Sieg greifbar nahe erscheinen. Um so mehr mußte der Waffenstillstand diese Gruppen in ihrem Selbst- und Weltbild erschüttern. Nach der Entzauberung des Wunschbildes vom »nahenden Sieg« hätte es eigentlich einer präzisen militärischen und politischen Analyse der Kriegsnieder-

20 Vgl. Kolb, Weimarer Republik, insbesondere S. 5 – 19 und S. 158 – 161.

21 Broszat, Machtergreifung, S. 77.

22 Vgl. Joachim Petzold, Die Dolchstoßlegende. Eine Geschichtsfälschung im Dienste des deutschen Imperialismus und Militarismus, Berlin (DDR) 1963[2], S. 28 – 46. Vgl. auch Fischer, Bündnis der Eliten, S. 57 – 60, Wehler, Das deutsche Kaiserreich, S. 215 – 218.

23 Vgl. Mai, Das Ende des Kaiserreichs, S. 147 – 158.

lage bedurft. Dies hätte eine kritische Bewertung derjenigen Wertvorstellungen erfordert, die jahrzehntelang prägend für die gesellschaftliche Ordnung waren und unter dem Schlagwort der »Ideen von 1914« auf den Punkt gebracht wurden. Zu einer selbstkritischen Bewertung erwiesen sich aber insbesondere diejenigen politischen und militärischen Eliten nicht willens und fähig, deren Versagen spätestens gegen Kriegsende offenbar geworden war.

Statt dessen fabrizierten sie, in bewußter Verdrehung aller Tatsachen, die berühmt-berüchtigte Dolchstoßlegende. Deren Hauptthese lautete, daß erst die Revolution die militärische Niederlage nach sich gezogen habe. »Im Felde unbesiegt« sei das Heer »von hinten erdolcht« worden.[24] Diese »krasse Verdrehung der geschichtlichen Wahrheit«[25] erschien als Grundbehauptung der rechten Propaganda und wurde zur Basis fast aller revisionistischen und revanchistischen Bemühungen bürgerlicher Politik in der Weimarer Republik, weshalb sie auch Eingang in das politische Bewußtsein breiter Schichten der Bevölkerung fand. Die permanent geschürten Hoffnungen auf einen »Siegfrieden« und die umfassenden Annexions- und Weltmachtvorstellungen auch bei den Mittelschichten wirkten sich nach einer kurzen Phase der traumatischen Paralyse im November/Dezember 1918 daher besonders integrativ und identitätsstiftend aus.

Während allerdings für konservative und liberale Politiker, wie zum Beispiel Stresemann, die Revision des Versailler Vertrages ein Ziel ihrer Politik im Rahmen des bestehenden Verfassungsstaates blieb, richteten sich die Begriffe »Dolchstoß« und »Novemberverbrecher« in der nationalsozialistischen Agitation gegen die Weimarer Republik als Ganzes. Indem das »System« für die Revolution und die Niederlage sowie für die als Demütigung empfundenen Versailler Verträge verantwortlich gemacht wurde, konnte die Dolchstoßlegende konsequenterweise zu einer »tragenden Säule der konservativnationalistischen Rechtfertigungs- und Kampfideologie«[26] ausgebaut werden. Ihre Wirksamkeit kann daher nicht hoch genug eingeschätzt werden, denn sie nahm ihrer Struktur nach das Bild vom »Feind im Innern« wieder auf und reduzierte die militärische Niederlage auf »gemeinen Verrat«. Nicht nur, daß der innere Feind mit dem äußeren korrespondierte und durch seine »marxistischen Wühlereien [...] dem strauchelnden Siegfried [...] den letzten Dolchstoß [...] versetzte«[27], dieser Feind organisierte nun auch noch die Revolution und betrieb damit eine »Legalisierung des Verrats am Vaterlande«[28]. Die daraus wiederum abgeleitete »Unterwerfung« Deutschlands un-

24 Vgl. Petzold, Die Dolchstoßlegende, insbesondere S. 25 – 46.
25 Fischer, Bündnis der Eliten, S. 57.
26 Kolb, Die Weimarer Republik, S. 37.
27 Hitler, Warum mußte ein 8. November kommen?, zit. nach Eberhard Jäckel/Axel Kuhn (Hrsg.), Hitler. Sämtliche Aufzeichnungen. 1905 – 1924, Stuttgart 1980, S. 1124.
28 Ebd., S. 1220.

ter das internationale Kapital, insbesondere unter das »Finanzjudentum«[29], legi-timierte den Kampf gegen den Staat von Weimar im allgemeinen und die »Novemberverbrecher« im besonderen.[30]

Die Nationalsozialisten benutzten die begrifflichen Instrumente dieser Legende in ihrer absoluten und weitesten Form, um sie gezielt als Kampfbegriffe gegen »den Marxismus« einsetzen zu können.[31] Dabei hatte es die »Bewegung« nicht nötig, die Auseinandersetzungen defensiv zu führen, etwa im Sinne einer Rechtfertigungsstrategie. Sie brandmarkte statt dessen offensiv sämtliche tragenden Kräfte der Republik mit dem Stigma der »Novemberverbrecher« und stellte mit Hilfe dieser Strategie ihre Politik als die einzig richtige innerhalb des rechten Lagers dar.[32]

Eine Differenzierung des Schlagwortes »Novemberverbrecher« wurde lediglich in politisch-taktischer Hinsicht vorgenommen, indem die Sozialdemokraten als Wegbereiter und Nutznießer des neu entstandenen »Systems« dargestellt wurden, während die Kommunisten den blanken »bolschewistischen Terror« verkörperten.[33] Der »sozialdemokratische Bonze« und der »kommunistische Blutsäufer« erschienen als die zwei Seiten »des Marxismus«[34], den es auszurotten galt, bevor Deutschland wieder zu Macht und Größe aufsteigen könne.[35] Die Vorstellung von »Macht« und »Größe« wiederum entsprach weitgehend dem Hegemonial- und Weltmachtstreben der Kaiserzeit und war in diesem Sinne reaktionär. Dieses sei allerdings, hier ganz im Sinne der Rechtfertigungsstrategie der alten Eliten argumentierend, nicht falsch gewesen, sondern lediglich nicht konsequent genug durchgehalten worden.[36]

29 Vgl. Adolf Hitler, Mein Kampf, 2 Bände in einem Band, München 1944, S. 213 f.

30 Vgl. insbesondere Mein Kampf, S. 223 f. Für die Frühphase vgl. Hitlerreden z.B. vom 17. 4. 1920 im Hofbräuhaus oder vom 18. 9. 1921 im Zirkus Krone (beide in der Edition von Jäckel/Kuhn, Anm. 27).

31 Grobe irrationalistische Übertreibungen finden sich insbesondere bei Erich Ludendorff, Vom Feldherrn zum Weltrevolutionär. Meine Lebenserinnerungen 1919 – 1925, Stuttgart 1951 (Neuauflage), S. 13. Vgl. dazu Petzold, Die Dolchstoßlegende, S. 55 f.

32 Vgl. Mein Kampf, insbesondere S. 227.

33 Vgl. Adolf Hitler in einer »Denkschrift« zum Ausbau der NSDAP vom 22. 10. 1920, abgedruckt in: Albrecht Tyrell (Hrsg.), Führer befiehl ... Selbstzeugnisse aus der »Kampfzeit« der NSDAP, Düsseldorf 1969, S. 48 (im weiteren zit. als »Denkschrift«). Hierzu auch viele Aussagen im »Völkischen Beobachter«, besonders in der Ausgabe vom 22. 8. 1920 mit angeblichem »KPD-Programm«.

34 Vgl. Friedrich Medebach, Das Kampfplakat. Aufgabe, Wesen und Gesetzmäßigkeit des politischen Plakats, in: Zeitung und Zeit, Neue Folge, Reihe A, Band 19, Berlin 1941, S. 34. Er hebt dort bei der frühen Plakatagitation der NSDAP den Unterschied zwischen dem Sozialdemokraten als »Typ des fetten S.P.D.-Bonzen mit der roten Ballonmütze« und dem Kommunisten als Typ des »Rotfront-Verbrechers mit Dolch und Revolver« hervor.

35 Vgl. Hitler, »Denkschrift« S. 55; Mein Kampf, S. 350; das Schlußwort Hitlers im Putschprozeß nach: Tyrell (Hrsg.), Führer befiehl, S. 88; Hitler, »Warum mußte ein 8. November kommen?«, zit. nach Jäckel/Kuhn (Hrsg.), Hitler, S. 1226.

36 Vgl. Petzold, Die Dolchstoßlegende, S. 47 – 77.

Zusammenfassend kann man sagen, daß der »Dolchstoß« die innere Kampflinie markierte, die den »Feind« stigmatisierte und deutlich machte, welche politischen Prioritäten gelten mußten, bevor Vergeltung für die »Schmach von Versailles« genommen werden konnte.[37] Der daraus zwangsläufig abzuleitende Revanchekrieg mußte demzufolge ein »totaler« sein und zwar nach innen und außen.[38] Die Dolchstoßlegende legitimierte somit nicht nur, gegen den Feind im Innern vorzugehen, und zwar mit allen zur Verfügung stehenden Kräften, sondern stellte ebenso eine der Voraussetzungen für die spätere aggressive Außenpolitik des Nationalsozialismus dar, die durch die »Lebensraum«-These theoretisch noch erweitert wurde.[39]

Zur Instrumentalisierbarkeit eines Feindbildes: Novemberrevolution und »bolschewistische Gefahr«

»Der 9. November, der schwärzeste Tag deutscher Geschichte«, eine »Katastrophe«, die nur die »Selbstbefleckung des Bürgerkrieges und die bolschewistische Pest« gebracht habe; ein »Sieg Judas auch in Deutschland«[40], verhöhnt und verspottet als »die glorreiche Revolution von 1918«, die »nicht gelungen [sei], denn sie hat uns dem Jammer und dem Elend ausgeliefert, sie beweist, daß unser Volk innerlich erkrankt, angefault war«[41]; und immer wieder als ein »Spuk« bezeichnet, der durch das Eingreifen »entschlossener Männer« zu einem »Nichts« geworden wäre[42]: Mit solchen Metaphern beschrieb die extreme völkische Rechte den Soldatenaufstand von 1918 sowie die Auseinandersetzungen um die Räterepublik und die Konstituierung der parlamentarischen Demokratie. Dieses aus der Novemberrevolution hervorgegangene demokratisch verfaßte Deutschland erschien ihnen als ein »zugrunde gerichteter Organismus«[43], welcher noch immer durch »den Bolschewismus« bedroht sei. Vor allem einige Ereignisse der kurzlebigen bayerischen Räterepublik und die Greuelberichterstattung aus Rußland ließen aus dieser Sicht das Schlimmste, wie etwa die »Vernichtung der

37 Dies machte Hitler sehr deutlich: »Diese Rettung des Vaterlandes jedoch ist begründet erst in der Stunde, da der letzte Marxist entweder bekehrt oder vernichtet ist. *Erst nach diesem inneren Siege wird Deutschland die eiserne Fessel seines äußeren Feindes zerbrechen.*« Hitler, »Warum mußte ein 8. November kommen?«, in: Jäckel/Kuhn (Hrsg.), Hitler, S. 1226 (Hervorhebung im Original).

38 Inwieweit hier Anknüpfungspunkte an die Vorstellungen von einem »totalen Krieg« bei Ludendorff und Hindenburg vorhanden waren, erläutert u.a. Fischer, Bündnis der Eliten, S. 52 f. und S. 89 – 91.

39 Vgl. die einschlägigen Abschnitte in Mein Kampf, insbesondere S. 304.

40 Alfred Willer im »Völkischen Beobachter« (im folgenden VB) vom 11. 11. 1920; Hitler, »Denkschrift« S. 55; Alexander Schilling im VB vom 14. 1. 1920; VB (ohne Autorenangabe) vom 20. 5. 1920.

41 Willer im VB vom 11. 11. 1920, s. Anm. 40.

42 So etwa von Hitler in der oben angegebenen »Denkschrift«.

43 Schilling im VB vom 14. 1. 1920, s. Anm. 40.

Charakterköpfe der Judenrevolution

Philipp Scheidemann mit der verdorrten Hand, ehemaliger Schloßherr zu Kassel

Tobias Axelrod, der wie Max Lewin (Bild siehe unten), russischer Jude und „Volksbeauftragter" der Münchener Räterepublik war.

Johannes Hoffmann. Soziführer, bürgerlicher Beruf Lehrer.

Gustav Landauer trieb die jüdische Frechheit soweit, sich als „Christuskommunist" zu bezeichnen. Bei der Befreiung Münchens vom roten Terror bekam er Gelegenheit, sich zu seinen hebräischen Ahnen zu versammeln.

Fechenbach. Wegen Landesverrat mit Zuchthaus bestraft.

Wels. Macher der Revolution in Norddeutschland.

Max Lewin.

Wer weiß, daß Gesichtsforschung die beste Geschichtsforschung ist, muß zur Erkenntnis kommen, daß 1918 keine deutsche Revolution ausbrach, sondern bloß ein Aufstand des jüdisch-asiatischen Untermenschentums und seiner geistigen Söldlinge.

Der Haß auf alles Jüdische und Marxistische kommt in diesem populären Machwerk der Nationalsozialisten bestens zum Ausdruck. Interessant ist hier die Verschmelzung der Feindbilder »Jude« – »Marxist«.
Aus: Antisemitismus der Welt in Wort und Bild, Dresden 1935, S. 231.

gesamten abendländisch-christlichen Kultur überhaupt«[44], befürchten. So habe etwa die »Schreckensherrschaft« der Räte zu »berechneter Grausamkeit« und »Aufforderung zur Schächtung« geführt und eine Spur sichtbar gemacht, die von den Auseinandersetzungen im bolschewistischen Rußland über das »jüdische Weltwuchertum« bis zur »jüdischen Weltherrschaft« führen würde.[45] Diese Verbindung eines radikalen Antisemitismus mit einer antimarxistischen bzw. antibolschewistischen Grundhaltung war ein wichtiges Merkmal des Weltbildes vieler rechtsradikaler Gruppen, die in den frühen zwanziger Jahren, insbesondere in Bayern, ihre Blütezeit hatten.[46]

Daß Bayern die Hochburg dieser Gruppen werden konnte, verwundert nicht, wenn man bedenkt, daß hier eine der brutalsten Auseinandersetzungen mit »den Marxisten« geführt wurde, die mit der Niederschlagung der Räterepublik endete.[47] In den Augen der Rechten hatte die Revolution hier besonders »gewütet«, hier waren die eigenen Leute von »den Roten« umgebracht, »wehrlose Geiseln kaltblütig ermordet« worden.[48] Hinzu kam, daß die Revolution in Bayern durchaus positive Phasen der Akzeptanz in der Bevölkerung durchmachte, bis politische Fehler und wirtschaftliche Fehlleistungen[49] das »Experiment« diskreditierten und es schließlich von großen Teilen der Bevölkerung abgelehnt wurde. Die Tatsache, daß die bayerische Räterepublik zum großen Teil von jüdischen Persönlichkeiten getragen wurde, machte es noch leichter, sie zu diffamieren und für die Hetze gegen alles »Marxistische« zu mißbrauchen. Dabei wurde der »Terror« der Räterepublik über jedes Maß dramatisiert[50] und bildete so den realen Anknüpfungspunkt für eine Propaganda, die die nachfolgenden terroristischen

44 Hitler, »Denkschrift«, S. 55.

45 Alle Zitate aus einem Artikel »Zum Gedächtnis der am 30. April 1919 ermordeten Geiseln«, in: VB vom 29. 4. 1920.

46 Nachzuweisen ist dies insbesondere in der Frühphase des VB, als er noch nicht in den Besitz der NSDAP gelangt war. In dieser Zeit verstand sich das Blatt als »Sprachrohr der gesamten völkischen Bewegung« und fühlte sich ihr als ganze verpflichtet. Vgl. Albrecht Tyrell, Vom »Trommler« zum Führer. Der Wandel in Hitlers Selbstverständnis zwischen 1919 und 1924 und die Entwicklung der NSDAP, München 1975, S. 175 f.

47 Allgemein zur Geschichte der Räterepublik vgl. Allan Mitchell, Revolution in Bayern 1918/1919. Die Eisner-Regierung und die Räterepublik, München 1967; Karl Bosl u.a. (Hrsg.), Bayern im Umbruch. Die Revolution von 1918, ihre Voraussetzungen, ihr Verlauf und ihre Folgen, München 1969.

48 Zu den tatsächlichen Vorgängen um die Geiselerschießungen vgl. Gerhard Schmolze (Hrsg.), Revolution und Räterepublik in München 1918/19 in Augenzeugenberichten, Düsseldorf 1969, S. 349 – 360.

49 Wie etwa die Einführung eines sogenannten »Freigeldes«, die Konfiszierung privater Automobile oder die Neuverteilung von Land und Immobilien. Hinzu kamen diverse Experimente aus dem Kreise der Lebensreformer. Vgl. ebd., S. 270 – 285.

50 Vgl. dazu ebd., S. 361 – 398. Einen guten Überblick über die politischen und militärischen Machtkämpfe gibt Heinrich Hillmayr, Roter und weißer Terror in Bayern nach 1918. Ursachen, Erscheinungsformen und Folgen der Gewalttätigkeiten im Verlauf der revolutionären Ereignisse nach dem Ende des Ersten Weltkrieges, München 1974. Vgl. zur Politik

Methoden der rechten Gruppen selbst legitimierte.[51] Insofern stellte das antimarxistische Feindbild vor dem Hintergrund der Revolution in Deutschland für viele Menschen einen realen Bezug her, weil die Ereignisse der Revolutionszeit in ihrer Erinnerung noch stark präsent waren. Schließlich blieb ein »rein« antisemitisches Feindbild viel stärker irrationalen Vorurteilen und unbegründbaren Stereotypen verhaftet, so daß sich hier für die Rechte auf der Basis der bayerischen Räterepublik eine Verschmelzung der beiden Feindbilder geradezu anbot.

Somit erwies sich die Revolution als wirksamer Ausgangspunkt für eine radikale nationalistische Agitation. Die Novemberrevolution hatte den Arbeitern im besonderen und den »kleinen Leuten« im allgemeinen nicht das gebracht, was diese sich erträumten und was als Chancen und Möglichkeiten der Revolution beschrieben worden ist.[52] Die Hoffnungen vieler auf eine wirkliche Umwälzung der gesellschaftlichen Verhältnisse, die eine Verbesserung ihrer wirtschaftlichen und sozialen Situation hätte nach sich ziehen sollen, waren enttäuscht worden. Dazu machten die Alliierten die junge Republik und nicht die kriegstreibenden Kräfte des untergegangenen Kaiserreiches für die Folgen des Krieges verantwortlich, und die Bestimmungen des Versailler Vertrages belasteten den politischen und wirtschaftlichen Neuanfang noch zusätzlich. Hinzu kam noch die Furcht des Kleinbürgertums, in den Wirren eines immer noch für möglich gehaltenen Bürgerkrieges vollends unterzugehen.[53] Angesichts der Vorgänge in Rußland zur Zeit des »Kriegskommunismus« und den Aufrufen zu einer Internationalisierung der bolschewistischen Revolution schien diese Furcht auch hier wieder einen realen Anknüpfungspunkt zu haben.

Obwohl die Geschehnisse während der Revolution in Deutschland allein kaum geeignet waren, die weitgehenden Befürchtungen und Ängste zu begründen, wurden sie von der rechten Propaganda immer wieder herangezogen.[54] Die Ereignisse während der linksradikalen Aufstände und vor allem in der Periode der Räterepubliken wurden mit »der unmenschlichen Grau-

der linksradikalen Kräfte in Bayern Eberhard Kolb, Die Arbeiterräte in der deutschen Innenpolitik 1918 – 1919, Frankfurt a.M./Berlin/Wien, 1978, S. 347 – 358.

51 Vgl. dazu das Vorwort von Eberhard Kolb in: Revolution und Räterepublik in München 1918/19, S. 9 – 12; Revolution und Räterepublik in München 1918/19, S. 349 – 360; Bracher, Die deutsche Diktatur, S. 88; Joachim Fest, Hitler. Eine Biographie, Frankfurt a.M./Berlin 1987, S. 162. Für die zeitgenössische Bewertung dieser Agitation besonders interessant: Ernst Toller, Eine Jugend in Deutschland, Reinbek 1963, S. 112 – 116.

52 Zur Novemberrevolution allgemein, ihren Möglichkeiten und Auswirkungen vgl. Kolb, Die Weimarer Republik, insbes. S. 143 – 163 und S. 173 – 183. Dort auch umfangreiche Literaturangaben zu dieser Thematik.

53 Vgl. Bracher, Die Auflösung der Weimarer Republik, S. 142 – 156. Er sieht v.a. hierin die Ursache für das Entstehen einer »radikalen Mittelstandsideologie«, S. 147. Vgl. auch Georg Franz-Willing, Die Hitlerbewegung. Der Ursprung 1919 bis 1922, Hamburg 1962, S. 136.

54 Vgl. dazu Kolb, in: Revolution und Räterepublik in München 1918/19, S. 12; Fest, Hitler, S. 162.

samkeit als Methode zur Begründung der bolschewistischen Macht«[55] erklärt und interpretiert. Wie dies agitatorisch benutzt wurde, zeigt beispielhaft die Schilderung des Landrats v. Hertzberg im »Völkischen Beobachter«:

»Der Bolschewist kennt keine Schonung; hat er erst Blut geleckt, wird er zur Bestie und mordet aus Wollust alles, was ihm in den Weg kommt; was darin auch der Deutsche leisten kann, haben die Vorgänge der Geiselermordung in München [...] gezeigt. Kommt der Bolschewist zur Herrschaft, so ist nicht nur Leben und Eigentum des einzelnen gefährdet, ja verwirkt, sondern das Hochkommen Deutschlands völlig ausgeschlossen. [...] Dann steht [...] der Bolschewismus vor den Toren Berlins, mit knöcherner Hand packt er an; Angst und Schrecken gehen vor ihm her; Mord, Schändung, Raub und Brandstiftung ziehen mit ihm; ein Trümmer- und Leichenfeld, Vernichtung aller Kulturen sind seine Folge.«[56]

Derartige »Warnungen« vor dem Bolschewismus mußten immer wieder durch »Berichte« aus dem russischen Bürgerkrieg unterstützt werden, die angefüllt waren mit bluttriefenden »Tatsachen«. Solche »Berichte« entstammten meist fragwürdigen Quellen und waren daher als »Beweise« für einen systematischen Terror der Bolschewisten äußerst dürftig und anzweifelbar. Trotzdem waren sie weit verbreitet und dürften ihre Wirkung auf die Zeitgenossen nicht verfehlt haben.[57] So tauchten bei diesen »Zeugen der bolschewistischen Greueltaten« beispielsweise die »Chinesen«, manchmal als »die Tscheka« bezeichnet, auf, die als Inbegriff absoluter Grausamkeit und Brutalität galten. Ebenso sollte die Beschreibung mittelalterlicher Folterkammern, die »Schändung von Nonnen und Priestern« sowie die allgemeine »Unterjochung« der Arbeiter und Bauern Angst und Schrecken vor dem Bolschewismus verbreiten. Bezeichnend daran ist vor allem, daß diese »Tatsachen« meistens aus anderen Publikationen nachgedruckt waren oder ihre Herkunft ganz verschwiegen wurde, so daß es nahe liegt, hierin eine professionelle »Greuelberichterstattung« zu vermuten.[58]

Dabei läßt sich zeigen, daß diese Schilderungen nicht nur darauf abzielten, das im Entstehen befindliche Sowjetsystem zu diskreditieren, sondern auch vermeintlich konkurrierende Strömungen, wie etwa den »Nationalbolsche-

55 »Bericht« eines Dr. Alfred Nossig über die »Zustände in Rußland«, in: VB vom 2. 9. 1920.

56 VB vom 14. 2. 1920 unter der Überschrift »Der Bolschewismus vor den Toren!«

57 Hier sei v.a. auf die berühmt-berüchtigte »Rattenkäfig«-Geschichte verwiesen, die in allen möglichen Variationen verbreitet wurde. So z.B. bei Nossig, s. Anm. 55, oder bei Arnold Rechberg im VB vom 26. 4. 1920.

58 Vgl. dazu, insbesondere was die Auseinandersetzungen anläßlich des »Historikerstreits« angeht, die Ausführungen von Wehler, der Ernst Nolte apologetische Vorgehensweise in diesem Punkt nachweist, in: Hans-Ulrich Wehler, Entsorgung der deutschen Vergangenheit? Ein polemischer Essay zum »Historikerstreit«, München 1988, S. 147 – 154.

wismus« zu bekämpfen.[59] So etwa in dem schon erwähnten Artikel von Nossig im »Völkischen Beobachter«, dem die »Schriftleitung« folgende Warnung voranstellt:

»Vielleicht sehen sie [die Nationalbolschewisten] dann allmählich ein, daß eine Verbindung mit dem Bolschewismus und wäre sie noch so ideal gedacht, einfach Wahnsinn und Selbstmord bedeutet.«[60]

Die ständig wiederkehrende Behauptung, daß die breite Volksmasse in Rußland durch einige wenige, welche natürlich sämtlich Juden seien, terrorisiert würde, wurde dabei zum Fixpunkt der Agitation. Exemplarisch dafür sei der führende nationalsozialistische Ideologe dieser Zeit, Dietrich Eckhart, zitiert:

»Also, wer in Rußland das Kind beim rechten Namen nennt und die Tyrannen der roten Garde, überhaupt der Sowjets, für das ausspricht, was sie mit Trotzki-Braunstein an der Spitze samt und sonders sind, für Juden; wem es nicht behagt, daß seine Nation, ein Millionenvolk, von dem jüdischen Verbrechergesindel bis aufs Blut gepeinigt wird; der darf sich noch so sehr um die ›große, kommunistische Idee‹ verdient gemacht haben – als Feind der Juden ist er ohne weiteres auch ein Feind der Sowjets und wird im Handumdrehen erschossen! Bedarf es noch mehr, um zu zeigen, was es mit dem Bolschewismus für eine unterirdische Bewandtnis hat, wozu er dient und von wem er gemacht wurde?«[61]

Schließlich wurde gar von einer angeblichen Finanzierung der Sowjets durch »amerikanische und englische Finanzkreise« gesprochen und für Kredite deutscher Banken an die junge Sowjetunion das Schlagwort »Börsenbolschewismus« erfunden.

Der »Vernichtungswillen«, der »dem Bolschewismus« im Zusammenhang mit der Novemberrevolution von den Rechten unterstellt wurde, stand in derart auffälliger Diskrepanz zu der konkreten Erfahrung mit der Revolution in Deutschland selbst, daß das Bedrohungsgefühl eines Teils der Bevölkerung wohl viel mehr als Bestandteil von Enttäuschungen und Verunsicherungen durch den verlorenen Krieg interpretiert werden muß. Dies wird vor allem durch die Argumentation deutlich, daß die Revolution »nichts anderes war, als Dummheit und Verbrechen gleichzeitig am deutschen Volke«[62]. Sie stellte so den entscheidenden Bezugspunkt her, der der antimarxistischen Propaganda ihre Schubkraft verlieh. Die damit verbundene »Dolchstoß«-Legende, derzufolge »[...] die deutsche Sozialdemokratie [...],

59 Zu diesem Komplex vgl. Otto-Ernst Schüddekopf, Nationalbolschewismus in Deutschland 1918 – 1933, Frankfurt a.M./Berlin/Wien 1972, insbes. S. 45 – 58.

60 S. Anm. 55.

61 VB vom 26. 10. 1921 unter der Überschrift »Das ›siegreiche‹ Proletariat unter Standrecht«.

62 Hitler in einer Rede im Münchner »Kindl-Keller« am 4. 1. 1921, zit. nach VB vom 13. 1. 1921.

um in Deutschland den Kaiserismus stürzen zu können, [...] einen für Deutschland verlorenen Krieg [brauchte]«[63], und die Ablehnung der Ergebnisse der Novemberrevolution führten für die militante Rechte konsequenterweise zur Ablehnung der Weimarer Republik überhaupt. Anders als bei den konservativen Eliten aber sollte die Überwindung der als Niederlage empfundenen Revolution nicht einfach eine Restauration der Vorkriegsstrukturen erzwingen. Zumindest bei den Nationalsozialisten war auch Neues enthalten, vor allem die Umdeutung der Weltkriegserfahrungen zur Idee der nationalsozialistischen »Volksgemeinschaft« Und es war für sie auch keineswegs problematisch, den Begriff der Revolution zu übernehmen. Dies bedeutete lediglich, die eigene politische Strategie mit den Mitteln revolutionären Handelns auszustatten, ohne wirklich revolutionäre Ziele erreichen zu wollen.[64]

Die Agitation gegen die Novemberrevolution ist also von der völkischen Rechten in zweierlei Hinsicht für ihre Politik instrumentalisiert worden:

- Zum einen sind Entstehen und Schwierigkeiten der Republik den etablierten politischen Kräften und Gruppen angelastet worden, von denen sich nun die junge, unverbrauchte, »schlagkräftige Bewegung«[65] deutlich absetzen konnte, indem sie den Kampf gegen das angeblich von außen aufgezwungene, daher auch »undeutsche« parlamentarisch-demokratische »System« als ganzes aufnahm.
- Zum anderen hielt man sich in der Rolle der einzigen »Fundamentalopposition« die Option zur Zerschlagung des neuen Staatsgebildes offen. Die Furcht vor der Revolution und der ständig beschworenen »bolschewistischen Gefahr«[66] machte ihre Art der Propaganda bis weit ins gemäßigt-konservative und wirtschaftsliberale Lager hinein wirkungsvoll.

Für die Anhängerschaft der militanten rechtsradikalen Gruppen schließlich kann die Bedeutung des Feindbildes »Novemberrevolution/bolschewistische Gefahr« nicht hoch genug veranschlagt werden, weil viele von ihnen ihre politischen Erfahrungen in der Niederschlagung revolutionärer Erhebungen gemacht hatten und, wie die führenden Köpfe der NSDAP Röhm,

63 Anton Drexler im VB vom 21. 8. 1921 unter der Überschrift »Was hat die Revolution bis jetzt erreicht?«

64 Vgl. dazu Broszat, Machtergreifung, S. 69 – 71; Fest, Hitler, S. 212 – 217; Nolte, Der Faschismus in seiner Epoche, S. 395 – 398.

65 Drexler, s. Anm. 63.

66 Beispielhaft für diese Furcht der schon oben genannte Landrat v. Hertzberg: »Der Bolschewismus ist nicht tot, sondern er arbeitet mit allen Kräften am festen Zusammenschluß aller derer, die die Diktatur des Proletariats erstreben.« Vgl. Anm. 56.

die Gebrüder Strasser, Scheubner-Richter, Heß u.a. aktiv in verschiedensten Freikorps tätig waren.[67]

Die politische Sozialisation dieser ehemaligen Soldaten war durch den äußeren Feind im Weltkrieg und durch den inneren Feind 1918/19 bestimmt worden, ihre Ablehnung der Republik fundamental. Ihre daraus abgeleitete politische Einstellung beschränkte sich weitgehend auf die Ressentiments kriegerischer »Kultur«.[68] »Im Felde unbesiegt«, verstanden sie es nicht, eine konstruktive Rolle im neu entstandenen Staatswesen zu finden. Statt dessen gerieten sie zunehmend in den Sog faschistischer Kräfte. In diesen Gruppen durften sie sich als »Vorkämpfer für ein neues Deutschland« fühlen. Obwohl sie oft nicht genau wußten, wofür sie eigentlich kämpfen wollten, hatten sie doch den Feind klar im Visier.

Exkurs: Zur Entstehung und Entwicklung der NSDAP bis 1923

Die Entstehungs- und Entwicklungsgeschichte der NSDAP läßt sich in diesem Zusammenhang nur unvollständig und kurz beschreiben.[69] Ihre Gründung kann unmittelbar auf die Tätigkeiten und Zielsetzungen reaktionärer Gruppen gegen Ende des Krieges und im Verlauf der Novemberrevolution zurückgeführt werden.[70] Anschaulich wird das am Beispiel des Werkzeugschlossers Anton Drexler: Zunächst Mitglied der »Vaterlandspartei«, gründete er am 7. 3. 1918 in München den »Freien Arbeiterausschuß für einen guten Frieden«, der »sich das Ziel gesteckt hatte, den Siegeswillen der Bayern, besonders der Arbeiterschaft, zu stärken, die Zuversicht zum Endsieg durch Vorträge und Versammlungen zu heben und die Hemmungen des Durchhaltens [...] durch entsprechende Maßnahmen bei den Behörden zu bekämpfen.«[71] Nachdem er im Oktober 1918 einen »Politischen Arbeiterzirkel« als Ort der Sammlung rechter Kräfte mit ins Leben gerufen hatte, wurde er Mitbegründer der »Deutschen Arbeiterpartei« und einer ihrer ersten Vorsitzenden. Solche kontinuierlichen politischen Entwicklungen lassen sich

67 Vgl. Bracher, Die deutsche Diktatur, S. 90 – 98; Broszat, Machtergreifung, S. 17 – 21; Fest, Hitler, S. 163 und 189 – 195; Nolte, Der Faschismus in seiner Epoche, S. 398 – 409. Interessant in diesem Zusammenhang ist auch die Rolle Hitlers als »Schulungsredner« der Reichswehr, wo seine propagandistische »Begabung« erst entdeckt wurde. Vgl. Ernst Deuerlein, Hitlers Eintritt in die Politik und die Reichswehr, in: Vierteljahrshefte für Zeitgeschichte (VfZG), 7, 1959, S. 177 – 227; Tyrell, Vom »Trommler« zum »Führer«, S. 17.

68 Vgl. Nolte, Der Faschismus in seiner Epoche, S. 400 – 408; Fest, Hitler, S. 189. Als wichtige Quelle eines Zeitzeugen bleibt für diesen Komplex weiter maßgebend: Heiden, Adolf Hitler (s. Anm. 16).

69 Für die geistige und politische Entwicklung der antisemitischen und antimarxistischen »Bewegung« vor der Gründung der NSDAP vgl. Auerbach, Nationalsozialismus vor Hitler, S. 13 – 28.

70 Vgl. Petzold, Die Entstehung der Naziideologie, S. 176 – 185.

71 Lebenslauf Anton Drexlers vom 12. 3. 1935 (Nachlaß), S. 14 f., zit. nach Deuerlein (Hrsg.), Der Aufstieg der NSDAP, S. 58. Vgl. auch Franz-Willing, Die Hitlerbewegung, S. 62.

ebenfalls bei anderen Personen aufzeigen, was die Kongruenz persönlicher Biographien mit den geschichtlichen Prozessen dieser Zeit verdeutlicht.

Als klar wurde, daß die letzten Versuche zur Rettung der imperialen Annexionspolitik gescheitert waren und die revolutionären Aufstände das gesamte Reichsgebiet erfaßten, zeichnete sich schon um die Jahreswende 1918/19 innerhalb der rechten, völkischen Gruppen, und hier vor allem in Bayern, der Versuch ab, alle Kräfte zu sammeln und zu konzentrieren. Hierbei spielte die »Thule-Gesellschaft« um Rudolf Freiherr v. Sebottendorf eine herausragende Rolle.[72] Die meisten Personen, die für die Entstehung und Entwicklung der späteren NSDAP von Bedeutung waren, standen in besonders enger Beziehung zu ihr.[73] Die wichtigste ideologische Führungsfigur war zunächst Dietrich Eckhart, ein Schriftsteller, der, ebenfalls aus dem Kreise um Sebottendorf kommend, die antisemitische Zeitschrift »Auf gut deutsch« herausgab, später offiziell »die erste Zeitschrift der Bewegung« genannt.[74] Neben Eckhart, der als leitender Redakteur beim »Völkischen Beobachter« konzeptionelle Ansätze in die »Bewegung« trug, spielten in der frühen Phase noch Alfred Rosenberg und insbesondere Gottfried Feder eine wichtige Rolle.[75]

Neben dieser Gruppe, die schon ideologisch vorgeprägt war, waren es vor allem junge Soldaten, die zur nationalsozialistischen »Bewegung« stießen. Die wichtigste Rolle für die NSDAP kam dabei zweifellos Ernst Röhm zu, aber auch Hermann Göring, Rudolf Heß u.a. gehörten zu dieser Gruppe.[76] Insbesondere nach dem fehlgeschlagenen Kapp-Lüttwitz-Putsch und der Auflösung der Freikorps in den Jahren 1920/21 strömten viele ihrer Mitglieder und Sympathisanten, darunter allerhand Abenteurer und Wirrköpfe, nach Bayern und fanden in der NSDAP eine neue politische Heimat.[77]

Die Deutsche Arbeiterpartei (DAP), im Januar 1919 gegründet, entwickelte seit dem Eintritt Adolf Hitlers im September 1919 ein enormes Maß an poli-

72 Vgl. Petzold, Die Entstehung der Naziideologie, S. 183 – 185; Franz-Willing, Die Hitlerbewegung, S. 63.

73 Etwa Karl Harrer, ein Münchner Sportjournalist, der zusammen mit Drexler den »Politischen Arbeiterzirkel« leitete, einer der Gründer der »Deutschen Arbeiterpartei« und ihr erster Vorsitzender auf Reichsebene wurde. Vgl. Petzold, Die Entstehung der Naziideologie, S. 184; Kurt Pätzold/Manfred Weißbecker, Geschichte der NSDAP, Köln 1981, S. 18. Weitere für die Entstehung und Entwicklung der NSDAP wichtige Personen waren Hermann Esser, Paul Tafel und Michael Lotter. Vgl. Pätzold/Weißbecker, Geschichte der NSDAP, S. 23 – 29; Kurt Gossweiler, Kapital, Reichswehr und NSDAP. 1919 – 1924, Köln 1982, S. 141 – 152.

74 Alfred Rosenberg, zit. nach Nolte, Der Faschismus in seiner Epoche, S. 403 und Anm. S. 598.

75 Vgl. Nolte, Der Faschismus in seiner Epoche, S. 398 – 400; Deuerlein, Hitlers Eintritt in die Politik, S. 180 – 191.

76 Vgl. zur Rolle Röhms Nolte, Der Faschismus in seiner Epoche, S. 401 f.; zu den anderen Fest, Hitler, S. 189 – 191.

77 Vgl. Fest, ebd.; Werner Maser, Die Frühgeschichte der NSDAP. Hitlers Weg bis 1924, Frankfurt a.M. 1965 , S. 175; Pätzold/Weißbecker, Geschichte der NSDAP, S. 28.

tischer Energie und propagandistischer Wirksamkeit. Hitler, der zunächst die Funktion eines »Werbeobmanns« übernahm, war vor allem für die agitatorische Vermarktung der Parolen der Partei zuständig und wurde in dieser Rolle schon sehr bald ein eigenständiger Faktor.[78] Hatte die DAP vor Hitlers Eintritt noch einen behäbigen Charakter, welcher der »Vorstandschaft eines kleinen Skatclubs«[79] glich, begann unter seiner Federführung bald eine rege propagandistische Veranstaltungstätigkeit, deren Grundsatz lautete: Alle acht Tage eine Massenkundgebung.[80] Die rhetorischen Fähigkeiten Hitlers, sein geschicktes Eingehen auf die Stimmungen der Zuhörer und seine herausragende demagogische Begabung machten seine Auftritte zu gut besuchten Veranstaltungen. Ende des Jahres 1920 war die Nationalsozialistische Deutsche Arbeiterpartei (NSDAP), wie sie sich seit März 1920 nannte, zur wichtigsten rechtsradikalen, völkischen Gruppierung in München geworden.

Die schnellen Erfolge in Konkurrenz zu einer Vielzahl ähnlicher Vereinigungen und Parteien sind vor allem auf zwei Faktoren zurückzuführen:

1. Während sich die anderen völkischen Verbände in uneffektiven Diskussionen über Zielsetzung und Taktik ihrer Politik stritten und darüber oft spalteten, formierte sich die NSDAP mit der Verabschiedung ihres Parteiprogramms vom 24. 2. 1920 auf ideologischem Gebiet und mit dem Einsatz von »Ordnungskräften« (erste »Saalschutz«-aktivitäten sind schon im Herbst 1919 nachweisbar) auf paramilitärischem Gebiet.[81] Diese Formierung führte zu einer ständigen Einsatzbereitschaft der Mitglieder und Anhänger, wobei hinzu kommt, daß man mit den damals modernsten Mitteln der Propaganda für die Politik der NSDAP zu agitieren wußte.[82]
2. Ausgiebige Kontakte zum Münchener Bürgertum, insbesondere zum Polizei- und Regierungsapparat sowie zum bayerischen Reichswehrgruppenkommando wurden frühzeitig aufgebaut. Hier saßen nicht wenige Beschützer und Förderer der »Bewegung«, die diese vorwiegend auf konspirativ-informellem Wege unterstützten.[83]

78 Zur Rolle und Position Hitlers in der Frühzeit der »Bewegung« vgl. Helmuth Auerbach, Hitlers politische Lehrjahre und die Münchener Gesellschaft 1919 – 1923 in: VfZG, 25 (1977), S. 1 – 45. Neue Belege für Hitlers frühe Unterstützung durch die Reichswehr bei Anton Joachimsthaler, Korrektur einer Biographie. Adolf Hitler 1908 – 1920, München 1989, S. 221 – 233.

79 Hitler, »10 Jahre Kampf«, zit. nach Deuerlein (Hrsg.), Der Aufstieg der NSDAP, S. 100.

80 Vgl. Fest, Hitler, S. 192.

81 Vgl. Franz-Willing, Die Hitlerbewegung, S. 138.

82 Zum Beispiel durch motorisierte Propagandafahrten über Land, das Verteilen von Flugschriften vom LKW aus und Versammlungsreden zur Werbung neuer Mitglieder. Vgl. dazu Fest, Hitler, S. 202.

83 Die wichtigsten Protagonisten in den regierungsamtlichen Stellen waren der Münchner Polizeipräsident Pöhner und sein Oberamtmann Dr. Wilhelm Frick, der später Abgeordneter der NSDAP und Innenminister unter Hitler wurde. Vgl. Broszat, Die Machtergreifung, S. 18; Fest, Hitler, S. 195 u. S. 225.

Die entscheidende ideologische Komponente, der die NSDAP mit dem Ausbau ihrer Organisation Rechnung trug und sie schließlich zu einem »Ordnungsfaktor« der bayerischen Innenpolitik werden ließ, war das klare antimarxistische Feindbild, das sich in der Militarisierung der eigenen Anhängerschaft und der zunehmenden Terrorisierung der Linken widerspiegelte. Die Gründung der – erst »Sport-«, dann »Schutz-« und schließlich »Sturmabteilung« genannten – SA im August 1921 war ein wichtiger Schritt im Kalkül der NSDAP in Richtung eines paramilitärischen Verbandes.[84] Schon in der sich verändernden Namensgebung wird deutlich, daß die »Truppe« mehr und mehr offensive Funktionen erfüllte. Die Selbstdarstellung der SA, daß man sich vornehmlich gegen militante linke Kampfverbände zur Wehr setzen müsse und daher ein reines »Notwehrinstrument« sei, ist reine Propaganda.[85] Sie war im Gegenteil von vornherein als »Angriffs- und Eroberungselement«, als ein »Sturmbock der Bewegung« aufgebaut worden, der strukturell alle Bedingungen einer »bis zum äußersten entschlossenen Privatarmee« erfüllte.[86] Mit der SA wurden die »politischen Schlachten« geschlagen, so daß sich die Geschichte der NSDAP spätestens seit der berüchtigten Schlägerei im »Hofbräuhaus« am 4. November 1921 als zunehmende Provokation gegenüber der Linken mit ständig militanteren Mitteln beschreiben läßt.[87]

Die ungehemmte Gewaltanwendung gegen die linken Gegner begründete Hitler damit, »daß bei dem vollständigen Fehlen irgendeines Gleichgewichtes außerparlamentarischer Art gegen die marxistische Welle der Kampf auf Leben und Tod beginnt und die junge Bewegung als einzige stoßkräftige Organisation führend in diesen Kampf einzugreifen gezwungen sein wird«.[88] Der Terror, der nach dem »Muster italienisch-faschistischer Strafexpeditionen«[89] ablief, gewann wachsende Anhängerschaft, vorrangig im Bürgertum, auf die solche Aktionen mittlerweile respekterzeugende Wirkung ausübten.[90]

84 Die Entstehung und Entwicklung der SA wäre ohne die logistische und militärische Unterstützung durch die Reichswehr undenkbar gewesen. Hierbei spielte Röhm die wichtigste Rolle. Zur Reichswehr vgl. Gossweiler, Kapital, Reichswehr und NSDAP, insbes. S. 152 – 175; Werner Maser, Die Frühgeschichte der NSDAP, S. 287; Fest, Hitler, S. 208. Zur Rolle Röhms hierbei Broszat, Die Machtergreifung, S. 17; Fest, Hitler, S. 190.

85 Vgl. Fest, Hitler, S. 208 – 214.

86 Ebd.

87 Wichtige Stationen auf diesem Weg waren der »Deutsche Tag« in Coburg im Oktober 1922, der »Reichsparteitag« im Januar 1923 und der 1. Mai 1923 in München. Den Höhepunkt und vorläufigen Abschluß dieser Entwicklung stellte der Putschversuch vom 8./9.November 1923 dar, der mit der Parole: »Gegen das marxistische Berlin« die eigentliche Stoßrichtung der nationalsozialistischen Politik noch einmal allen deutlich machte. Vgl. Maser, Die Frühgeschichte der NSDAP, S. 286, Broszat, Die Machtergreifung, S. 18 – 28, Pätzold/Weißbecker, Geschichte der NSDAP, S. 69; Fest, Hitler, S. 210 – 217.

88 Hitler, »Denkschrift«, S. 51.

89 Broszat, Die Machtergreifung, S. 19.

90 Ebd. Vgl. auch Fest, Hitler, S. 227 – 230.

Die Politik der Einschüchterung und des Terrors blieb nicht ohne Auswirkungen auf die Anhänger der linken Parteien. Sie befanden sich seit der Niederschlagung der Räterepublik in Bayern und der Machtübernahme separatistisch gesinnter, konservativ-reaktionärer Politiker im März 1920 in einer völlig defensiven Position. Abgesehen von vereinzelten Versuchen, nationalsozialistische Versammlungen zu stören, kam es nicht zu konzentrierten Aktionen gegen die Nationalsozialisten. Ein Grund ist in der Spaltung der Arbeiterbewegung zu sehen, ein anderer in der in Bayern besonders intensiven Überwachung und Verfolgung durch die politische Polizei.[91] Allerdings scheint es auch Linke gegeben zu haben, die in Hitler eine »faszinierende Persönlichkeit« sahen und der sozialen Demagogie der NSDAP erlagen. Insofern hat der Radikalismus der Nationalsozialisten seine Wirkung auf die Linke nicht verfehlt und wurde durch die defensive Haltung der SPD-Führung gegenüber den Verleumdungsattacken durch die Nationalsozialisten eher noch verstärkt.[92] Der rapide Mitgliederanstieg, den die NSDAP vor allem in den Jahren 1922/1923 verzeichnen konnte, kann daher auch zu einem kleineren Teil auf Überwechsler aus dem linken Spektrum zurückgeführt werden.[93] Hierbei handelte es sich jedoch lediglich um marginale Gruppen innerhalb der Arbeiterbewegung.[94] In ihrer Frühzeit haben die Nationalsozialisten »den deutschen Arbeiter« jedenfalls nicht erreicht. Im Gegenteil: die NSDAP war und blieb eine organisatorische Fortsetzung der sich schon vor dem Kriege entwickelnden »Mittelstandsbewegung«.[95]

Zur Struktur des antimarxistischen Feindbildes

Die ideologische Dimension: »Der Weltanschauungskrieg«

Zur Klassifizierung ihres marxistischen Feindes benutzten die Nationalsozialisten vor allem zwei Kategorien, die, trotz unterschiedlicher Herkunft,

91 Vgl. Gossweiler, Kapital, Reichswehr und NSDAP, S. 102 – 140.

92 So berichtete etwa der württembergische Gesandte Schmelzle über die politische Situation in München Ende 1922 u.a.: »Insbesondere hätten die Nationalsozialisten einen enormen Zulauf und ihnen sei alles zuzutrauen. Die Sozialdemokratie habe viele ihrer Angehörigen an die Nationalsozialisten verloren, und der Führer Hitler müsse eine faszinierende Persönlichkeit sein.« Zitiert nach Deuerlein (Hrsg.), Der Aufstieg der NSDAP, S. 156.

93 Vgl. Peter Manstein, Die Mitglieder und Wähler der NSDAP 1919 – 1933. Untersuchungen zu ihrer schichtmäßigen Zusammensetzung, Frankfurt a.M./Bern/New Yorck/Paris 1989², S. 116 f.; Michael H. Kater Zur Soziographie der frühen NSDAP in: VfZG, 19 (1971), S. 124 – 159.

94 Vgl. Michael Ruck, Bollwerk gegen Hitler? Arbeiterschaft, Arbeiterbewegung und die Anfänge des Nationalsozialismus, Köln 1988, S. 22 – 85; Franz-Willing, Die Hitlerbewegung, S. 136.

95 Vgl. Martin Broszat, Der Staat Hitlers. Grundlegung und Entwicklung seiner inneren Verfassung, München 1986¹¹, S. 49 – 65; Bracher, Die Auflösung der Weimarer Republik, S. 148 – 156; Kater Zur Soziographie der frühen NSDAP, S. 155 – 159. Vgl. auch die Diskussion dieser These bei Kolb, Die Weimarer Republik, S. 207 – 211.

sowohl in der Propaganda als auch in der Gedankenwelt der Führer und der meisten Mitglieder der Partei unverrückbar zusammengehörten:

a. Die auf antimodernistische Grundideen (im Sinne von antiliberal, antiindustriell) reduzierte Kategorie des »deutschen Idealismus«, wie er auch bei vielen Konservativen zu finden war, wurde dem »schnöden« Materialismus entgegengehalten. Zum großen Teil kann dieser »Idealismus« als eine Reaktion auf die Theorien der Arbeiterbewegung und ihr politisches Handeln als Massenbewegung betrachtet werden. Dieses Selbstbild stellte ein negatives Gegenbild gegen die aufstrebende Sozialdemokratie und eine Projektions- und Identifikationsfläche für breite gesellschaftliche Gruppen dar.
b. Die pseudowissenschaftliche Kategorie des Sozialdarwinismus hatte eine klare Ab- und Ausgrenzungsfunktion und bezog ihre Faszination aus dem Moment des »Neuen«, des »Wissenschaftlichen«, wobei die Nationalsozialisten die entscheidende Betonung auf den »rassentheoretisch« verbrämten Antisemitismus legten. Mit seiner Hilfe setzten sie sich von den bloßen »Gefühlsantisemiten« ab und gingen weit über die traditionellen Motive herkömmlicher Judenfeindschaft hinaus.

Diese beiden Argumentationslinien erschienen ständig vermischt, wurden kommensurabel verwendet und zu jener »Weltanschauung« verklebt, die man »der marxistischen« glaubte entgegenstellen zu können. Auf der ideologischen Ebene war der marxistische Feind, oder besser »die marxistische Weltanschauung«, die Legitimation für den »Weltanschauungskrieg«, welcher immer auch ein »Ausrottungskrieg« (!) sein mußte.

Hierzu einige Beispiele:

In einer »Denkschrift« vom 22. 10. 1922 zum weiteren Ausbau der NSDAP, die vorwiegend an Geschäftsleute gerichtet war und der »Bewegung« dringend benötigte Gelder verschaffen sollte, schrieb Hitler:

»Denn um was es sich hier handelt, das ist nicht die Erringung einer Majorität, auch nicht die der politischen Macht, sondern es handelt sich um einen Kampf um Leben und Tod zwischen zwei Weltanschauungen, die beide nebeneinander nicht zu existieren vermögen und in deren Kampf es nur Sieger und Vernichtete geben wird. Diese Einstellung ist dem Marxismus in Fleisch und Blut übergegangen (siehe Rußland). Ein Sieg der marxistischen Idee bedeutet die vollständige Ausrottung der Gegner.«[96]

Stellte diese Aussage in gewisser Hinsicht noch eine negative Legitimation dar, weil die Vernichtungsabsicht in erster Linie dem Feind unterstellt wurde, woraus eine gerechtfertigt erscheinende »Notwehr« abgeleitet wurde, zeigt das folgende Zitat, daß es dieser »Notwehr«-legitimation eigentlich gar nicht

96 Zitiert nach Tyrell (Hrsg.), Führer befiehl, S. 49.

bedurfte, wenn es um die, natürlich selbst definierten, »Schicksalsfragen von Volk und Nation« ging:

»Was aber mußte man tun? Die Führer der ganzen Bewegung [die Sozialdemokraten] sofort hinter Schloß und Riegel setzen, ihnen den Prozeß machen und sie der Nation vom Hals schaffen. Man mußte rücksichtslos die gesamten militärischen Machtmittel einsetzen zur Ausrottung dieser Pestilenz.«[97]

Hitler erkannte aber auch, daß autoritäre machtpolitische Repressionen gegenüber dem politischen Gegner allein nicht ausreichen würden, und folgerte daraus:

»Jeder Versuch, eine Weltanschauung mit Machtmitteln zu bekämpfen, scheitert am Ende, solange nicht der Kampf die Form des Angriffs für eine neue günstige Einstellung erhält. Nur im Ringen zweier Weltanschauungen miteinander vermag die Waffe der brutalen Gewalt, beharrlich und rücksichtslos eingesetzt, die Entscheidung für die von ihr unterstützte Seite herbeizuführen. Daran aber war bislang noch immer die Bekämpfung des Marxismus gescheitert. Das war auch der Grund, warum Bismarcks Sozialistengesetzgebung endlich trotz allem versagte und versagen mußte.«[98]

Deshalb war für Hitler klar, daß die nationalsozialistische »Bewegung« in der obrigkeitsstaatlichen Tradition stehend, die »Weltanschauung« verkörperte, die den »Marxismus niederringen« könne. Es sei hier nur aus seinem Schlußwort vor dem Münchener Volksgericht im Jahre 1924 zitiert, in dem er u.a. ausführte, daß er »vom ersten Tag an mehr [wollte], als Minister werden. Ich wollte der Zerbrecher des Marxismus werden«.[99]

Die oben angesprochene Verknüpfung antimaterialistischen Denkens als Bestandteil einer antimodernistischen Weltsicht mit »rassentheoretischen« antisemitischen Grundlagen ergab in ihrer radikalen Form das spezifisch nationalsozialistische Feindbild des Antimarxismus. Dabei ist auffallend, daß keinerlei theoretische Auseinandersetzung mit der marxistischen Lehre selbst geführt wurde, sondern lediglich unausgewiesene Postulate sozialdarwinistischer, teilweise auch pangermanistischer Herkunft[100] das Ziel rechtfertigen sollten, daß der Marxismus »als Zerstörer der Kultur« selbst vernichtet werden müsse. Das bekannteste Zitat in diesem Zusammenhang stammt aus »Mein Kampf«:

»Die jüdische Lehre des Marxismus lehnt das aristokratische Prinzip der Natur ab und setzt an die Stelle des ewigen Vorrechts der Kraft und Stärke die

97 Hitler, Mein Kampf, S. 186. Hierbei ging es um die Politik der kaiserlichen Eliten zu Beginn des Ersten Weltkrieges gegenüber den Sozialdemokraten.

98 Ebd., S. 189.

99 Zitiert nach Ernst Deuerlein, Der Hitler-Putsch. Bayerische Dokumente zum 8./9.November 1923, Stuttgart 1962, S. 64.

100 Zur Einbettung pangermanistischer Parolen in eine langfristige imperialistische Strategie vgl. Wehler, Das deutsche Kaiserreich, S. 179 – 181.

Masse der Zahl und ihr totes Gewicht. Sie leugnet so im Menschen den Wert der Person, bestreitet die Bedeutung von Volkstum und Rasse und entzieht der Menschheit damit die Voraussetzung ihres Bestehens und ihrer Kultur. Sie würde als Grundlage des Universums zum Ende jeder gedanklich für Menschen faßlichen Ordnung führen.«[101]

Weil die marxistische Theorie die wichtigen ideologischen Prämissen des Nationalsozialismus, den chauvinistischen, pangermanistischen Nationalismus und den biologistischen, rassischen Antisemitismus, nicht anerkannte, sondern entschieden bekämpfte, stellte sie den »weltanschaulichen« Gegner dar und wurde zur »Ausgeburt eines verbrecherischen Gehirns« erklärt, wobei die Vertreter marxistischer Positionen angeblich »die Herrschaft der Minderwertigen«[102] vorbereiteten: der Juden.

Die begriffliche Dimension: Struktur und Funktion des »Anti-Begriffs«

Sowohl die ideologischen Vorstellungen als auch das praktisch-politische Handeln der Nationalsozialisten wurden durch die Polarisierung von Begriffen transportiert. Schlagwörter und ihre alternierende Verwendung wurden gern und ausgiebig gebraucht: »Rasse« statt Klasse, »Volkszugehörigkeit« statt Klassenzugehörigkeit, »Deutscher« vs. »Jude« »deutscher Arbeiter« vs. »meineidige Verbrecher«. Die Liste könnte fast beliebig erweitert werden.

Der wichtigste Zweck dieser Polarisierung der Begriffe scheint mir zu sein, daß Abgrenzungen und Widersprüche dort aufgebaut wurden, wo sich überhaupt keine wirklichen gesellschaftlichen Antagonismen widerspiegelten. Ein Motiv für diese Art der Polarisierung kann in der theoretischen Unhaltbarkeit der nationalsozialistischen Ideologie selber gesehen werden. Das Fehlen jeder wissenschaftlichen und analytischen Erkenntnis von gesellschaftlichen Zusammenhängen konnte nur durch rigorosen politischen Dezisionismus aufgewogen werden. Insofern gehörte es auch zur Taktik der Nationalsozialisten, Begriffe und Floskeln der politischen Gegner in ihre eigene Propaganda zu übernehmen.[103] Dies trug unter Umständen sogar zur Verschleierung der eigentlichen Absichten bei. So bedeutete es beispielsweise eine geschickte Anbiederung an die Kultur und Traditionen der Arbeiterbewegung, wenn man bei den Nazis »Volksgenosse« statt »Genosse« sagte.[104]

101 Hitler, Mein Kampf, S. 69.

102 Ebd., S. 351.

103 Vgl. dazu Medebach, Das Kampfplakat, S. 35 f. Er gibt hier ganz offen zu, daß die »Bewegung« in ihrer Propaganda Mittel des politischen Gegners übernahm.

104 Gerade dieses Schlagwort trug wie kaum ein anderes zur Ab- und Ausgrenzung ganzer Gruppen der Gesellschaft bei (z.B. in der Definition: »Volksgenosse = Deutscher = Staatsbürger«). Vgl. hierzu insbesondere das »Parteiprogramm« von 1920, in Deuerlein (Hrsg.), Der Aufstieg der NSDAP, S. 108.

Da die von den Nationalsozialisten so oft gebrauchten Schlagwörter in einem auffälligen Zusammenhang mit bestimmten marxistischen Begriffen standen, ohne sich mit ihnen wirklich inhaltlich auseinanderzusetzen, möchte ich sie als »Anti-Begriffe« kennzeichnen und an zwei Beispielen ihre Funktion beschreiben:

Der erste »Anti-Begriff« ist der »Nationalismus«, der sich explizit gegen den marxistischen »Internationalismus«, gegen die internationale Solidarität der Arbeiterbewegung richtete. Der zweite ist der der »Rasse«; er wandte sich ausdrücklich gegen den marxistischen Klassenbegriff. In beiden Fällen stellte der »Anti-Begriff« gleichzeitig Abgrenzung nach außen, insbesondere gegen den marxistischen Feind, und Einheit in den eigenen Reihen her. Indem er die sinnstiftende Motivation für die Anhängerschaft erzeugte, gleichzeitig jedoch eine wirkliche politische Auseinandersetzung abwehrte, bereitete er den Boden für die eigene Propaganda im Sinne eines »positiven« Populismus. Dennoch stand er in erster Linie nicht für eine eigene politische Identität, was bedeutet hätte, ihn mit Argumenten auffüllen zu müssen, sondern zunächst gegen den ihm entsprechenden feindlichen Begriff. Erst aus der Ablehnung der feindlichen Begriffe entwickelte sich daher eine eigene Identität. In dem konstruierten, ständig wiederholten Schlagwort des »hinter allem steckenden Juden« wird dies ganz deutlich, etwa wenn der Begriff des Internationalismus zum »internationalen Finanzjudentum«[105] uminterpretiert wurde, dem das »Nationale« stets als das »Wehrlose«, »Ausgeplünderte« gegenübergestellt wurde. Im weiteren war »international« einfach alles, was »schlecht«, verdammungswürdig und zu vernichten sei: »Der westliche Parlamentarismus«, »das Kapital«, »das Finanzjudentum« genauso wie »der Bolschewismus«, »die marxistische Weltpest« usw.[106]

Etwas anders, jedoch nicht weniger perfide, wurde der »Rassegedanke« dem Klassenbegriff entgegengesetzt. »Der deutsche Arbeiter« wurde losgelöst von seiner materiellen, politisch-sozialen Situation betrachtet, indem er lediglich Teil eines »Organismus«, des »Volkskörpers« sein sollte.[107] Insofern kam dem »Rassegedanken« eine entscheidende Bedeutung zu, weil mit ihm nun die Ebene jedes rationalen gesellschaftspolitischen Diskurses verlassen wurde. Vielmehr war es nun möglich, die Auseinandersetzung mit dem politischen Gegner nicht mehr unter dem Gesichtspunkt sozialer oder gesellschaftlicher Interessen zu führen, sondern mit Hilfe der Diffamierung aller

105 Vgl. Gottfried Feder, Manifest zur Brechung der Zinsknechtschaft des Geldes, unveränd. Neudruck d. i. Jahre 1919 ersch. Erstdr., München 1926, S. 5.

106 Vgl. Hitler, Mein Kampf, S. 234.

107 Vgl. Feder, Manifest zur Brechung der Zinsknechtschaft, S. 24; Vgl. auch Hitlers geheime »Broschüre für Industrielle«, abgedr. in: Henry A. Turner, Faschismus und Kapitalismus in Deutschland. Studien zum Verhältnis zwischen Nationalsozialismus und Wirtschaft, Göttingen 1980², S. 55 – 59.

Argumente des Gegners als »jüdisch« die mit dem Begriff des Klassenkampfes verbundenen politischen Vorstellungen vollständig abzuwerten. Auch schien der »Rasse«begriff besonders dienlich gewesen zu sein, eine vermeintliche »Einheit« vorzuspiegeln und zusätzlich alle möglichen irrationalen Ressentiments unter einem Schlagwort zu vereinen. Die propagandistischen Möglichkeiten, die sich hieraus ergaben, und die politischen und emotionalen Auswirkungen auf die eigene Anhängerschaft hat Hitler schon frühzeitig erkannt:

»Sowie die schwankende Masse sich im Kampfe gegen zu viele Feinde sieht, wird sich sofort die Objektivität einstellen und die Frage aufwerfen, ob wirklich alle anderen unrecht haben und nur das eigene Volk oder die eigene Bewegung allein sich im Recht befinde. Damit kommt aber auch schon die erste Lähmung der eigenen Kraft. Daher muß eine Vielzahl von innerlich verschiedenen Gegnern zusammengefaßt werden, so daß in der Einsicht der Masse der eigenen Anhänger der Kampf nur gegen einen Feind allein geführt wird. Dies stärkt den Glauben an das eigene Recht und steigert die Erbitterung gegen den Angreifer auf dasselbe.«[108]

Diese hervorragende Eignung der »Anti-Begriffe« für die Propaganda erkannt und dann für die Ziele der »Bewegung« nutzbar gemacht zu haben, rühmte Hitler sich selbst, da dies »zur Genialität großer Führer«[109] gehöre.

Die praktische Dimension: Ein Feindbild der Tat – Propaganda und Politik

Aus der ideologischen Charakterisierung der nationalsozialistischen »Weltanschauung« als einer Fortsetzung des Krieges mit anderen Mitteln, eines Vernichtungsfeldzuges gegen den inneren »Feind«, und der unmittelbar damit verbundenen Polarisierung der Begriffe folgte die Umsetzung ihrer Politik in wirksame Propagandamaßnahmen. Dabei war den nationalsozialistischen Ideologen durchaus bewußt, daß die Propaganda zunächst nur Mittel zur Durchsetzung praktischer und programmatischer Zielsetzungen sein sollte.[110] Aus dieser Erkenntnis folgte allerdings keineswegs eine Unterordnung der propagandistischen Tätigkeit unter die für zweckmäßig gehaltenen Ziele. Denn da die scheinbar »massenwirksamsten« sozialen Forderungen des Parteiprogramms die politische Dürftigkeit und Fragwürdigkeit der nationalsozialistischen »Weltanschauung« kaum zu kaschieren vermochten, mußte die Propaganda andere Formeln finden, um die zutiefst revanchistischen und aggressiv-totalitären Ziele, verpackt als »natio-

108 Hitler, Mein Kampf, S. 129.
109 Ebd.
110 Vgl. Hitler, Mein Kampf, S. 194.

nale Ideen«, unter das Volk zu bringen. Dabei bedienten sich die Nationalsozialisten einfachster massenpsychologischer Grundsätze:

»Die Aufnahmefähigkeit der großen Masse ist nur sehr beschränkt, das Verständnis klein, dafür jedoch die Vergeßlichkeit groß. Aus diesen Tatsachen hat sich jede wirkungsvolle Propaganda auf nur sehr wenige Punkte zu beschränken und diese schlagwortartig so lange zu verwerten [...] bis auch bestimmt der Letzte unter einem solchen Worte sich das Gewollte vorzustellen vermag.«[111]

Insofern die nationalsozialistische Politik in Schlagwörtern ausgedrückt werden mußte und ihre inhaltliche Legitimation dadurch erst erhielt, war die Beziehung Politik – Propaganda nicht mehr allein der rationalen Zweck-Mittel-Relation unterworfen, sondern stand in ständiger opportunistischer Spannung zu den angesprochenen »Massen«:

»Jede Propaganda hat volkstümlich zu sein und ihr geistiges Niveau einzustellen nach der Aufnahmefähigkeit der Beschränktesten unter denen, an die sie sich zu richten gedenkt. Damit wird ihre rein geistige Höhe um so tiefer zu stellen sein, je größer die zu erfassende Masse der Menschen sein soll.«[112]

Da die NSDAP erklärtermaßen die »Masse« ansprechen und erreichen wollte, war ihre politisch-praktische Handlungsweise, in Abhängigkeit von der Art ihrer Schlagwörter, schon durch die Form der Propaganda vorstrukturiert. Der polymorphen gesellschaftlichen Realität und den komplexen Mechanismen und Problemen des demokratischen Parlamentarismus wurden die einfachen »Lösungen« gegenübergestellt.[113]

In bezug auf die agitatorischen Bemühungen, den »inneren Feind« niederzuringen, kam solchen Überlegungen entscheidende Bedeutung zu. Die Propagandatätigkeit wurde darum zum eigenständigen politischen Faktor, mit deren Hilfe Anhänger zu motivieren und eine Massenbasis zu gewinnen war.

Diese »psychologische Kriegführung« konnte nur in Tateinheit mit physischem Terror gegen Andersdenkende erfolgen, denn wird den Gegnern »eine Lehre von besserer Wahrhaftigkeit, aber gleicher Brutalität der Durchführung entgegengestellt, wird diese siegen, wenn auch nach schwerstem Kampfe«.[114] Die »Brutalität der Durchführung« wurde der SA übertragen, der als militantem Kampfverband eine Vorreiterrolle in der propagandistischen Aufgabenverteilung der Partei zuerkannt wurde.

111 Ebd., S. 198.

112 Ebd., S. 197.

113 »[Die Propaganda] hat sich auf wenig zu beschränken und dieses ewig zu wiederholen. Die Beharrlichkeit ist hier wie bei so vielem auf der Welt die erste und wichtigste Voraussetzung zum Erfolg.« Ebd., S. 204.

114 Ebd., S. 44.

Schon von Beginn an stützte sich die nationalsozialistische Propagandatätigkeit auf diese zwei Säulen: Schlagwortagitation und physischer Terror. Dies wird in der schon mehrfach zitierten Hitler-»Denkschrift«einfach und prägnant auf den Punkt gebracht:

»[Das Ziel der NSDAP] heißt ganz kurz: Vernichtung und Ausrottung der marxistischen Weltanschauung. Mittel hierzu sollen sein: 1. eine unvergleichliche, genial aufgezogene Propaganda- und Aufklärungsorganisation, alle Möglichkeiten menschlicher Beeinflussung erfassend; 2. eine Organisation rücksichtslosester Kraft und brutalster Entschlossenheit, bereit, jedem Terror des Marxismus einen zehnfach größeren entgegenzusetzen, die sogenannte ›Sturmabteilung‹ der Bewegung.«[115]

Auf diesen simplen, aber vielsagenden Nenner gebracht, hatte der nationalsozialistische Antimarxismus kaum noch Ähnlichkeiten mit dem herkömmlichen konservativen Politikverständnis. In ihrem praktischen Vorgehen hatte die NSDAP jetzt eine Eigenständigkeit und ganz neue Dynamik erreicht. Mit ihren Methoden ging sie weit über die bislang verfolgten Strategien der »alten« Eliten hinaus. Innerhalb des rechten Lagers wurde damit eine ganz neuartige Form der Politik und Propaganda vorgeführt, die entscheidenden Anteil an der Zerstörung des demokratischen »Systems« haben sollte.

Zusammenfassung

Sozialistenfurcht und Angst vor dem Umsturz waren schon im Kaiserreich weitverbreitete Syndrome der autoritätsgläubigen, obrigkeitsstaatlich fixierten Mittelschichten wie auch der Eliten. Trotz staatlich betriebener Unterdrückungs- und Verfolgungspolitik konnte die Sozialdemokratie dennoch zur stärksten Partei im Reichstag aufsteigen. Der Beginn des Weltkrieges bedeutete im Bewußtsein dieser Schichten und Klassen nicht nur eine außenpolitische Wende, im Sinne ihrer Forderungen nach einem »Platz an der Sonne«, sondern markierte auch innenpolitisch einen Einschnitt, da sich die sozialdemokratische Mehrheit zunächst staatstragend verhielt. Die Zustimmung der SPD zu den Kriegskrediten, aber auch die durch die militärische Situation bedingten wirtschaftlichen Zwangsmaßnahmen ließen Vorstellungen von einem »einig Volk« um sich greifen, die bald zum »Kriegssozialismus« verklärt wurde.

Der entscheidende Katalysator antimarxistischer Einstellungen ist dann in der Erfahrung von Niederlage und Revolution zu sehen, die traumatisch auf große Gruppen der Bevölkerung wirkte. Der Verlust der alten Autoritäten, die Auseinandersetzung über Räterepublik und parlamentarische

115 Hitler, »Denkschrift«, S. 49.

Demokratie, all dies ließ »den Umsturz« und die soziale Revolution, welche so sehr gefürchtet wurden, als tagespolitische Realität erscheinen. Und obwohl sich die linksradikalen Kräfte und Gruppen nicht durchsetzen konnten, blieb der Schrecken des »deutschen Bolschewismus« in der Vorstellungswelt vieler Bürger weiterhin präsent. Die politische Welt der Republik bedeutete ihnen nicht Hoffnung und Zuversicht, sondern stellte ein »zugrunde gerichtetes« Deutschland dar, dessen parlamentarisches System von außen aufgezwungen und vom inneren »Feind« in vorauseilendem Gehorsam installiert erschien. »Parteienherrschaft«, damit der Parlamentarismus überhaupt, demokratische Willensbildung und Emanzipation von althergebrachten Autoritäten galten als Erniedrigung und Schwächung des zur »Weltmacht« berufenen Deutschlands und wurden als letzte Konsequenz »marxistischer Wühlereien« gedeutet.

Der bei den Nationalsozialisten zum Ausdruck kommende Wille, den Marxismus zu »vernichten« und seine Vertreter »auszurotten«, wurde jetzt eine völlig neue Politikvorstellung in der deutschen Geschichte. Sie läßt sich zwar als extremster Versuch beschreiben, kleinbürgerliche Auffassungen von einer »Gesellschaft in Harmonie« anzustreben, weil sich die Nationalsozialisten in diesem Punkt mit den Traditionen konservativer Weltbilder in ihren althergebrachten Wert- und Ordnungsvorstellungen berührten.[116] Andererseits muß aber festgestellt werden, daß viele neue Elemente in die Politik der Nationalsozialisten gegenüber dem politischen Gegner einflossen. Insbesondere die offensive Ablehnung der Republik, die Dynamik der Propagandatätigkeit, die militärische Absicherung der Organisation und die Form der unbedingten »handfesten« Auseinandersetzung mit Andersdenkenden stellten neue Komponenten des politischen Kampfes dar. Anders als die auf rein terroristische Aktionen spezialisierten Geheimbünde[117] oder die in betulicher Honoratiorenpolitik verharrenden alten konservativen Gruppen und Verbände suchte die nationalsozialistische »Bewegung« schon früh, eine Massenbasis für ihre Ziele zu erreichen. Zu diesem Zweck übernahm sie bestimmte Agitationsformen der Linken und baute sie erfolgreich in ihre Propaganda ein, während gleichzeitig gerade diese Linke offen terrorisiert und eingeschüchtert wurde. Der Ansatzpunkt hierfür war die Radikalisierung und Brutalisierung der Politik seit dem Krieg insgesamt sowie die eigene Selbstdefinition durch die Ablehnung des marxistischen Gegners. Im Sammelsurium der politischen Vorstellungen der völkischen, rechtsradika-

116 Vgl. Wehler, Das deutsche Kaiserreich, S. 227 – 239; Fischer, Bündnis der Eliten, S. 93 – 95; Broszat, Der Staat Hitlers, S. 39 u. S. 47 f.

117 Vgl. zu den Unterschieden von NSDAP und den rechtsterroristischen Geheimbünden die immer noch sehr informative Arbeit von Emil Julius Gumbel, Verschwörer. Zur Geschichte und Soziologie der deutschen nationalistischen Geheimbünde 1918 – 1924, Neuaufl., Frankfurt a.M. 1984.

len Gruppen wurde der Antimarxismus zu einem zentralen Bindeglied. Selbst bei bürgerlich-nationalkonservativen Parteien und Gruppen konnte dieses Feindbild die Basis für eine Zusammenarbeit herstellen. Radikalität und »Pöbelhaftigkeit« machten eine politische Zusammenarbeit konservativer Kreise mit der NSDAP zwar zunächst oft schwierig, dennoch sollte sich zeigen, daß sie gerade in der Krise zur »agitatorisch wirksamsten[n] Potenz zur Restauration autoritärer Ordnungsvorstellungen in Staat und Gesellschaft und zugleich die militante, plebiszitäre Gegenkraft gegen Sozialismus und Kommunismus«[118] werden konnte. Daß diese »Potenz« von immer größeren Kreisen des Bürgertums akzeptiert, begrüßt und schließlich unterstützt wurde, sollte eine der wichtigsten Voraussetzungen für den späteren Aufstieg und die »Machtergreifung« der Nationalsozialisten werden.

118 Broszat, Der Staat Hitlers, S. 14. Er sieht in der NSDAP daher auch »weniger eine revolutionäre als eine parasitäre Kraft«, ebd.

MICHAEL JÄGER

»Gemeinschaftsfremd« im Nationalsozialismus: »Zigeuner« und »Asoziale«

Die Erinnerung an das »Dritte Reich« ist untrennbar verknüpft mit der Erinnerung an das Schicksal der Millionen Juden, die im System der nationalsozialistischen Vernichtungsmaschinerie ihr Leben lassen mußten. Weit weniger im öffentlichen Bewußtsein verankert ist die Tatsache, daß auch eine Reihe anderer Bevölkerungsgruppen dem Selektions- und Vernichtungswahn der Nationalsozialisten zum Opfer fielen. Neben Juden und politischen Gegnern des »Dritten Reiches« verfolgten und ermordeten die Nationalsozialisten auch »Zigeuner«, Homosexuelle, »Arbeitsscheue« und »Asoziale«, Zeugen Jehovas, Behinderte und Angehörige anderer gesellschaftlicher Randgruppen. Aber ob die Opfer nun Juden, »Zigeuner« oder »Arbeitsscheue« waren, ihnen allen war eines gemeinsam: Sie wurden als »anders« wahrgenommen, sie ließen sich in irgendeiner Form von der Masse der »Volksgenossen« selektieren, so vage die Gruppenmerkmale (etwa bei den »Asozialen«) auch immer waren, so wenig sich das »Anders-sein« auch oft im Erscheinungsbild oder im Verhalten bemerkbar machte. Und so wurden in Deutschland Menschen in Gefängnissen, Arbeits- und Konzentrationslagern gefangengehalten, sterilisiert, ermordet oder »durch Arbeit vernichtet«, weil sie dem »Leitbild von ›Normalität‹, das die einen zu ›Volksgenossen‹ machte und die anderen als ›Gemeinschaftsfremde‹ ausgrenzte«[1], nicht entsprachen.

»Gemeinschaftsfremd« – was (oder auch: wer) machte einen Menschen im »Dritten Reich« zum »Gemeinschaftsfremden«? Was bedeutete dies für den einzelnen, der sich so etikettiert sah? Wie instrumentalisierten die Machthaber das begriffliche Gegensatzpaar »Volksgenosse – Gemeinschaftsfremder«, warum taten sie es und warum hatten sie damit Erfolg? So großen Erfolg, daß das »Dritte Reich« im Bewußtsein vieler Deutscher noch heute »zwei schwer wettzumachende Pluspunkte« hat, denn »damals konnte man das Fahrrad unabgeschlossen vor der Tür stehen lassen, und damals wurden Langhaarige und Gammler im Arbeitsdienst geschliffen«.[2] Und zu dieser »stereotyp positiven Erinnerung« gehört »auch das Wissen über die Inhaftierung der ›diebstahlverdächtigen‹ Zigeuner in Konzentrationslager«.[3] Betrach-

1 Detlev Peukert, Volksgenossen und Gemeinschaftsfremde. Anpassung, Ausmerze und Aufbegehren unter dem Nationalsozialismus, Köln 1982, S. 221.

2 Ebd., S. 235.

3 Ebd.

teten relevante Teile der deutschen Bevölkerung »Zigeuner« und »Asoziale« als Feinde, die es in letzter Konsequenz sogar zu vernichten galt? Und wenn ja, wie kamen sie dazu und wie half ihnen ein Feindbild, das für zivilisierte Gesellschaften eigentlich Undenkbare, die fabrikmäßige Ermordung eines Teiles der Gesellschaft, zu betreiben? Unter dieser Fragestellung soll die systematische, oft bis zur physischen Vernichtung reichende Ausgrenzung von Zigeunern und Asozialen aus der »Volksgemeinschaft« untersucht werden. Die Quellengrundlage hierzu bieten amtliche Erlasse, Bücher und Aufsätze von Initiatoren der Verfolgung und Vernichtung sowie Berichte von Betroffenen und, soweit veröffentlicht, Dokumente, die über die Haltung der Bevölkerung Zigeunern und Asozialen gegenüber Aufschluß geben.

Zuvor sei jedoch angemerkt, daß der Begriff »Zigeuner« keine Selbstbezeichnung ist. Die »Zigeuner« selbst nennen sich »Rom«.[4] Der weitaus größte Teil der in Deutschland lebenden »Zigeuner« gehört einer ethnischen Untergruppe der Rom, den »Sinti« an. Wenn im folgenden dennoch der Begriff »Zigeuner« verwendet wird, dann deshalb, weil dies die im überwiegenden Teil der Sekundärliteratur, auch der von »Zigeunern« verfaßten, durchgängig verwendete Bezeichnung ist. Darüber hinaus lassen sich auch Vorurteile gegen Zigeuner nicht durch einen bloßen Austausch von Bezeichnungen beseitigen. Problematisch ist der Begriff dennoch, ebenso wie der des »Asozialen«, der im Nationalsozialismus gewissermaßen zu einer Sammelkategorie für alle anders nicht zu belangenden unerwünschten Personen wurde. Um der Lesbarkeit der Arbeit willen wurde im folgenden dennoch darauf verzichtet, diese Begriffe durchweg in Anführungszeichen zu setzen, sie sind jedoch mitzudenken.

Stationen der Ausgrenzung

Zur Vorgeschichte der nationalsozialistischen Zigeuner- und Asozialenverfolgung

Die Vorfahren der heute in Deutschland lebenden Zigeuner verließen ihre im Nordwesten des heutigen Indien gelegene Heimat wahrscheinlich im Laufe des 6. Jahrhunderts; Ursache der Abwanderung waren vermutlich äußere Faktoren wie Krieg und Vertreibung oder wirtschaftliche Not.[5] Während des 14. und 15. Jahrhunderts gelangten die ersten Zigeuner nach

4 Vgl. dazu Reimar Gilsenbach, Die Verfolgung der Sinti – ein Weg, der nach Auschwitz führte, in: Feinderklärung und Prävention. Kriminalbiologie, Zigeunerforschung und Asozialenpolitik, Berlin 1988 (Beiträge zur nationalsozialistischen Gesundheits- und Sozialpolitik, Bd. 6), S. 11–42, hier: S. 14–15 und S. 39, Anm. 3. Zur Herkunft des Begriffs »Zigeuner« siehe: Rüdiger Vossen, Zigeuner. Roma, Sinti, Gitanos, Gypsies zwischen Verfolgung und Romantisierung. Katalog zur Ausstellung »Zigeuner zwischen Romantisierung und Verfolgung – Roma, Sinti, Manusch, Calé in Europa« des Hamburgischen Museums für Völkerkunde, Frankfurt a.M. 1983, S. 20–22.

5 Vgl. Vossen, Zigeuner, S. 18–20.

Mitteleuropa und Deutschland.[6] Innerhalb weniger Jahrzehnte entwickelte sich ein breites Repertoire an Vorurteilen gegen Zigeuner, das sich an deren sozial unangepaßter Lebensweise, aber auch an rassistischen Motiven, etwa der dunklen Hautfarbe, festmachte.[7] So glaubten viele Menschen, daß Zigeuner auf der Durchreise Kinder der Einheimischen stehlen würden, Hexerei betrieben oder auch schuld am Ausbruch der Pest seien, die in Mitteleuropa noch bis zum Beginn des 18. Jahrhunderts sporadisch auftrat. Parallel dazu wurde das behördliche Vorgehen gegen die Zigeuner immer restriktiver. Es erreichte in Deutschland am Ende des 15. Jahrhunderts einen frühen Höhepunkt, als die Zigeuner unter dem Eindruck des türkischen Vorrückens in Südosteuropa auf den Reichstagen von Lindau 1496/97 und Freiburg 1498 für vogelfrei erklärt wurden.[8]

Nachdem sich Gesetze gegen Zigeuner aufgrund ihrer Beweglichkeit und der Zersplitterung der Territorien in Deutschland, die eine reichseinheitliche Zigeunerpolitik verhinderte, über zweieinhalb Jahrhunderte als weitgehend wirkungslos herausgestellt hatten, versuchte man in der zweiten Hälfte des 18. Jahrhunderts, die Zigeuner entsprechend den Vorstellungen der bürgerlichen Gesellschaft zwangsweise seßhaft zu machen und zu assimilieren. Diese Versuche blieben jedoch, von vereinzelten Ausnahmen abgesehen, weitgehend erfolglos. Nach Gründung des Deutschen Reiches 1871 bemühten sich die Behörden, wenigstens der Zuwanderung[9] Herr zu werden, indem sie Zigeunern die Einreise nach Deutschland verboten; die Wanderung innerhalb Deutschlands versuchten sie durch Versagung von Wandergewerbescheinen zu verhindern.[10] 1899 wurde in München ein »Zigeunernachrichtendienst« etabliert, der systematisch die Personalien und seit 1911 auch die Fingerabdrücke von Zigeunern sammelte.[11]

Im frühen 20. Jahrhundert und in der Weimarer Republik wurde die Tendenz, die Zigeuner und ihre Lebensweise zu kriminalisieren, weiter verstärkt, etwa indem man ihnen verbot, in »Horden«, also im Verbund mehrerer Familien, zu reisen, was von ihnen als besondere Schikane empfunden wurde.[12]

6 Vgl. Donald Kenrick/Grattan Puxon, Sinti und Roma – die Vernichtung eines Volkes im NS-Staat, Göttingen 1981, S. 19 – 21; Vossen, Zigeuner, S. 24; nach Joachim S. Hohmann, Geschichte der Zigeunerverfolgung in Deutschland, Frankfurt a.M. 1981, S. 13, wurden Zigeuner in Deutschland zuerst 1407 in Hildesheim urkundlich erwähnt.

7 Vgl. Kenrick/Puxon, Sinti und Roma, S. 22 – 38; Vossen, Zigeuner S. 36 – 41.

8 Vgl. Vossen, Zigeuner, S. 44 – 45.

9 Im Rahmen der »zweiten großen Wanderung« kamen seit 1855, nach Aufhebung der Leibeigenschaft der Zigeuner in der Moldau und in der Walachei, Roma nach Deutschland; vgl. ebd., S. 58 – 62.

10 Vgl. Rainer Hehemann, Die »Bekämpfung des Zigeunerunwesens« im Wilhelminischen Deutschland und in der Weimarer Republik 1871 – 1933, Frankfurt a.M. 1987, S. 248 – 261.

11 Vgl. ebd., S. 285 – 294.

12 Vgl. ebd., S. 271. Dazu auch die Schilderung von Adolf Boko Winterstein, in: Erich Renner (Hrsg.), Zigeunerleben. Der Lebensbericht des Sinti-Musikers und Geigenbauers Adolf Boko

Höhepunkt dieser Entwicklung war schließlich das bayerische »Gesetz zur Bekämpfung von Zigeunern, Landfahrern und Arbeitsscheuen« vom Juli 1926, das die Lebensweise der Zigeuner weitestgehend reglementierte und den Behörden sogar die Möglichkeit eröffnete, ihnen die Reiserichtung vorzuschreiben, einen festen Aufenthaltsort zuzuweisen oder sie in einer Arbeitsanstalt unterzubringen.[13] Neu an diesem Gesetz war überdies, daß es explizit auch Arbeitsscheue und Landstreicher erwähnte und sie ähnlichen Restriktionen unterwarf. Dies war offenbar ein Vorbote des sich abzeichnenden Niedergangs des Weimarer Sozialstaates.

Die Weimarer Republik war mit dem Anspruch angetreten, die im Kaiserreich begründete staatliche Sozialpolitik auszuweiten und auszugestalten, und verankerte das Sozialstaatsprinzip daher sogar in der Verfassung.[14] Die junge Republik bemühte sich, die sozialen Folgelasten des Krieges durch eine Erweiterung und Verbesserung der sozialen Leistungen aufzufangen. Dies führte zu einer Professionalisierung und Aufblähung der staatlichen wie privaten Wohlfahrtsverbände. Man hing, inspiriert von den Fortschritten der modernen Naturwissenschaften, allgemein dem Glauben an, »alle sozialen Probleme könnten ihre rationale Lösung durch staatliche Intervention und wissenschaftlichen Einsatz finden«.[15] Die Fortschritte der Seuchenmedizin hatten die Hoffnung geweckt, vieler Krankheiten endgültig Herr zu werden; ebenso erwarteten in den Fürsorgeeinrichtungen beschäftigte Mediziner, Pädagogen und Juristen, mit wissenschaftlichen Mitteln auch die soziale Frage lösen zu können. Diesem hohen, der positivistischen Wissenschaftsgläubigkeit erwachsenen Anspruch standen die nur mäßigen Erfolge, etwa in der Heimerziehung, entgegen und führten oft dazu, die Verantwortung für die Mißerfolge der Erziehung auf die Fürsorgezöglinge abzuwälzen.

Als dann mit der Weltwirtschaftskrise die finanzielle Ausstattung der Wohlfahrtsverbände drastisch zurückging, begann man dort umzudenken. So heißt es etwa im Ergebnis der »Fachkonferenz für Eugenik des Centralausschusses der Inneren Mission der Deutschen Evangelischen Kirche« vom 20. Mai 1931: »An die Stelle einer unterschiedslosen Wohlfahrtspflege hat eine differenzierte Fürsorge zu treten. Erhebliche Aufwendungen sollten nur für solche Gruppen Fürsorgebedürftiger gemacht werden, die voraussichtlich ihre volle Leistungsfähigkeit wieder erlangen. Für alle übrigen sind

Winterstein, Frankfurt a.M. 1988, S. 60. Vgl. auch den Bericht von Philomena Franz in: dies., Zwischen Liebe und Haß. Ein Zigeunerleben, Freiburg 1992, S. 28.

13 Vgl. Hehemann, Bekämpfung, S. 294 – 316.

14 Hierzu und zum Folgenden: Detlev Peukert, Die Weimarer Republik. Krisenjahre der klassischen Moderne, Frankfurt a.M. 1987, S. 132 – 149.

15 Ebd., S. 137.

dagegen die wohlfahrtspflegerischen Leistungen auf menschenwürdige Versorgung und Bewahrung zu begrenzen.«[16]

Die Krise der Sozialwissenschaft war die Stunde einer anderen jungen Wissenschaft, der Eugenik, oder, wie sie später in Deutschland genannt wurde, der »Rassenhygiene«. Sie entstand in den sechziger Jahren des 19. Jahrhunderts in England.[17] In Deutschland trat sie erst dreißig Jahre später in Form einer überwiegend »negativen Eugenik« auf; den frühen Protagonisten in Deutschland ging es vor allem um die »Verringerung der Nachkommenschaft von Personen mit (angeblich) unterdurchschnittlichen Erbqualitäten«.[18] Diese Tradition blieb in Deutschland bestimmend. So liest man in dem Einladungsschreiben zu der oben erwähnten Fachkonferenz für Eugenik: »Auf dem Gebiet der Fürsorge für Minderwertige und Asoziale tritt immer bedrohlicher das Problem des Ansteigens bzw. der stärkeren Vermehrung des minderwertigen Bevölkerungsanteils gegenüber dem gesunden in Erscheinung und erfordert eine grundsätzliche Besinnung und Stellungnahme von unserer Seite. [...] Die übertriebenen Schutzmaßnahmen für Asoziale und Minderwertige, aus einer falsch gerichteten Humanität entstanden, führen zu einer immer stärkeren Vermehrung der asozialen Bevölkerungsgruppen.«[19]

Der in dem Schreiben verwendete Begriff »asozial« war noch relativ neu: In den großen Lexika der Zeit erschien er zuerst 1928 im »Großen Brockhaus«, der ihn noch sachlich definierte. »Meyers Lexikon« von 1924 verzeichnete ihn nicht, erst der Ergänzungsband zu dieser Auflage von 1931 kennt ihn: »Asozial nennt man diejenigen, die sich an der gemeinsamen Arbeit der Gesellschaft nicht beteiligen wollen bzw. können oder die die Institutionen der Gesellschaft nicht achten bzw. bekämpfen: Trinker, Landstreicher, Dirnen, Arbeitsscheue, Verbrecher. Meist fallen sie der Gesellschaft ganz oder doch im wesentlichen zur Last.«

Die Neigung, diese »Last« zu tragen, wurde geringer, als sich auch Teile des Mittelstandes vom wirtschaftlichen Abstieg bedroht sahen und so in potentielle oder tatsächliche Konkurrenz zu unteren Schichten bei der Verteilung von Arbeit, Wohnraum und Fürsorgemitteln gerieten. An diesem Punkt radikalisierten sich traditionelle Vorurteile gegen Landstreicher, Bettler, Arme und Bedürftige aller Art, die plötzlich in weiten Bevölkerungskreisen als eine akute oder doch zumindest latente Bedrohung empfunden wurden. Gegen diese Bedrohung galt es in den Augen vieler, Maßnahmen zu ergreifen.

16 Zitiert nach Ernst Klee (Hrsg.), Dokumente zur »Euthanasie«, Frankfurt a.M. 1985, S. 46 – 47.

17 Hierzu und zum Folgenden: Peter Weingart/Jürgen Kroll/Kurt Bayertz, Rasse, Blut und Gene. Geschichte der Eugenik und Rassenhygiene in Deutschland, Frankfurt a.M. 1992, S. 36 – 42.

18 Ebd., S. 40.

19 Einladung zur Teilnahme an der ersten Arbeitstagung der Fachkonferenz für Eugenik vom 29. 4. 1931, zitiert nach Ernst Klee, »Die SA Jesu Christi«. Die Kirchen im Banne Hitlers, Frankfurt a.M. 1989, S. 84.

Da die wirtschaftliche Krise in den Jahren unmittelbar vor der Machtergreifung der Nationalsozialisten die Zahl der bettelnd durch das Land ziehenden Armen erneut ansteigen ließ und Wandererfürsorgeanstalten dieser Not längst nicht mehr Herr werden konnten, wuchs die Bereitschaft staatlicher und freier wohlfahrtspflegerischer Institutionen, gegen diese Personen härter vorzugehen. Bereits im Juli 1933 ersuchte der Vorstand des Deutschen Vereins für öffentliche und private Fürsorge den Vorsitzenden der Politischen Zentralkommission der NSDAP, Rudolf Hess, ein »Bewahrungsgesetz« gegen »Landstreicher« und andere Asoziale zu erlassen, die die Wohlfahrtsämter »brandschatzen«.[20] Doch auch ohne »Bewahrungsgesetz« kam es schon 1933 reichsweit zu zahlreichen Bettler-Razzien; die größte Razzia vom September 1933 erfaßte Zehntausende Menschen.[21] Mutmaßliche Bettler und Landstreicher wurden in Arbeitshäuser oder Konzentrationslager eingeliefert, wo man sie »zu geregelter Arbeit« erziehen wollte.[22] Polizei, Wohlfahrtsämter und die Organisationen der freien Wohlfahrtspflege arbeiteten bei der Vorbereitung und Durchführung dieser Aktionen zusammen. Da jedoch viele Gefängnisse mit den Bettlern nun völlig überfüllt waren, kamen die meisten Inhaftierten schon nach einigen Wochen wieder frei. Diese ersten Aktionen waren noch unorganisiert, es existierte kein Konzept zur Bekämpfung der Asozialen. Der Begriff »asozial« selbst war noch schwammig, und er blieb es, trotz zahlloser Definitionsversuche, bis zum Zusammenbruch des »Dritten Reiches«, die rechtlichen Grundlagen zur Verfolgung Asozialer ebenso. Ein später projektiertes, umfassendes »Gemeinschaftsfremdengesetz« hat es nie gegeben. Interessant sind jedoch die zahlreichen Entwürfe dazu, weil sie versuchten, den Begriff des »Gemeinschaftsfremden« zu definieren.

Als der Münchner Rechtsprofessor Edmund Metzger diesen Definitionsversuch des letzten Gesetzentwurfs im März 1944 zusammenfaßte, unterschied er in »Anwendung der Erkenntnisse der Erblehre und der Kriminalbiologie« drei Gruppen: Die »Versager«, die »Arbeitsscheuen und Liederlichen« sowie die »Verbrecher«. Darunter verstand er Personen, die »den Mindestanforderungen der Volksgemeinschaft« nicht genügten, als »Tunichtgute oder Schmarotzer« die Gesellschaft belasteten, und solche, deren »Sinnesart

20 Vgl. Ernst Klee, »Euthanasie« im NS-Staat. Die »Vernichtung lebensunwerten Lebens«, Frankfurt a.M. 1985, S. 38 – 39; Inge Marßolek/René Ott, Bremen im Dritten Reich. Anpassung – Widerstand – Verfolgung, Bremen 1986, S. 334.

21 Vgl. Wolfgang Ayaß, »Ein Gebot der nationalen Arbeitsdisziplin«. Die Aktion »Arbeitsscheu Reich« 1938, in: Feinderklärung, S. 43 – 74, hier: S. 64; Klaus Scherer, »Asozial« im Dritten Reich. Die vergessenen Verfolgten, Münster 1990, S. 106.

22 Vgl. Klee, »Euthanasie«, S. 42.

auf die Begehung von Straftaten gerichtet« sei.[23] Jede mißliebige Person konnte damit im Zweifelsfall als »gemeinschaftsfremd«, also asozial, diffamiert werden. Eugen Kogon bemerkt: Unter den Asozialen »verstand die Gestapo alles mögliche. Neben wirklichen Landstreichern, Speckjägern, kleinen Taschendieben und Jahrmarktgaunern, notorischen Säufern, Zuhältern und Alimentendrückebergern gab es unter den als asozial Verhafteten auch genug Leute, denen nichts anderes vorzuwerfen war, als daß sie etwa zweimal zur Arbeit zu spät gekommen waren oder unberechtigt Urlaub genommen, ohne Genehmigung des Arbeitsamtes den Arbeitsplatz gewechselt, ihr nationalsozialistisches Dienstmädchen ›schlecht behandelt‹, als Eintänzer ihr Brot verdient hatten, und was dergleichen ›Vergehen‹ mehr waren«.[24]

Die Vorurteile breiter Bevölkerungsschichten richteten sich vor allem gegen jene Menschen, die sich unangepaßt verhielten und die für viele bereits dadurch ein Ärgernis darstellten. Darüber hinaus nahm man an, daß sie die Gesellschaft, ob als Fürsorgeempfänger oder als Gefängnisinsasse, finanziell belasteten. Das Kostenargument wurde auch oft benutzt, wenn es um die Sterilisierungs- und »Euthanasie«-Maßnahmen bei geistig und körperlich Behinderten ging, und so wundert es nicht, daß das zum 1. Januar 1934 erlassene »Gesetz zur Verhütung erbkranken Nachwuchses« auch gegen Asoziale angewandt wurde. Zwar ordnete das Gesetz die Sterilisierung außer bei geistig oder körperlich Behinderten »nur« noch bei Personen mit »schwerem Alkoholismus« an (dies zudem als Kann-Bestimmung)[25], aber in einem Kommentar zu diesem Gesetz heißt es: »Um das Gesetz mit Maßnahmen gegen Gewohnheits- und Sittlichkeitsverbrecher nicht zu belasten, hat der Gesetzgeber grundsätzlich davon abgesehen, die Sterilisierung von Gewohnheitsverbrechern oder die Kastration von gefährlichen Sittlichkeitsverbrechern zusammen mit der Unfruchtbarmachung von Geisteskranken oder der sonst erbkranken unglücklichen Personen zu verbinden. [...] Das hindert nicht, daß Verbrecher gegebenenfalls außerdem nach den Bestimmungen dieses Gesetzes sterilisiert werden müssen.«[26]

23 Zitiert nach Norbert Frei, Der Führerstaat. Nationalsozialistische Herrschaft 1933 bis 1945, München 1987, S. 205.

24 Eugen Kogon, Der SS-Staat. Das System der deutschen Konzentrationslager, München 1988[18], S. 69.

25 Vgl. Friedrich Mennecke, Innenansichten eines Medizinischen Täters im Nationalsozialismus. Eine Edition seiner Briefe 1935 – 1947, bearbeitet von Peter Chroust, 2 Bde., Hamburg 1987, Bd. 2, S. 1400, Dok. 372. Zur Vorgeschichte des Gesetzes vgl. Gisela Bock, Zwangssterilisation im Nationalsozialismus. Studien zur Rassenpolitik und Frauenpolitik, Opladen 1986, S. 80 – 87.

26 Gesetz zur Verhütung erbkranken Nachwuchses vom 14. Juli 1933 nebst Ausführungsverordnungen. Bearbeitet und erläutert von Dr. med. Arthur Gütt, Dr. med. Ernst Rüdin, Dr. jur. Falk Ruttke, München 1936[2], aus dem Vorwort zur ersten Auflage, zitiert nach Klee (Hrsg.), Dokumente, S. 52.

Der Personenkreis der von dem Gesetz Betroffenen wurde hier also völlig willkürlich auf »Gewohnheitsverbrecher« ausgedehnt. Und im Zweifelsfall wurden Asoziale eben einfach als »schwachsinnig« deklariert. Dr. med. habil. Friedrich Stumpfl, Assistent am Kaiser-Wilhelm-Institut für Genealogie, erklärt, wie man das macht: »Es zeigte sich, daß der Schwachsinn oft durch verschiedenartige Charakterabnormitäten verdeckt wird und deshalb in den Augen des Beobachters lange Zeit völlig verborgen bleiben kann. Ich habe deshalb den Begriff vom *getarnten Schwachsinn* geprägt.«[27] Die Wissenschaft lieferte die gewünschten »Forschungsergebnisse«. Als schwachsinnig konnte hinfort jede mißliebige Person deklariert und sterilisiert werden.

Doch zurück zu den Motiven des Sterilisierungsgesetzes. Dr. med. Arthur Gütt, 1933 Ministerialdirektor und Leiter der Abteilung für Volksgesundheit im Innenministerium[28], begründete es am 26. Juli 1933 in einer Rundfunkrede: »Während die erbgesunden Familien größtenteils zum Ein- und Kein-Kind-System übergegangen sind, pflanzen sich unzählige erblich belastete hemmungslos fort, deren kranke und asoziale Nachkommen der Gesamtheit zur Last fallen. Es ist eine leider bedenkliche Tatsache, daß z.B. gerade oft Minderbegabte und Schwachsinnige sich erheblich stärker vermehren als die wertvollen Gruppen. Während die gesunde deutsche Familie, besonders der gebildeten Schichten, nur etwa zwei Kinder im Durchschnitt hat, weisen Schwachsinnige und andere erblich Minderwertige durchschnittliche Geburtenziffern von drei bis vier Kindern pro Ehe auf.«[29] (vgl. Abbildung 1) Die Asozialen vermehrten sich also angeblich nicht nur schneller als »gesunde Deutsche«, sie gaben ihre »minderwertigen erblichen Anlagen« auch noch in »mindestens durchschnittlichem, wenn nicht überdurchschnittlichem Maße«[30] weiter (vgl. Abbildung 2). So gab es also aus der Sicht des Regimes wie »aus der Sicht der Erb- und Rassenhygiene [...] zwischen chronischen Krankheiten und dauerhaft unangepaßtem Verhalten keinen prinzipiellen Unterschied«.[31]

27 Friedrich Stumpfl, Geistige Störungen als Ursache der Entwurzelung von Wanderern, in: Der nichtseßhafte Mensch. Ein Beitrag zur Neugestaltung der Raum- und Menschenordnung im Großdeutschen Reich. In Zusammenarbeit mit dem Bayerischen Staatsministerium des Innern hrsg. vom Bayerischen Landesverband für Wanderdienst, München 1938, S. 289, zitiert nach Klee, »Euthanasie«, S. 64, Hervorhebung im Original.

28 Angaben zu Gütt nach Robert Wistrich, Wer war Wer im Dritten Reich. Anhänger, Mitläufer, Gegner aus Politik, Wirtschaft, Militär, Kunst und Wissenschaft, München 1983, S. 106.

29 Zitiert nach Klee, »Euthanasie«, S. 33.

30 Heinrich Wilhelm Kranz/Siegfried Koller, »Die Gemeinschaftsunfähigen« (Ein Beitrag zur wissenschaftlichen und praktischen Lösung des sog. »Asozialenproblems«). 2. Teil: Erbstatistische Grundlagen und Auswertung, 3. Teil: Vorschlag für ein »Gesetz über die Aberkennung der völkischen Ehrenrechte zum Schutze der Volksgemeinschaft«, Gießen 1941, 3. Teil, S. 159.

31 Götz Aly, Medizin gegen Unbrauchbare, in: Aussonderung und Tod. Die klinische Hinrichtung der Unbrauchbaren, Berlin 1985 (Beiträge zur nationalsozialistischen Gesundheits- und Sozialpolitik, Bd. 1), S. 9 – 74, hier: S. 38.

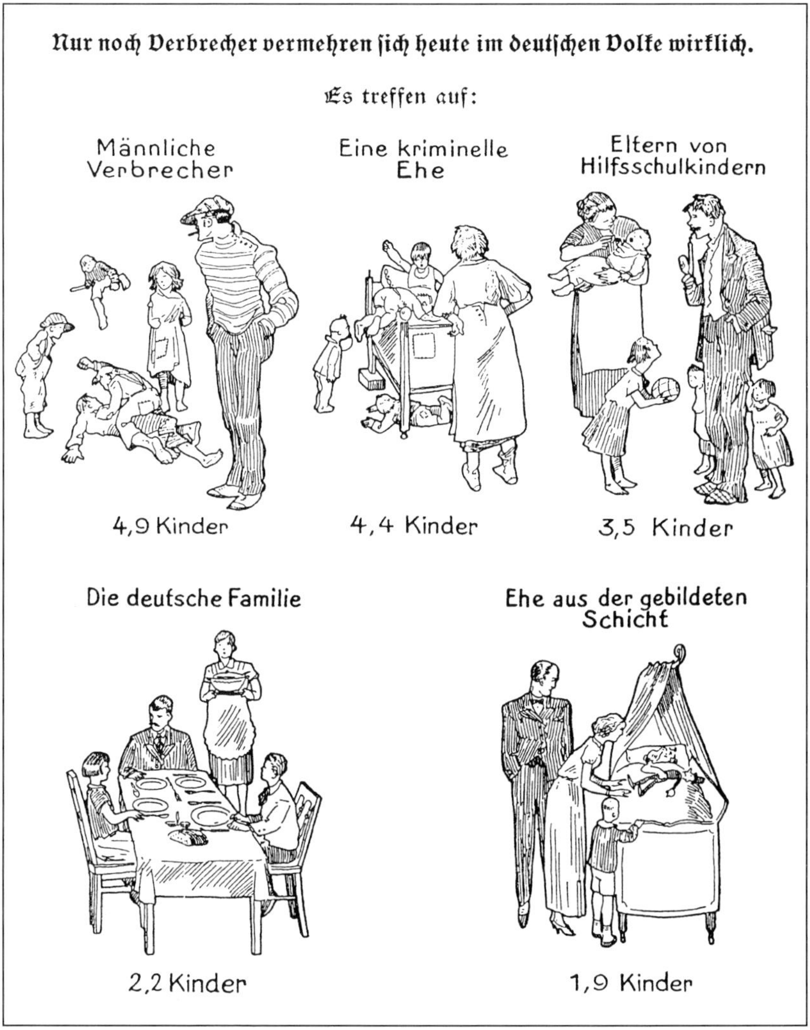

Abb. 1:
aus: Otto Helmut, Volk in Gefahr. Der Geburtsrückgang und seine Folgen für Deutschlands Zukunft, München 1934, S. 29.

Hier wird nun eine andere Form der Argumentation gegen Asoziale sichtbar: Asoziale sind danach asozial, weil sie die Anlagen dazu geerbt haben, und sie sind zu bekämpfen, weil sie diese sonst selbst weiter vererben könnten. Diese biologistische Sichtweise wurde vor allem von relativ jungen Medizinern und anderen Akademikern getragen, die sich anschickten, die neuen Eliten des »Dritten Reiches« zu bilden. Vorerst war ihr Einfluß allerdings noch nicht groß genug, um dieses Paradigma durchzusetzen und zur Handlungsrichtlinie für weitere Aktionen gegen Asoziale zu machen, auch wenn Dr. med. Walter Groß, 1933 Leiter des von ihm gegründeten Aufklärungsamtes für Bevölkerungspolitik und Rassenpflege[32], das 1934 in das Rassenpolitische Amt der NSDAP integriert wurde, sich des Beifalls sicher sein konnte, als er auf dem Nürnberger Reichsparteitag am 1. September 1933 ausführte: »Wir alle haben mit Erschrecken erlebt, daß Staat und Gesellschaft ihre Mittel mitleidig und barmherzig für die Erhaltung von Verbrechern und Geisteskranken und Schwachsinnigen und Idioten einsetzte und dafür Millionen und Abermillionen zur Verfügung stellte, während zugleich für den einfachen, gesunden Sohn des Volkes kaum Geld für ein trockenes Stück Brot da war. (Beifall) Solch Haltung aber bedeutet den sicheren Tod einer Nation. Wo den Nachkommen von Säufern, Verbrechern und Schwachsinnigen Paläste gebaut werden, indes der Bergarbeiter oder der Bauer mit einer kümmerlichen Hütte vorlieb nehmen muß, wo Unsummen für Fortbildungsschulen von Schwachsinnigen zur Verfügung stehen, während der begabte Sohn aus dem Volke nicht die Mittel findet, um seine hochwertigen Anlagen zur Entfaltung zu bringen, da geht ein solches Volk mit Riesenschritten seinem Ende entgegen. Dem unwiderruflichen und endgültigen Ende, weil sein Tod dann biologische Gründe hat. (Beifall)«[33]

Diese Vision vom »Tod der Nation«, vom »Volkstod« und vom »endgültigen Ende« wurde zu einem Hauptargument zur Legitimation von Maßnahmen gegen Asoziale. Seit Beginn des Jahrhunderts war die Geburtenzahl in Deutschland von 128 Lebendgeburten pro tausend Einwohner auf 53 im Jahre 1932 gesunken.[34] Daß sich die Asozialen angeblich schneller fortpflanzten als die »erbbiologisch Wertvollen«, machte diese Tatsache in den Augen der Bevölkerungsplaner noch bedrohlicher. Eindringlich sollten die Abbildungen aus dem Büchlein von Otto Helmut[35] diese Gefahren vor Augen führen. In diesem populär aufgemachten Werk finden sich 23 ganzseitige Abbildungen, denen je eine erläuternde Textseite gegenübergestellt ist. Abbildung 1 führt anschaulich vor Augen, wie stark sich »Verbrecher« im Vergleich zur bürgerlichen Familie vermehren. Abbildung 3 projiziert diese Verhältnisse in die Zukunft und suggeriert damit, daß das deutsche Volk in nicht allzu langer Zeit ein Volk von »Minderwertigen« und Verbrechern sein werde. Abbildung 2, einem anderen Buch mit wissenschaftlichem Anspruch

32 Angaben zu Groß nach Wistrich, Wer war Wer, S. 100 – 101.
33 Zitiert nach Klee, Dokumente, S. 50 – 51.
34 Vgl. Scherer, »Asozial« im Dritten Reich, S. 25 – 26.
35 Otto Helmut, Volk in Gefahr. Der Geburtenrückgang und seine Folgen für Deutschlands Zukunft, München 1933.

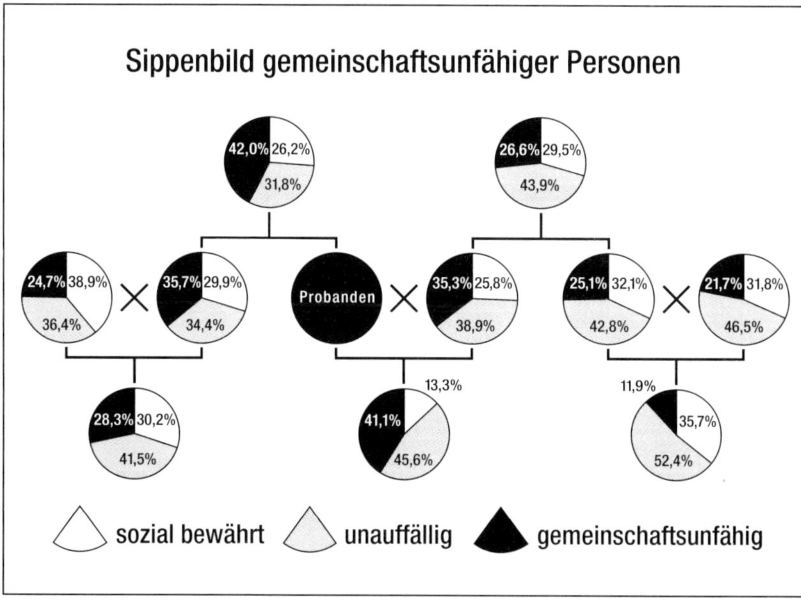

Abb. 2:
nach: Heinrich Wilhelm Kranz/Siegfried Koller,
»Die Gemeinschaftsunfähigen« (Ein Beitrag zur wissenschaftlichen und praktischen Lösung des sog. »Asozialenproblems«).
II. Teil: Erbstatistische Grundlagen und Auswertung,
Gießen 1941, S. 64.

entnommen, behauptet, daß Asozialität ein vererbbarer Faktor sei, der bei allen Nachkommen von Asozialen mehr oder weniger stark präsent sei. Die Abbildungen suggerieren, daß es notwendig sei, Asoziale von der Fortpflanzung auszuschließen, um den Anteil negativer Veranlagungsfaktoren in der Gesamtbevölkerung zu minimieren und so den beschworenen »Volkstod« zu verhindern.

Die Gesetzgebung erwies sich hier jedoch in den Augen der kommunalen Behörden als unzureichend. Das »Gesetz zur Verhütung erbkranken Nachwuchses« setzte eine Einzelfallprüfung voraus und konnte so nicht gegen die Asozialen in ihrer Gesamtheit angewendet werden. Ähnlich verhielt es sich mit einer Reihe anderer gesetzlicher Bestimmungen, die man in Ermangelung eines Asozialengesetzes auf einzelne Asoziale anwandte. So heißt es in einem Brief des Deutschen Gemeindetages an den Oberbürgermeister der Stadt Kassel vom 21. Juli 1937: »Immerhin ermöglichen alle diese Vorschriften lediglich die Verwahrung einzelner asozialer Personen, und zwar teilweise nur unter sehr speziellen Voraussetzungen (strafrechtliche Bestimmungen) oder in beschränktem Umfang (auf Grund der Beibehaltung der Freizügigkeit der asozialen Personen). Eine gesetzliche Grundlage für die Zwangsverwahrung asozialer Familien besteht jedoch nicht.«[36]

Dennoch gingen die kommunalen Behörden auch ohne ausreichende gesetzliche Grundlagen gegen Asoziale insgesamt vor. Einzelne Kommunen errichteten in eigener Initiative »Asozialenkolonien«.[37] Und die Landesstelle Thüringen des Deutschen Gemeindetages beruhigte 1936 zögernde Behörden, die auf das Fehlen eines »Asozialengesetzes« verwiesen: Unterstützungsempfänger, die »durch Verweigern der Arbeit das Aufbauwerk des Führers« gefährdeten, in Konzentrationslager einzuweisen, sei durchaus legal, da diese sich »staatsfeindlich betätigten«.[38] Insbesondere im Umfeld der Olympischen Spiele 1936 in Berlin wurden Asoziale in Arbeits- und Konzentrationslager eingewiesen, um so für »Ruhe und Ordnung« und für »Sauberkeit« auf den Berliner Straßen zu sorgen. Eine Dienstanweisung des Landeswohlfahrts- und Jugendamtes zur »Behandlung Asozialer« in Berlin vom 29. März 1938 stellte unter dem Titel »Allgemeine Rechtsgrundlage« knapp fest: »Solange ein Bewahrungsgesetz nicht erlassen ist, sind alle Handhaben der geltenden Gesetze, die zur Verwirklichung der Bewahrungsaufgabe dienen können, rechtsschöpferisch anzuwenden.«[39] Dies bezog sich vor allem auf die »Bewahrung« solcher Asozialer, die zwar keine Kriminellen im herkömmlichen Sinne waren, aber wegen Bettelns, Trunksucht, Unzucht, Arbeitsscheu, Obdachlosigkeit oder ähnlicher »Vergehen« verurteilt worden waren, und die nun ohne weiteres in »geschlossene Anstaltsfürsorge« geraten konnten. Denn nach Verbüßung der Strafe konnten sie auf der Grundlage des »Gesetzes gegen gefährliche Gewohnheitsverbrecher und über Maßregeln der Sicherung und Besserung« vom 24. November 1933 zur »korrektionellen Nachhaft« in ein Arbeitshaus eingewiesen werden.

Die doppelte Stigmatisierung der Zigeuner

Die Situation der etwa 30 000 deutschen Zigeuner im »Dritten Reich« war gleich doppelt hoffnungslos: Zunächst wurden sie als Asoziale diffamiert und sterilisiert und schließlich als Angehörige einer anderen Rasse verfolgt, deportiert, nahezu vernichtet. Die Zigeuner waren ein ideales Objekt für den nationalsozialistischen Vernichtungswahn: Nach Aussehen und Verhalten unterschieden sie sich zu einem großen Teil deutlich von der Masse der Bevöl-

36 Zitiert nach Scherer, »Asozial« im Dritten Reich, S. 105.

37 Vgl. ebd., S. 102 – 106.

38 Rundschreiben des Deutschen Gemeindetages – Landesstelle Thüringen vom 2. 6. 1936, zitiert nach: ebd., S. 107.

39 Zitiert nach: ebd., S. 209.

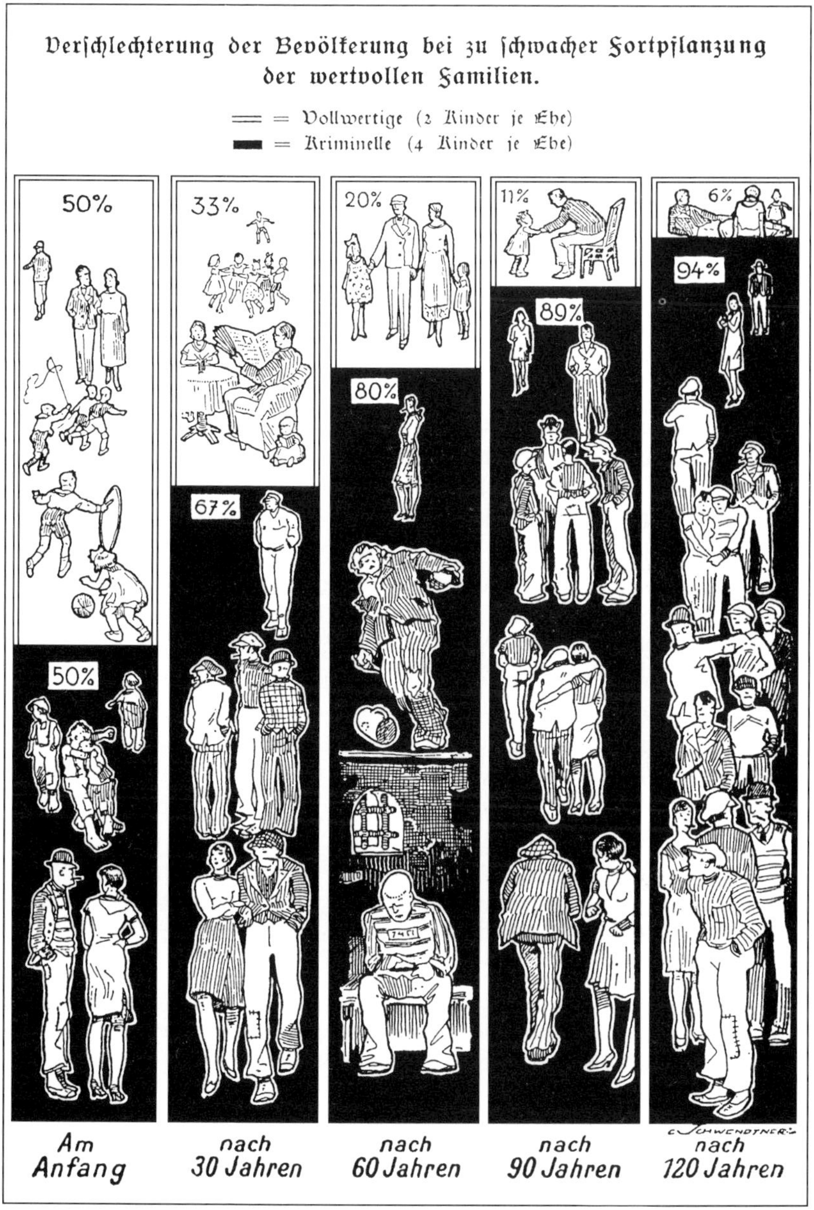

Abb. 3:
aus: Otto Helmut, Volk in Gefahr. Der Geburtsrückgang und seine Folgen für Deutschlands Zukunft, München 1934, S. 33.

kerung, viele Deutsche betrachteten sie seit jeher mit Mißtrauen und hegten eine Unzahl von Vorurteilen gegen sie, die sich leicht instrumentalisieren ließen. Eine Reihe solcher Vorurteile findet man im Brockhaus von 1935: »Zigeuner, ein [...] Wandervolk, das trotz innigster Berührung mit europ. Gesittung diese ablehnt und seine völkische Ursprünglichkeit und Eigenart mitten unter den hochzivilisierten Völkern bewahrt. [...] Körperpflege kennen sie so gut wie gar nicht, ein bestimmter Körpergeruch ist ihnen eigen, der das Wirtsvolk abhält, sich mit Zigeunerinnen ehelich zu verbinden, außerdem verbietet den Z. ihre strenge Sitte, sich mit Nichtzigeunern zu verheiraten. Gewaltsame Entführung von Kindern der Gastländer kommt höchst selten vor. [...] Im ›Finden‹, d.h. Stehlen, sind sie äußerst geschickt, ehrlicher ernähren sie sich durch Bettel, Hausierhandel und Wahrsagen. [...] Alkohol trinken sie gern. [...] Charakteristisch an der Zigeunerkleidung ist die Zerfetztheit, sie tragen die Kleider, bis sie schließlich vom Leibe fallen.«

Besonders die Vorurteile über die vermeintliche Schmutzigkeit und das angeblich ungeklärte Auskommen der Zigeuner findet man immer wieder: »Im allgemeinen ist aber ihre Kleidung schlechter, schmutziger, abgetragener und verwahrloster als die des letzten deutschen Volksgenossen, der doch immer in seiner Wohnung mit mehr oder weniger Geschick und Erfolg den Eindruck eines Heims herzustellen sucht. [...] Die Zigeuner sind wie in der Kleidung, so auch am Körper meistens schmutzig, selbst dort, wo ihnen die Wasserleitung zur Verfügung steht. Die Kinder besonders laufen in einem Schmutz herum, wie ich ihn bei Afrikanern nur in ganz wasserarmen Gegenden gesehen habe. [...] Wovon sie ihren Lebensunterhalt bestreiten, ist mir nie recht klar geworden; vermutlich zur Hauptsache von der Unterstützung durch das Wohlfahrtsamt.«[40] An anderer Stelle liest man: »Ihre charakteristischen Eigenschaften waren und werden stets bleiben: Betteln, Betrug und Diebstahl in allen Variationen«, kurz, sie leben »als Parasiten – als ein Staat im Staate – in ihrem Wirtsvolk.«[41]

Manifeste Vorurteile gegen Zigeuner waren also vorhanden: Zigeuner sind unzivilisiert und schmutzig, sie stehlen, betteln, leben von der Unterstützung durch das Wohlfahrtsamt und sind so »Parasiten in ihrem Wirtsvolk«. Daß die Zigeuner auch noch, obwohl sie seit Jahrhunderten in Deutschland lebten, an ihrer eigenen Kultur festhielten, machte sie für viele nur noch verabscheuungswürdiger. Dennoch gab es in den ersten Jahren der NS-Diktatur keine reichsweit koordinierten Aktionen gegen Zigeuner. Selbst im soge-

40 Jens Paulsen, Biologische Betrachtungen an Zigeunern, in: Rasse. Monatsschrift der nordischen Bewegung, Leipzig 1936, S. 14 – 17, hier: S. 15, zitiert nach Joachim S. Hohmann, Zigeuner und Zigeunerwissenschaft. Ein Beitrag zur Grundlagenforschung und Dokumentation des Völkermords im »Dritten Reich«, Marburg/Lahn 1980, S. 173.

41 Heinrich Wilhelm Kranz, Zigeuner, wie sie wirklich sind, in: Neues Volk. Beilage zu: Deutsches Ärzteblatt, Berlin, September 1937, S. 21 – 27, zitiert nach Hohmann, Zigeuner, S. 188.

nannten Blutschutzgesetz, dem »Gesetz zum Schutz des deutschen Blutes und der deutschen Ehre« vom 15. September 1935, das Eheschließungen sowie außerehelichen Geschlechtsverkehr zwischen Juden und Staatsangehörigen deutschen oder »artverwandten« Blutes verbot, hatte man die Zigeuner schlicht vergessen. Diese Unterlassung wurde jedoch schon in der ersten Ausführungsverordnung zum Blutschutzgesetz vom 14. November 1935 korrigiert. Danach galten nun »in Europa regelmäßig nur Juden und Zigeuner« als »artfremden Blutes«.[42] Dennoch wurden die Zigeuner auch »nach der Verabschiedung der Rassengesetze weitgehend als kriminalistisches und nicht so sehr als die deutsche Rasse bedrohendes Phänomen betrachtet«.[43] So waren etwa von den Aktionen gegen Asoziale im Vorfeld der Olympischen Spiele 1936 in Berlin auch die Zigeuner betroffen. Um Berlin »zigeunerfrei« zu machen, wurde im Mai 1936 in Marzahn bei Berlin ein Zigeunerlager eingerichtet.[44] Ähnliches vollzog sich in anderen Städten.[45]

Die Einrichtung derartiger Sammellager geschah offenbar in Eigeninitiative der Städte und erfolgte ohne rechtliche Grundlage.[46] Die Initiative zur Gründung dieser Lager »ging nicht von den zentralen Institutionen des Dritten Reiches, sondern von untergeordneten Behörden im regionalen und selbst lokalen Bereich aus«.[47] Zweck der Zwangslager war, wie der damalige Frankfurter Bürgermeister schrieb, die »Zusammenfassung aller im Stadtgebiet verstreut lagernder Zigeuner in einem Zigeunerlager, damit einerseits die Klagen der Anlieger [...] verstummen, andererseits eine bessere polizeiliche Überwachung der Zigeuner stattfinden«[48] könne. Klagen über die Anwesenheit von Zigeunern scheint es in der Tat häufiger gegeben zu haben[49];

42 Wilhelm Stuckart/Hans Globke, Kommentare zur Deutschen Rassengesetzgebung, Bd. 1, München/Berlin 1936, S. 55, zitiert nach Gilsenbach, Verfolgung, S. 25.

43 Hohmann, Geschichte, S. 103.

44 Zum Zigeunerlager in Berlin-Marzahn siehe Ute Brucker-Boroujerdi/Wolfgang Wippermann, Nationalsozialistische Zwangslager in Berlin III. Das »Zigeunerlager« Marzahn, in: Wolfgang Ribbe (Hrsg.), Berlin-Forschungen II, Berlin 1987, S. 187 – 201.

45 Zum Zigeunerlager in Frankfurt am Main vgl. Wolfgang Wippermann, Das Leben in Frankfurt zur NS-Zeit, Bd. 2: Die nationalsozialistische Zigeunerverfolgung, Frankfurt a.M. 1986, S. 28 – 32, sowie Eva von Hase-Mihalik/Doris Kreuzkamp, Du kriegst auch einen schönen Wohnwagen. Zwangslager für Sinti und Roma während des Nationalsozialismus in Frankfurt am Main, Frankfurt a.M. 1990; zum Zigeunerlager in Köln vgl. Karola Fings/Frank Sparing, Das Zigeunerlager in Köln-Bickendorf 1935 – 1958, in: 1999. Zeitschrift für Sozialgeschichte des 20. und 21. Jahrhunderts, 3/91, S. 11 – 40, sowie: Wippermann, ebd., S. 77; weitere Zigeunersammellager: ebd., S. 29.

46 Vgl. Brucker-Boroujerdi/Wippermann, Zwangslager, S. 194 – 196.

47 Ebd., S. 190.

48 So in einer Vorlage an die Gemeinderäte vom 28.1.1937, zitiert nach Hase-Mihalik/Kreuzkamp, Wohnwagen, S. 46.

49 Mehrere Beschwerdebriefe bei Wippermann, Leben, S. 55 (Brief von 1930), S. 60, S. 64 – 65 und S. 76; Vgl. auch: Brucker-Boroujerdi/Wippermann, Zwangslager, S. 191; Hase-Mihalik/Kreuzkamp, Wohnwagen, S. 34 – 37.

so beschwerte sich etwa in Bremen eine Ortsgruppe der NSDAP im Namen der Anwohner über die Zustände auf einem von Zigeunern genutzten Lagerplatz: »Die Volksgenossen klagen über die unglaublichsten Zustände. Da wird bis tief in die Nacht hinein gezecht, getanzt und musiziert. Schlägereien sind an der Tagesordnung. Alles, was nicht niet und nagelfest, wird gestohlen und arbeiten tut die Bande überhaupt nicht. Bei warmem Wetter laufen Erwachsene und Kinder halbnackt herum und treiben die unglaublichsten Sachen.«[50]

Später erhielten die Sammellager dann »die Bestimmung, die Sinti von der übrigen Bevölkerung zu isolieren und ihre Überwachung zu verstärken; sie dienten als Sammel- und Durchgangslager auf dem Weg in die Vernichtung«.[51] Doch zunächst wurden die Zigeuner weiter vor allem als Asoziale behandelt und von den Aktionen gegen diese erfaßt. Letztlich verhängnisvoll sollte sich für die Zigeuner erst auswirken, daß sich Heinrich Himmler 1936 – nun auch Chef der deutschen Polizei – mit ihnen zu beschäftigen begann. Denn nun wurden die Zigeuner langsam von einem Asozialen- zu einem Rassenproblem umdefiniert, mehr noch von einem »Problem« zu einer »Bedrohung«. Die Vorarbeiten dazu hatte Dr. med. Dr. phil. Robert Ritter seit 1935 geleistet, als er erste Untersuchungen an »Zigeunerbastarden« durchführte.[52] 1936 zum Direktor der neu gegründeten »Rassenhygienischen und Erbbiologischen Forschungsstelle« des Reichsgesundheitsamtes berufen, widmete er sich in der Folgezeit der Erfassung und »rassischen Begutachtung« der Zigeuner des Reiches. Da auch Ritter nicht leugnen konnte, daß die aus Indien stammenden, eine indogermanische Sprache sprechenden Zigeuner im Grunde Arier waren, kam er 1938 zu dem Schluß, daß sich die Zigeuner so stark mit den Asozialen vermischt hätten, daß es nur noch wenige »reinrassige Zigeuner« im Reich gebe. »Die weitaus zahlreicheren ›Zigeunerbastarde‹ aber seien minderwertiger und erbbiologisch gefährlicher als die reinrassigen und seien daher ›von der Polizei in geschlossenen Kolonien unterzubringen‹.«[53] An anderer Stelle ging Ritter noch weiter: »Allein mit

50 In einem Brief an den Senator für die Innere Verwaltung vom 11. 10. 1941, zitiert nach: Marßolek/Ott, Bremen, S. 335 – 36.

51 Gilsenbach, Verfolgung, S. 26.

52 Zum Folgenden vgl. ebd., S. 21 – 25; Ute Brucker-Boroujerdi/Wolfgang Wippermann, Die »Rassenbiologische und Erbbiologische Forschungsstelle« im Reichsgesundheitsamt, in: Bundesgesundheitsblatt 32 (1989), Sonderheft: Das Reichsgesundheitsamt 1933 – 1945 – eine Ausstellung, S. 13 – 19, sowie: Herbert Heuß, Wissenschaft und Völkermord. Zur Arbeit der »Rassenhygienischen Forschungsstelle« beim Reichsgesundheitsamt, in: Bundesgesundheitsblatt 32 (1989), Sonderheft: Das Reichsgesundheitsamt 1933 – 1945 – eine Ausstellung, S. 20 – 24.

53 Gilsenbach, Verfolgung, S. 23, paraphrasiert Robert Ritter, Zigeuner und Landfahrer, in: Der nichtseßhafte Mensch. Ein Beitrag zur Neugestaltung der Raum- und Menschenordnung im Großdeutschen Reich, München 1938, S. 71 – 88.

der polizeilichen Bekämpfung des Zigeunerunwesens ist es nicht getan. Man kann der Polizei nicht von neuem zumuten, immer nur an den Symptomen herumkurieren zu müssen, nachdem man zu der Einsicht gekommen ist, daß das Leiden einer ursächlichen Behandlung bedarf. [...] Unsere Aufgabe kann nur sein, die Zigeunerfrage in ihrer Gesamtheit in Angriff zu nehmen und die Zigeunerverhältnisse in Deutschland von Grund auf zu regeln.«[54]

»Regelung der Zigeunerverhältnisse von Grund auf« – das hörte sich schon fast wie ein Ruf nach »Endlösung« an. Und Ritter war damit nicht allein: In den »Blättern der Wohlfahrtspflege in Württemberg« konnte man schon 1937 unter der Überschrift »Kampf gegen die asozialen Zigeuner« lesen: »In einer hervorragenden wissenschaftlichen Untersuchung [...] ist kürzlich nachgewiesen worden, daß von insgesamt 174 untersuchten Angehörigen zweier Zigeunermischlingssippen 136 als asozial bezeichnet werden mußten. [...] Zigeunertum und Asozialität sind zwei gleiche Begriffe. [...] Besonders schwerwiegend ist es, daß die Zigeunerfamilien stets eine überaus große Kinderzahl besitzen. [...] Die hohe Kinderzahl ist überhaupt ein Kennzeichen der meisten asozialen Familien. [...] So stellt die Zigeuner- und überhaupt die Asozialenfrage ein schweres Problem dar, das im Sinne der restlosen Ausmerzung und Unschädlichmachung aller gemeinschaftsuntauglichen und sozial und rassisch minderwertigen Elemente gelöst werden muß.«[55]

Zigeuner und Asoziale in der nationalsozialistischen Vernichtungsmaschinerie

Die Asozialen und die »Vernichtung durch Arbeit«

1938 erreichte die Verfolgung der Asozialen neue Dimensionen. Grundlage dafür war ein Runderlaß des Reichs- und preußischen Ministers des Inneren vom 14. Dezember 1937:

»Polizeiliche Vorbeugungshaft [...] ist zulässig gegen: [...]

V. Asoziale

wenn sie, ohne Berufs- oder Gewohnheitsverbrecher zu sein, durch ihr asoziales Verhalten die Allgemeinheit gefährden. Als asozial gilt, wer durch gemeinschaftswidriges, wenn auch nicht verbrecherisches, Verhalten zeigt, daß er sich nicht in die Gemeinschaft einfügen will. Hierunter fallen insbesondere

1. Personen, die durch geringfügige, aber sich immer wiederholende Gesetzesübertretungen sich der in einem nationalsozialistischen Staat selbst-

54 Robert Ritter, Zur Frage der Rassenbiologie und Rassenpsychologie der Zigeuner in Deutschland, in: Reichsgesundheitsblatt, 13. Jahrgang, Berlin 1938, Nr. 22, S. 425 – 426, hier: S. 426, zitiert nach Hohmann, Zigeuner, S. 206.

55 Kampf gegen die asozialen Zigeuner, in: Blätter der Wohlfahrtspflege in Württemberg, 90. Jahrgang, Stuttgart 1937, S. 153, zitiert nach Hohmann, Zigeuner, S. 196.

verständlichen Ordnung nicht einfügen wollen (z.B. Bettler, Landstreicher (Zigeuner), Dirnen, Trunksüchtige, mit ansteckenden Geschlechtskrankheiten behaftete Personen, die sich den Maßnahmen der Gesundheitsbehörden entziehen);

2. Personen, ohne Rücksicht auf etwaige Vorstrafen, die sich der Pflicht zur Arbeit entziehen und die Sorge für ihren Unterhalt der Allgemeinheit überlassen (z.B. Arbeitsscheue, Arbeitsverweigerer, Trunksüchtige, bei denen die üblichen Maßnahmen der Fürsorgestellen wirkungslos geblieben sind).

[...]

Die polizeiliche Vorbeugungshaft dauert solange, wie der Zweck es erfordert. Spätestens nach zweijähriger Haft, jedoch nicht vor Ablauf von 12 Monaten, ist zu prüfen, ob die Fortdauer noch erforderlich ist.«[56]

Dieser Erlaß bildete die Grundlage für die im April 1938 folgende Aktion »Arbeitsscheu Reich«. In deren Verlauf wurden »arbeitsscheue«, aber »arbeitsfähige« Asoziale in das Konzentrationslager Buchenwald gebracht. Bereits im Juni des Jahres ordnete Heydrich erneut ähnliche Maßnahmen an: »Ohne Rücksicht auf die bereits vom Geheimen Staatspolizeiamt im März [recte: April] d.J. durchgeführte Sonderaktion gegen Asoziale sind unter schärfster Anwendung des Erlasses vom 14. 12. 1937 in der Woche vom 13. bis 18. Juni 1938 aus dem dortigen Kriminalstellenbezirke mindestens 200 männliche arbeitsfähige Personen (asoziale [sic!]) in polizeiliche Vorbeugungshaft zu nehmen.«[57] Interessant ist vor allem die Begründung für diese Maßnahme: »Die straffe Durchführung des Vierjahresplanes erfordert den Einsatz aller arbeitsfähigen Kräfte und läßt es nicht zu, daß asoziale Menschen sich der Arbeit entziehen und somit den Vierjahresplan sabotieren.«[58]

Damit kündigte sich erstmals ein neues Konzept in der Verfolgung der Asozialen an: die »Vernichtung durch Arbeit«. War man zunächst davon ausgegangen, »Arbeitsscheue« durch »Erziehung« im Lager wieder in die »Leistungsgemeinschaft« der »Volksgenossen« eingliedern zu können, so setzte sich nun die Überzeugung durch, daß deren erbliche Veranlagung zur Asozialität so stark sei, daß eine Besserung in der Regel nicht zu erwarten wäre. In einem Merkblatt des Rassenpolitischen Amtes der Gauleitung Niederdonau etwa hieß es, kennzeichnend für die »Gemeinschaftsunfähigen« sei »die Erblichkeit der entscheidenden körperlichen und geistigen Anlagen und Merkmale,

56 Reichssicherheitshauptamt – Amt V – (Hrsg.), Vorbeugende Verbrechensbekämpfung. Erlaßsammlung, bearbeitet von SS-Hauptsturmführer Kriminalrath Richrath im Reichssicherheitshauptamt, [Berlin 1942], zitiert nach Ayaß, Aktion »Arbeitsscheu Reich«, S. 46 – 47.

57 Schnellbrief vom 1. 6. 1938, zitiert nach Hans Buchheim, Die Aktion »Arbeitsscheu Reich«, in: Gutachten des Instituts für Zeitgeschichte, Bd. II, Stuttgart 1966, S. 189 – 195, hier: S. 191.

58 Ebd.

welche die Gemeinschaftsunfähigkeit bedingen. Es liegen Untersuchungen vor, welche die Beständigkeit der Gemeinschaftsunfähigkeit über mehr als zehn Generationen hinweg dartun. Damit ist auch der geringe Erfolg erklärt, der den vielfachen Erziehungs-, Besserungs- und Fürsorgemaßnahmen des Liberalismus an diesen Menschen beschieden war.«[59] Neben das ökonomische trat nun also das biologische, »rassenhygienische« Motiv zur Verfolgung Asozialer.

Die Aktionen des Jahres 1938 erfaßten über 10 000 Menschen. Noch im Laufe des Jahres überstellte man einen Teil von ihnen in das gerade gegründete Konzentrationslager Flossenbürg; nach den Häftlingspersonalakten klassifizierte man dort die meisten als »gefährliche Gewohnheitsverbrecher« oder »gemeingefährliche Sittlichkeitsverbrecher«, obwohl dies »in vielen Fällen dem Tätertyp keineswegs gerecht wird«[60]. Diese Häftlinge waren Vorbeugehäftlinge, und nach spätestens zwei Jahren mußte überprüft werden, ob die Haftfortdauer erforderlich war. Dennoch und obwohl ein Teil der in den beiden Aktionen Verhafteten bereits im Zuge der Amnestie zu Hitlers 50. Geburtstag 1939 freigelassen wurde, dauerte die Vorbeugehaft meist bis in die zweite Kriegshälfte an, als ein großer Teil dieser Häftlinge zur Wehrmacht eingezogen wurde.[61]

Die dauernde Propaganda gegen die »Parasiten an unserem Volkskörper«[62] zeigte auch in der Bevölkerung Erfolge. Im Mai 1940 berichtete der Sicherheitsdienst der SS: »Nach verschiedenen Meldungen mehren sich in letzter Zeit die Stimmen, welche die Notwendigkeit eines Gesetzes zur Bekämpfung asozialer Elemente hervorheben. Hierbei wird in erster Linie an diejenigen Asozialen gedacht, die infolge ihres Verhaltens für einen Einsatz an der Front nicht in Frage kommen, bei denen aber gerade wegen ihres Aufenthaltes in der Heimat eine erhöhte Fortpflanzungsgefahr besteht. Es wird die Meinung vertreten, daß zur Abwendung der von dieser Seite her dem deutschen Volke drohenden biologischen Gefahren die Durchführung geeigneter Maßnahmen durch den Erlaß des schon seit langem vorbereiteten Asozialengesetzes baldigst in die Wege geleitet werden müsse. Aus Fachkreisen wird hierzu betont, daß die bisher geübte Praxis, Asoziale dadurch unfruchtbar zu machen, daß man sie als schwachsinnig bezeichnet und damit

59 Aus »Informationsdienst Rassenpolitisches Amt der NSDAP-Reichsleitung« vom 20. 6. 1942, Nr. 126, zitiert nach Klee, »Euthanasie«, S. 357.

60 Toni Siegert, Das Konzentrationslager Flossenbürg. Ein Lager für sogenannte Asoziale und Kriminelle, in: Martin Broszat/Elke Fröhlich (Hrsg.), Bayern in der NS-Zeit, Bd. II, München 1979, S. 429 – 493, hier: S. 440.

61 Vgl. ebd., S. 441; Buchheim, Aktion »Arbeitsscheu Reich«, S. 195; Ayaß, Aktion »Arbeitsscheu Reich«, S. 61 – 62.

62 So heißt es in einer Mitteilung des Vorstandes des »Deutschen Vereins für öffentliche und private Fürsorge« aus dem Juli 1933, zitiert nach Klee, »Euthanasie«, S. 39.

nach dem Gesetz zur Verhütung erbkranken Nachwuchses behandelt, baldigst aufgegeben werden müsse. Durch ein solches Verfahren werde einmal der Schwachsinnsbegriff in einer unhaltbaren Form erweitert und zum anderen trotzdem nicht erreicht, daß die wirklich Asozialen in der notwendigen Weise erfaßt würden.«[63]

Seit 1940 wurde zwar an einem »Gemeinschaftsfremdengesetz« gearbeitet, das die Asozialen nicht mehr unter die »Schwachsinnigen« subsumierte, sondern als eigene Kategorie behandelte, dieses Gesetz wurde jedoch – wie bereits erwähnt – nie verabschiedet.[64] Aber man behalf sich auch ohne Asozialengesetz weiter. Ein einfaches »Gesetz zur Änderung des Strafgesetzbuches« vom 4. September 1941 genügte vorerst. Es ermöglichte Richtern, Straftäter zum Tode zu verurteilen, wenn »der Schutz der Volksgemeinschaft oder das Bedürfnis nach gerechter Sühne es erfordern«[65]. Das Reichsjustizministerium legte den Richtern nahe, nicht zimperlich zu sein, denn der Richter, der »die neuen volksbiologischen und hygienischen Aufgaben des Strafrechts erfaßt hat, wird selbst am besten entscheiden können, wann es an der Zeit ist, den unverbesserlichen, asozialen, lebensunwerten Verbrecher endgültig im Interesse der Gesunderhaltung unseres Volkes zu vernichten. Daß der Maßstab heute streng sein muß, ist ein Gebot der Stunde. Der Krieg, der soviel des besten deutschen Blutes vernichtet, darf nicht an dem asozialen Verbrecher spurlos vorübergehen.«[66]

Der von den Nationalsozialisten selbst entfesselte Krieg war es also, der den Asozialen nun vom lästigen »Parasiten« zum »Schädling« machte: »Der gefährliche Gewohnheitsverbrecher, der sich stets von neuem an der Volksgemeinschaft vergreift, war schon im Frieden ein Parasit am Volkskörper: im Kriege ist er ein Schädling und Saboteur der inneren Front erster Ordnung.«[67] In der militärisch für die Nationalsozialisten noch guten, ökonomisch aber schwieriger werdenden Situation in der zweiten Kriegshälfte wollte allerdings vor allem die SS, die daran gut verdiente, zuvor noch die Arbeitskraft der Asozialen nutzen. So wurde im Laufe der Zeit das Konzept der »Vernichtung durch Arbeit« bestimmend. Am 14. September 1942 hielt

63 Meldungen aus dem Reich (Nr. 88) 16. Mai 1940, zitiert nach Heinz Boberach (Hrsg.), Meldungen aus dem Reich. Die geheimen Lageberichte des Sicherheitsdienstes der SS 1938 – 1945, Herrsching 1984, Band 4, S. 1145.

64 Grundlegend zum »Gemeinschaftsfremdengesetz«: Gerhard Werle, Justiz-Strafrecht und polizeiliche Verbrechensbekämpfung im Dritten Reich, Berlin 1989, S. 619 – 660. Vgl. auch: Patrick Wagner, Das Gesetz über die Behandlung Gemeinschaftsfremder. Die Kriminalpolizei und die »Vernichtung des Verbrechertums«, in: Feinderklärung, S. 75 – 100.

65 Richterbriefe. Mitteilungen des Reichsministers der Justiz, Nr. 4 vom 1. 1. 1943, zitiert nach Heinz Boberach (Hrsg.), Richterbriefe. Dokumente zur Beeinflussung der deutschen Rechtsprechung 1942 – 1944, Boppard/Rhein 1975, S. 55 – 56.

66 Ebd., S. 58.

67 Ebd., S. 75.

der neue Reichsjustizminister Thierack in einer Gesprächsnotiz fest: »Hinsichtlich der Vernichtung asozialen Lebens steht Dr. Goebbels auf dem Standpunkt, daß Juden und Zigeuner schlechthin, Polen, die etwa 3 – 4 Jahre Zuchthaus zu verbüßen hätten, Tschechen oder Deutsche, die zum Tode, lebenslangem Zuchthaus oder Sicherungsverwahrung verurteilt wären, vernichtet werden sollen. Der Gedanke der Vernichtung durch Arbeit sei der beste.«[68]

Vier Tage später, am 18. September, verständigte er sich mit Himmler über die »Auslieferung asozialer Elemente aus dem Strafvollzug an den Reichsführer SS zur Vernichtung durch Arbeit«.[69] Am 31. Dezember berichtete der Chef der Sicherheitspolizei dann: »Die von der Justiz abzugebenden asozialen Häftlinge werden umgehend in die KL überführt. Bisher sind etwa 12 000 solcher Häftlinge vom Reichsminister der Justiz namhaft gemacht worden, die zum Teil bereits in KL überführt sind bzw. deren Überführung im Gang ist.«[70] Im April 1943 beschwerte sich der Chef des SS-Wirtschafts- und Verwaltungshauptamtes, Oswald Pohl, bei Thierack, »daß von 12658 ›in die Konzentrationslager übernommenen Sicherungsverwahrten‹ inzwischen 5935 verstorben seien. Diese ›erschreckend hohe Sterblichkeitsziffer‹ erkläre sich daraus, daß sich die Zuchthäuser der ›mit allen überhaupt nur denkbaren Krankheiten behafteten Insassen buchstäblich entledigt‹ hätten. Aus kriegswirtschaftlichem Interesse bitte er um Einweisung nur gesunder Sicherungsverwahrter.«[71] Bis zum 30. April 1943 »wurden 14 700 Justizgefangene in die Konzentrationslager deportiert«, die Selektion in den Zuchthäusern ging bis Oktober 1944 weiter.[72] Die Nationalsozialisten hatten das »Asozialen-Problem« auf ihre Weise »gelöst«.

Der Völkermord an den Zigeunern

Himmlers Runderlaß zur »Bekämpfung der Zigeunerplage« vom 8. Dezember 1938 gab die Grundlage zur nunmehr rassischen Verfolgung und Vernichtung der Zigeuner. In diesem ganz im Geiste Robert Ritters verfaßten Dokument heißt es unter anderem: »Die bisher bei der Bekämpfung der Zigeunerplage gesammelten Erfahrungen und die durch die rassenbiologischen Forschungen gewonnenen Erkenntnisse lassen es angezeigt er-

68 Zitiert nach Helmut Heiber, Joseph Goebbels, München 1988³, S. 288.

69 Protokoll Thieracks über eine Besprechung mit Himmler am 18. September 1942, zitiert nach: Im Namen des Deutschen Volkes. Justiz und Nationalsozialismus. Katalog zur Ausstellung des Bundesministers der Justiz, Köln 1989, S. 268.

70 Zitiert nach Martin Broszat, Nationalsozialistische Konzentrationslager 1933 – 1945, in: Hans Buchheim/Martin Broszat/Hans-Adolf Jacobsen/Helmut Krausnick, Anatomie des SS-Staates, Bd. 2, München 1984⁴, S. 9 – 133, hier: S. 125.

71 Helmut Krausnick, Judenverfolgung, in: ebd., S. 233 – 366, hier: S. 320, Anm. 184, Pohl paraphrasierend.

72 Wagner, Gesetz, S. 89.

scheinen, die Regelung der Zigeunerfrage aus dem Wesen dieser Rasse heraus in Angriff zu nehmen.«[73]

Die »Zigeunerplage« war nun endgültig von einem Asozialen- zu einem »Rassenproblem« geworden. Durch die Zigeuner oder vielmehr die »Zigeunermischlinge« sah man die »deutsche Rasse« bedroht, weil sie ihre »minderwertigen Erbteile« in den deutschen »Volkskörper« einschleusen und diesen so schwächen würden. Zigeuner und Zigeunermischlinge seien also Feinde, die man in der Konsequenz schließlich vernichten müsse. Zunächst war es jedoch erforderlich, genau zu prüfen, wer eigentlich Zigeuner oder Zigeunermischling war und wer nicht. Dazu hieß es in Himmlers Runderlaß: »Die endgültige Feststellung, ob es sich um einen Zigeuner, Zigeunermischling oder eine sonstige nach Zigeunerart umherziehende Person handelt, trifft das Reichskriminalpolizeiamt auf Grund eines Sachverständigengutachtens.[...] Ich ordne deshalb [...] an, daß alle Zigeuner, Zigeunermischlinge und nach Zigeunerart umherziehenden Personen verpflichtet sind, sich der zur Erstattung des Sachverständigengutachtens erforderlichen rassenbiologischen Untersuchung zu unterziehen und die notwendigen Angaben über ihre Abstammung beizubringen. Die Durchführung dieser Anordnung ist mit Mitteln polizeilichen Zwanges sicherzustellen.«[74]

Robert Ritter betrieb mit seinen Mitarbeitern in der Folge umfangreiche genealogische Forschungen, die unter anderem dazu führten, daß auch sozial völlig angepaßt lebende Zigeuner, die von ihrer Herkunft zum Teil gar nichts wußten, von den Maßnahmen erfaßt wurden.[75] Darüber hinaus wurden Zigeuner auch weiterhin als Asoziale behandelt und verfolgt. So hieß es in dem eben zitierten Runderlaß weiter: »Bei allen Zigeunern und nach Zigeunerart umherziehenden Personen ist zu prüfen, ob die Voraussetzung der Bestimmung [...] über vorbeugende Verbrechensbekämpfung durch die Polizei gegeben ist. (Gefährdung der Allgemeinheit durch asoziales Verhalten.) Hierbei ist ein besonders strenger Maßstab anzulegen.«[76]

Die Ausführungsanweisung vom 1. März 1939 zu diesem Erlaß ging näher auf die »rassenbiologische Untersuchung« ein: »Die Durchführung der an Zigeunern, Zigeunermischlingen und nach Zigeunerart umherziehenden Personen vorzunehmenden rassenbiologischen Untersuchung wird vom Reichskriminalpolizeiamt veranlaßt. Es stellt die Rassenzugehörigkeit nach Einholung einer gutachtlichen Äußerung der rassenhygienischen und be-

73 Runderlaß des Reichsführers-SS und Chefs der Deutschen Polizei, zitiert nach Reinhard Rürup (Hrsg.), Topographie des Terrors. Gestapo, SS und Reichssicherheitshauptamt auf dem »Prinz-Albrecht-Gelände«. Eine Dokumentation, Berlin 1993⁹, S. 123.

74 Ebd., S. 124.

75 Solche Fälle schildert etwa Romani Rose, Bürgerrechte für Sinti und Roma. Das Buch zum Rassismus in Deutschland, Heidelberg 1987, S. 24 – 27.

76 Zitiert nach: Rürup (Hrsg.), Topographie, S. 124.

völkerungsbiologischen Forschungsstelle des Reichsgesundheitsamtes fest. Den Mitarbeitern dieser Stelle ist jede gewünschte Auskunft zu erteilen sowie polizeilicher Schutz und Unterstützung bei der Durchführung ihrer Aufgaben zu gewähren [...].«[77] Die Durchführung dieser Untersuchungen wurde dadurch erleichtert, daß viele Zigeuner bereits in den Zigeunersammellagern konzentriert waren. Verschiedene Zigeuner haben später berichtet, mit welcher pseudowissenschaftlichen Akribie diese Untersuchungen durchgeführt wurden: »Wir wurden befragt, mußten Fragebögen ausfüllen, wurden erfaßt. Die Kriminalpolizei maß unsere Nasen, die Ohren, stellte die Haarfarbe und vieles andere fest. Zu mir sagten sie, ich sei eine reinrassige Inderin.«[78] »Sie haben noch das Blut genommen von uns, haben die Augen, alles, abgesehen: die Haare, die Nase – alles ist abgemessen worden. Und dann haben sie mir die Papiere gemacht, da stand drauf: ›Zigeunermischling‹.«[79]

Auf einer von Reinhard Heydrich einberufenen Konferenz wurde am 21. September 1939 beschlossen, die im Reichsgebiet lebenden etwa 30 000 Zigeuner nach Polen zu deportieren. Voraussetzung dafür war der »Festsetzungserlaß« vom 17. Oktober 1939, der den Zigeunern verbot, ihren Aufenthaltsort »bis auf weiteres«[80] zu verlassen. Im Mai 1940 erfolgte daraufhin die Deportation von über 2500 Zigeunern aus dem westlichen Reichsgebiet ins Generalgouvernement, wo sie zu Zwangsarbeit herangezogen, in Ghettos verbracht oder einfach ihrem Schicksal überlassen wurden, da die Behörden dort auf die Aufnahme der Zigeuner nicht vorbereitet waren.[81] Ursprünglich war beabsichtigt, alle deutschen Zigeuner in das Generalgouvernement zu deportieren, doch scheiterte dieser Plan am Widerstand des Generalgouverneurs Hans Frank, der darauf verwies, daß man mit »Umsiedlungsmaßnahmen« von Polen und Juden bereits ausgelastet sei.[82] Nicht nur deshalb blieb dies für zweieinhalb Jahre die letzte große Deportationsaktion gegen Zigeuner im Reichsgebiet, sondern wohl auch, weil die »rassenbiologische Begutachtung« aller deutschen Zigeuner viel Zeit erforderte. In diesen Jahren, in denen die deutschen Zigeuner weiterhin Sterilisationsmaßnahmen zum

77 Zitiert nach Hans-Joachim Döring, Die Zigeuner im Nationalsozialistischen Staat, Husum 1964, S. 205.

78 Franz, Zwischen Liebe und Haß, S. 41.

79 Bericht von Heinrich Winterstein über seine Deportation nach Polen im Mai 1940, zitiert nach Renner (Hrsg.), Zigeunerleben, S. 159.

80 Aus dem Schnellbrief des Reichssicherheitshauptamtes vom 17. 10. 1939 betr. »Zigeunererfasssung« (Festsetzungserlaß), zitiert nach Wippermann, Leben, S. 80; vgl. Michael Zimmermann, Verfolgt, vertrieben, vernichtet. Die nationalsozialistische Vernichtungspolitik gegen Sinti und Roma, Essen 1989, S. 43 – 50

81 Vgl. Döring, Zigeuner, S. 208 – 211; Hans Buchheim, Die Zigeunerdeportation vom Mai 1940, in: Gutachten des Instituts für Zeitgeschichte, München 1958, S. 51 – 60; Wippermann, Leben, S. 38 – 39. Im Verlauf dieser Aktion wurde etwa das Zigeunersammellager in Köln aufgelöst, vgl. Finks/Sparing, Zigeunerlager, S. 32 – 34.

82 Vgl. Wippermann, ebd., S. 39; Zimmermann, Verfolgt, S. 48.

Opfer fielen, als Asoziale in Konzentrationslager eingewiesen wurden und schikanösen Erlassen unterworfen waren[83], konkretisierte Himmler seine Konzeption der Zigeunerverfolgung. Bereits 1938 hatte Robert Ritter vorgeschlagen, den »reinrassigen Zigeunern« im »Rahmen eindeutiger Beschränkungen die Möglichkeit zu einem abgesonderten arteigenen Leben«[84] zu geben, denn »großangelegte kriminal-biologische Untersuchungen« hätten zu dem Ergebnis geführt, »daß die halbseßhaften und seßhaften Mischlingszigeuner einen viel höheren Grad von Kriminalität aufweisen als die unvermischten Wanderzigeuner«.[85] Am 13. Oktober 1942 bestimmte Himmler demgemäß, »den reinrassigen Sinte-Zigeunern [...] für die Zukunft eine gewisse Bewegungsfreiheit zu gestatten, so daß sie in einem bestimmten Gebiet wandern, nach ihren Sitten und Gebräuchen leben und einer arteigenen Beschäftigung nachgehen können«.[86]

Rudolf Höß, damals Lagerkommandant von Auschwitz, erinnerte sich: »Der R[eichs] F[ührer der] SS wollte die beiden großen Hauptstämme der Zigeuner unbedingt erhalten wissen [...] Sie sollten nun zu Forschungszwecken alle erfaßt, genau registriert und unter Denkmalschutz gestellt werden.«[87] Himmler hatte also offenbar vor, die »reinrassigen« deutschen Sinti- und Lalleri-Zigeuner am Leben zu lassen, die erst spät aus dem Balkan nach Deutschland gekommenen Rom-Zigeuner aber ebenso wie die »Zigeunermischlinge« zu ermorden. Inzwischen, Ende 1941, hatte freilich der Massenmord an den ost- und südosteuropäischen Zigeunern bereits begonnen, und am 16. Dezember 1942 befahl Himmler schließlich die Deportation der deutschen »Zigeunermischlinge« und Rom-Zigeuner nach Auschwitz: »Auf Befehl des Reichsführers-SS [...] sind Zigeunermischlinge, Rom-Zigeuner und nicht deutschblütige Angehörige zigeunerischer Sippen balkanischer Herkunft nach bestimmten Richtlinien auszuwählen und in einer Aktion von wenigen Wochen in ein Konzentrationslager einzuweisen. [...] Die Einweisung erfolgt ohne Rücksicht auf den Mischlingsgrad familienweise in das Konzentrationslager (Zigeunerlager) Auschwitz. [...] Die künftige Be-

83 Vgl. Buchheim, Zigeunerdeportation, S. 55. Die bis 1943 in deutsche Konzentrationslager eingewiesenen Zigeuner wurden zumeist vom Programm der »Vernichtung durch Arbeit« erfaßt; vgl. Romani Rose/Walter Weiss, Sinti und Roma im »Dritten Reich«. Das Programm der Vernichtung durch Arbeit, Göttingen 1991. Zur Sterilisation von Zigeunern: Zimmermann, Verfolgt, S. 57 – 60.

84 Robert Ritter, Zigeuner und Landfahrer, zitiert nach Gilsenbach, Verfolgung, S. 23.

85 Robert Ritter, Zur Frage der Rassenbiologie und Rassenpsychologie der Zigeuner in Deutschland, in: Reichsgesundheitsblatt 13, 1938, S. 425 – 426, zitiert nach Wippermann, Leben, S. 70.

86 Rundschreiben des Reichssicherheitshauptamtes, zitiert nach Döring, Zigeuner, S. 212; vgl. Gilsenbach, Verfolgung, S. 32 – 37.

87 Rudolf Höß, Kommandant in Auschwitz. Autobiographische Aufzeichnungen, hrsg. von Martin Broszat, München 1985[10], S. 108.

handlung der reinrassigen Sinte- und der als reinrassig geltenden Lalleri-Zigeuner-Sippen bleibt einer späteren Regelung vorbehalten.«[88]

Im März 1943 begannen dann in großem Umfang die Deportationen deutscher Zigeuner in das »Zigeunerlager« von Auschwitz, wo sie das Schicksal der anderen europäischen, in den Machtbereich der Nationalsozialisten gelangten Zigeuner teilten.[89] Tatsächlich blieben vereinzelt »reinrassige« Zigeuner von diesen Deportationen ausgenommen; so bestanden zum Beispiel die Zigeunerlager in Berlin-Marzahn[90] und in Frankfurt am Main bis Kriegsende. Eine 1940 in das Frankfurter Lager eingewiesene Zigeunerin erinnerte sich: »Wir wurden 1943 mit vielen anderen Familien nach Auschwitz deportiert. Einzelne sind noch im Internierungslager geblieben; es hat geheißen, das seien ganz echte Zigeuner. Und wir waren nur halbe, keine reinrassigen Zigeuner, und wir kamen weg. Als ich aus dem KZ kam, hab ich von den Zurückgebliebenen noch welche gesehen, die lebten noch. Die waren nie ins KZ gekommen.«[91]

Anfang August 1944 wurde das Zigeunerlager in Auschwitz aufgelöst; die nunmehr Arbeitsunfähigen wurden vergast, die übrigen in auf deutschem Boden gelegene Konzentrationslager gebracht.[92] Von letzteren mußten einige sogar noch das »Vaterland«, das sie verstoßen hatte, verteidigen: Eine Anordnung der Parteikanzlei vom 9. 12. 1944 zur »Behandlung von Sonderfällen bei Heranziehung zum Deutschen Volkssturm« bestimmte, daß zigeunerische »Mischlinge 2. Grades« im Volkssturm zu dienen hätten.[93] Ein derartig »privilegierter« Karlsruher Zigeuner, der von Auschwitz nach Sachsenhausen gekommen war und dort in den Heinkel-Flugzeugwerken arbeiten mußte, kam von März bis Mai 1945 an die schlesische Front und geriet dort als deutscher Soldat für drei Jahre in russische Kriegsgefangenschaft.[94]

Ein Feindbild der »Volksgemeinschaft«: Zigeuner und Asoziale als »Gemeinschaftsfremde«

Die Volksgemeinschaftsideologie der Nationalsozialisten hatte zum Ziel, die in unterschiedliche Schichten und Sozialmilieus gegliederte Gesellschaft zu einer opferbereiten, dem Regime ergebenen Leistungsgemeinschaft zu-

88 Schnellbrief des Reichssicherheitshauptamtes vom 29. Januar 1943, zitiert nach Döring, Zigeuner, S. 215.
89 Vgl. Zimmermann, Verfolgt, S. 67 – 74.
90 Nach Brucker-Boroujerdi/Wippermann, Zwangslager, S. 198 – 199, blieben etwa zwei Dutzend Zigeuner bis Kriegsende im Lager.
91 Bericht von Anna Böhmer, zitiert nach Hase-Mihalik/Kreuzkamp, Wohnwagen, S. 27 – 32, hier: S. 29; vgl. auch: Wippermann, Leben, S. 31 und S. 52.
92 Vgl. Kenrick/Puxon, Sinti und Roma, S. 106 – 123.
93 Vgl. Zimmermann, Verfolgt, S. 81.
94 Vgl. den Bericht eines Hermann W. bei Michail Krausnick, Abfahrt Karlsruhe. Die Deportation in den Völkermord, ein unterschlagenes Kapitel aus der Geschichte unserer Stadt, Neckargemünd 1991², S. 13 – 16, hier: S. 15.

sammenzuschweißen. Komplementär zur »Volksgemeinschaft« gehörte die Gruppe der »Gemeinschaftsfremden«. Sie wurde als die Gruppe derjenigen definiert, die den Ansprüchen der formierten Leistungsgemeinschaft nicht folgen konnten, wie geistig und körperlich Behinderte, nicht folgen wollten, wie politische Gegner und sozial Unangepaßte, oder durften, wie die Juden. Diese Gemeinschaftsfremden nutzten die Nationalsozialisten als Feindbilder, als ein äußeres »Objekt für die Abfuhr von Aggressionen«[95]. Eine Gruppe, die sich für eine derartige Instrumentalisierung besonders eignete, waren die Asozialen, und dies eben, weil sie keineswegs klar definiert war. Der Begriff des Asozialen war schwammig genug, um ihn auf fast jede unerwünschte Person oder Gruppe beziehen zu können. Gleichzeitig war die Bereitschaft, den Asozialen als »Arbeitsscheuen«, »Landstreicher«, »Gewohnheitsverbrecher« oder »Trinker« als Feindbild zu akzeptieren, in einer Gesellschaft, in der Werte wie »Recht und Ordnung« traditionell hoch geschätzt waren, latent vorhanden. Gegen die Zigeuner, die als »Landstreicher« gewissermaßen per definitionem als asozial galten, ließ sich noch auf ein sehr viel größeres Reservoir an Vorurteilen zurückgreifen. Das Wort »Zigeuner« ließ wohl die meisten Deutschen zunächst an schmutzige, verlogene Bettler und Diebe denken. Andere, selbst Himmler, der die »reinrassigen« Zigeuner in Reservaten überleben lassen wollte, mögen dabei ebenso stereotyp an »Zigeunerromantik« gedacht haben. Ohne diese Stereotypen, die die Zigeuner gleichsam als »Asoziale in höchster Potenz« erscheinen ließen, wäre die Verfolgung der deutschen Zigeuner in den Jahren 1933 bis 1945 kaum möglich gewesen. Dies allein erklärt allerdings noch nicht, wie es zu ihrer physischen Vernichtung kommen konnte. Hierzu ist nochmals der Blick auf die Geschehnisse zu richten. Die Nationalsozialisten hatten zunächst weder gegen Zigeuner noch gegen Asoziale auf höchster Ebene besondere Maßnahmen ergriffen. Vielmehr führte die Machtergreifung dazu, daß die in Teilen der Bürokratie und insbesondere der Polizei bereits in der Weimarer Republik vorhandene Neigung, Asozialen und Zigeunern mit kriminalpräventiven Maßnahmen zu begegnen, nun voll zum Tragen kommen konnten. Die Initiative für Maßnahmen gegen Asoziale und Zigeuner ging in den ersten Jahren des »Dritten Reiches«, bis etwa 1938, in der Regel von untergeordneten oder kommunalen Behörden, also vergleichsweise »volksnahen« Personengruppen aus. Dies ist ein Indiz dafür, daß die gegen Zigeuner und Asoziale gerichteten Stimmungen und Vorurteile weit verbreitet waren. Die Nationalsozialisten stellten Asoziale und Zigeuner also nicht in dem Sinne als Feindbilder bereit, daß sie negative Stimmungen auf sie zu lenken versuchten, sondern daß sie die Empörung gegen diese Gruppen, die sie selbst teilten, gewähren ließen.

95 Hans Nicklas, Artikel »Feindbilder«, in: Dieter Nohlen (Hrsg.), Pipers Wörterbuch zur Politik, Bd. 5: Internationale Beziehungen, München/Zürich 1984, S. 148 – 150, hier: S. 148.

Die kommunalen Behörden ergriffen in eigener Verantwortung immer neue Maßnahmen gegen Zigeuner und Asoziale, bis die Reichsbehörden schließlich dazu übergingen, die Verfolgung selbst in die Hand zu nehmen. Die »Problematik« war also von unten nach oben getragen worden. Währenddessen hatte sich allerdings auch das Feindbild verändert: Je mehr man unternahm, um das »Asozialen-« und »Zigeunerproblem« zu lösen, desto gewichtiger erschienen diese Probleme, desto bedrohlicher erschienen Zigeuner und Asoziale. Hinzu kam, daß sich der Gedanke durchsetzte, daß »Gemeinschaftsunfähigkeit« erblich sei. Wenn normbrechendes Verhalten aber genetisch bedingt war, dann war eine Fürsorge, der Versuch einer Resozialisierung der Asozialen im bürgerlichen Sinne zwecklos. Für solcherart »rassisch« Ausgegrenzte endete die Verfolgung im Nationalsozialismus in der Vernichtung[96], weil sie als Bedrohung einer »rassischen Reinheit« begriffen wurden, der man anders meinte, nicht beikommen zu können.

Zusammenfassung

Asoziale und Zigeuner waren immer Außenseiter; sie wurden zu einem Feindbild der sich nach der Machtergreifung der Nationalsozialisten neu formierenden deutschen Gesellschaft, weil sie in der wirtschaftlichen und weltanschaulichen Krise, die die Nationalsozialisten an die Macht gebracht hatte, für viele Menschen zu tatsächlichen oder vermeintlichen Konkurrenten bei der Verteilung staatlicher Mittel wurden. Bereits in den letzten, instabilen Jahren der Weimarer Republik, in Zeiten also, als viele ihre Arbeit verloren hatten oder damit rechnen mußten, sie zu verlieren, wurde das Bedürfnis größer, sich gegen jene abzugrenzen, die angeblich nicht leistungswillig waren und dennoch die gleiche soziale Fürsorge beanspruchten. Daß die soziale Frage in der Weimarer Republik nicht gelöst worden war und auch das harte Vorgehen der Nationalsozialisten den Kern der »Unverbesserlichen« nicht auflösen konnte, war in den Augen vieler Bürger, aber auch und vor allem der in der Fürsorge tätigen administrativen Eliten darauf zurückzuführen, daß Zigeuner und Asoziale fürsorgerischen Maßnahmen grundsätzlich nicht zugänglich seien, da ihre Asozialität auf Erbfaktoren beruhe. Auf Grund des hohen Stellenwertes, den die »Reinheit der (deutschen) Rasse« in der Weltanschauung der Nationalsozialisten einnahm, war damit der Weg in die Vernichtung für die betroffenen Gruppen vorgezeichnet. Wenn man einmal begonnen hatte, an eine Bedrohung der Gesellschaft und damit der eigenen

96 Vgl. Hans-Walter Schmuhl, Rassismus unter den Bedingungen charismatischer Herrschaft. Zum Übergang von der Verfolgung zur Vernichtung gesellschaftlicher Minderheiten im Dritten Reich, in: Karl Dietrich Bracher/Manfred Funke/Hans-Adolf Jacobsen (Hrsg.), Deutschland 1933 – 1945. Neue Studien zur nationalsozialistischen Herrschaft, Bonn 1992, S. 182 – 197, hier insbesondere: S. 183.

Existenzgrundlage durch die »Gemeinschaftsfremden« zu glauben, dann war das Feindbild nun geeignet, die eigene Wahrnehmung so zu verzerren, daß diese eingebildete Bedrohung immer stärkere und vor allem immer realere Züge annahm. So radikalisierten sich die Maßnahmen gegen diese Gruppen rasch. Nachdem sie bereits in Arbeitslager verbracht worden waren, wurde ihre Arbeitskraft immer hemmungsloser ausgebeutet; was ursprünglich als erzieherische Maßnahme gedacht war, eskalierte zum »Mord auf Raten«. Eine weitere wesentliche Ursache dafür, daß diese Dynamik sich so reibungslos entfalten konnte, war die Verwissenschaftlichung und Bürokratisierung des »Problems«. Waren Zigeuner und Asoziale erst einmal als Problem »erkannt« und als solches den Behörden überantwortet, so wurden daraus »nun ordentliche Verwaltungsgegenstände, objektive Probleme«[97]. So ist dieser Vernichtungsfeldzug gegen Hunderttausende von Menschen in der Praxis wohl auch durch die Bürokratisierung des Vernichtungsapparates erleichtert worden. Und es ist wahrlich beängstigend, »wie leicht Menschen Teil einer Vernichtungsmaschinerie werden – wenn die Vernichtung sozusagen arbeitsteilig betrieben wird, jeder nur einen Teil beizutragen hat«.[98] Die Feindbilder gegen Zigeuner und Asoziale wurden in der mörderischen Dynamik des Nationalsozialismus letztlich derart übersteigert, daß die davon Betroffenen kaum noch als Menschen wahrgenommen wurden, was die »Endlösung der Zigeunerfrage« bzw. die »Vernichtung durch Arbeit« der »arbeitsscheuen Asozialen« erst ermöglichte.

97 Martin Broszat, Der Staat Hitlers. Grundlegung und Entwicklung seiner inneren Verfassung, München 1986[11], S. 437.

98 Klee, Dokumente, S. 28.

DIRK HERWEG

Von der »Polnischen Wirtschaft« zur Un-Nation

Das Polenbild der Nationalsozialisten

Alte Feindbilder können, dies zeigen die jüngsten Ereignisse in der wiedervereinigten Bundesrepublik, auf erschreckende Weise zählebig sein. Die sozialen und wirtschaftlichen Umwälzungen im Gefolge der deutschen Wiedervereinigung und die ungewohnte neue Freiheit haben auf dem Gebiet der ehemaligen DDR zu Ausbrüchen rechtsradikaler Gewalt geführt. In dem rechtsfreien Raum, der nach dem Zusammenbruch der alten Machtstrukturen entstand und den die neuen bundesstaatlichen Organe anfangs nur unzureichend ausfüllen konnten, tobte die »Volksseele« unter den Augen einer hilflosen Polizei gegen »Fremd«- und Andersartige.

Der Zorn rechtsradikaler Schlägertrupps in den neuen Bundesländern richtete sich neben den als »Fidschis« verunglimpften Vietnamesen besonders gegen Polen. »Der« Pole als Feindbild hat in der neuzeitlichen deutschen Geschichte eine lange Tradition. Diese Untersuchung beschäftigt sich mit dem Bild, das der deutschen Bevölkerung während der Zeit des Nationalsozialismus durch die Publizistik über Polen vermittelt wurde. Dabei sollen hier weniger primitive Hetzschriften, sondern Publikationen untersucht werden, die ihre Leserschaft mit subtileren Mitteln zu beeinflussen versuchten.

Die Presse war in starkem Maße den Schwankungen und Richtungsänderungen der nationalsozialistischen Polen-Politik unterworfen. So waren Schriften mit einer stark antipolnischen Tendenz in den Jahren 1934 bis 1938, als Polen in Hitlers Plänen noch die Rolle eines »Juniorpartners auf Zeit« im Kampf gegen die Sowjetunion spielte, unerwünscht. Ähnlich verhielt es sich mit der Darstellung der Sowjetunion. Als Hitler den Nichtangriffspakt mit Stalin schloß, verstummte auch die Hetzpropaganda gegen die UdSSR und den Kommunismus, um dann mit dem Beginn des »Unternehmens Barbarossa« um so vehementer wieder aufzuleben.

Viele Autoren der antipolnischen Publizistik waren keine überzeugten Nationalsozialisten, dies gilt auch für die »gehobene« NS-Presse (zum Beispiel »Das Reich«, die »Frankfurter Zeitung«, »Signal« und mit Einschränkungen »Das schwarze Korps«), sondern entstammten dem konservativ-bürgerlichen Spektrum der Weimarer Republik.[1] In diesen Kreisen hatten antipolnische

1 Vgl. hierzu auch ganz allgemein: Norbert Frei/Johannes Schmitz, Journalismus im Dritten Reich, München 1989.

Vorurteile eine weit in die Kaiserzeit zurückreichende Tradition. Das Polenbild war somit – wie viele Feindbilder des Dritten Reiches – keine Erfindung der Nationalsozialisten, neu war lediglich die Art und Weise, wie die neuen Machthaber aus taktischen Gründen mit diesem Feindbild umgingen.

Auffallend ist, daß Polen in der nationalsozialistischen Publizistik besser abschneidet als andere »Feinde« des Regimes wie die Juden oder die Sowjetunion. Dies steht in krassem Gegensatz zum Polenbild in der deutschen Presse und Literatur vor 1933 und zur Behandlung der besiegten Polen nach 1939. Polen war für das Dritte Reich in vielerlei Hinsicht strategisch wichtig. Es bildete als »Juniorpartner auf Widerruf« einen Cordon Sanitaire gegenüber der Sowjetunion, und es konnte als Hebel dienen, um die englisch-französische Zusammenarbeit zu zerbrechen. Polen war somit ein Bauer auf Hitlers europäischem Schachbrett. Nachdem es seine Rolle gespielt hatte, verschwand es von der politischen Bühne und aus dem öffentlichen Bewußtsein. Von den Nationalsozialisten als »Untermenschen« deklariert, wurden die Polen in Presse und Literatur zu Unpersonen – sie hörten einfach auf zu existieren.

Die Art und Weise, in der Polen in Presse und Publizistik behandelt wurde, bietet ein hervorragendes Beispiel dafür, daß vorhandene Feindbilder, unabhängig davon, wie weit die Machthaber selbst dem politischen Rationalismus unterworfen sind, instrumentalisiert und gesteuert werden können. Obwohl es bereits im Kaiserreich starke Ressentiments und Abneigungen gegen »die« Polen gegeben hatte, die durch den für das Deutsche Reich traumatischen Ausgang des Weltkriegs mit dem »Diktatfrieden« von Versailles und der Gründung eines unabhängigen polnischen Nationalstaates »auf Kosten« Deutschlands noch verschärft wurden, unterdrückten die Nationalsozialisten aus taktischen Gründen antipolnische Äußerungen und Schriften. Dabei stellte man zur Erreichung der langfristigen Ziele auch die eigenen Überzeugungen hintan und erwog sogar zeitweilig ein Bündnis mit Polen.

Im Weltbild Hitlers und der NSDAP besaß Polen längst nicht die Wertschätzung, die es durch die schonende Behandlung nach außen hin genoß. Das Beispiel Polen zeigt so, daß vorhandene Feindbilder je nach Bedarf dosiert und gesteuert werden können. Die wenigsten Deutschen hatten ausreichende Kenntnisse über Polen. Da es kaum Möglichkeiten zur Überprüfung von Vorurteilen gab, waren die Deutschen in besonderem Maße anfällig für die Desinformationen, welche die gleichgeschaltete NS-Publizistik verbreitete.

Im folgenden sollen nun, nach einer kurzen einführenden Betrachtung der antipolnischen Hetzpublizistik im Kaiserreich und in der Weimarer Republik, exemplarisch einige typische Publikationen vorgestellt und vor dem Hintergrund des erzwungenen Krieges mit Polen untersucht werden.

Antipolnische Publizistik im Kaiserreich und in der Weimarer Republik

In der antipolnischen Propaganda spielten niemals die Ursachen für Polens Misere eine Rolle, sondern lediglich die Auswirkungen, sofern sie sich polemisch gegen Polen kehren ließen. Das Motiv der polnischen »Unfähigkeit« in politischen und wirtschaftlichen Belangen hat eine lange Tradition und geht zurück auf die Zeit, als Polen in der zweiten Hälfte des 17. Jahrhunderts aufgrund innerer Zwistigkeiten nach außen hin immer stärker an Handlungsfähigkeit verlor. Eine lokale Großmacht, die im Mittelalter ein riesiges Gebiet zwischen Ostsee und Schwarzem Meer beherrscht hatte, die im vorangegangenen Jahrhundert ihr »Goldenes Zeitalter« erlebt hatte und deren Truppen unter König Jan III. Sobieskie 1683 großen Anteil an der Zurückdrängung des vor Wien stehenden türkischen Heeres hatten, wurde propagandistisch zu einem Volk von politisch unfähigen Querulanten degradiert. Dies rechtfertigte dann die Einmischungen der umliegenden Großmächte und schließlich die Auslöschung des polnischen Staatswesens durch drei Teilungen (1772, 1793 und 1795).[2]

Dementsprechend war das Verhältnis zwischen Preußen, Deutschen und Polen in der Neuzeit stets gespannt, zumal die polnische Seite niemals die demütigende Art und Weise verwinden konnte, mit der Preußen, einst ein Lehen der polnischen Krone, sich seinen Anteil bei den willkürlichen Aufteilungen des Landes angeeignet hatte. Hinzu kam, daß Preußen sich in den annektierten Gebieten wie eine Kolonialmacht gebärdete. Der immer wieder begonnene Versuch einer zwangsweisen Germanisierung der polnischen Bevölkerung führte zu ständigen Reibungen.

Obrigkeit und weite Kreise der Bevölkerung antworteten auf die Wünsche der Polen mit Ablehnung und Arroganz. Dabei war das Polenbild vieler deutscher Intellektueller bis zur Revolution von 1848 sehr positiv. Der polnische Freiheitskampf entsprach der Stimmungslage im kleinstaatlichen Deutschland, wo man die offene Auflehnung gegen die autoritäre und repressive Obrigkeit des Zarenreiches bewunderte. Erst als mit der Konstituierung des revolutionären Parlaments in der Frankfurter Paulskirche die Frage nach Form und Grenzen eines geeinten deutschen Staatswesens aufkam, wurde aus dem legitimen freiheitlichen Aufbegehren der Polen ein niederträchtiger Angriff auf deutsche Interessen.[3]

Während der preußische Staat mit polizeilichen Mitteln alle Freiheitsbestrebungen unterdrückte, verfestigten sich in weiten Kreisen der deutschen

2 Vgl. hierzu auch Harry Kenneth Rosenthal, German and Pole. National Conflict and Modern Myth, Gainesville 1976, hier besonders das Kapitel: The Roots of German-Polish Conflict, S. 1 f.

3 Vgl. auch Jan Chodera, Die deutsche Polenliteratur 1918 – 1939, Poznan 1966, S. 25 f.

Bevölkerung Bilder und Vorurteile: die Polen seien aufgrund ihrer chronischen Streit- und Trunksucht nicht in der Lage, ein selbständiges und funktionierendes staatliches Gemeinwesen aufzubauen; was sie alleine zustandebrächten, sei die berühmt-berüchtigte »Polnische Wirtschaft«. »Der Pole« galt als faul, schmutzig, unzuverlässig, verschlagen und hinterlistig.

Der preußische Staat reagierte auf die polnischen Freiheitsbestrebungen mit großer Härte und unterwarf das Land einem rigorosen, wenn auch wenig erfolgreichen Eindeutschungsprozeß. Der preußische Oberpräsident von Posen, von Puttkamer (1851 – 1860), formulierte dies so: »Es ist durchaus notwendig, daß die Regierung dem Polonismus gegenüber eine feste und prononcierte Stellung einnehme. Denn er ist und bleibt ein ihr feindliches Element, mag er auftreten, in welcher Gestalt er wolle. Ihn versöhnen ist unmöglich, ihn auszurotten inhuman (und nebenbei unmöglich, wenigstens gehören Generationen dazu), also bleibt nichts übrig als ihn energisch in der ihm zukommenden untergeordneten Stellung halten.«[4]

Im Lauf der Zeit nahm diese Politik immer mehr die Form einer Wahnidee von einer besonderen nationalen Sendung an. Der zu dieser Zeit vielgelesene Historiker und Antisemit Heinrich von Treitschke simplifizierte dies auf sozialdarwinistische Weise in seinem Buch »Das Ordensland Preußen« (1862): »Bei dem unseligen Zusammenprallen tödlich verfeindeter Rassen ist die blutige Wildheit eines raschen Vernichtungskrieges menschlicher, minder empörend als jene falsche Milde der Trägheit, welche die Unterworfenen im Zustand der Tierheit zurückhält [...]. Ein menschliches Geschenk daher, daß nach der Unterjochung der Herr dem Diener seine Sprache gab, ihm so den Weg eröffnete zu höherer Gesittung [...].«[5]

Diese Ansicht deckte sich mit den preußischen Interessen in Polen. Die forcierte Germanisierung sollte den Selbständigkeitswillen und Nationalstolz der Polen zerstören. Diese Politik steigerte sich dann im Rahmen des Bismarckschen »Kulturkampfes«, als die Polen durch den Gegensatz preußisch-evangelisch und polnisch-katholisch noch mehr zu Reichsfeinden gestempelt wurden. 1873 wurde in den polnisch besiedelten deutschen Ostgebieten Deutsch als einzige offizielle Unterrichtssprache eingeführt. 1885 bis 1887 griff man sogar zum Mittel der Massenzwangsaussiedlung, um der »Überschwemmung durch das Slawentum« Herr zu werden.[6]

Reichskanzler von Bülow erklärte dazu 1904 im Reichstag: »Wir leben nicht in Wolkenkuckucksheim, sondern wir leben auf dieser harten Erde, wo es

4 Zit. nach Martin Broszat, Zweihundert Jahre deutsche Polenpolitik, Frankfurt a.M. 1972, S. 117.

5 Zit. nach Hans-Adolf Jacobsen/Miecyslaw Tomala, Wie Polen und Deutsche einander sehen. Beiträge aus beiden Ländern, Düsseldorf 1973, S. 190 f.

6 Ebd., S. 183.

heißt, Hammer oder Amboß sein. Wir können nicht dulden, daß die Wurzel preußischer Kraft verdorrt und daß unser Volkstum überflutet und verdrängt wird [...]. Die Erbschaft der Geschichte hat uns in diese Gegenden geführt. Diese Gegenden sind getränkt mit deutschem Schweiß und Blut, da sind wir und da bleiben wir, ob das anderen Leuten angenehm ist oder nicht.«[7]

Ähnlich äußerte sich auch Kaiser Wilhelm II. während eines Besuches in Gnesen im Jahre 1905: »Wer als Deutscher ohne Grund seinen Besitz im Osten veräußert, der versündigt sich an seinem Vaterland, welch Alters und Standes er auch sei. Er muß hier aushalten. Hier im Osten zu wirken, ist eine Verpflichtung gegen das Vaterland, gegen das Deutschtum. Und wie der Posten nicht von seiner Wache weichen darf, so dürfen Deutsche nicht aus dem Osten weichen.«[8]

Mit der deutschen Niederlage im Ersten Weltkrieg veränderte sich schlagartig die Qualität der deutsch-polnischen Beziehungen: Polen war durch die Bestimmungen des Versailler Friedensvertrages plötzlich von einem Objekt deutscher Kolonisierung wieder zu einem souveränen Staat geworden. In Kombination mit den als restriktiv und demütigend empfundenen Friedensbedingungen erschien vielen Deutschen die Existenz eines freien und selbständigen Polens, das zudem von den Alliierten auf Kosten des preußischen Kernlandes errichtet worden war, unerträglich.

In der Antwort auf ein Promemoria des Grafen Brockdorff-Rantzau an den Reichskanzler vom 11. September 1922 faßte General-Oberst Hans von Seeckt seine Meinung, die sich sicher mit den Ansichten der meisten Konservativen deckte, folgendermaßen zusammen: »Mit Polen kommen wir nun zum Kern des Ostproblems. Polens Existenz ist unerträglich, unvereinbar mit den Lebensbedingungen Deutschlands. Es muß verschwinden und wird verschwinden durch eigene, innere Schwäche und durch Rußland – mit unserer Hilfe [...]. Mit Polen fällt eine der stärksten Säulen des Versailler Friedens, die Vormachtstellung Frankreichs. Dieses Ziel zu erreichen, muß einer der festesten Richtungspunkte der deutschen Politik sein, weil er ein erreichbarer ist [...]. Polen kann niemals Deutschland irgendwelchen Vorteil bieten, nicht wirtschaftlich, denn es ist entwicklungsunfähig, nicht politisch, denn es ist Vasall Frankreichs [...]. Diese Einstellung Deutschlands zu Polen braucht kein ängstlich zu hütendes Geheimnis zu sein. Rußland gegenüber kann ihre Klarlegung nur Vertrauen erwecken. Polens Deutschfeindlichkeit ist keiner Steigerung fähig. Die Bedrohung von beiden Seiten wird auf Dauer Polens Festigkeit immer mehr erschüttern.«[9] Die Überlegungen des Chefs der Hee-

7 Zit. nach Broszat, Zweihundert Jahre, S. 167.

8 Ebd., S. 167.

9 Zit. nach Harry Pross (Hrsg.), Die Zerstörung der deutschen Politik, Dokumente 1871 – 1933, Frankfurt a.M. 1959, S. 298.

resleitung hatten ein starkes Gewicht. Seine außenpolitischen Vorgaben sollten die strategischen Planungen von Reichswehr und früher Wehrmacht lange prägen.

Das an Polen verlorene Reichsgebiet, insbesondere der Verlust Oberschlesiens, wo es 1921 in Annaberg zu kriegsähnlichen Auseinandersetzungen zwischen deutschen Heimwehren und polnischen Irregulären gekommen war, sowie der schwebende Status Danzigs als sogenannte Freie Stadt bildeten während der gesamten Periode der Weimarer Republik Anlaß für Streitigkeiten, die auf beiden Seiten die Emotionen aufheizten. Die revisionistische Grundtendenz der deutschen Polenpolitik, die in seltener Einhelligkeit bei nahezu allen Parteien im Reichstag Unterstützung fand, wurde noch durch das Wirken der Ostvereine und Vetriebenenverbände gestärkt. Hinzu kam, daß viele Deutsche den Sturz aus der Gruppe der Weltmächte aufgrund der irreführenden deutschen Propaganda während des Krieges weder begreifen noch verwinden konnten und daher ein freies und selbständiges Polen, das möglicherweise sogar militärisch überlegen war, nicht akzeptierten.

Die bedrohliche Überlegenheit der polnischen Streitkräfte spielte sowohl in der antipolnischen Propaganda als auch in den strategischen Planungen von Reichswehr und Reichsmarine eine gewichtige Rolle. Solange die Streitkräfte des deutschen Reiches gemäß den Bestimmungen des Versailler Vertrages auf 100000 Mann begrenzt waren, hatte dies auch eine gewisse Berechtigung. Denn bezüglich der Land- und Luftstreitkräfte war die polnische Armee zahlen- und materialmäßig überlegen, da sie im Gegensatz zur Reichswehr, der schwere Waffen vertraglich verboten waren, über Flugzeuge, Panzer und schwere Artillerie verfügte. Ihre Leistungsfähigkeit hatte die polnische Armee gegen die zahlenmäßig überlegene Rote Armee bewiesen.

Angesichts der möglichen eigenen Unterlegenheit beschäftigte sich die Leitung der Reichsmarine im Rahmen der alljährlichen sogenannten Führerkriegsspiele mit den Möglichkeiten der Seekriegführung in den beengten Gewässern der Ostsee, wobei sie als Ausgangslage immer eine polnische Aggression annahm. Hierbei bestand das Problem weniger in der polnischen Flotte. Sie verfügte erst ab 1928 über nennenswerte Seestreitkräfte, und ihre Einsatzmoral und Leistungsfähigkeit waren laut nachrichtendienstlicher Ermittlungen nicht sonderlich hoch. Das Problem war vielmehr das mögliche Eingreifen starker französischer Verbände, was unter allen Umständen verhindert werden mußte.[10]

10 Vgl. hierzu Werner Rahn, Reichsmarine und Landesverteidigung 1919 – 1928, München 1976, S. 114 f.

Das Polenbild in der nationalsozialistischen Literatur und Publizistik

Die ideologischen Grundlagen – Polen im Weltbild Hitlers

In der während seiner Haftzeit in der Feste Landsberg (1924) entstandenen Schrift »Mein Kampf« faßte Hitler zum ersten Mal seine Weltanschauung zusammen.[11] Das Buch wurde als »Bibel« der Bewegung bis zum Untergang des Dritten Reiches gedruckt und vertrieben. Den Kern dieses monströsen Machwerks bildete Hitlers wahnhafte Rassenideologie, nach welcher sich die »germanische« bzw. »arische Rasse« (d.h. die Deutschen) in einem beständigen Kampf mit »minderwertigen Rassen« – Juden, Slawen, Negern und Asiaten – um das nackte Überleben bzw. um die Weltherrschaft befände.

Verschärft werde dieser Kampf durch die Ideologien, mit denen die »Untermenschen« das Bewußtsein der Menschheit verseuchten: auf der einen Seite der kalte materialistische Kapitalismus mit seiner »Negermusik« und seiner Vergötzung des Mammons und auf der anderen Seite der »vertierte« Kommunismus der »entmenschten asiatischen Horden«. Hinter diesen beiden Ideen (die sich doch gegenseitig aufheben) stecke »der internationale Jude«, der es voller »perfider Verschlagenheit« und »abgrundtiefer Verdorbenheit« nur darauf abgesehen habe, die »arische Herrenmenschenrasse« zu versklaven und zu vernichten.

Gleichsam als Retter in letzter Minute, als den Hitler sich selbst gern stilisierte, erschien nun der »Führer« mit seiner »völkischen« Rassenlehre: »*Das Recht auf Grund und Boden kann zur Pflicht werden, wenn ohne Bodenerweiterung ein großes Volk dem Untergang geweiht erscheint.* Noch ganz besonders dann, wenn es sich dabei nicht um ein x-beliebiges Negervölkchen handelt, sondern um die germanische Mutter all des Lebens, das der heutigen Welt ihr kulturelles Bild gegeben hat. *Deutschland wird entweder Weltmacht oder überhaupt nicht sein.* Zur Weltmacht aber braucht es jene Größe, die ihm in der heutigen Zeit die notwendige Bedeutung und seinen Bürgern das Leben gibt. *Damit ziehen wir Nationalsozialisten bewußt einen Strich unter die aussenpolitische Richtung unserer Vorkriegszeit. Wir setzen dort an, wo man vor sechs Jahrhunderten endete. Wir stoppen den ewigen Germanenzug nach dem Süden und Westen Europas und weisen den Blick nach dem Land im Osten. Wir schließen endlich ab die Kolonial- und Handelspolitik der Vorkriegszeit und gehen über zur Bodenpolitik der Zukunft.*«[12]

In »Mein Kampf« bezeichnete Hitler immer wieder Rußland als das Ziel seiner geopolitischen Träume. Der Weg dorthin mußte aber zwangsläufig über Polen führen. Über Hitlers Ansichten über den polnischen Staat und

11 Adolf Hitler, Mein Kampf, 21. Aufl., München 1933.
12 Ebd., S. 741 f. Hervorhebung original.

seine Bevölkerung sagt »Mein Kampf« allerdings nur sehr wenig, lediglich an zwei Stellen[13] wird kurz erwähnt, daß die Polenpolitik vor 1933 falsch gewesen sei.[14] Deutlicher wurde Hitler im vertrauten Kreis. Am 28. September 1939, nach dem Sieg über Polen, erklärte er Alfred Rosenberg, daß angesichts der »dünnen germanischen Schicht« das polnische Volk rassemäßig ein »furchtbares Material« sei.[15]

Auch im Rahmen der sogenannten Tischgespräche äußerte Hitler sich gelegentlich über Polen. So sagte er am 5. April 1942 bei einer abendlichen Besprechung im »Führerhauptquartier Wolfsschanze«, »daß eine nachsichtige Behandlung des Polentums auch keinesfalls angebracht sei. Man mache sonst dieselben Erfahrungen, die man im Anschluß an die Teilungen Polens in der Geschichte immer wieder gemacht habe. Das Polentum sei ja dadurch am Leben geblieben, daß es den Russen als Herrscher nicht habe ernst zu nehmen brauchen und daß es ihm gelungen sei, sich bei den Deutschen in eine politische Stellung hineinzumanövrieren, die es zu einem vor allem vom politischen Katholizismus umworbenen, für die deutsche Innenpolitik maßgebenden Faktor gemacht habe. Vor allem müsse man aber darauf sehen, daß Deutsche sich nicht mit Polen vermischen und damit der polnischen Führungsschicht neues germanisches Blut zugeführt würde«.[16] Diese Äußerung verdeutlicht den niedrigen Stellenwert, den die polnische Bevölkerung innerhalb der Hitlerschen Rassenideologie hatte. War sie als »Menschenmaterial« vielleicht nicht ganz so »minderwertig« wie Juden oder Zigeuner, so konnte ihre Zukunft unter deutscher Herrschaft bestenfalls die eines unmündigen Helotenvolkes sein.

1933 – 1939. Die nationalsozialistische Polenpolitik im Spannungsfeld von Ideologie und Realpolitik

Auch wenn die Nationalsozialisten Polen weiterhin extrem negativ bewerteten, so war das Dritte Reich in seiner Außenpolitik jenseits aller menschenverachtenden Ideologie doch gezwungen, über lange Zeit einen völlig entgegengesetzten Kurs zu fahren. Die neuen Machthaber hatten nämlich im Gegensatz zu den revisionistischen Politikern der Weimarer Republik erkannt, daß Polen aufgrund seiner beiden Garantiemächte England und Frankreich für Deutschlands Großmachtanspruch einen Stellenwert besaß,

13 Ebd., S. 297 und S. 429.

14 Nach der Ansicht von Martin Broszat waren Hitlers Ansichten über Polen bis 1939 durchaus freundlich, da er die Leistungen der polnischen Armee unter Pilsudski im Kampf gegen die Rote Armee (1920) bewunderte. Vgl. hierzu Martin Broszat, Nationalsozialistische Polenpolitik 1939 – 1945, Frankfurt a.M. 1965, S. 11 f.

15 Zit. nach Broszat, Zweihundert Jahre, S. 277.

16 Henry Picker (Hrsg.), Hitlers Tischgespräche im Führerhauptquartier, Wiesbaden 1983, S. 198.

der weit über seine realpolitische oder militärische Bedeutung hinausging. Dies zwang zu einer taktisch bedingten Zurückhaltung, die nichts an den seit der Weimarer Republik aufgebauten Bedrohungs- und Einkesselungsängsten änderte.

Aus den verschiedensten Gründen benötigte Hitler ein gutes oder zumindest ruhiges Verhältnis zu Polen. Der daraus resultierende Kurswechsel in der Polenpolitik wurde in der Öffentlichkeit zunächst nicht offenbar, wie eine Eingabe des »Deutschen Ostbundes« an den Führer vom 2. März 1933 belegt: »Wir erwarten von der Reichsregierung [...] die tatkräftige Vertretung der Forderung auf Abänderung der Ostgrenze und Rückgabe des uns geraubten Gebiets [...] Wir haben zu Ihnen, hochverehrter Herr Reichskanzler, und zu den Kräften und Kreisen, die sich mit Ihnen und Ihren Anhängern zu einer Regierung der nationalen Konzentration zusammengeschlossen haben, das Vertrauen, daß Sie diese unsere Anliegen nicht nur als berechtigt anerkennen, sondern mit aller Tatkraft und Energie vertreten und fördern werden.«[17]

Auch in Polen wurden die Machtergreifung und der offene, von Staats wegen geduldete Straßenterror der braunen Horden mit großem Unbehagen registriert. Die Situation spitzte sich innerhalb kurzer Zeit soweit zu, daß Polens Staatschef Pilsudski ernsthaft einen Präventivkrieg gegen Deutschland erwog, für den er aber keine Rückendeckung in Frankreich fand.[18] Hitler, der bis zum Kriegsausbruch sehr empfindlich auf politischen Gegendruck reagierte, suchte schnell den Ausgleich – ab Mitte Mai 1933 gab er (zumindest nach außen hin) jeglichen Revisionismus auf. Das erste spektakuläre Zeichen dieser neuen und ungewohnten deutsch-polnischen »Herzlichkeit« war der Nichtangriffspakt vom 26. Januar 1934.

Gemeinsame Schulbuchkommissionen wachten von nun an darüber, daß keine nationalistische Hetze dieses Verhältnis trübte. In Deutschland wurde die antipolnische Propaganda rigoros unterdrückt. Am 27. Februar 1934 veröffentlichten das DNB (Deutsches Nachrichtenbüro) und die polnische Nachrichtenagentur eine gemeinsame Verlautbarung, in welcher beide Seiten die Absicht bekundeten, in Zukunft die öffentliche Meinung so zu beeinflussen, daß ein Klima der Freundschaft entstünde. Infolge dieses Abkommens wurde auch die gegenseitige revisionistische Propaganda eingestellt bzw. unterbunden. Ein Beispiel für diese Politik ist das antipolnische Buch »Kampf um Oberschlesien« von Manfred von Killinger, dessen Erscheinen damals unterbunden wurde. Rückblickend auf diese Zeit schrieb der Autor 1939 im Vorwort zur zweiten Auflage des Buches: »Vor fünf Jahren sollte das Buch erstmalig erscheinen [...]. Es dauerte nicht lange – fertig lag das Buch da – an die Öffentlichkeit gelangte es nicht [...], in meiner amtlichen Stellung konnte ich jetzt

17 Zit. nach Broszat, Zweihundert Jahre, S. 236.
18 Vgl. die Darstellung in: ebd., S. 237 f.

die Erinnerung an 1921 nicht aufleben lassen. Ich zog das Buch zurück und nur ein kleiner Kreis Gleichgesinnter bekam es in die Hand.«[19]

Die Partei- und Regierungsstellen des Reiches empfanden diese Politik allerdings nur als »Sprachregelung« auf Zeit und waren bereit, jederzeit auf den alten Kurs zurückzukehren. Besonders deutlich wird dies in den Reaktionen der »Nordostdeutschen Forschungsgemeinschaft« anläßlich einer Tagung im August 1934: »Wir dürfen unser Geschichtsbild nicht zertrümmern aus irgendwelchen politischen Rücksichten [...]. [Wenn zehn Jahre lang] das Wort Korridor nicht mehr gebraucht würde, sei es schwer, nachher wieder mit der Propaganda zu beginnen [...]. Wir müßten so arbeiten, daß wir nach 10 Jahren alles das bereit hätten, was wir im gegebenen Falle brauchen können.«[20]

Und wenn es die politische Situation erforderte, konnten auch die berühmten »Zwischentöne« in der deutschen Presse ein wenig schärfer werden, wie etwa am 16. November 1937, als der »Völkische Beobachter« als Reaktion auf die gemeinsame deutsch-polnische Minderheitenerklärung (vom 5. November 1937) das Verhältnis der beiden Staaten auf sehr bissige Weise darstellte. Dabei nahm die Zeitung auf den mißglückten Versuch der Verkehrsregelung »in einer großen Hauptstadt östlich von Neu-Bentschen, [...] irgendwo zwischen Posen und Pinsk« Bezug und betrachtete unter der Überschrift »Autounfälle und Politik« die polnische Außenpolitik. Unüberhörbar war der Vorwurf der Orientierung nach Osten: »Die einen wissen – nur wenige mit Klarheit – daß die Meisterung des 20. Jahrhunderts vom hundertprozentigen Anschluß an das Europäertum im besten Sinne abhängt, nicht nur mit Verkehrsampeln, sondern politisch, moralisch. Die anderen – sicher die Mehrzahl – stehen noch im östlichen Marasmus, wie die Wissenden dieses Landes selbst gesagt haben, in Apathie und Anarchie. Für sie gibt es keine Logik, keine Konsequenz, keine Grundsätze. Heute bekennt man sich als Vorhut der Christenheit, morgen lehnt man ängstlich die Anstrengung ab, die aus dieser selbst übernommenen Verpflichtung entsteht. [...] Heute erklärt man dem Nachbarn, neue Spielregeln wahren zu wollen, morgen läßt man halbgebildete Burschen Hetzkampagnen gegen den gleichen Nachbarn starten und beruft sich mit einem Dreh auf eine imaginäre Demokratie.« Die daraus gezogene Folgerung war einfach: »Der einzelne Europäer im östlichen Straßenverkehr besieht sich den Rummel eine Weile, bezahlt vielleicht mit ein paar Schrammen. Dann wird es ihm gewöhnlich zu bunt. Er pfeift auf Verkehrserziehung und fährt brutal wie die anderen drauflos.«[21]

19 Zit. nach Jan Chodera, Polenliteratur, S. 48 f. Ähnlich erging es unter anderem auch Walter Recke mit seinem Buch »Die polnische Frage als Problem der europäischen Politik«, vgl. dazu Marian Wojciechowski, Die polnisch-deutschen Beziehungen 1933 – 1938, Leiden 1971, S. 113.

20 Zit. nach Broszat, Zweihundert Jahre, S. 245.

21 Zit. nach Richard Breyer, Das Deutsche Reich und Polen 1932 – 1937, Außenpolitik und Volksgruppenfragen, Würzburg 1955, S. 338 f.

Auch wenn diese Attacke eine andere Intention verfolgte, so demaskiert sie doch einige der nationalsozialistischen Vorstellungen und Urteile über Polen: ein rückständiges Land zwischen Westen (Zivilisation und Europäertum) und Osten (Kommunismus und »dumpfes Slawentum«), zu einer eigenständigen Entwicklung nicht fähig, aufgrund seiner Großmannssucht ein Ärgernis und eine Behinderung. In der Gleichsetzung Polens mit einem Verkehrshindernis und der Androhung, dieses Problem zu lösen, lag bereits die unmenschliche und bürokratische »Sachlichkeit«, mit der die Nationalsozialisten nach 1939 an die Lösung der »Polenfrage« gehen sollten.

Zunächst aber war Hitler sehr am Wohlwollen der Polen gelegen, um so in Ruhe Österreich und die Tschechoslowakei »zu schlucken«, während sich die deutsche Kriegsmaschinerie auf die kommenden großen Schläge vorbereitete. Die Deutschen gingen sogar soweit, Polen, dessen antisowjetische Haltung sich durchaus mit dem deutschen Antikommunismus deckte, zum Komplizen der eigenen Politik zu machen. Als Hitler daran ging, unter dem Vorwand der Befreiung der angeblich unterdrückten Sudetendeutschen die Tschechoslowakei zu zerschlagen, erhielt Polen als Belohnung für seine Mitarbeit das an Industrie und Ressourcen reiche Teschener Land.

Mit dem für den Westen (und für Polen) völlig unerwarteten Abschluß des Hitler-Stalin-Paktes am 23. August 1939 war Polen als Juniorpartner für die deutsche Ostexpansion entbehrlich geworden. Polens rasches und unüberlegtes Zuschlagen in Teschen hatte es auch bei seinen Schutzmächten diskreditiert, und seine potentielle Frontlinie mit dem deutschen Reich hatte sich durch die deutsche Besetzung der Tschechoslowakei ungünstig verlängert.

Bereits drei Monate früher, am 23. Mai 1939, hatte Hitler bei einem Treffen mit den obersten Befehlshabern der Wehrmacht seine wirkliche Meinung zu Polen offengelegt: »Nach sechs Jahren ist die heutige Lage folgende: Nationalpolitische Einigung der Deutschen ist erfolgt außer kleinen Ausnahmen. Weitere Erfolge können ohne Blutvergießen nicht mehr erzwungen werden [...] Danzig ist nicht das Objekt, um das es geht. Es handelt sich für uns um die Erweiterung des Lebensraumes im Osten [...]. Das Problem Polen ist von der Auseinandersetzung mit dem Westen nicht zu trennen [...]. Es entfällt also die Frage, Polen zu schonen, und bleibt der Entschluß, bei erster passender Gelegenheit Polen anzugreifen. An eine Wiederholung der Tschechei ist nicht zu glauben. Es wird zum Kampf kommen. Aufgabe ist es Polen zu isolieren. Das Gelingen der Isolierung ist entscheidend.«[22]

Damit faßte Hitler lediglich den allgemeinen Konsens zusammen. Die Eroberung Polens war jenseits aller tagespolitischen Schwankungen und realpolitischen Sachzwänge immer beschlossene Sache gewesen. An diesem Punkt

22 Zit. nach Broszat, Zweihundert Jahre, S. 262.

deckten sich Hitlers Eroberungspläne im Osten mit den Vorstellungen der Wehrmacht. Wenn es im Vorfeld der Angriffsplanungen dennoch zu Mißklängen kam, die 1938 zum Abschied des Chefs des Generalstabs, Generaloberst Beck, führten, so hing dies nicht mit innerem Widerstand oder Opposition zusammen, sondern mit der rein technischen Frage nach dem Zeitpunkt des Überfalls, der vielen Militärs zu früh erschien.

Die propagandistische Einstimmung auf den kommenden Krieg in der gleichgeschalteten Presse

Da zu erwarten war, daß Deutschland Polen nicht auf ähnlich unblutige Weise annektieren konnte wie Österreich oder die Tschechoslowakei, mußte die deutsche Bevölkerung mit propagandistischen Mitteln auf den Krieg vorbereitet werden. Von nun an ging es nicht mehr darum, aus taktischen Gründen antipolnische Äußerungen zu unterdrücken, sondern die Emotionen auf Krieg einzustimmen. Im Laufe der ersten Hälfte des Jahres 1939 fiel die propagandistische Zurückhaltung gegenüber Polen. Reichspropagandaminister Goebbels schrieb in einem Leitartikel unter dem Titel »Quo vadis, Polonia?« am 5. Mai 1939: »Wenn einer dauernd von Gewalt redet, aber in Verdacht steht, daß er Minderwertigkeitskomplexe mit sich herumschleppt, wenn einer Bäume ausreißen will, aber so aussieht, als pflückte er lieber Butterblümchen, wenn einer ständig seine Muskeln zeigt, man aber nicht genau weiß, ob es nicht doch Watte ist, wenn einer auf Kosten anderer den starken Mann spielt, sich beim Fortbewegen selbstbewußt in den Hüften wiegt, groß tut und meistens klein ist, dann sagt der helle Berliner Jargonwitz: ›Er kann vor lauter Kraft nicht loofen.‹ Das ist ein goldenes Wort aus dem Munde des Volkes, und es trifft den Nagel auf den Kopf. Man wäre geneigt, dieses Wort auf das augenblickliche Verhalten der polnischen Presse anzuwenden. Sie hat in den letzten Wochen anscheinend jeden Verstand, jede klare Besinnung und vor allem jede nüchterne Einschätzung der Polen zur Verfügung stehenden Machtmittel verloren. Es fällt schwer, mit ihr zu debattieren, ohne in denselben beleidigenden Ton zu verfallen, den sie in jüngster Zeit Deutschland, seinem Regime und seiner Politik gegenüber anzuschlagen beliebt. Sie hat neuerdings die primitivsten Regeln der internationalen Höflichkeit vergessen und gefällt sich in einem Gassenjungenton, der für die Zukunft noch einiges erwarten läßt. Sie tut so, als sei sie allein auf der Welt und habe es in der Hand, Europa das Gesetz des Handelns zu diktieren. Wir enthalten uns diesem Verhalten gegenüber vorläufig jeden erläuternden Kommentars. Wir erachten es nicht für unsere Aufgabe, in dieser gespannten internationalen Lage noch Öl ins Feuer zu gießen. Immerhin aber halten wir es für unsere Pflicht, der deutschen Öffentlichkeit wenigstens ein Bild vom gegenwärtigen Stand der polemischen Meinungskämpfe um die Frage Danzig und Korridor zu geben.«[23] Goebbels geht dabei noch verhältnismäßig »gnädig« mit Polen um. Die wahrhaft Schuldigen am polnischen »Größenwahn« sind nach seiner Lesart nicht die Polen, sondern England und Frankreich.

Die Propaganda tat alles, um die deutschen Kriegsvorbereitungen zu verschleiern; abhängig von der jeweiligen Tagessituation wurde abgewiegelt, beruhigt, verharmlost, verspottet oder gedroht. Die scheinbaren Schwankungen in der Außenpolitik hingen zum einen mit der politischen Großwetterlage und zum anderen mit Konflikten innerhalb der Führungsriege des Dritten Reiches zusammen. Die Einigkeit und Geschlossenheit, welche die nationalsozialistischen Machthaber nach außen hin gerne demonstrierten, war nur eine Fassade. Hitler selbst förderte diese internen Rivalitäten und Machtkämpfe, weil dadurch seine eigene Position als »Führer« unangefochten blieb.

Im Rahmen der Kriegsvorbereitungen nahm die Propaganda im Ausland einen ebenso wichtigen Platz ein wie die im Inland. Sorgfältig wurden die Nachrichten auch auf ihre Außenwirkung überprüft. In den Instruktionen zum 1. Juli 1939 hieß es: »Im Ausland herrscht große Beunruhigung über Danzig. [...] Es besteht kein Interesse daran, diese Unruhe zu beseitigen [...]. Nur durch Schweigen können wir die Unruhe der anderen vergrößern [...].«[24]

Dieser Linie der Verschleierung entsprach auch die Anweisung vom 4. August 1939: »Die neuen Meldungen über polnische Übergriffe auf deutsches Gebiet sollen nicht zu groß aufgemacht werden. Zu der Nervosität des Auslandes wird dringend um äußerste Zurückhaltung ersucht, man ist in letzter Zeit großzügig gewesen bei der Zulassung von Nachrichten, auch wenn sie außerhalb der politischen Linie gelegen haben. In diesem Augenblick ist aber ganz besondere Zurückhaltung geboten.«[25] Diese »ganz besondere Zurückhaltung« wurde allerdings nicht konsequent eingehalten, am 5. August 1939 titelte der »Völkische Beobachter«: »Warschaus Raubgier durch polnische Agitationskarten bewiesen – Was dem englischen und französischen Volk verschwiegen wird.«[26]

Am 18. August 1938 wies das Reichspresseamt in einem Rundschreiben darauf hin, daß bei der Berichterstattung über die »Polengreuel« die präzise Angabe von Personen- oder Ortsnamen unerwünscht sei, angeblich um die Betroffenen vor weiteren Nachstellungen zu schützen. In Wirklichkeit diente diese Maßnahme dazu, die Greuelnachrichten einer sachlichen Überprüfung zu entziehen.[27]

23 Joseph Goebbels, Die Zeit ohne Beispiel, Reden und Aufsätze aus den Jahren 1939 – 1941, München 1941, S. 127.

24 Zit. nach Broszat, Zweihundert Jahre, S. 261.

25 Zit. nach Walter Hagemann, Publizistik im Dritten Reich, Hamburg 1948, S. 401.

26 Völkischer Beobachter (VB), Nr. 217, S. 1.

27 Vgl. Jutta Sywottek: Mobilmachung für den Totalen Krieg – Die propagandistische Vorbereitung der deutschen Bevölkerung auf den Zweiten Weltkrieg, Opladen 1976, S. 223.

Je näher der Angriffstermin rückte, desto konkreter wurde die propagandistische Ausrichtung auf die vermeintliche eigene Opferrolle und die Rolle Polens als Aggressor. In der Pressekonferenz vom 19. August 1939 hieß es hierzu: »Das OKW [Oberkommando der Wehrmacht] bittet um weiteste Verbreitung eines Aufsatzes von Hans Nitram im ›Völkischen Beobachter‹: ›Der polnische Soldat und der deutsche Soldat‹, damit er jedem Soldaten bekannt wird. Ein Artikel von Hauptmann Murawski über ›Polnische Seifenblasen‹ in der ›Berliner Börsenzeitung‹ soll gleichfalls in allen Zeitungen ausgewertet werden. Es ist nicht zu berichten, daß hier und dort polnische Zivilbehörden von der Grenze zurückgezogen werden. Der Begriff ›Soldateska‹ soll gegenüber der polnischen Armee nicht angewandt werden. – ›Press Association‹ hat davon gesprochen, daß die deutschen Zeitungen Terrormeldungen nach dem gleichen Rezept brächten, das auch früher wiederholt angewandt worden sei, niemand nehme solche Meldungen ernst. Dazu ist eine scharfe Glosse erwünscht im folgenden Sinne: Jahrelang habe Deutschland gegenüber der Beeinträchtigung der deutschen Rechte und den Mißhandlungen Deutscher Zurückhaltung geübt, sogar Ausländer hätten gefragt, warum wir gegenüber den Polen so zurückhaltend seien. Erst als wir erkannt hätten, daß sich die Polen nicht zur Vernunft bringen ließen, hätten wir Schritt für Schritt mehr von der Wahrheit mitgeteilt. Es gäbe noch weit grausigere Dinge als die bisher veröffentlichten, vielleicht käme der Augenblick, wo man auch sie veröffentlichen müsse.«[28] Im »Völkischen Beobachter« vom gleichen Tag steht zu lesen: »Deutsche in polnischem Gefängnis zu Tode geprügelt.«[29]

Nach außen hin wurde jetzt »Verteidigungsbereitschaft« gegenüber den polnischen »Provokationen« signalisiert, um so über die eigenen Angriffsabsichten hinwegzutäuschen. In der Sonderpressekonferenz vom 25. August 1939 wurden folgende Instruktionen ausgegeben: »In Überschriften ist jede Zeitangabe zu vermeiden wie: ›Eine Minute vor zwölf‹ oder aber ›So geht es nicht weiter‹. Die eiserne Entschlossenheit Deutschlands muß jedoch immer wieder deutlich werden. – Die Absage der Tannenbergfeier kann auf der ersten Seite gut herauskommen. Die Begründung zeigt, wie ernst die Lage ist und wie schwer wir die polnischen Provokationen nehmen. – Vertraulich: Auch mit der Verschiebung des Parteitages ist zu rechnen [...].«[30]

Ab 26. August 1939 unterlagen alle militärischen Meldungen der Zensur.[31] Mit dem Näherrücken des Angriffstermins ließ die Propaganda ihre selbstauferlegte Zurückhaltung gegenüber Polen fallen. So hieß es auf der Pressekonferenz vom 29. August 1939: »Das Maß der Herausstellung der pol-

28 Zit. nach Walter Hagemann, Publizistik, S. 405.

29 VB, Nr. 231, S. 1.

30 Zit. nach Harald Focke/Monika Strocka, Alltag der Gleichgeschalteten. Wie die Nazis mit ihren Gegnern umgingen, Reinbek 1980, S. 199.

31 Ebd.

nischen Terrormeldungen ist für das Ausland der Maßstab, an dem man die Festigkeit der deutschen Haltung mißt. Niemand ist befugt, aus dieser Linie auszubrechen. Es ist gleichgültig, was von diesen Meldungen geglaubt wird oder nicht, sie müssen die Aufmachung der Presse bestimmen, weil damit die Haltung der deutschen Politik kundgetan wird [...].«[32]

Die Pressekonferenz vom 31. August 1939 stempelte Polen zum Alleinschuldigen an allen kommenden Ereignissen: »[...] Groß herauszustellen ist ferner ein polnischer Rundfunkvortrag, in dem gesagt wird, das Reich fordere und provoziere, Polen aber sei entschlossen, Gewalt gegen Gewalt zu setzen. Dies ist der Beweis, daß Polen den letzten Schritt tun will.«[33]

Auch am 1. September 1939 fand wie üblich eine Pressekonferenz statt: »Keine Überschriften, in denen das Wort Krieg enthalten ist! Der Rede des Führers zufolge ›schlagen wir nur zurück‹. – DNB gibt eine Materialzusammenstellung, aus der hervorgeht, daß Polen gestern fest entschlossen war, die ihm bekannten Forderungen Deutschlands nicht zu erfüllen. Ernsthafte Polemik und Kommentierungen dringend erwünscht. Kommentar zur Führerrede: Der Führer hat dem Volk aus dem Herzen gesprochen. Festzustellen, daß das deutsche Volk entschlossen ist, die Bedrohung gemeinsam abzuwehren, woher sie auch immer kommen möge.«[34]

Am gleichen Tag – der deutsche Überfall auf Polen lief bereits seit den frühen Morgenstunden (das Linienschiff »Schleswig Holstein« hatte um 4.45 Uhr das Feuer auf die kleine polnische Garnison auf der Westerplatte bei Danzig eröffnet) – verkündete der Wehrmachtsbericht: »Auf Befehl des Führers und Obersten Befehlshabers hat die Wehrmacht den aktiven Schutz des Reiches übernommen. In Erfüllung ihres Auftrages, der polnischen Gewalt Einhalt zu gebieten, sind Truppen des deutschen Heeres heute früh über alle deutsch-polnischen Grenzen zum Gegenangriff angetreten. Gleichzeitig sind Geschwader der Luftwaffe zur Niederkämpfung militärischer Ziele in Polen gestartet. Die Kriegsmarine hat den Schutz der Ostsee übernommen.«[35]

Gegen zehn Uhr begab Hitler sich zu einer Sitzung des Reichstages in die Krolloper und hielt dort die berühmt-berüchtigte Rede, die, gespickt mit den üblichen Verdrehungen und Lügen, den Krieg, der bereits seit mehreren Stunden mit großer Heftigkeit tobte, offiziell einleitete: Polen habe nun »heute Nacht zum erstenmal auf unserem eigenen Territorium auch durch reguläre Soldaten geschossen. Seit 5.45 Uhr wird jetzt zurückgeschossen! Und von jetzt ab wird Bombe mit Bombe vergolten«.[36]

32 Ebd.
33 Ebd, S. 200.
34 Ebd.
35 Die Wehrmachtsberichte 1939 – 1945, 3 Bde., München 1985, Bd. 1, S. 1.
36 Zit. nach Joachim C. Fest, Hitler, Eine Biographie, 2 Bde., Frankfurt a.M./Berlin/Wien 1973, Bd. 2, S. 823.

An die Wehrmacht erließ Hitler den folgenden Aufruf: »Der polnische Staat hat die von mir erstrebte friedliche Regelung nachbarlicher Beziehungen verweigert; er hat statt dessen an die Waffen appelliert. Die Deutschen in Polen werden mit blutigem Terror verfolgt, von Haus und Hof getrieben. Eine Reihe von für eine Großmacht unerträglichen Grenzverletzungen beweist, daß die Polen nicht mehr gewillt sind, die deutschen Reichsgrenzen zu achten. Um diesem wahnwitzigen Treiben ein Ende zu bereiten, bleibt mir kein anderes Mittel, als von jetzt ab Gewalt gegen Gewalt zu setzen. Die Deutsche Wehrmacht wird den Kampf um die Ehre und die Lebensrechte des wiederauferstandenen deutschen Volkes mit harter Entschlossenheit führen.«[37]

In den ersten Tagen nach Beginn der Kampfhandlungen spielten die von Hitler erwähnten angeblichen oder tatsächlichen polnischen Greueltaten gegen deutsche Zivilisten in der deutschen Propaganda eine große Rolle. Besonders die als »Bromberger Blutsonntag« bekanntgewordenen Ereignisse wurden mit großem Aufwand ausgeschlachtet. Unmittelbar nach Kriegsbeginn beschossen am 3. September 1939 in Bromberg Angehörige der deutschen Minderheit und des Sicherheitsdienstes (SD) eine polnische Marschkolonne aus dem Hinterhalt, worauf das polnische Militär das Feuer erwiderte. Es kam zu heftigen Straßenkämpfen, zu Verhaftungen und Erschießungen. Die genaue Zahl der deutschen Opfer war damals nicht zu ermitteln, und so wurden von deutscher Seite zwischen 50 000 bis 60 000 Opfer angegeben.[38] Derartig hemmungslose Verdrehungen und Übertreibungen sollten nach innen und außen das deutsche Vorgehen rechtfertigen.

Der propagandistische Aufwand war allerdings nur bedingt erfolgreich, da sich die beabsichtigte Kriegsbegeisterung bei der deutschen Bevölkerung kaum einstellte. Im allgemeinen akzeptierte sie den Krieg gegen Polen wegen der Berichterstattung über die angeblichen »Polengreuel« als gerechtfertigt, aber nach den unblutigen und triumphalen Annektionen und Wiederan- und Eingliederungen der vorangegangenen Jahre wirkte der plötzliche »Kriegsausbruch« ernüchternd und schockierend.[39]

37 Zit. nach Friedrich Meier, Kriegsmarine am Feind, Berlin 1941, S. 9.

38 Vgl. auch: Hans Schadewald (Hrsg.), Die Polnischen Greueltaten an den Volksdeutschen in Polen, Berlin 1939; Edwin Erich Dwinger, Der Tod in Polen – Die Volksdeutsche Passion, Jena 1940. Diese beiden Titel sind typisch für die Flut der nationalsozialistischen Bromberg-Literatur. Die Zahl der Erschossenen schwankt in den Nachkriegspublikationen je nach politischer Zielrichtung zwischen 300 getöteten Deutschen bei Peter Bachmann/Kurt Zeisler, Der deutsche Militarismus 1917 – 1945, Berlin (Ost) (o.J.), S. 366, bis zur pauschalen Angabe von 7000 zwischen August und September 1939 ermordeten Volksdeutschen bei Herbert Michaelis/Walther Hubatsch u.a., Der 2. Weltkrieg, Gütersloh/Berlin u.a. 1968, S. 121. Christoph Kleßmann gibt die Zahl mit 5437 an: September 1939 – Krieg, Besatzung, Widerstand in Polen, Göttingen 1989, S. 18.

39 Vgl. hierzu auch das Kapitel »Krieg«, in: Ian Kershaw, Der Hitler-Mythos, Volksmeinung und Propaganda im Dritten Reich, Stuttgart 1980, S. 123 f. Ein anschauliches Bild von der Wirkung der NS-Propaganda auf die deutsche Bevölkerung, besonders was die Zeit vor dem deut-

Ein typisches Beispiel für ein als landeskundliches Nachschlagewerk aufgemachtes Buch mit klarer politischer Ausrichtung ist Rolf Wingendorfs »Polen, Volk zwischen Ost und West« (1939). Das Buch, kurz nach dem Überfall auf Polen in einer zweiten, überarbeiteten Auflage erschienen, gibt das folgende, durchweg negative Bild von Land und Leuten: Das Land sei verkommen. Die Einheimischen unterschieden sich gravierend von den »deutschen« Polen, selbst die Oberschicht sei trotz ihres Reichtums nicht auf dem Niveau des Westens. Vor dem Ersten Weltkrieg »beherrschten« die Juden als Handlanger des Zaren das Land. Nach der Unabhängigkeit »unterdrückten« die Polen andere nationale Minderheiten, besonders die Deutschen: »Aber trotzdem kann man nicht behaupten, daß irgendeine Gruppe auch nur jemals sich positiv gegenüber den Deutschen in Polen eingestellt hätte. Bestenfalls war polnischen Politikern, wie etwa Pilsudski, die Frage der Deutschen in Polen gleichgültig. Diese sonderbare Verbohrtheit gerade in der deutschen Frage, obgleich gerade von deutscher Seite ein weitgehendes Maß von Loyalität gezeigt wurde, erklärt sich einzig und allein darauf, daß jahrzehntelang den Polen vom Schlachtschizen bis zum Chausseearbeiter eingepumpt wurde: ›Nie wird der Pole dem Deutschen Bruder sein‹.«[40]

Besonders der »Verband zum Schutze der Westmarken«, eine polnische Organisation zur Vertretung der polnischen Interessen entlang der Westgrenze, so heißt es in dem Nachschlagewerk weiter, tat sich hierbei hervor: »Im Frühjahr 1939 ließ der Verband offen die Maske fallen. Eine Welle des Terrors und der Verhetzung durch den Westverband setzte ein, die bald dazu führte, daß tausende von Deutschen das polnische Staatsgebiet fluchtartig verlassen mussten. Mit einer geradezu zynischen Offenheit wird heute in den Versammlungen des polnischen Westverbandes erklärt, daß man nie daran gedacht habe, sein Ziel, die Vernichtung des Deutschtums in Polen aufzugeben und daß auch keine deutsch-polnische Verständigung daran hätte etwas ändern können.«[41] – »Die Zeit ist aber nicht mehr fern, wo auch der letzte Deutsche aus dem polnischen Grenzgebiet verdrängt sein wird, von der Scholle seiner Väter, von dem Land, daß deutscher Fleiß der Wildnis abrang.«[42]

schen Überfall betrifft, vermitteln die Erinnerungen William L. Shirers, der 1934 bis 1940 als amerikanischer Rundfunk-Korrespondent in Deutschland tätig war. Nach seinem Eindruck war die überwiegende Mehrheit von der Rechtmäßigkeit der NS-Außenpolitik überzeugt. Der Beginn des Krieges löste bei vielen Deutschen eine Mischung aus ungläubiger Verwunderung und Empörung über den polnischen Angriff aus. Die Tatsache, daß die Lüge vom polnischen Überfall geglaubt wurde, beweist die Effizienz der NS-Propaganda. Vgl. hierzu William L. Shirer, Das Jahrzehnt des Unheils, München 1989, S. 279 f.

40 Rolf Wingendorf, Polen. Volk zwischen Ost und West, Berlin 1939, S. 69.

41 Ebd., S. 70.

42 Ebd., S. 73.

Selbst Natur und Landschaft sind in Polen grau: »Wenn aber das Polentum weiter vordringen sollte, dann wird auch die polnische Landschaft weiter vordringen – und ehemals blühende deutsche Städte würden dann auch: graue Städte in grauem Land.«[43] Die Polen seien kulturlos, weil sie völlig »verjudet« und katholisch seien. Sie hätten den Fehler gemacht, ihr »Polentum« nur religiös und nicht »rassisch« zu definieren: »Weder die Literatur, noch die Malerei, noch die Musik, und schon gar nicht die Architektur ist ein Ausdruck der Lebensgefühle des polnischen Volkes. Gewiß ist das zum Teil geschichtlich begründet. Es beruht darauf, daß der eigentliche Träger des polnischen Volkstums, der polnische Bauer, bis in die Mitte des vorigen Jahrhunderts nicht zur polnischen Nation gehörte, daß er ein Sklavendasein führte, daß man in ihm den eigenen Willen zum Schaffen ertötet hatte. Das allein ist es aber nicht. Ähnliche Verhältnisse hat es auch bei anderen Völkern gegeben, und doch wurden sie Träger einer Kultur. Schließlich hätte ja der polnische Adel in Polen, als es auf der Höhe seiner Macht war, selbst in Kulturwerken der polnischen Nation ein Denkmal setzen können. Das hat er nicht getan. Aus der Zeit des polnischen Staates bis zur Teilung ist uns kein einziges Werk erhalten, das von einer polnischen Kultur zeugt. Alle Kunstwerke aus dieser Zeit sind Schöpfungen von aussen.«[44]

Polen wird als agrarisches Land beschrieben, das durch sinnlose Kraftakte zum Industriestaat umgewandelt werden soll: »Der polnische Intellektuelle hat in seinem Unterbewußtsein immer noch ein wenig das Gefühl, daß die Arbeit des Bauern mit dem Makel der Leibeigenschaft behaftet ist. Er kennt den Bauern nicht und will ihn auch nicht kennen. Er möchte aus Polen ein Bürgervolk machen. Er hat vergessen, daß die Kraft jedes Volkes doch letzten Endes in seinem Boden liegt.«[45]

Der polnische Staat und seine Führung seien »chauvinistisch« und größenwahnsinnig, sie überschätzten ihre Kraft: »Gleichzeitig zerstörte der polnische Staat durch die Vernichtung des deutschen Besitzstandes innerhalb seiner Grenzen wertvolles deutsches Kulturgut. Durch die Aufteilung deutschen Grundeigentums unter Analphabeten aus Innerpolen und Ostpolen verschob es die Kulturgrenze nach Westen und fügte so nicht nur Deutschland, sondern ganz Europa schweren Schaden zu.«[46] »Der Kampf gegen die deutsche Volksgruppe nahm von Jahr zu Jahr zu. Er wurde immer mehr Ausdruck des spezifischen polnischen Nationalgefühls. Er nahm seit dem Frühjahr 1939 Formen an, die beweisen, daß Polen nicht gewillt ist, ein Kulturträger Euro-

43 Ebd., S. 98.
44 Ebd., S. 99.
45 Ebd., S. 132.
46 Ebd., S. 200.

pas im Ostraum zu werden.«[47] Die logische Konsequenz aus diesen »Erkenntnissen« war: Polen gehörte unter deutsche Vorherrschaft.

»Polnische Verhältnisse« – Mythos und Realität

Das hier vermittelte Polenbild war insofern besonders perfide, als es die Polen nicht pauschal verurteilte, sondern sie durchaus als Opfer darstellte. »Der« polnische Bauer sei nicht abgrundtief schlecht, sondern nur aufgrund der historischen Entwicklung und durch die Unfähigkeit von Adel und Intelligenzia in seinen Anlagen geschädigt. Dies legte die Schlußfolgerung nahe, daß Polen aus eigener Kraft nicht in der Lage sei, ein funktionierendes Staatswesen aufzubauen. Diese Aufgabe sollte daher den Deutschen zufallen.

Hinzu kam, daß die Verhältnisse im Polen der Vorkriegszeit das Feindbild eher verstärkten als abbauten. Im europäischen Vergleich mußte das industriell nur gering entwickelte Land hoffnungslos rückständig erscheinen. Die Schwer- respektive metallverarbeitende Industrie beschränkte sich mit Ausnahme der regen und innovativen (aber kleinen) Luftfahrtindustrie auf die Lizenzfertigung erprobter französischer, englischer oder italienischer Produkte. Die Produktionsanlagen waren oft veraltet, und es fehlte an dem nötigen Kapital für Investitionen und Importe. Der Zugang zu eigenen Exportmärkten wurde dem polnischen Staat durch seine geopolitische Lage zwischen Deutschland und der Sowjetunion erschwert, da es nur über einen Ostseehafen (Gdynia) verfügte.

Die ehemaligen Annexionsmächte hatten außerdem die Wirtschaft des Landes nur soweit entwickelt, wie es ihren Interessen diente. So hätte nach der Wiedererringung der staatlichen Selbständigkeit der Vorwurf der »polnischen Wirtschaft« eigentlich auf die alten Besatzer zurückfallen müssen.

Antipolnische Publizistik nach dem deutschen Sieg über Polen

Direkte publizistische Attacken gegen Polen, das nun als Oberschlesien, Warthegau und als »Generalgouvernement« dem deutschen Reich einverleibt worden war, waren verhältnismäßig selten. Dies hing damit zusammen, daß den Nationalsozialisten nicht daran gelegen war, Vorgänge, die mit der gewaltsamen Germanisierung des Landes zusammenhingen[48], an die Öffentlichkeit zu bringen. Polen war ein »Un«-Land geworden und »der« Pole, nach der nationalsozialistischen Rassenlehre ohnehin ein »Untermensch«, zu einem »Un«-Wesen, allenfalls geeignet, eine kümmerliche Existenz als Sklave der »nordischen Herrenmenschen« zu fristen.

47 Ebd., S. 201.

48 Dies galt besonders für die als Oberschlesien und Warthegau dem Reich angeschlossenen Gebiete, die nach NS-Auslegung als urdeutsches Siedlungsgebiet galten. Dementsprechend konnte es hier offiziell keine Entpolonisierung geben.

Der menschenverachtende Zynismus der Besatzer wird besonders deutlich in einem Geheimerlaß (vom 26. November 1942) Rosenbergs, der nach seiner rapide abnehmenden Bedeutung als Parteiideologe als Reichsminister für die besetzten Ostgebiete zu neuen Ehren gekommen war: »Das polnische Volk, das seine politische Chance von jeher im Kampf gegen Deutschland gesehen hat und dessen Geschichte erfüllt ist von einem durch Generationen genährten Gegensatz zu Deutschland, hat einen in seiner Grausamkeit beispiellosen Ausrottungskampf gegen die deutsche Volksgruppe im ehemaligen Polen geführt und den gegenwärtigen Krieg auf Betreiben Englands angezettelt [...]. Das Polenproblem kann in seiner Gesamtheit aus naheliegenden Gründen während des Krieges keiner endgültigen Lösung zugeführt werden. Um so wichtiger ist dafür aber eine eindeutige Haltung aller Angehörigen der deutschen Zivilverwaltung gegenüber dem Polentum und eine klare fortlaufende Befolgung der als notwendig erachteten Richtlinien bei der Behandlung der Polen, sobald irgend die Möglichkeit des Ersatzes durch andere Kräfte gegeben sind. Ich mache deshalb die Einhaltung folgender Richtlinien zur Pflicht:

7. Das Polentum ist aus jeder Stellung, die einen Einblick in wesentliche politische oder wirtschaftliche Zusammenhänge gewährt und in irgendeiner Form einen maßgeblichen Einfluß auf die Verwaltung, Kultur oder Wirtschaft einräumt, möglichst schnell und total auszuschalten [...].
8. Das polnische Schulwesen ist über ein vierklassiges Volksschulwesen hinaus nicht zu entwickeln und zu fördern.
9. Die Gründung von polnischen Zeitungen, Zeitschriften und Mitteilungsblättern ist zu unterlassen. [...]
10. Die polnische Sprache ist nur in den von einer eindeutig polnischen Mehrheit bewohnten Ortschaften zugelassen [...].«[49]

Derartig offen waren die Nationalsozialisten nur in ihren Geheimerlassen. Öffentliche Bekundungen des Polenhasses fielen dagegen wesentlich allgemeiner und schwammiger aus, wie zum Beispiel in einer Rede, die Propagandaminister Goebbels anläßlich der Eröffnung des umgebauten Theaters in Posen am 18. März 1941 hielt: »[...] Immer aber auch, wenn das Reich, von schweren Krisen, Kriegen, Religionsstreitigkeiten oder Revolutionen heimgesucht, seinen inneren Zusammenhalt verliert, gehen gleichzeitig und fast zwangsläufig die starken Bindungen zu seinen östlichen Raumfunktionen verloren. [...] Dann aber erhebt auch immer wieder das Polentum sein Haupt. Zu einer staatlichen Schöpfung vollkommen unbegabt, ohne jede konstruktive Gestaltungskraft, besitzt es nur die Fähigkeit, das vom Germanentum in

49 Zit. nach Léon Poliakov und Joseph Wulf, Das Dritte Reich und seine Denker, Frankfurt a.M./Berlin/Wien 1983, S. 499 f.

verschwenderischer Fülle hinterlassene kulturelle und wirtschaftliche Erbteil eine Zeitlang verwaltend und verteilend aufzuzehren, um dann wieder in die narkotische Erstarrung der geschichtlichen Formlosigkeit zurückzusinken. Hier setzen dann auch die krampfhaften Versuche der jeweiligen polnischen Saisonstaaten ein, die vom Germanentum hinterlassenen stolzen Zeugen seiner Schöpferkraft frech für sich zu okkupieren, sich in seinen Burgen, Domen und Rathäusern wohnlich einzurichten und darin ein staatliches und kulturelles Eigenleben vorzutäuschen, das in Wirklichkeit nur Schein und Fassade ist [...].«[50]

In der umfänglichen Ansprache ist dies die einzige Stelle, an der Polen direkt und namentlich erwähnt wird, und offenbar um es für die ihm vorgeworfenen Verbrechen zu bestrafen, ist danach nur noch von »dem« Osten und den Aufgaben und Leistungen der Deutschen dort die Rede. Die Rolle Polens im Goebbelsschen Weltbild ist allerdings zwiespältig. Zum einen sind sie die Räuber und Verderber der deutschen Kultur, wobei Goebbels im Zusammenhang mit Polen fast nie zu so absoluten propagandistischen Höchstleistungen auffuhr wie bei den Juden oder der Sowjetunion, zum anderen scheute er sich aber auch nicht, Polen als geschundenes und verratenes Opfer der »englischen Kriegstreiberei« darzustellen.[51]

An der Verachtung Polens durch die Nationalsozialisten änderte auch die Tatsache nichts, daß die deutsche Propaganda in Polen ab Frühjahr 1943 eine versöhnlichere Haltung annahm. Um die sinkende Produktivität der polnischen Zwangsarbeiter in der Rüstungsindustrie wieder anzuheben und um der erfolglos bekämpften Sabotagetätigkeit des polnischen Widerstandes beizukommen, versuchten die deutschen Besatzer, mit ebenso zwielichtigen wie durchschaubaren Mitteln die Sympathien der unterdrückten Bevölkerung zu gewinnen. So versuchten sie, aus dem von den Sowjets an polnischen Offizieren und Intellektuellen in Katyn verübten Massaker Kapital zu schlagen, konnten aber damit angesichts der eigenen Massenmorde keine Vertrauenswürdigkeit erringen.[52]

Der Alltag der deutschen Besatzung in Polen wurde den ganzen Krieg hindurch vor der deutschen Öffentlichkeit weitgehend abgeschirmt. So beschrieb einer der Kriegsberichterstatter der Zeitschrift »Das Reich«, Christoph Freiherr von Imhoff, den »neuen« Kurs nicht als erzwungenes Umdenken vor dem Hintergrund der eigenen verfehlten Unterdrückungs- und Vernichtungspolitik, sondern als eine notwendige späte Korrekturmaßnahme am zaristischen Erbe. Daher werden die Wurzeln des polnischen Widerstandes so dargestellt: »Da liegt ein kleines Nest im Osten des Generalgouvernements. Vor

50 Goebbels, Zeit, S. 426 f.

51 Vgl. zum Beispiel die Rede »Das alte Lied« in: ebd., S. 452 f.

52 Vgl. hierzu auch Rosenthal, German, S. 114 f.

dem ersten Weltkrieg diente es dem Zarenreich als Verbrecherkolonie, in der schwer Straffällige mit ihren Familien angesiedelt wurden, sich fortpflanzten und schließlich in der polnischen Erbschaftsmasse aufgingen. Sie arbeiteten schon nach dem ersten großen Krieg meist mit jüdischen Elementen zusammen und waren der Kern eines Bandenwesens, das auch die polnische Republik in weiten Teilen ständig beunruhigte [...].«[53]

Auf diese Diskreditierung der polnischen Widerstandsbewegung folgt eine beschönigende Beschreibung des deutsch-polnischen Verhältnisses: »Es hieße aber diese Erscheinungen überschätzen, wollte man ihnen irgendeine größere Bedeutung beimessen oder gar als Kennzeichen des Polen von heute hinstellen. Nein, wer dieses Land längere Zeit durchfahren hat, findet den Satz des Generalgouverneurs bestätigt, daß das Territorium, das heute etwa 17 Millionen Menschen als Lebensraum zugewiesen ist, von denen wiederum 80 Prozent dem polnischen Volkstum zugehören, zu den ruhigsten und friedlichsten Landstrichen des jetzigen Europa zählt.«[54]

In dem Bericht erscheinen die deutschen Besatzer als freundliche Entwicklungshelfer, die den willigen und fleißigen, aber in der Vergangenheit oft falsch angeleiteten polnischen »Ureinwohnern« die Segnungen der westlichen Zivilisation bringen – da werden Mustergüter eingerichtet, Flüsse und Bäche reguliert und Arme und Bedürftige durch »Volksküchen« verpflegt.

Fazit

Das Polenbild, das der deutschen Öffentlichkeit im Dritten Reich vermittelt wurde, war stark abhängig von den realpolitischen Erfordernissen der nationalsozialistischen Außenpolitik. Die pro- oder antipolnische Propaganda im Dritten Reich spiegelt daher deutlich den jeweiligen Stand der deutsch-polnischen Beziehungen wider. Solange Polen ein bedeutender Faktor im außenpolitischen Kalkül Hitlers war, wurden antipolnische Äußerungen unterdrückt, was jedoch die gelegentliche Anwendung von schärferen Tönen bis hin zur unverhohlenen Drohung gegenüber dem polnischen Staat in der Presse nicht ausschloß.

Dies wurde von den Verantwortlichen und den Adressaten der Propaganda in Deutschland zumeist klar als »Sprachreglung auf Zeit« definiert oder erkannt. Die antipolnischen Vorurteile und Ressentiments saßen im Bewußtsein der meisten Deutschen viel zu tief, um durch eine kurze Phase der Entspannung entkräftet zu werden, was ja von den Nationalsozialisten auch gar nicht beabsichtigt war. Ihre Zurückhaltung war rein taktischer Natur und hatte nichts mit ihren rasseideologischen Überzeugungen zu tun.

53 Christoph Freiherr von Imhoff, Die polnische Antwort, in: Das Reich, Nr. 19, Mai 1944.
54 Ebd.

Mit dem deutschen Überfall auf Polen entfielen die staatlichen Reglementierungen; nun sollte die antipolnische Propaganda den deutschen Überfall als gerechtfertigten Verteidigungskrieg erscheinen lassen.

Bald nahm die Fülle der antipolnischen Schriften wieder merklich ab, denn die Hauptintention der Deutschen lag nach der Besetzung Polens darin, die polnische Nation, ihre Sprache und Kultur auszulöschen. In ihrer Okkupationspolitik zeigte sich dann die wahre Einstellung der Nationalsozialisten gegenüber den Polen. Über Nacht wurde es zur Un-Nation und verschwand aus den Atlanten und Nachschlagewerken, seine als »rassisch minderwertig« eingestufte Bevölkerung wurde zu einer kümmerlichen Helotenexistenz verurteilt.

Die NS-Propaganda über Polen zeigt, daß sich Wahn und Taktik nicht ausschließen. Die nationalsozialistischen Machthaber waren in der Lage, um einer langfristigen Zielsetzung willen ihre Überzeugungen zurückzustellen und die Massen entsprechend zu beeinflussen. Diese Steuerung funktionierte unter den Bedingungen einer totalitären Diktatur sehr effizient, da die Regierung Massenmedien in ihrem Sinne kontrollieren konnte.

Die Entfesselung des Zweiten Weltkrieges brachte dann den Umschwung: Für eine kurze Zeit machten sich die Wahnvorstellungen verbal ungehemmt Luft, um dann wieder zu verstummen, denn was nun folgte, war die blutige Umsetzung des Wahnsinns in die Realität.

VERONICA BIERMANN

»Metropolenguerilla« contra »Schweinesystem« – »Rechtsstaat« contra »Baader-Meinhof-Bande«

I.

Die gewaltsame Befreiung von Andreas Baader am 14. Mai 1970 durch Ulrike Meinhof, Irene Goergens und andere, bei der ein Mensch lebensgefährlich verletzt wurde, gilt innerhalb eines Prozesses mit fließenden Grenzen als entscheidende Zäsur, an die der Beginn des Terrorismus in der Bundesrepublik geknüpft ist.[1]

Von diesem Zeitpunkt an bestimmen politisch motivierte, kriminelle Gewaltakte das politisch verstandene Handeln von Personen, die sich als »Widerstandskämpfer« in der »Metropolenguerilla« bzw. »Rote Armee Fraktion« (RAF) zu organisieren beginnen. Nach der Konsolidierung in der Illegalität erarbeitet die Gruppe ein »politisches Programm«: »Rote Armee Fraktion: Das Konzept Stadtguerilla.«[2] Diesem stellt sie als Motto das Mao-Zitat »Zwischen uns und dem Feind einen klaren Trennungsstrich ziehen!«[3] voran. Damit hat die Gruppe im April 1971 eine strikte Abgrenzung vom feindlich wahrgenommenen Gegenüber formuliert.

Staatliche Behörden, Medien und »Öffentlichkeit« reagieren intensiv auf die Gruppe und definieren sie ab 1972 als »Baader-Meinhof-Bande«, ihre Handlungen als »Terror« und ihr Umfeld als »Sympathisanten«.[4] Mit »Bande« und »Sympathisanten« bezeichnen Staat und Presse das amorphe Bild eines »inneren Feindes«, der »den Staat« bedroht. Somit nehmen sich beide Seiten – die in der RAF organisierten Terroristen sowie die »den Staat« als Abgeordnete repräsentierenden Politiker bzw. die Parteienvertreter in den Medien – aus einer jeweils genauer zu bestimmenden Perspektive wahr.

1 Vgl. Sebastian Scheerer, Deutschland: Die ausgebürgerte Linke, in: Angriff auf das Herz des Staates. Soziale Entwicklung und Terrorismus, Frankfurt a.M. 1988, S. 321, vgl. auch S. 292 – 348. Zur Geschichte der RAF vgl. Stefan Aust, Der Baader Meinhof Komplex, Hamburg 1985; aus Sicht der Strafverfolgungsbehörden bis 1972 vgl. Der Baader-Meinhof-Report. Dokumente, Analysen, Zusammenhänge, aus den Akten des Bundeskriminalamtes, der »Sonderkommission Bonn« und dem Bundesamt für Verfassungsschutz, Mainz 1972, S. 9 – 111; zur Chronologie von 1967 bis 1986 vgl. Der blinde Fleck. Die Linke, die RAF und der Staat, Frankfurt a.M. 1987, S. 223 – 258.

2 Vgl. texte: RAF, Malmö 1977, S. 337 – 367.

3 Ebd., S. 337.

4 Terrorismus wird definiert als »das Produkt aus der Organisation von Handlungen und der Art und Weise der Reaktion auf sie«; vgl. Fritz Sack, Gegenstand und Methoden der Analyse, in: Protest und Reaktion, Analysen zum Terrorismus, Bd.4/2, hrsg. v. Bundesminister des Innern, Opladen 1984, S. 25 – 27.

Im folgenden geht es um die Frage, ob und inwieweit die gegenseitigen Reaktionen von Feindwahrnehmungen bestimmt waren. Dabei wird von der These ausgegangen, daß sowohl auf terroristischer wie auch auf staatlicher Seite zunächst die politische Gegnerschaft stand, aus der sich erst in einem Prozeß der vorurteilsbildenden Meinungsverhärtung ein aggressives Feindbild entwickelte. Mit dem unkorrigierbaren Erstarren der Vorstellung vom Gegenüber und dem damit einhergehenden Ab- und Ausgrenzungsprozeß geht auch eine Wandlung der Feindbilder einher. Indem in einem eskalierenden Vorgang von Aktion-Reaktion-Gegenreaktion eine stetige Angleichung an das Feindbild des jeweils anderen erfolgte, standen sich am Ende unversöhnliche Feinde gegenüber.

II.

Ab Mitte 1970 beginnt sich die RAF als zahlenmäßig geringes, aber aggressives Produkt der sich seit Mitte bis Ende 1968 langsam auflösenden außerparlamentarischen Opposition (APO) zu formieren. Ihre Gründung ist nicht das Ergebnis des gemeinsamen Entwicklungsganges einer bestimmten Gruppe der Protestbewegung. Zu den Mitteln des Terrorismus zu greifen, ist die persönliche Entscheidung einzelner.[5]

Allerdings teilen die Mitglieder der »ersten Generation« der RAF bis zu ihrer Formierung und z.T. auch noch darüber hinaus als politisch engagierte Einzelpersonen die wichtigsten inhaltlichen Kritikpunkte des sich als Neue Linke apostrophierenden Teils der Nachkriegsgeneration. Hierzu zählen die Eskalation des Vietnamkrieges seit 1965, der Umgang mit der »Dritten Welt«, die Enttäuschung über den linken Hoffnungsträger SPD in einer Großen Koalition seit 1966 sowie die Mitwirkung der SPD an der Notstandsgesetzgebung 1968.[6] Die Bedrohungsanalysen dieser »jungdemokratischen« Generation erfolgen dabei vor dem Hintergrund zweier kontinuierlich präsenter Aspekte: Auf der einen Seite prägen die nationalsozialistische Vergangenheit, die mangelhafte Auseinandersetzung mit ihr und der Vorwurf an die die NS-Zeit verantwortlich tragende Generation ein tiefes Mißtrauen gegen eben diese Generation. Auf der anderen Seite provoziert der seit 1948 sich verschärfende Ost-West Konflikt und der damit einhergehende, schon von den

5 Angaben zum »kriminellen Werdegang« von 43 »Mitgliedern« und »Helfern« der RAF in: Die Baader-Meinhof-Bande, dpa Hintergrund (Archiv- und Informationsmaterial) vom 6. Juni 1972, in: Reinhard Rauball, Die Baader-Meinhof-Gruppe, Berlin/New York 1973, S. 49 – 83. Untersuchungen zum möglichen Entscheidungsprozeß künftiger Terroristen bei Herbert Jäger/Gerhard Schmidtchen/Lieselotte Süllwold, Lebenslaufanalysen. Analysen zum Terrorismus, Bd. 2, hrsg. v. Bundesministerium des Innern, Opladen 1981.

6 Vgl. Christoph Kleßmann, Zwei Staaten, eine Nation, Bonn 1988, S. 264 – 285. Vgl. Heinz Steinert, Erinnerung an den »linken Terrorismus«, in: Angriff, S. 38 – 50. Aus »betroffener« Sicht vgl. Peter Mosler, Was wir wollten, was wir wurden. Zeugnisse der Studentenrevolte, Reinbek 1977.

Nationalsozialisten betonte Anti-Kommunismus eine politisch »links« orientierte »jungbürgerliche Aufstands- und Protestbewegung«. Insofern ließe sich die politische Situation der späten sechziger Jahre u.a. als Generationenkonflikt beschreiben.[7]

Von weiten Teilen der Protestbewegung wurde die »Taktik der begrenzten Regelverletzung«, die vom Bruch mit bürgerlichen Normvorstellungen bis an die Grenzen des Rechtsbruchs gehen konnte, als Methode gewählt.[8] Diese radikalen Formen der Kritikäußerung sollten über den Schock eine Öffentlichkeit schaffen und den Inhalten des Protestes wahrnehmbaren Ausdruck verleihen.

Die Reaktion der Berliner Presse sowohl auf die Demonstrationen als auch auf die als »Happenings« betrachteten Aktionen war überaus negativ und heizte das politische Klima in Berlin auf.[9] Folge hiervon war, daß die Auseinandersetzung in der »Öffentlichkeit« mehr und mehr um die Form als um den Inhalt der Proteste zu kreisen begann.[10] Diese Tendenz verstärkte sich, als der Student Benno Ohnesorg am 2. Juni 1967 von einem Polizisten erschossen wurde, was eine Verschärfung der allgemeinen Stimmung innerhalb der Protestbewegung zur Folge hatte. Die einmal in Bewegung gesetzte Gewaltspirale eskalierte auf mehreren Seiten mit und nach dem Attentat auf Rudi Dutschke am 11. April 1968. Als Reaktion auf das Attentat sollte die Auslieferung der »Bild-Zeitung« in Berlin und anderen Städten blockiert werden. Dabei kam es zu schweren Straßenschlachten. Die Reaktionen staatlicher Repräsentanten waren zu diesem Zeitpunkt gespalten: Während Innenminister Ernst Benda die Frage nach einem Verbot des Sozialistischen Deutschen Studentenbundes (SDS) aufwarf[11], bekundete Justizminister Gustav Heinemann seine Dialogbereitschaft.[12]

Seit 1967 gerät die von der Protestbewegung gewählte Taktik in eine Gewaltspirale, die insbesondere durch die gewalttätige Reaktion der Provozierten – und da besonders der Polizei – forciert wird. Was als begrenzt gedachte Regelverletzung begonnen hatte, entwickelt sich unter dem reagierenden Druck von außen zum gewaltsamen Rechtsbruch. So kommt es, daß ein legitimer inhaltlicher Interessenkonflikt, der sich in der politischen Gegnerschaft manifestiert, als illegitim wahrgenommen wird, da die gewählten, z.T. ille-

7 Vgl. Norbert Elias: Studien über die Deutschen. Machtkämpfe und Habitusentwicklung im 19. und 20. Jahrhundert, Frankfurt a.M. 1992, S. 329 – 348.

8 Vgl. Steinert, Erinnerung, S. 23 – 27.

9 Vgl. Peter Brückner, Springerpresse und Volksverhetzung, in: Kritische Justiz 4 (1969), S. 341 – 356; vgl. Norbert Blüm, Selbstgerechtigkeit ist Provokation, in: Soziale Ordnung 5 (1968), S. 3.

10 Vgl. Steinert, Erinnerung, S. 26/7.

11 Vgl. Benda, in: Deutscher Bundestag, 5. Wahlperiode, 169. Sitzung, Bonn, 30. April 1968, S. 8994/5.

12 Rede vom 14. April 1968, abgedruckt in: Arnulf Baring, Machtwechsel. Die Ära Brandt-Scheel, München 1984, S. 70.

galen Mittel der Protestäußerung auf den Inhalt zurückzuwirken beginnen.[13] Die inhaltliche Illegitimität der Protestbewegung aber hat zur Folge, daß sie als politisches Stimulans nicht mehr ernst genommen wird. Ohnmachts- und Wutgefühle sind die Folge. Für einen kleinen Teil der Protestbewegung werden die damit einhergehende Verschärfung der Fronten und die Einengung des Blickes auf den politischen Gegner zur Basis einer immer feindlicheren Einstellung.[14]

Ulrike Meinhof gilt, bevor sie als prominentestes Gründungsmitglied der RAF in den Untergrund geht, als eine der wichtigsten Kommentatorinnen der Protestbewegung. Ihre Kolumne, die als Reaktion auf das Attentat auf Rudi Dutschke in »Konkret« erscheint, trägt die Überschrift »Vom Protest zum Widerstand«. Damit ist das Leitmotiv benannt, das Denken und Handeln der späteren Terroristen in der Zeit von 1968 bis 1970 bestimmt, das aber auch die Brücke zwischen dieser Phase und der des Terrorismus schlägt.

Es gilt als erwiesen, daß für die »Gründungsgeneration« der RAF die marxistische Gesellschaftstheorie nicht dafür ausschlaggebend war, zu den Mitteln des Terrors zu greifen. Die ideologische Begründung für diese Entscheidung wird erst im nachhinein erarbeitet.[15] Vielmehr dominiert das ausgeprägte Gefühl, sich gegenüber einer als gewalttätig empfundenen Politik zur Wehr setzen zu müssen. Die Angst, wie die kritisierte Elterngeneration den Moment des Widerstandes zu verpassen, erhöht den moralischen Druck auf die Beteiligten. Widerstand wird so zum handlungsbestimmenden Aspekt: »Politik wurde von beiden Frauen [Ulrike Meinhof und Gudrun Ensslin] prinzipiell als Kritik an den herrschenden Zuständen aufgefaßt, als Widerstand.«[16] Mit diesem Widerstandsbegriff werden später auch Aktionen der RAF gegenüber einem Staat gerechtfertigt, der zu diesem Zeitpunkt aber bereits fest als »Feind« im Bewußtsein verankert ist: »die grenze: wo gewalt ist, ist widerstand, wo widerstand ist, ist mehr gewalt. wo mehr gewalt ist, ist mehr widerstand.«[17]

13 Vgl. Steinert, Erinnerung, S. 47.

14 Einen solchen Prozeß beschreibt z.B. das RAF-»Gründungsmitglied« Horst Mahler: »überall die Erfahrung zu machen, daß sich der private Nutzen gegen das, was als Gemeinschaftswert anerkannt ist, durchsetzt, oft zynisch und rücksichtslos, trifft [...] zu [...]. Das setzt den Abwendungsmechanismus in Gang: Es hat ja doch keinen Sinn. Wir können ja doch nichts erreichen. Wir müssen alles in Klump schlagen.«, in: Der Minister und der Terrorist. Gespräche zwischen Gerhart Baum und Horst Mahler, hrsg. v. Axel Jeschke und Wolfgang Malanowski, Hamburg 1980, S. 32.

15 Vgl. Jillian Becker, Hitler's Children. The Story of the Baader-Meinhof Terrorist Gang, Philadelphia/New York 1977, S. 15; vgl auch Iring Fetscher, Terroristen in der Bundesrepublik Deutschland, in: Iring Fetscher/Günter Rohrmoser, Ideologien und Strategien, Analysen zum Terrorismus, Bd. 1, Opladen 1981, S. 23 – 25 u. S. 179 – 183.

16 Martin Greiffenhagen, Kritik zu Jillian Beckers Hitler's Children, in: Der Spiegel 45 (1977), S. 58.

17 Gudrun Ensslin, Brief Anfang 1973, in: Das Info. Dokumente, hrsg. v. Pieter Bakker Schut, Berlin 1987, S. 17.

Mit ihrer Definition von Widerstand, einer Paraphrasierung des Ausspruchs eines Aktiven der Black-Power-Bewegung, eröffnet und beendet Ulrike Meinhof ihren Artikel »Vom Protest zum Widerstand«: »Protest ist, wenn ich sage, das und das paßt mir nicht. Widerstand ist, wenn ich dafür sorge, daß das, was mir nicht paßt, nicht länger geschieht. Protest ist, wenn ich sage, ich mache nicht mehr mit. Widerstand ist, wenn ich dafür sorge, daß alle anderen auch nicht mehr mitmachen.«[18] Deutlich zeichnet sich in dieser Definition die Abkehr von der verbalen Auseinandersetzung zugunsten einer Haltung ab, die aktives Handeln bzw. Sich-wehren propagiert. Ebenso deutlich kristallisiert sich auch der autoritäre Anspruch heraus, dafür Sorge tragen zu müssen, daß es nicht beim auf die eigene Person konzentrierten Protest bleibt, sondern daß »Widerstand« von allen geleistet werden muß. Dabei wird von Ulrike Meinhof nicht verkannt, daß »Widerstand«, der Gewalt »Gegengewalt« entgegensetzt, ebenfalls gewalttätig sein muß und als Gewalt wahrgenommen wird: »Gegengewalt läuft Gefahr, zu Gewalt zu werden, wo die Brutalität der Polizei das Gesetz des Handelns bestimmt, wo ohnmächtige Wut überlegene Rationalität ablöst, wo der paramilitärische Einsatz der Polizei mit paramilitärischen Mitteln beantwortet wird.«[19]

Ihrer Argumentation zur »Gegengewalt« läßt sich weiterhin entnehmen, welche Stellung die Aktionen und Reaktionen der Polizei im Bewußtsein der Gruppe einzunehmen beginnen. Als »direkte Gegner«, mit deren direkt ausgeübter physischer Gewalt die Protestbewegung von ihren Anfängen an konfrontiert ist, kristallisiert sich das am deutlichsten erkennbar werdende Feindbild heraus. Die Polizei ist der aktive Gegner, auf den, laut Ulrike Meinhof, mit reagierender Brutalität und mit »paramilitärischen Mitteln« geantwortet werden muß. Auch unmittelbar nach der »Baader-Befreiung« konzentrieren sich Angst- und Abwehrgefühle auf die verfolgende Polizei. Als »Schweine« apostrophiert, werden die staatlichen Verfolgungsbehörden am frühesten mit einer so klaren Feindbildformel belegt.

Trotz der martialischen Widerstandsdefinition und der Bejahung von »Gegengewalt« als Antwort auf Polizeigewalt bleibt Ulrike Meinhofs Haltung ambivalent. Als Versuch, gewaltlosen Widerstand zu leisten und ihre Kritik an den »bestehenden Verhältnissen« in konkrete politische Arbeit umzusetzen, kann Ulrike Meinhofs 1969 in Angriff genommenes »Bambule-Projekt«[20] gewertet werden, in welchem sie Heimerziehung als »Büttel des Systems« aufzuzeigen sucht.[21] Besonders fasziniert sie der »Widerstand«, der in diesen Hei-

18 Ulrike Meinhof, Vom Protest zum Widerstand (Konkret Nr. 5, 1968), in: Ulrike Meinhof, Die Würde des Menschen ist antastbar. Aufsätze und Polemiken, Berlin 1988, S. 138.

19 Ebd., S. 140.

20 Vgl. Mario Krebs, Ulrike Meinhof. Ein Leben im Widerspruch, Reinbek 1988, S. 186.

21 Ulrike Meinhof, »Bambule«. Fürsorge, Sorge für wen?, Berlin 1976, S. 6.

men praktiziert wird und der »sich immer nur spontan und planlos [...] als Aufstand, Widerstand, Rabatz, als Bambule [entwickelt].«[22] Der Schritt in die Gewalt wird nicht so sehr als Angriff auf den Staat und auf gesellschaftliche Strukturen, als vielmehr als Abwehr »staatlicher Gewalt« diskutiert.

Parallel hierzu gesteht Herbert Marcuse als einer der für die Protestbewegung wichtigsten Theoretiker »überwältigte(n) Minderheiten« ein »›Naturrecht‹ auf Widerstand« zu bzw. »außergesetzliche Mittel anzuwenden, sobald die gesetzlichen sich als unzulänglich herausgestellt haben«.[23] Seiner Ansicht nach dürfen solche Gruppen Widerstand leisten bzw. Gewalt anwenden, weil dies »nicht für persönlichen Vorteil und aus persönlicher Rache, sondern weil sie Menschen sein wollen«, geschieht. »Wenn sie Gewalt anwenden, beginnen sie keine neue Kette von Gewalttaten, sondern zerbrechen die etablierte.«[24] Marcuses Sichtweise basiert auf der »klassischen« Argumentationsfigur des Widerstandsrechts, wonach das Leiden unterdrückter Minderheiten, ihr Wille, dem »Mensch-sein« gemäß zu leben, handlungsstiftend wirkt und sie gegen eine vorgegebene Ordnung gewaltsam vorgehen läßt, um deren Gewalttätigkeit zu zerbrechen. Diese Sichtweise deckt sich mit der von Ulrike Meinhof geäußerten Auffassung, gegen die physisch wie psychisch ausgeübte Gewalt des Staates Widerstand leisten zu müssen.

Wie auch immer man diesen Argumentationsgang bewerten will, so bleibt zu konstatieren, daß nicht ausschließlich die politische Sichtweise, sondern auch die Erfahrungen einiger Teile der Protestbewegung mit den Gegebenheiten und Reaktionen der Bundesrepublik als leidvoll und unerträglich und daher als handlungsstiftend wahrgenommen wurden. So dient Marcuses Widerstandsauffassung als Grundlage zur Rechtfertigung sowohl der Flugblattaktion der Kommune I zum Thema Warenhausbrandstiftung als auch der tatsächlich ausgeführten Brandlegung in Frankfurt am 3. April 1968, an der die späteren RAF-Mitbegründer Gudrun Ensslin und Andreas Baader beteiligt waren und die als erste terroristische Aktion gewertet werden kann.[25] Mit ihr soll ein »Fanal« gegen die »Gleichgültigkeit, mit der die Menschen dem Völkermord in Vietnam zusehen«[26], gesetzt werden. In Anspruch und Ausführung ist eine bewußt als »Zeichen« verstandene Tat aber grundsätzlich von den gewalttätigen Aktionen zu unterscheiden, die nur wenige Tage später als Reaktion auf das Dutschke-Attentat durchgeführt wurden. Während hier die »Widerstandshandlungen« als emotionale Reaktionen direkt

22 Ebd.

23 Herbert Marcuse, Repressive Toleranz, in: Herbert Marcuse, Schriften, Bd. 8, Frankfurt a.M. 1984 (zuerst 1965), S. 161.

24 Ebd.

25 Vgl. Vorwort zu Andreas Baader/Gudrun Ensslin/Horst Söhnlein/Thorwald Proll, Vor einer solchen Justiz verteidigen wir uns nicht, Voltaire Flugschrift 27, Kassel 1968, S. 7.

26 Stefan Aust, Baader-Meinhof-Komplex, S. 69.

»Betroffener« gewertet werden können, trägt die zeichensetzende Widerstandshandlung der Brandstifter wesentlich abstraktere Züge. Mit ihr wurde nicht nur die vieldiskutierte Theorie der »Gewalt gegen Sachen« in die Praxis umgesetzt und dabei die Möglichkeit einer Gefahr für Personen durch »Gewalt gegen Personen« nicht ausgeschlossen, sondern Gewalt quasi als »Sprache« bzw. als »Sprachersatz« praktiziert.[27] Mit dieser Aktion stießen die Beteiligten auch bei Ulrike Meinhof auf Unverständnis. Als Angriff auf die kapitalistische Konsumwelt sei Warenhausbrandstiftung ein Mittel, welches »eben diese Konsumwelt nicht aus den Angeln hebt, sie nicht einmal verletzt. [...] Warenhausbrandstiftung [ist] keine antikapitalistische Aktion, eher systemerhaltend, konterrevolutionär«.[28] Doch trotz der kritischen Argumentation verharrt Ulrike Meinhof auch hier in einer ambivalenten Haltung: Einerseits scheint sie der Moment des Gesetzbruches zu faszinieren, andererseits rät sie von der kritisch analysierten Methode der Warenhausbrandstiftung ab.[29]

Den Prozeß nutzen die Angeklagten, um in der als »Lehrstück« konzipierten Verteidigungsschrift von Thorwald Proll dezidierte Kritik an der bundesdeutschen Justiz und ihren nationalsozialistischen Kontinuitäten zu üben: »Gegenüber einer Justiz, die die kleinen Judenmörder verknackt, und die großen Judenmörder laufen läßt, verteidigen wir uns nicht. (Alle zusammen): Gegenüber einer Justiz, die 1933 unbeschadet in den Faschismus eingetaucht ist und 1945 ebenso unbeschadet wieder aus ihm aufgetaucht ist, verteidigen wir uns nicht. [...] Recht ist, was dem Staate nützt, und das ist immer rechts.«[30] Der politischen Strategie, die schon der kriminellen Handlung zugrundeliegt, soll selbst der Prozeß noch ein öffentliches Forum schaffen.[31]

Widerstand als gesetzbrechendes »Naturrecht« für »überwältigte Minderheiten« oder als Alternative zu vermeintlich ungehörtem verbalen Protest erscheint als ein wichtiges Verbindungsglied zwischen den ähnlich denkenden, aber unterschiedlich und unabhängig voneinander handelnden Personen. Dieser gemeinsame Widerstandsbegriff wirkt für den Teil der Protestbewegung, der sich in gewaltbereiten Gruppen zu organisieren beginnt, handlungsstiftend. Die Frage stellt sich allerdings, ob mit der Entwicklung von Kritik über verbalen Protest zu aktivem Widerstand auch eine sich vertiefende Feindbildprägung parallel läuft.

Der handlungsstiftende, in erster Linie moralisch begründete Druck, Widerstand leisten zu müssen, resultiert aus einer politischen Gegnerschaft zum

27 Vgl. Henner Hess, Terrorismus und Terrorismus-Diskurs, in: Angriff auf das Herz des Staates, S. 60 – 62.

28 Ulrike Meinhof, Warenhausbrandstiftung (Konkret Nr. 14, 1968), in: Würde, S. 153/4.

29 Ebd., S. 156.

30 Baader u.a., Justiz, S. 5 u. 6.

31 Vgl. Hess, Terrorismus, S. 61.

Staat und zur ihn prägenden Gesellschaft. Diese politische Gegnerschaft, in der ein realer Interessenkonflikt vorliegt, richtet sich gegen die gewählte Wirtschaftsform, gegen die »westliche« Orientierung, gegen die etablierten sozialen Strukturen und gegen die nationalsozialistischen Kontinuitäten in der Bundesrepublik. Auf den Punkt gebracht werden die politischen Kritikpunkte mit ideologisch aufgeladenen Schlagworten. »Kapitalismus«, »Imperialismus«, »Faschismus«, »Klassenjustiz« und »Staatsapparat« können als Ansammlung von Stereotypen betrachtet werden, die im Begriff vom »System« kulminieren.[32] Insofern mündet die konkrete politische Haltung mit ihrer Verwendung von Schlagworten in eine sich immer stärker verengende und somit stereotypisierende Wahrnehmung mit Grenzziehungstendenz. Die ideologisierte Sprache und der sich dahinter verbergende Blickwinkel müssen nicht zwangsläufig als Ausprägung eines Feindbildes begriffen werden. Jedoch bereiten sie der Feind-Wahrnehmung des politischen Gegners den Boden. Ein Bild vom Feind scheint im Entstehen begriffen zu sein, ohne daß es aber in einer bestimmten Formel faßbar würde.

Von diesem Prozeß der Verhärtung der politischen Fronten zu unterscheiden ist der parallel dazu ablaufende Eskalationsprozeß, der durch die Aktionen der politischen Gegner geprägt ist. Tatsächlich ausgeübte ebenso wie tatsächlich erfahrene Gewalt wirken aggressionssteigernd und fördern insofern die gegenseitige feindliche Wahrnehmung. Die Spirale, in der hier agiert wird, ist – im Gegensatz zu der des politischen Diskurses – wesentlich enger gefaßt und schneller zu durchlaufen. Aktion und Reaktion erfolgen unmittelbar aufeinander, was die Einnahme einer objektivierenden, distanzierenden Haltung erschwert. »Im Recht« fühlen sich alle Beteiligten, da es, einmal in die Gewaltspirale eingetreten, kaum mehr möglich ist, zu klären, wer der Angegriffene und wer der sich Wehrende ist. Die Handlung des Gegners bestätigt nur noch die eigene Reaktion.

Die beschriebene Eigenwahrnehmung von Personen, die sich aus dem gemeinsamen Konsens der »68er« fortzuentwickeln beginnen, die sich gegen die von der Polizei ausgeübte Gewalt oder – wie einige wenige – gegen »Konsumterror« und »Gleichgültigkeit gegenüber Vietnam« zur Wehr setzen, ist nicht die von Menschen, die das Staatswesen angreifen, sondern von solchen, die sich gegen direkt ausgeübte oder auch nur abstrakt empfundene Gewalt eines Staatswesens wehren. Konfrontiert werden sie in diesem Prozeß vor allen Dingen mit der Polizei als Exekutivorgan des Staates. Gegen sie wird folgerichtig auch die erste Feindbildformel faßbar.

32 Zur Verwendung »der zur Invektive degenerierten Vokabel Faschist« (Iring Fetscher, Terrorismus und Reaktion, Hamburg 1981, S. 92) durch Vertreter der Protestbewegung und der Terroristen vgl. Fetscher/Rohrmoser, Ideologien, S. 188 – 193.

Als endgültiger Bruch mit allen Formen des politischen Diskurses bzw. der kritischen, auch protestierenden Auseinandersetzung mit dem politischen Gegner kann die bewaffnete Befreiung Andreas Baaders am 14. Mai 1970 betrachtet werden. Die Konzentration der Agierenden zielt mit und nach der Befreiung ganz auf den Aspekt des Handelns.

Diese Entscheidung stellt einen Weg in die Sprachlosigkeit dar, bei der sprachliche Auseinandersetzung durch gewalttätige Aktionen ersetzt und die Grenze zwischen »Gewalt gegen Sachen« und der »gegen Personen« überschritten wird. Kritik und eigener Widerstandsbegriff schlagen in offenen Kampf, in einen »militärisch geführten Krieg« um. Das feindliche Bild vom »Staat« bzw. vom »imperialistischen Staat BRD« erhält einen absoluten, irreversiblen Charakter, was zur Folge hat, daß alle Reaktionen und Aktionen dieses Gegners nur noch als Bestätigung der bereits vorhandenen Wahrnehmung gesehen werden.

Die durch terroristische Gewaltanwendung provozierten Reaktionen des vor allem psychisch unter Druck geratenden Gegners bilden den wichtigsten Bestandteil terroristischer Strategie.[33] Mit seinen Reaktionen bestätigt der Gegner eine vorgefaßte Meinung. Das strategische Kalkül, mit dem einerseits die RAF die Gewaltspirale in Bewegung setzt und andererseits »der Staat« zu reagieren versucht, entwickelt jedoch eine emotional nicht mehr zu kontrollierende Eigendynamik. Die Beteiligten werden somit zu Opfern ihrer jeweiligen Strategien. Durch die Nachfolgegenerationen und -organisationen der RAF erfährt das Feindbild vom Staat keine grundlegende Veränderung mehr. Erbitterung und Fanatismus, mit denen der »Feind« bekämpft wird, nehmen jedoch zu.

Die »Baader-Befreiung« wird von den Beteiligten mit zwei verschiedenen Versionen begründet. In einer nur wenige Wochen nach der Befreiung bekannt gewordenen Tonbandaufnahme überwiegt die »politisch-theoretische« Begründung. In ihr wird davon ausgegangen, »daß ... der Teil des Proletariats, von dem wir glauben, daß er potentiell revolutionär ist, daß diese Leute gar keine Schwierigkeiten haben, sich mit einer Gefangenenbefreiung zu identifizieren«.[34] Daneben soll die Aktion aber auch »wirklich klar [machen], daß wir es ernst meinen«.[35] In einer Rede vor Gericht am 13. September 1974 – die »erste Generation« der RAF befindet sich seit zwei Jahren in Haft – betont Ulrike Meinhof demgegenüber den »militärpolitischen« Aspekt dieser ersten »exemplarische[n] aktion der metropolenguerilla. in ihr sind/waren schon alle elemente der strategie des bewaffneten, antiimperialistischen kampfes

33 Im Unterschied zur Guerillastrategie, deren Gewaltanwendung auf die unmittelbare Durchsetzung politisch-militärischer Ziele gerichtet ist, vgl. Hess, Terrorismus, S. 60.

34 Ulrike Meinhof, Tonbandaufnahme, abgedruckt in: Der Spiegel 25 (1970), S. 74.

35 Ebd.

enthalten: es war die befreiung eines gefangenen aus dem griff des staatsapparates. es war eine guerillaaktion, war die aktion einer gruppe, die zum militärpolitischen kern wurde«.[36] Der »imperialistische« Feind und sein »Staatsapparat« treten hier gleichzeitig als der »militärisch« bekämpfte Feind in Erscheinung.

In den verschiedenen theoretischen Konzepten der RAF dominiert die Sichtweise auf die Bundesrepublik als »imperialistischem«, in Abhängigkeit vom »US-Kapital« und »US-Imperialismus« stehenden »System«. Das Feindbild vom Staat wird in diesen Schriften theoretisch untermauert. Seine Rechtfertigung findet der »antiimperialistische Kampf« »[...] aus den vernichtungs- und zerstörungsprozessen der metropolengesellschaft, aus dem krieg aller gegen alle, der konkurrenz jeder gegen jeden, [...] der spaltung des volks in männer und frauen, junge und alte, gesunde und kranke, ausländer und deutsche, [...] aus der beleidigung und erniedrigung des menschen, aller ausgebeuteten menschen im imperialismus«.[37] Mit der »vernichtung dieses systems« werde nichts verloren, aber »die kollektive befreiung, leben, menschlichkeit, identität« gewonnen.[38]

Eine in ihrem Kern das Unbehagen an und in der modernen Gesellschaft durchaus zutreffend charakterisierende Aussage kulminiert in einem verallgemeinernden, alle Widersprüche negierenden, keine Diskussionen mehr zulassenden Begriff: »Imperialismus«. Insofern bezeichnet das ideologische Stereotyp »Imperialismus« den zu bekämpfenden Feind in seiner Gesamtheit. »Imperialismus« erscheint als eine Vokabel, die einen qualitativen Wandel des Gehaltes erfahren hat: vom politischen Schlagwort zur handlungsstiftenden Benennung des Feindes. Dagegen entsteht auf einer emotional geprägten, kaum mehr theoretisch begründeten Ebene die Feindbildformel vom »Schweinesystem«, mit der der »Staat« und seine ausführenden Organe umschrieben werden.

Wie schon in Ulrike Meinhofs Artikel zum Dutschke-Attentat kristallisiert sich das Feindbild der RAF am deutlichsten gegenüber dem direkten Gegner heraus. In der drei Wochen nach der »Baader-Befreiung« entstandenen Tonbandaufnahme werden der einzelne Polizist ebenso wie die Polizei insgesamt mit der Feindbildformel »Schwein« belegt. Entlehnt wird die Gleichsetzung der »Black-Panthers«-Bewegung: »Das ist ganz klar, wenn über Black Panthers berichtet wird, die Polizei PIGS genannt werden, ...daß man das übernimmt und daß man das richtig findet.«[39] Das Sprachbild wird auf die eigene Polizei

36 Ulrike Meinhof, rede von ulrike zu der befreiung von andreas, moabit 13. september 74, in: texte: RAF, S. 65.

37 Ebd., S. 66/7.

38 Ebd.

39 Meinhof, Tonbandaufnahme, S. 75; (Hervorhebung original).

übertragen: »die Bullen sind Schweine, [...] der Typ in der Uniform [...] ist kein Mensch, [...] wir haben nicht mit ihm zu reden, [...] und natürlich kann geschossen werden.«[40] Deutlich zeichnet sich die Tendenz ab, dem als »Schwein« titulierten Gegenüber sein Menschsein abzusprechen. Als »Schweine« werden Polizisten nur mehr als »Repräsentanten des Systems« betrachtet, »ihre Arbeit ist, [...] die Kriminalität des Systems zu verteidigen und zu repräsentieren. Und wenn wir es mit ihnen zu tun haben, dann sind das eben Verbrecher, dann sind das eben Schweine, und das ist eine ganz klare Front«.[41]

Auch in den um ein theoretisches Vokabular bemühten politischen Konzepten und »Kommandoerklärungen« der RAF werden Polizisten und Polizei, aber auch Richter und andere Repräsentanten des Staates, fast ausschließlich mit der Formel »Bulle«, »Schwein« oder »Bestie« belegt.[42] »Schwein« und »Schweinesystem« tauchen als endgültige Benennungen des Feindes insbesondere in den Zellenzirkularen, Briefen und Notizen der im »info« gesammelten Schriften der Gefangenen auf. Unter den psychischen Bedingungen der Haft eskaliert der Kampf gegen den Staat. Dieser »Kampf« wird zu einem theoretisch nicht mehr hinterfragten, existentiellen »Krieg«, in dem es nur noch die Entscheidungsmöglichkeit zwischen »Schwein« oder »Mensch« gibt. Im letzten Brief, acht Tage vor seinem Hungertod am 9. November 1974, stellt Holger Meins Manfred Grashof, der seinen Hungerstreik unterbrochen hat, vor diese Wahl: »und du machst nicht mehr weiter mit, [...] gibst den *SCHWEINEN* damit einen sieg, heisst lieferst uns aus, bist du das schwein, [...] dann – also wenn du nicht weiter mithungerst, sagste besser, ehrlicher [...]: ›wie gesagt: ich lebe. nieder mit der raf. sieg dem schweinesystem.‹ – entweder mensch oder schwein entweder überleben um jeden preis oder kampf bis zum tod entweder problem oder lösung dazwischen gibt es nichts.«[43]

Während die RAF mit »Schwein« zu diesem Zeitpunkt alle und jeden tituliert, der »außerhalb« der Gruppe steht oder sich stellen will, setzt sie dieser Feindbildformel die »Freundbildformel« »Mensch« entgegen. Sich selbst sehen die Mitglieder der RAF im direkten Gegensatz zum entmenschlichten »Schwein« als »die Guerilleros«, die die »wirklichen Menschen« sind. Die Es-

40 Ebd.

41 Ebd.

42 »Die deutsche Polizei hat die Revolutionäre und die Geiseln massakert [Olympia, München 1972] [...] *Der Stein, den sie in Fürstenfeldbruck aufgehoben haben, diese Bestien, wird auf ihre eigenen Füße fallen!*«, in: Den antiimperialistischen Kampf führen! Die Rote Armee aufbauen!, in: texte: RAF, S. 446/7; (Hervorhebung original). »Buddenberg [Attentatsopfer, Richter am Bundesgerichtshof], das Schwein, hat Grashof [...] verlegen lassen, [...] Buddenberg, das Schwein, ist dafür verantwortlich, daß Carmen Roll narkotisiert worden ist, [...] Buddenberg, das Schwein, kümmert sich einen Dreck um geltende Gesetze und Konventionen«, in: Kommandoerklärung Buddenberg, in: texte: RAF, S. 449.

43 Holger Meins, Brief an Manfred Grashof vom 1. November 1974, in: das info, S. 184; (Hervorhebung original).

kalation im Kampf der Terroristen gegen den Staat führt zur Reduktion der Sichtweise der Terroristen auf ein sozusagen »archaisches« Niveau.

In einem Brief vom 5. Juni 1974 zitiert Holger Meins die »Methode Mensch«: »man muß nicht nur für die freiheit seines volkes kämpfen. man muß auch während der ganzen zeit, die der kampf dauert, diesem volk und zunächst *SICH SELBST die DIMENSION DES MENSCHEN WIEDER ERSCHLIESSEN* ... sobald einer wie ein hund liquidiert werden kann, bleibt ihm nur noch übrig, mit allen mitteln sein *GEWICHT ALS MENSCH* wiederherzustellen.«[44]

Das Beharren auf dem eigenen Verständnis, »Menschen« zu sein – »Mensch (also wir)«[45] –, d.h. der Anspruch, die »eigentlichen«, die »wahren« Menschen zu sein, durchzieht alle Schriften der RAF.[46] Er kulminiert in der lapidaren Floskel »wir werden Menschen sein«.[47] Die gegensätzlichen Formeln »Schwein« und »Mensch« kennzeichnen ein an Kraßheit nicht mehr zu überbietendes Freund-Feind Denken. Dabei sind die Dimensionen reiner Provokation längst überschritten. Je größer die physische und psychische Bedrängnis wird, in die die Mitglieder der RAF hineingetrieben werden und in die sie sich selbst hineintreiben lassen, desto enger wird die Grenze zwischen dem Eigenbild und dem Feindbild gezogen. Als winzige Gruppe isolieren sie sich selber. Als einzige »Menschen« sind sie nur noch, dies aber total, voneinander abhängig. Den »Nichtmenschen« gegenüber aber fallen die Aggressions- und Tötungshemmungen.

Von 1970 bis zur Gefangennahme der wichtigsten Mitglieder der ersten Generation 1972 hat sich eine Gruppe formiert, die nicht nur theoretisch, sondern mit ihren Handlungen einem Feind, von dem eine konkrete Vorstellung existiert, den Krieg erklärt hat. Ein »Trennungsstrich« zwischen »dem Staat«, dem »Feind« und dem »Widerstandskämpfer«, dem »Stadtguerillero« wird gezogen. Nach dieser Grenzziehung setzt ein Radikalisierungsprozeß ein, der den erbitterten Haß und Fanatismus vertieft. Die Aktionen des Gegners veranlassen immer aggressivere Reaktionen, seine Reaktionen bestätigen ab sofort die eigene Handlungsweise als gerechtfertigt und liefern gleichzeitig die Begründung für eine den Eskalationsprozeß vorantreibende Gegenreaktion: »Man muß emotional davon überzeugt sein, daß sämtliche Reformbemühungen nur einer Stabilisierung des Gesellschaftssystems und der Festigung des Kapitalismus dienen.«[48] Entschließt man sich dann

44 Holger Meins, Brief vom 5. Juni 1974, in: das info, S. 66/67; (Hervorhebung original).

45 Meins, Brief 1. 11. 1974, in: das info, S. 184.

46 »und die sache ist ja ganz klar: *KÄMPFEND GEGEN DIE SCHWEINE als MENSCH FÜR DIE BEFREIUNG DES MENSCHEN*: revolutionär, im kampf – bei aller liebe zum leben: den tod verachtend. das ist für mich: dem volke dienen – raf.«, ebd., S. 185; (Hervorhebung original).

47 Vgl. Rede von Ronald Augustin, in: texte: RAF, S. 322; vgl. Kommandoerklärung Holger Meins, ebd., S. 336.

48 Ulrich Scholze nach seiner Verhaftung, in: Aust, Baader-Meinhof-Komplex, S. 137/38.

zum Handeln, »[tritt dann] völlige Bestätigung [...] durch den entsprechenden Druck der Strafverfolgungsbehörden ein. Durch [...] Presseberichte und Äußerungen von Regierungsstellen wie ›Staatsfeind Nr. 1‹ treten Erfolgserlebnisse auf, die einem die Kraft zum weiteren Handeln geben.«[49] So geraten die Antagonisten in eine Gewaltspirale, in der nach und nach eine Angleichung des jeweiligen Gegners an das Feindbild des anderen erfolgt.

Doch auch der »Krieg draußen« verschärft sich: Während die bis 1975 parallel zur RAF existierenden Gruppierungen »Sozialistisches Patientenkollektiv« (SPK) und »Bewegung 2. Juni« zunächst andere Wege gehen wollen und auch ein anderes Selbstverständnis haben[50], werden sie nach und nach der RAF einverleibt. Diese »zweite Generation« der RAF radikalisiert sich zusehends und braucht dafür auch keine theoretischen bzw. theoretisierenden Begründungen mehr. Mitglieder der RAF können ab jetzt jeden Toten durch Kommandos, die nach den eigenen Toten benannt werden, »rächen«.[51]

1977 wird mit der Ermordung von Siegfried Buback und seines Begleitschutzes, von Jürgen Ponto und Hanns Martin Schleyer mit seinen Begleitern der »Krieg« und mit ihm die unversöhnliche Feindschaft der RAF gegen den Staat auf die Spitze getrieben.

III.

In einer offiziellen Pressemitteilung des Bundesinnenministeriums vom 2. März 1972 bemüht sich die staatliche Seite darum, Distanz zu einer von Presseorganen propagierten Feindbildformel der »Terroristen« als »Staatsfeinde Nr. 1« zu gewinnen. »Weder Bundesinnenminister Hans-Dietrich Genscher noch das Bundesinnenministerium haben jemals die ›Baader-Meinhof-Gruppe‹ noch die jetzt in Berlin Angeklagten noch sonst irgendjemanden als ›Staatsfeind Nr. 1‹ bezeichnet.«[52] Zu diesem Zeitpunkt scheint von politischer wie staatlicher Seite – im Gegensatz zu Teilen der Presse – kein Bedarf danach zu bestehen, eine zwar beunruhigende, die »innere Sicherheit« jedoch nicht existentiell bedrohende Gruppe als »Staatsfeinde« ersten Ranges zu stigmatisieren und damit als absoluten Antipoden auch zu akzeptieren. Statt dessen zielt das staatspolitische Bestreben auf die Negie-

49 Ebd.

50 Vgl. Gerald Klöpper, Widerstand gegen die Staatsgewalt. Erfahrungen aus der Bewegung 2. Juni, in: Michael Sontheimer/Otto Kallscheuer (Hrsg.), Einschüsse, Berlin 1987, S. 63.

51 Vgl. Otto Kallscheuer/Michael Sontheimer, Kriegsbericht, in: Einschüsse, S. 21. Ein »Kommando Holger Meins« ist für die Geiselnahmen von Botschaftsangehörigen und die Sprengung der deutschen Botschaft in Stockholm, ein »Kommando Ulrike Meinhof« für die Ermordung des Generalbundesanwaltes Buback verantwortlich.

52 Pressemitteilung des Bundesministeriums des Innern vom 2. März 1972, abgedruckt in: Rauball, Baader-Meinhof-Gruppe, S. 254.

rung des politischen Anspruchs der RAF zugunsten einer Festlegung auf das Bild vom »gewöhnlichen Kriminellen«. Konsequenterweise wird 1972 gegen den Terminus »Staatsfeinde« energisch protestiert, die Bezeichnung »Baader-Meinhof-Bande« aber explizit propagiert.[53]

In einer drei Monate nach der »Staatsfeind«-Presseerklärung – am 6. Juni 1972 – der Deutschen Presseagentur (dpa) bekannt gewordenen Unterredung zwischen Bundesinnenminister Genscher und dem rheinland-pfälzischen Innenminister Schwarz vom Dezember 1971 wird gegenüber Presse und Öffentlichkeit die verbindliche Einführung des »im allgemeinen Sprachgebrauch« weit gefaßten Begriffs »Bande« statt »Gruppe« für die RAF erläutert.[54] Zwar könne seine Verwendung Zweifel an der »rechtlich gebotenen Unvoreingenommenheit der staatlichen Stellen gegenüber dem Rechtsbrecher aufkommen lassen. Der neutrale Begriff »Gruppe« bringe allerdings nicht genügend zum Ausdruck, daß es sich um eine kriminelle Vereinigung handele, und könne als Verharmlosung der Beschuldigten und der ihnen zur Last gelegten Taten mißverstanden werden. Wegen der darin liegenden Gefahr einer Grenzverwischung zwischen politisch legalem Handeln und Kriminalität werde in offiziellen Verlautbarungen des Bundesinnenministeriums die Bezeichnung »Baader-Meinhof-Bande« verwandt.[55]

Ausdrücklich wird von staatlicher Seite auf die Verwendung einer neutralen Bezeichnung verzichtet. Statt dessen wird eine Definition für den offiziellen Sprachgebrauch durchgesetzt, über deren unpräzisen und dehnbaren Gehalt durchaus Klarheit herrscht, die den mit einem strafrechtlichen terminus technicus bezeichneten Sachverhalt nicht trifft und von der bekannt ist, daß sich eine – intendierte – negative Assoziationskette mit ihr verknüpft. Den Vorteil, den die Bezeichnung »Bande« gegenüber der als »Gruppe« bietet, liegt in der unmißverständlichen kriminellen Kennzeichnung, die allerdings eine Vorverurteilung miteinschließt.[56] »Bande« erscheint hier als eine aus strategischen Gründen gewählte Bezeichnung, deren grenzmarkierender und somit emotionalisierender Gehalt bewußt in Kauf genommen wird.

In der einen Tag nach Abgabe dieser Definition abgehaltenen Parlamentsdebatte zur »inneren Sicherheit« am 7. Juni 1972 wird von den Abgeordneten ausdrücklich auf die konsequente Begriffsverwendung geachtet: »Wir

53 Auch die Verwendung der Formel »Bande« wird von den Medien, insbesondere von der Springer-Presse, geprägt; vgl. Krebs, Meinhof, S. 281, Anm. 34.

54 Vgl. Die Baader-Meinhof-Bande, dpa-Hintergrund (Archiv- und Informationsmaterial) vom 6. Juni 1972, in: Rauball, Baader-Meinhof-Gruppe, S. 29/30. Der Wortlaut des § 244, Abs. 3, StGB: »[...] Bandendiebstahl. Mit [...] wird bestraft, wer [...] 3. als Mitglied einer Bande, die sich zur fortgesetzten Begehung von Raub oder Diebstahl verbunden hat, und unter Mitwirkung eines anderen Bandenmitglieds stiehlt.«

55 Ebd.

56 Vgl. Werner Holtfort, Bilanz des Stammheimer Prozesses, in: Vorgänge 4 (1977), S. 6/7.

haben heute festzustellen, daß der Kern der Baader-Meinhof-Gruppe (Abg. Stücklen: Bande!) – Bande; Danke für den Hinweis auf den lapsus linguae – daß der Kern der Baader-Meinhof-Bande festsitzt.«[57] In der gleichen Parlamentsdebatte kündigt sich an, welche Breitenwirkung die staatlich sanktionierte Sprachregelung »Baader-Meinhof-Bande« erzielen wird. Die von einem Abgeordneten der CSU bekundete Sorge, »daß es offensichtlich für viele in unserem Lande unfein geworden ist, für verbrecherische Zusammenschlüsse im Sinne des §129 des Strafgesetzbuches den Ausdruck ›Bande‹ zu gebrauchen, also einen Terminus technicus aus unserem Strafrecht«[58], weist auf eine Entwicklung hin, die Verdächtigung einer wie auch immer gearteten Unterstützung der RAF allein an den Sprachgebrauch zu knüpfen. Mit der Eskalation der Auseinandersetzung zwischen Staat und RAF weckt schon die Verwendung der neutralen Bezeichnung »Gruppe« Mißtrauen und den Verdacht staatsschädigenden »Sympathisantentums«. In einer Fernsehdiskussion der ARD vom 5. Dezember 1974 konstatiert der ehemalige Chefredakteur der »Welt«, daß jeder, der von »Baader-Meinhof-Gruppe« spreche, bereits zum »Sympathisantenfeld« zähle.[59] Bernhard Vogel bringt im »Deutschen Herbst« 1977 denselben Gedanken noch einmal auf den Punkt: »Sympathisant kann schon derjenige sein, der Baader-Meinhof-Gruppe statt ›Bande‹ sagt.«[60]

Der Begriff des »Sympathisanten« und das daran geknüpfte Feindbild entwickelt parallel zu dem der »Baader-Meinhof-Bande« eine vergleichbare Virulenz. Eine besondere Gefahr liegt – neben der begrifflichen Unbestimmtheit und der vollkommenen Beliebigkeit seiner Anwendung – in seiner Verwendung aus politischem Kalkül.[61]

Auf staatlicher Seite scheint 1972 ein Konsens darüber zu bestehen, daß die »erste Generation« der RAF weitgehend unter die Kategorie »gewöhnliche Kriminelle« zu subsumieren sei.[62] Die Verdrehung des Eigenbildes der RAF

57 Abgeordneter Schäfer (SPD) in: Deutscher Bundestag, 6. Wahlperiode, 188. Sitzung, Bonn, 7. 6. 1972, S. 10989 (D). Andreas Baader, Holger Meins und Jan Carl Raspe wurden am 1. Juni, Gudrun Ensslin am 7. Juni, Ulrike Meinhof am 15. Juni 1972 verhaftet.

58 Abgeordneter Schneider (CSU), ebd., S. 11018 (C). Als strafrechtlicher terminus technicus bezieht sich »Bande« auf § 244, nicht auf § 129 StGB (kriminelle Vereinigung). Der korrekte Gebrauch strafrechtlicher termini technici kann nicht allgemein erwartet werden.

59 Zitiert nach Otthein Rammstedt, Die Instrumentalisierung der Baader-Meinhof-Gruppe, in: Frankfurter Hefte 30 (1975,3), S. 35.

60 Bernhard Vogel in: »Bild«, 14. 9. 1977, zitiert nach Klaus Staeck, Sympathisant ist, wer ..., in: Briefe zur Verteidigung der Republik, hrsg. v. Freimut Duve u.a., Reinbek 1977, S. 142.

61 Vgl. Rammstedt, Instrumentalisierung, S. 27 ff.

62 Unter »gewöhnlichen Kriminellen« werden in der Kriminologie Menschen verstanden, »die im Rahmen der vorgegebenen Ordnung dieselben gesellschaftlichen Werte nur mit anderen Mitteln erreichen wollen (etwa reich werden durch Bankraub)«. Falco Werkentin/Albrecht Funk, Die siebziger Jahre: Das Jahrzehnt innerer Sicherheit?, in: Wir Bürger als Sicherheitsrisiko, hrsg. v. Wolf-Dieter Narr, Reinbek 1977, S. 196.

weist auf das Bestreben einer »Normalisierung« des staatlichen Blickwinkels auf kriminell Handelnde hin.[63]

Dadurch lassen sich »Terroristen« zunächst in den undifferenzierten Pool »innere Feinde« werfen, der die Überlegungen um die bedrohte »innere Sicherheit« schon seit den sechziger Jahren bestimmt. Das 1972 diskutierte und verabschiedete Sicherheitskonzept mit den kontinuierlich erhöhten Ausgaben und Organisationsveränderungen der Polizei[64] ist Resultat verschiedener Bedrohungsanalysen der sechziger Jahre und daran geknüpfter Feindbilder und Ängste und kann nicht allein als Reaktion des Staates auf terroristische Gewaltakte interpretiert werden.[65]

In den sechziger Jahren liefen die aufgrund steigender Kriminalitätsraten geführten Debatten, Überlegungen zum Schutz vor extremistischen Parteien und Personen im Öffentlichen Dienst und die Konfrontation mit der Protestbewegung parallel zueinander.[66] Insbesondere die beiden zuletzt genannten Punkte wurden als Zerbrechen des demokratischen Nachkriegskonsenses empfunden. Da die staatliche wie die öffentliche Feindbenennung der fünfziger Jahre – »innere Feinde« gelten als »fünfte Kolonne Moskaus«, als Ableger des »äußeren Feindes« – in dieser kausalen Verknüpfung nicht mehr allgemein akzeptiert wurde und daher an Schlagkraft verlor, waren die vielen, unterschiedlich motivierten »Feinde« nur noch unter dem Begriff »Verbrecher« subsumierbar.[67] Rechtsverletzungen durch »gewöhnliche Kriminalität«, Rechtsverletzungen durch Terroristen, die diese als revolutionären Kampf begriffen, sowie die vermutete Bedrohung durch »Verfassungsfeinde« wurden ohne Unterschied dem Problemkreis »innere Sicherheit« zugeschlagen und zu einem einheitlichen Angstsyndrom zusammengefaßt.[68]

Während der Staat als »wehrhafte Demokratie« in den fünfziger Jahren den kommunistischen »inneren Feind« in seine Grenzen zu weisen versuchte, setzt er in den Diskussionen zur »inneren Sicherheit« insbesondere der siebziger Jahre dem weiter oben beschriebenen Konglomerat an Bedrohungsängsten das Eigenbild des »Rechtsstaates« als »unantastbares Gut« entge-

63 Vgl. Heinz Steinert, Statusmanagement und Kriminalisierung, in: Der Prozeß der Kriminalisierung, Untersuchungen zur Kriminalsoziologie, hrsg. v. Heinz Steinert, München 1973, S. 16/7.

64 Hierzu zählen die Aufstockung des Personals und bessere Finanzierung der Truppenpolizei, der Ausbau des Bundesgrenzschutzes zur Eingreifreserve des Innern, der Ausbau des BKA ab 1973 als Informations- und Kommunikationszentrale der Polizei zur Verbrechensbekämpfung sowie das Verfassungsschutzgesetz. Das Sicherheitsbedürfnis des Staates reflektiert auch der sogenannte »Radikalenerlaß« vom 3. 2. 1972; vgl. Otto Model/Carl Creifelds, Staatsbürgertaschenbuch, München 1983, S. 309 – 312 u. S. 277.

65 Vgl. Fetscher, Terrorismus, S. 85/6 und Werkentin/Funk, Die siebziger Jahre, S. 195/6.

66 Vgl. ebd., S. 194/5 und S. 202 – 04.

67 Vgl. ebd., S. 193/4.

68 Vgl. Theo Schiller/Peter Becker, »Pluralistische« Harmonie durch Verbeamtung der Gesellschaft, in: Wir Bürger, S. 212.

gen.[69] Als kämpferisch verwendeter Begriff erfährt das Verständnis vom »Rechtsstaat« allerdings eine Sinnverdrehung. Es ist nicht mehr in erster Linie der Schutz der Bürger vor staatlicher Willkür, sondern der Schutz des Staates vor seinen Bürgern gemeint.[70] Je bedrohter sich einzelne Politiker und der »Staat« fühlen, desto größer wird das Mißtrauen den Bürgern gegenüber. So sind z.B. die im »Musterentwurf eines einheitlichen Polizeigesetzes« am 11. Juni 1976 beschlossenen präventiven Abwehrmaßnahmen – polizeiliche Identitätsfeststellung (§9), Durchsuchung von Personen (§17), Sachen (§18) und Wohnungen (§19) – nicht mehr an einen »konkreten Verdacht« oder eine »konkrete Gefahr«, sondern an einen »abstrakten Gefahrenverdacht« gebunden.[71]

Für die Gesetzesverabschiedungen zur »Inneren Sicherheit« im Sommer 1972, als auch erstmals offiziell die Forderung nach einem einheitlichen Polizeigesetz laut wurde[72], greifen demnach unterschiedlich beängstigende Vorstellungen möglicher Gefahren für den zu schützenden Rechtsstaat: Links- und Rechtsradikalismus, steigende Kriminalitätsraten und in zunehmenden Maße auch der Terrorismus.

Innerhalb des Eskalationsprozesses von 1974 bis 1977, in dem sich der Fanatismus der »zweiten Generation« der RAF und damit die gegenseitige Eskalation steigert, ändert sich die beschriebene Haltung der staatlichen Seite. Zwar wird weiterhin auf der Sichtweise einer »Bande« »gewöhnlicher Krimineller« beharrt, tatsächlich jedoch mit einer Politisierung der staatlichen Antworten reagiert.[73] Anstoß zu Gesetzesänderungen – wie das »1. Gesetz zur Reform des Strafverfahrensrechts« mit dem »Ergänzungsgesetz«, welches die Verteidigerrechte einschränkt (die sogenannte Lex RAF), sowie das in kürzester Zeit verabschiedete und vom Bundesverfassungsgericht bestätigte Kontaktsperregesetz (die sogenannte Lex Schleyer)[74] – gibt jetzt

69 Vgl. Hubert Treiber, Die gesellschaftliche Auseinandersetzung mit dem Terrorismus, in: Protest und Reaktion, S. 328; auch Werkentin/Funk, Die siebziger Jahre, S. 198.

70 Vgl. Schiller/Becker, Harmonie, S. 212.

71 Vgl. Albrecht Funk/Falco Werkentin, Der Musterentwurf für ein einheitliches Polizeigesetz – ein Muster exekutiven Rechtsstaatsverständnisses, in: Kritische Justiz 4 (1976), S. 412 – 414.

72 Vgl. ebd., S. 408.

73 Vgl. Werkentin/Funk, Die siebziger Jahre, S. 196.

74 Vgl. Gerald Grünwald, Die Strafprozeßreform. Sicherung oder Abbau des Rechtsstaates, in: Vorgänge 6 (1975), S. 36 – 48. »Man könnte diese Gesetzesnovelle als eine Lex Schleyer bezeichnen, weil sie offenbar ganz auf den aktuellen Entführungsfall zugeschnitten war.« Fetscher, Terrorismus, S. 90. Ein Kommentar der Bundesregierung ist abgedruckt in: Dokumentation der Bundesregierung zur Entführung von Hanns Martin Schleyer, München 1977, S. 239 – 245; eine ausführliche Darstellung der Entscheidungsprozesse in: Thomas Wittke, Terrorismusbekämpfung als rationale politische Entscheidung, Frankfurt a.M. 1983, S. 157 – 210. Ausführliche Darstellung und Analyse der gesamten Terrorismusgesetzgebung bei Uwe Berlit/Horst Dreier, Die legislative Auseinandersetzung mit dem Terrorismus, in: Protest und Reaktion, S. 228 – 318.

fast ausschließlich die RAF. Diese Gesetzesentscheidungen stellen keine Beschlüsse nach langwierigen Diskussionen, sondern unmittelbare Reaktionen des Staates auf die Provokationen der RAF dar. In diesem Sinne wirkt das etablierte Feindbild der »Baader-Meinhof-Bande« und ihrer aktiven »Sympathisanten« perspektivverengend. Zwar wurde hier auf beängstigende aktuelle Geschehnisse reagiert, jedoch lassen das Ausmaß und die Art der Reaktion darauf schließen, daß parallel hierzu auch die Feindbilder »Terroristen« und »Sympathisanten« handlungsstiftend geworden sind.[75]

Für die RAF wurde 1972, wie oben dargestellt, die Bezeichnung »Baader-Meinhof-Bande« ausgehandelt. Damit ist der Blickwinkel auf »kriminelle Verbrecher« festgelegt. Statt diesem Bild jedoch einen klar abgegrenzten Rahmen zu geben, erhält es einen ausfransenden Rand. Hier setzt die in »Freund/Feind« spaltende Wirkungsmächtigkeit des Feindbildes »Baader-Meinhof-Bande« ein.

In der bereits zitierten Parlamentsdebatte vom 7. Juni 1972 gilt die politische Aufmerksamkeit und Polemik zum größten Teil den »Sympathisanten«. Noch wesentlich auffälliger als bei der Feindbildformel »Baader-Meinhof-Bande« wird hier nicht nur kein neutraler Begriff gewählt, sondern obendrein eine Bezeichnung neu geprägt, die so diffus bleibt, daß sie beliebig einsetzbar ist.[76]

In seiner »Erklärung zu Fragen der inneren Sicherheit« betont der damalige Innenminister Genscher, daß einerseits die »Umgebung, in der sie [die Terroristen] sich bewegen, die ihnen hilft« und andererseits »die Bemühungen, der Anwendung von Gewalt unter bestimmten Voraussetzungen oder von bestimmter Seite den Schein der Rechtfertigung zu geben, [...] jenes breite *Sympathisantenfeld* geschaffen [haben], das die Arbeit der Polizei so sehr erschwert (Beifall bei der CDU/CSU – Abgeordneter Wohlrabe: ›Die intellektuellen Steinewerfer‹). Deshalb geben die Namen der Bandenmitglieder allein nicht die ganze Breite und Schwere des Problems wieder«, denn »die Bande kann ohne *Sympathisanten* nicht existieren«.[77]

Zwei Gruppen werden von nun an miteinander und mit dem Terrorismus in Beziehung gesetzt. Zum einen färbt die Negativdefinition der RAF als »Baader-Meinhof-Bande« nun auch auf das aktive, unterstützende Umfeld ab. Menschen, die sich durch konkrete Unterstützungshandlungen an einer

75 Zur Stammheimer Prozeßführung vgl. Holtfort, Bilanz, S. 4 – 14; vgl. auch die gegen »aktive Sympathisanten« und »geistige Urheber« gerichteten Gesetze § 88a und § 130a StGB, die mit Abklingen der Eskalation auch wieder rückgängig gemacht werden, »um die ausgrenzenden und verunsichernden Wirkungen der Norm aufzuheben«, Berlit/Dreier, Auseinandersetzung, S. 293.

76 Vgl. Günther Nollau, Sympathie allein ist kein Tathergang, in: Der Spiegel 43 (1977), S. 206; vgl. auch Treiber, Auseinandersetzung, S. 325.

77 Genscher, Bundestagsdebatte, 7. 6. 1972, S. 10978 (D) – 79 (A); (Hervorhebungen original).

Straftat beteiligt haben, werden – im Unterschied zu Tätern, die sich der Beihilfe zu »gewöhnlichen Straftaten« schuldig gemacht haben – mit der eigenständigen Bezeichnung »Sympathisanten« zusätzlich gekennzeichnet.[78] Sie geraten in einen emotionalen Eskalationsprozeß, in welchem ihre Straftaten denen der Terroristen gleichgesetzt werden. Nach den Morden an Buback, Ponto und Schleyer glaubt Willy Brandt, daß »Sympathisanten« »vielleicht in einem unvergleichbar höheren Maße als jene Fanatiker, die den Abzugshebel der Maschinenpistolen bedienen«, für diese Taten verantwortlich seien.[79] Die emotionelle Aufwertung und Kriminalisierung der »Sympathisanten« steht im Widerspruch zu der behaupteten Einschätzung der »Terroristen« durch die Politiker als »gewöhnliche Kriminelle«. Zum anderen enthalten die Andeutung Genschers über Gewaltdiskussionen innerhalb der APO als Ausgangspunkt für die Schaffung des »Sympathisantenumfeldes« sowie der Zwischenruf »intellektuelle Steinewerfer« den Hinweis auf eine Verlagerung der Feindwahrnehmung und Aggressionsableitung.

Die politische Auseinandersetzung wendet sich von der RAF und dem sie aktiv unterstützenden Umfeld ab und den »Ursachen«, den »Urhebern« sowie den sowohl die Taktik der RAF als auch die staatlichen Reaktionen kritisierenden »Intellektuellen« zu. Als den »geistigen Urhebern des Terrorismus«, den »Schreibtischtätern«[80] wird ihnen die politische Verantwortung und somit auch die Schuld an der Kriminalität der »Baader-Meinhof-Bande« und ihres aktiven Umfeldes zugesprochen. Wie diese werden sie mit der Bezeichnung »Sympathisanten« belegt, die zunächst nur den an einer Straftat Beteiligten galt. So kommt es, daß »Intellektuelle« bzw. »Sympathisanten« in den unmittelbaren Umkreis der negativen Assoziationsaura »Bande« geraten, wodurch sie mit Kriminalität in Verbindung gebracht werden. Mit ihrer Kritik an staatlicher Reaktion und durch ihren Versuch einer politisch-inhaltlichen Auseinandersetzung mit terroristischem Gedankengut bewegen sie sich außerhalb der eng gesteckten Grenzen des positiven Eigenbildes des Staates.[81] Indem sich alle »solidarischen Demokraten« geschlossen gegen »die Feinde der Demokratie« verbünden, geraten Kritiker in den Ruch unsolidarischen oder sogar undemokratischen Verhaltens und somit zwischen alle Fronten. »Wer immer zur Verteidigung der Demokratie und zur Solidarität

78 Beihilfe als Straftat ist in § 27 StGB geregelt.

79 Willy Brandt in: Der Spiegel 41 (1977), S. 28.

80 So zum Beispiel Adolph v. Thadden, Die Schreibtischtäter. Das geistige Umfeld des Terrorismus, Hannover 1978.

81 Prominentestes Beispiel ist Heinrich Bölls Artikel in: Der Spiegel 3 (1972), S. 54 ff.: »Will Ulrike Gnade oder freies Geleit?«, abgedruckt in Rauball, Baader-Meinhof-Gruppe, S. 212 ff. Die Möglichkeit eines von unterschiedlichen Ansichten, aber von gegenseitigem Respekt geprägten Dialoges beweisen die Antwort von Diether Posser, »Diese Praxis ist verheerend«, in: Der Spiegel 5 (1972), und Bölls Reaktion, »Verfolgt war nicht nur Paulus«, in: Der Spiegel 6 (1972), abgedruckt ebd., S. 221 – 228.

der Demokraten gegen die Feinde der Demokratie aufruft, muß damit beginnen, derartiges geistiges Unkraut zu bekämpfen«.[82] Von dieser »positiven« Definition aus, mit der »Sympathisanten« als »geistiges Unkraut« die Solidarität der Demokraten evozieren, werden sie auch als ernstzunehmende politische Gegner jenseits demokratischer Grenzen angesiedelt, d.h. ausgeschlossen und stigmatisiert. Diese Verknüpfungskette erweist sich als politische Strategie.

Über den »Terrorismusverdacht« kann die gesamte politische »Linke« stigmatisiert und diszipliniert werden. Rückwirkend gilt die Studentenbewegung als »Wegbereiterin«, und die mit ihr verbundenen Intellektuellen werden als »Schuldige« für den »Aufbruch in Terror und Gewalt« diffamiert.[83] Eine Distanzierung von den Stigmatisierten kann nun als »Solidaritätsbekundung« eingefordert werden. Mangelnde Distanz werfen Konservative in besonderem Maße der Regierungspartei SPD vor, die im Verdacht steht, Parteiarbeit Linksintellektuellen zugänglich gemacht zu haben.[84]

Dem politischen Gegner ist mit der Stigmatisierung von Linksintellektuellen und dem Schlagwort »Sympathisanten« ein machtvolles Mittel in die Hand gelegt. So kann der Abgeordnete G. Müller (CDU) im Herbst 1977 behaupten, die SPD habe »klammheimliche Freude, wenn dieses System zerschlagen werde«, und Kurt Biedenkopf (CDU) verweist auf die moralische Mitverantwortung des SPD-Parteivorstandes, »die er in all den Jahren durch die Verniedlichung der Gefahren des Linksextremismus auf sich geladen hat«.[85]

Neben dem Versuch der Stigmatisierung des politischen Gegners läßt sich in der Parlamentsdebatte vom 7. Juni 1972 ebenfalls beobachten, daß die Diffamierung des »Umfeldes« bewußt auf bestimmte Personen konzentriert wird. In seiner Rede betont der Abgeordnete Friedrich Vogel, es sei an der Zeit, die Kriminalität der aktiven Unterstützer deutlich hervorzuheben. Allerdings gehe es nicht lediglich um diese, sondern »vor allem auch um diejenigen, die durch Wort und Tat den geistigen Hintergrund geschaffen haben und noch schaffen [...]. Das habe ich gemeint, als ich neulich von den ›Bölls und Brückners‹ gesprochen habe, die das Wasser abgeben, in dem die Fische herumschwimmen. Es gehört schon einiges dazu, daraus die Bezichtigung der Beihilfe im strafrechtlichen Sinne zu den Taten politischer Gewalttäter abzulesen«.[86] Analysiert man diesen Gedankengang, so ergibt sich eine polemische, emotional greifende und logisch wirkende Verknüpfungskette: Böll

82 Abgeordneter F. Vogel (CDU), in: Bundestagsdebatte, 7. 6. 1972, S. 10987 (A).

83 Vgl. Steinert, Erinnerung, S. 17/8.

84 »Welcher Partei man auch immer in Deutschland angehören mag, [...] man kann nicht anders als sich fragen, ob nicht der Bundeskanzler [Brandt] selber ›mitschuldig‹ ist«, Baader-Meinhof-Report, S. 103.

85 Der Spiegel 41 (1977), S. 32.

86 Abgeordneter F. Vogel (CDU), in: Bundestagsdebatte 7. 6. 1972, S. 10986 (A – B).

ist ein Bereiter des »geistigen Hintergrunds«, der in seiner Verantwortung mindestens so einzuschätzen ist wie die strafrechtlich belangbaren Unterstützer, deren Tun ebenso kriminell ist wie die Taten der Terroristen selber. Mit anderen Worten, Heinrich Böll ist ebenso ein Verbrecher wie die Terroristen.[87] Friedrich Vogel verneint zwar diese Assoziationskette; sie ist jedoch wirksam, und Heinrich Böll wird in den aggressiven Auseinandersetzungen bis 1977 die Inkarnation des Feindbildes »Sympathisant«. So wendet sich Bundespräsident Carstens 1974 in einem peinlich berührenden Appell zur Distanzierung vom Terrorismus namentlich an Böll: »Ich fordere die ganze Bevölkerung auf, sich von der Terrortätigkeit zu distanzieren, insbesondere auch den Dichter Heinrich Böll, der noch vor wenigen Monaten unter dem Pseudonym Katharina Blüm [sic!] ein Buch geschrieben hat, das eine Rechtfertigung von Gewalt darstellt.«[88]

Am 28. Oktober 1977, anläßlich der Bundestagssitzung, die nach der Beerdigung sowohl des ermordeten Arbeitgeberpräsidenten Hanns Martin Schleyer als auch von Gudrun Ensslin, Andreas Baader und Jan Carl Raspe stattfindet, wird Heinrich Böll ein der Demokratie verpflichtetes Denken endgültig abgesprochen. Bölls polemische Zustandsbeschreibung der Zeit der Schleyerentführung, in der er sich ironisch fragt, ob eine »Abschaffung der Demokratie noch nötig ist«[89], wird vom Abgeordneten Zimmermann (CSU) dazu genutzt, Böll nicht nur aus dem Kreis der Demokraten, sondern auch aller »normalen Bürger dieses Landes« auszuschließen: »In welchen Kategorien denkt Heinrich Böll bereits? Doch nicht so wie der Deutsche Bundestag in seiner ganzen großen Mehrheit und wie jeder normale Mensch in diesem Land!«[90]

Auf die weitreichende Wirkung und Wirksamkeit des personifizierten Feindbildes des »Sympathisanten Böll« im »Dunstkreis der Terroristen« verweist die Selbstverständlichkeit, mit der 1977 in einer Fernsehsendung zur Definition des Wortes »Sympathisanten« befragte Passanten die Namen von Heinrich Böll, Claus Peymann und Luise Rinser nennen.[91]

Zusammenfassend läßt sich konstatieren, daß die Diskussion um intellektuelle »Sympathisanten« eine stark emotionalisierende und polarisierende Wirkung bis tief in das Bewußtsein nicht nur der Bevölkerung, sondern auch ihrer Vertreter entfaltet hat. Der »Sympathisant« wird in den Parlamentsde-

87 Reaktion Heinrich Bölls: »Das Wort Intellektuellenhetze ist berechtigt«, in: Frankfurter Allgemeine Zeitung, 21. 6. 1972, abgedruckt in: Rauball, Baader-Meinhof-Gruppe, S. 258 – 262.

88 Carl Carstens, in: Frankfurter Rundschau, 14. 12. 1974, zitiert nach Rammstedt, Instrumentalisierung, S. 35. Carstens bezieht sich auf Bölls Erzählung »Die verlorene Ehre der Katharina Blum«.

89 Heinrich Böll im Bayrischen Rundfunk am 30. 9. 1977, zitiert nach Friedrich Zimmermann, in: Deutscher Bundestag, 8. Wahlperiode, 53. Sitzung, Bonn, 28. Oktober 1977, S. 4129 (C).

90 Ebd.

91 Vgl. Treiber, Auseinandersetzung, S. 330.

batten von 1972 bis 1977 zum Feindbild. Politisch ist es soweit wirkungsmächtig, daß es auch zur Stigmatisierung der Regierungsparteien und ihrer Repräsentanten verwendet werden kann. Über die Prägung des Feindbildes gelingt die gesellschaftlich weitreichende Tabuisierung jeglicher Auseinandersetzung oder Kritik am Verhalten von RAF und Staat: »Diese Sympathisanten, die nie einem Terroristen Nachtlager und Reisegeld gegeben haben, sind die wirklich gefährlichen. Sie haben zwar nichts getan, sie haben nur ihre Meinung gesagt, sie haben nur nachgedacht.«[92]

Während den Terroristen gegenüber eine radikale Grenzziehung erfolgt und »die Demokraten« beginnen, von dieser Grenze ab- und »zusammenzurücken«, entsteht eine Lücke zwischen der »Grenze« und »den Demokraten«. In dieser werden als »Außenseiter der Gesellschaft« die Kritiker, Intellektuellen und »Sympathisanten« angesiedelt. 1977 steht am Ende dieses Prozesses der Stigmatisierung von Intellektuellen und der Tabuisierung von Kritik die Erkenntnis, daß Terrorismus lediglich das »Symptom intellektueller Kritik« sei und somit in der Kritik das eigentliche Verbrechen liege.[93] Mit den Kritiker-Sympathisanten sind die »moralisch Schuldigen«, die die größte Schuld auf sich geladen haben, gefunden.[94]

Seit 1972 konzentriert sich das Hauptaugenmerk politischer Polemik auf die »geistigen Urheber« des Terrorismus. Die direkte Auseinandersetzung mit der von den Politikern 1972 als »Baader-Meinhof-Bande« gekennzeichneten und als »gewöhnliche Kriminelle« kategorisierten RAF wird an die hierfür zuständigen Organe delegiert.

Innerhalb der zu einem früheren Zeitpunkt als die Politiker direkt bedrohten Polizei herrscht offensichtlich schon 1972 das Bewußtsein eines »Kampfes« vor, den es gegenüber einem absolut gesetzten »Feind« zu führen gilt. Dieser Kampf bzw. »Ersatzkrieg«, der in der direkten Konfrontation auf beiden Seiten Todesopfer zur Folge hat, geht also um »Leben oder Tod«.[95] In dem aus den Akten des Bundeskriminalamtes, der »Sonderkommission Bonn« und des Bundesamtes für Verfassungsschutz zusammengestellten »Baader-Meinhof-Report« wird im Sommer 1972 betont, es sei »nur noch eine Frage der Zeit, wann die letzten Mitglieder der Baader-Mahler-Meinhof-Bande tot oder lebendig in die Hände der Polizei fallen«.[96] Da dieser Report ohne ausgewie-

92 Friedrich Karl Fromme, in: Frankfurter Allgemeine Zeitung vom 2. 8. 1977.

93 Vgl. den Brief von Ernst Tugendhat »Kriminalisierung der Kritik« als Antwort auf den Leitartikel von Kurt Becker in der ZEIT 38, 9. 9. 1977, in: Briefe zur Verteidigung, S. 153.

94 Vgl. Alfred Dregger, Bundestagsdebatte vom 28. 10. 1977, S. 4103 (D).

95 Vgl. Horst Herold, in: Terror und Gewaltkriminalität. Diskussionsprotokolle Hessenforum 5 (1975), S. 48. Zum ersten Schußwechsel zwischen Angehörigen von Polizei und RAF kommt es am 10. 2. 1971. Am 15. 7. 1971 wird Petra Schelm, am 22. 10. 1971 der Polizist Norbert Schmid erschossen.

96 Baader-Meinhof-Report, S. 111.

senen Verfasser bleibt, ist es allerdings unklar, ob hier die tatsächliche Meinung bestimmter Kreise der Polizei wiedergegeben wird.[97] Sollte dies allerdings der Fall sein, dann müßte darauf hingewiesen werden, daß das Bild der Polizei von der RAF in auffälliger Weise ein Bündel stereotyper Vorstellungen widerspiegelt. Insbesondere die vom klassischen »Flintenweib« zum »Killergirl« mutierten weiblichen Mitglieder der RAF werden als überemanzipierte, besonders gewalttätige, enthemmte, sexuell überstimulierte, lesbische und »abartige« Frauen beschrieben.[98]

Im weiteren Eskalationsverlauf sind es insbesondere Vertreter der Polizei, die die anders gelagerten Schubkräfte der Terroristen gegenüber »normalen Kriminellen« besonders betonen.[99] Der »militärische« Anspruch, den die RAF mit ihrer Kampfform der »Metropolenguerilla« vertritt, wird vom Präsidenten des Bundeskriminalamtes (BKA), Horst Herold, als »eine Art militanter Kriminalität« auch akzeptiert.[100] Die gegenüber der Politik betonte, besonders gelagerte Motivation der RAF ermöglicht der Polizeiführung die Durchsetzung besonderer Abwehrmittel, d.h. den Ausbau des Polizeiapparates.[101]

Demgegenüber geraten Politiker insbesondere ab 1974 bzw. 1975 aufgrund ihrer individuellen Bedrohung zunehmend unter einen sehr persönlichen Angstdruck.[102] Die in der mehrfach zitierten Parlamentsdebatte vom 7. Juni 1972 inhaltlich vollzogene Abgrenzung zur »Baader-Meinhof-Bande« und zu den »Sympathisanten«, aber auch zu den die »innere Sicherheit des Rechtsstaates« möglicherweise gefährdenden Bürgern vertieft sich und wird nach und nach auch praktisch vollzogen.

Auf der einen Seite wird der »harte Kern« der RAF im eigens für sie konstruierten Hochsicherheitstrakt von Stammheim untergebracht, den die Angeklagten auch für ihre dort stattfindenden Gerichtsverhandlungen nicht mehr verlassen. Auf der anderen Seite umgeben sich die Bedrohten mit Sicherheitskräften und -vorrichtungen. Die Folgen der Abkapselung, in der »die Staatsorgane nur noch hinter Stacheldraht und im Schutz von Maschinenpistolen ihre Aufgabe erfüllen können« und »Politiker und Wähler – ganz

97 Gerhard Boeden, Leiter der Abteilung Terrorismusbekämpfung im BKA, verneint ein terroristisches Feindbild bei der Polizei; vgl. derselbe, Wirksame Bekämpfung des Terrorismus durch die Polizei, in: Wolfgang Boehme, Terrorismus und Freiheit, Heidelberg 1978, S. 52.

98 Vgl. Baader-Meinhof-Report, insbesondere S. 13 ff., S. 90 ff., S. 110. In seinen stereotypen Erklärungsmustern greift der Report weitverbreitete Ansichten auf; vgl. z.B. Der Spiegel 33 (1977), S. 22 – 33, in welchem weiblicher Terrorismus als »Exzeß der Befreiung der Frau« beschrieben wird, S. 23; vgl. die Zitatensammlung in: Susanne v. Paczensky (Hrsg.), Frauen und Terror, Hamburg 1978, S. 7/8. Vgl. den Beitrag von Kathrin Roller in diesem Band.

99 Herold, Terror, S. 17.

100 Ebd., S. 18.

101 Vgl. Werkentin/Funk, Die siebziger Jahre, S. 197.

102 Zur Individualisierung als taktische Strategie vgl. Kallscheuer/Sontheimer, Kriegsbericht, S. 24; vgl. Gunter Hofmann, Bonn, 1987, in: Einschüsse, S. 34. Vom 27. 2. bis 5. 3. 1975 dauert die Entführung des Berliner CDU-Vorsitzenden Peter Lorenz.

wörtlich – durch bewaffnete Sicherheitsbeamte voneinander getrennt werden«[103], bewirken eine Veränderung der politischen Atmosphäre. 1977 ist die Situation eingetreten, daß sich die RAF-Verfolger »eben auch als Verfolgte fühlen«.[104] Wechselseitig beginnt auf Politiker sowohl die aus tatsächlicher Bedrohung resultierende Angst als auch die an die eigene radikale Grenzziehung geknüpfte Bedrohungsangst, die über die realen Gefahren hinausgeht, einzuwirken.[105]

Die Einschätzung, daß jeder einzelne Bürger jederzeit und an jedem Ort von einem terroristischen Anschlag der »Baader-Meinhof-Bande« betroffen sein könnte, dominiert auch die Ängste innerhalb der Gesellschaft: »So sieht es aus! Morgen kann es Sie treffen, am Wohnzimmertisch und beim Sonntagsessen [...]«[106] Und nach den Erlebnissen des »Deutschen Herbst« 1977 wird selbst in wissenschaftlichen Publikationen die terroristische Gewalteinschätzung synonym für alle existenzbedrohenden Ängste überhaupt gesetzt: »Wir sind zur Anerkennung der jederzeit vorhandenen Möglichkeit einer persönlichen, nationalen, ja planetarischen Katastrophe gezwungen. Der Mißbrauch von Giftstoffen zur Verseuchung des Wassers, Zerstörungen in der Erdatmosphäre, der Bau und Einsatz von nuklearen Billig-Bomben sind ebensowenig auszuschließen wie die Gefahr, daß jeder einzelne das nächste Opfer eines Anschlages sein kann, potentielles Opfer bereits ist«.[107]

Konsequenz der radikalen politischen wie gesellschaftlichen Grenzziehung und der damit einhergehenden allgemein empfundenen Bedrohungsangst ist das weitverbreitete Gefühl, sich in einem Bürgerkrieg zu befinden. Für die Springer-Presse »[steht] unser aller Bewährungsprobe [...] noch aus: Den Bürgerkrieg ernstnehmen [...] In diesem Kampf darf es keine mildernden Umstände geben. Nur dieses: Das Grundgesetz in der linken, die Waffen in der rechten Hand.«[108]

Die Gnadenlosigkeit äußert sich in vielfältiger Weise: Nach dem Tode Ulrike Meinhofs findet sich in der »Oberhessischen Presse« vom 18. Mai 1976 eine als Dankesbezeugung gestaltete Anzeige: »Wir danken Ulrike Meinhof

103 Heiner Geißler, Terrorismus als geistige und politische Herausforderung, in: Der Weg in die Gewalt. Geistige und gesellschaftliche Ursachen des Terrorismus und seine Folgen, hrsg. v. Heiner Geißler, München/Wien 1978, S. 15.

104 Hofmann, Bonn, S. 34.

105 »Stigmatisierte werden regelmäßig als gefahrbringend eingeschätzt. Die vermuteten Gefahren gehen stets darüber hinaus, was an Risiken tatsächlich vorhanden ist.«, Rüdiger Lautmann, Linksradikal als Stigma, in: Wir Bürger, S. 289.

106 Bild, 8. 10. 1974, zitiert nach Rammstedt, Instrumentalisierung, S. 33.

107 Manfred Funke, Terrorismus. Ermittlungsversuch zu einer Herausforderung, in: derselbe, Terrorismus. Untersuchungen zur Strategie und Struktur revolutionärer Gewaltpolitik, Bonn 1977, S. 9; vgl. dagegen Walter Laqueur, Terrorismus. Die globale Herausforderung, Frankfurt a.M./Berlin 1987, S. 13.

108 Bild, 8. 9. 1977, zitiert nach, Wolfgang Kraushaar, 44 Tage ohne Opposition. Die Schleyer-Entführung, in: Der blinde Fleck, S. 9.

für ihre Entscheidung aus dem Leben zu scheiden, [...] zugleich im Namen gleichgesinnter Steuerzahler.«[109] Sie äußert sich aber auch in der laut werdenden Forderung nach Einführung der Todesstrafe, die als Hinweis auf die breit wirkende Emotionalisierung des mit erhöhter Aggressivität ausgetragenen Konfliktes gewertet werden kann.[110]

Doch nicht nur eine mit großer Vorsicht zu bewertende Presse und die »Bevölkerungsmehrheit«, sondern auch einzelne Parlamentarier empfinden im Herbst 1977 den Kampf gegen die RAF als »Krieg« oder »Bürgerkrieg« und begreifen sich und den Staat als »im Kriegszustand« stehend.[111] Auch sie diskutieren die Wiedereinführung der Todesstrafe als ultima ratio. Insbesondere Politiker der CSU begreifen sich hier als Sprachrohr des Volksempfindens und propagieren, daß »bei weiterer Eskalation des Terrors [...] dann auch, etwa mit den Häftlingen von Stammheim, kurzer Prozeß gemacht werden [sollte]«.[112] In subtilerer Art und Weise wird die gleiche Forderung vom Fraktionsvorsitzenden der CDU in der Bundestagsdebatte vom 28. 10. 1977 angedeutet. Die Erkenntnis der besonderen Gefahr, die von Terroristen ausgehe und die den Staat bedrohe, ermögliche die Forderung nach »besonderen Formen der Abwehr«.[113] Der Hinweis Dreggers auf das »Gesetz zum Schutz der Republik« vom 21. Juli 1922, welches nicht nur den erfolgreichen Attentäter, sondern auch denjenigen, der »die terroristische Vereinigung mit Rat und Tat und insbesondere mit Geld unterstützte«, mit dem Tode bedrohte, ist eine kaum verhohlene Anspielung, ein solches Gesetz für »Terroristen« und aktiv unterstützende »Sympathisanten« zu erwägen.[114]

Im Unterschied zu 1972 wird 1977 von Politikern aller Parteien die Frage, ob es sich bei den Taten der RAF um »gewöhnliche Kriminalität« handele, verneint.[115] Auf dem Höhepunkt der Eskalation im Herbst 1977 gilt die staatliche Abwehr einem »frontale[n] Angriff gegen unseren Staat«[116], einem »organisierten Angriff gegen den Staat und gegen die Demokratie«.[117] 1972 konnten die Mitglieder der »Bader-Meinhof-Bande« noch allgemein als »Verbrecher« bezeichnet und einem Konglomerat unterschiedlicher »innerer Feinde« zugeordnet werden. 1977 waren sie in den Augen der Politiker der erklärte »Feind des Staates«, von dem eine Bedrohung des Staatsgebildes

109 Vgl. Peter Brückner, Ulrike Marie Meinhof, Berlin 1989, S. 108.

110 67% der Bundesbürger erheben diese Forderung im Herbst 1977; vgl. Der Spiegel 45 (1977), S. 26.

111 Friedrich Zimmermann, in: Der Spiegel 39 (1977), S. 26.

112 Walter Brecher, ebd., S. 20; vgl. auch die Äußerungen von Alfred Seidel und Friedrich Zimmermann, ebd., S. 20 und 26.

113 Vgl. Alfred Dregger, Bundestagsdebatte vom 28. 10. 1977, S. 4097 (D).

114 Vgl. ebd., S. 4098 (B).

115 Vgl. Hans-Jochen Vogel, ebd., S. 4091 ff., und Dregger, S. 4097.

116 H. J. Vogel, ebd., S. 4092.

117 Dregger, ebd., S. 4097.

ausgeht, die der eines »äußeren Feindes« ähnlich ist: »Die Mordanschläge und die Entführung [Schleyers] richten sich gegen ihre unmittelbaren Opfer, richten sich aber zugleich auch [...] gegen unsere freiheitliche Ordnung im Ganzen, gegen jede menschliche Ordnung überhaupt, und sie richten sich damit gegen jeden einzelnen von uns.«[118] Die 1972 noch abgelehnte Formel des »Staatsfeindes Nr. 1« scheint – auch wenn sie so explizit von keinem der Abgeordneten 1977 im Munde geführt wird – den Wandel der Sichtweise im Eskalationsprozeß bis 1977 am besten auf den Punkt zu bringen.

Die »Erfahrung gemeinsam erlebter Bedrohung« kommt den »Bedrohten« jedoch unmittelbar zugute: »Wir spüren ein Zusammenrücken in unserem Volk, ein Schrumpfen der Gegensätze.«[119] Auf dem Höhepunkt der Eskalation, der vollkommenen Ab- und Ausgrenzung der Gegner auf beiden Seiten, steht den das »Schweinesystem« bekämpfenden »Guerilleros« als vermeintlich einheitliches Bollwerk die »Gemeinsamkeit der Demokraten«[120] gegenüber. Insofern erweist sich das Feindbild der »Baader-Meinhof-Bande« und der »Terroristen« als in hohem Grade identitätsstiftend bzw. einer »demokratischen Identitätsfindung« förderlich. Für einen kurzen Moment erscheint der durch extremistische Parteienbildungen und studentische Proteste Ende der sechziger Jahre so schwer erschütterte demokratische Nachkriegskonsens im gemeinsamen Widerstand gegen die terroristische Bedrohung im Herbst 1977 wiederhergestellt zu sein.

Auffällig an der Betonung der »Gemeinsamkeit der Demokraten« ist jedoch, daß dieser Slogan fast ausschließlich von Mitgliedern der SPD so emphatisch vorgebracht wird. Das Einschwören auf den gemeinsamen Feind »Terrorismus« und das Beschwören eines einheitlichen demokratischen Bollwerks könnte somit auch als Versuch gewertet werden, den »Sympathisantenverdacht« abzustreifen und dem historischen Stigma der »vaterlandslosen Gesellen« endgültig zu entkommen.

118 Bundeskanzler Helmut Schmidt, in: Deutscher Bundestag, 8. Wahlperiode, 42. Sitzung, Bonn, 15. 9. 1977, S. 3164 (D).
119 H.J. Vogel, ebd., S. 4095.
120 Willy Brandt, ebd., S. 4107.

SILVIA KUSKE

Von Tausendundeiner Nacht zu Tausendundeiner Angst: der Islam in den Medien

Bei einer Umfrage von Tübinger Studenten und Studentinnen der Religionswissenschaft im Frühjahr 1993 wurden Hunderte von Passanten und Passantinnen nach ihrer Beurteilung der Weltreligionen gefragt. Eindeutig am schlechtesten schnitt dabei der Islam ab: Er wurde als intolerant, fanatisch, frauenfeindlich, gewalttätig und expansionistisch eingeschätzt. Nach ihrer Informationsquelle gefragt, nannten die meisten Befragten das Fernsehen, gefolgt von Zeitschriften. Das entspricht der Medienrealität. Das Fernsehen ist heute das meistgenutzte Medium. Es versorgt uns mit Nachrichten aus aller Welt, schneller, als dies Printmedien vermögen, und auf anschaulichere Weise als der Hörfunk. Bilder[1] von schwarzverhüllten Menschenmassen im Iran oder brennenden Ölquellen in Kuwait – kann es denn authentischer, aktueller als auf dem Bildschirm zugehen? Zweifel kommen allerdings, wenn man zum Beispiel an den mitleiderregenden ölverschmierten Vogel am Strand von Kuwait denkt, der die von den Irakern verursachte »Ölkatastrophe« illustrieren sollte. Es stellte sich heraus, daß es ein Archivbild von einer Ölkatastrophe an der bretonischen Küste war. Das Fernsehen kann eben auch Authentizität und Aktualität vortäuschen wie kein anderes Medium. Sollte etwa der alte Spruch »Das glaube ich erst, wenn ich es schwarz auf weiß (hier: bunt auf Bildschirm) sehe« an Aussagekraft verloren haben?

Die Objektivität der Berichterstattung in den Massenmedien zumindest in Frage zu stellen, ihre Rolle und ihre suggestiven Möglichkeiten bei der Meinungsbildung aufzuzeigen, ist untrennbar mit dem Thema dieses Artikels, dem »Feindbild Islam«, verknüpft. Es soll gezeigt werden, daß dieses Feindbild durch die Medien wieder zum Leben erweckt beziehungsweise in seiner jetzigen Ausprägung erst geschaffen wurde. Es ist immerhin bemerkenswert, daß viele sich unter einer Muslimin heute eine schwarzverschleierte Frau mit demütig gesenktem Blick vorstellen, unter einem Muslim einen düster dreinblickenden, bärtigen, schwarzhaarigen Araber mit Mützchen. Diese beiden Stereotype sind zum Prototyp der Muslimin, des Muslims geworden. In den Medien findet kaum noch eine Differenzierung statt. Ob es

1 Mit Bildern sind im folgenden sowohl Bilder im Wortsinn, also Fotos, Filmeinstellungen oder Karikaturen gemeint als auch suggestive bildliche Formulierungen.

sich um Muslime oder Musliminnen in Deutschland, Nordafrika, auf der arabischen Halbinsel oder in den GUS-Staaten handelt, immer verschwinden deren Unterschiede hinsichtlich Nationalität, Sprache, Kultur und Hautfarbe unter dem alles einenden Band der Religion, des Islam. Wer spricht von Indonesien, Pakistan, Indien, Bangladesch oder China, den Ländern, die allein circa die Hälfte der muslimischen Weltbevölkerung stellen? Ein militanter Indonesier mit dem Banner des Islam, eine Chinesin im Tschador, solche Bilder sind in den Medien selten zu finden. Von einem Feind muß eben eine klare Vorstellung existieren, ein »Feindbild«, das die Identifikation des »Gegners« erleichtert. Und dieses Bild liefern uns unter anderem die Medien. In diesem Beitrag geht es nicht darum, die gegen die islamische Welt vorgebrachten Vorwürfe auf ihren Wahrheitsgehalt hin zu überprüfen oder gar eine Apologetik des Islam zu betreiben. Vielmehr wird die häufig tendenziöse Darstellung des Islam in den Medien aufgezeigt.

Ein Beispiel unter vielen: In »Zeitpunkte«, einem Magazin der Wochenzeitung »Die Zeit«, erschien 1993 ein Foto von einigen alten Männern (von hinten aufgenommen, das heißt mit Blick auf das Gesäß), die kniend still das Gebet verrichten. Der Begleittext lautet: »Bald schleichend, bald forsch stößt der Fundamentalismus vor. Freitagsgebet in Kairo.«[2] Man stelle sich vor, dieser Satz stünde unter dem Bild einer katholischen oder protestantischen Kirchengemeinde, kniend beim Gebet – er wäre ebenso zusammenhanglos und falsch plaziert, nur würde der Leserschaft das in diesem Fall auch auffallen. Was ist geschehen, daß die zum Feindbild Islam gehörenden Konnotationen so fest in den Köpfen verwurzelt sind, daß die Leser/Leserinnen und Zuschauer/Zuschauerinnen »funktionieren« wie erwartet und grobe Widersprüche übersehen?

Das verzerrte Bild des »Orients« hat im Westen eine lange Tradition. Es beruht sowohl auf historischen Ängsten, die in der Expansionsgeschichte der islamischen Welt verwurzelt sind, als auch auf einer romantischen Verklärung des »Orients«.[3]

Der »Orient« hat schon immer die Menschen im Okzident fasziniert, wenn auch seine räumlichen Grenzen nie einheitlich definiert waren. Sie differierten je nach Zeit und Land – für England reichte der »Orient« beispielsweise bis nach China. Wie Maxime Rodinson feststellt, ist der »Orient« geographisch gesehen ein Konstrukt[4], dessen Konturen sich in Abhängigkeit von politischen und wirtschaftlichen Interessen des Okzidents verändern.

2 Nr. 1 (1993), S. 7.
3 Vgl. dazu Carsten Colpe, Problem Islam, Frankfurt a.M. 1989.
4 Maxime Rodinson, Die Faszination des Islam, München 1991, S. 143.

Der Einfluß des Islam auf Europa beginnt mit der Eroberung Spaniens (711 n.Chr.) und Siziliens (827 n. Chr.) durch die Muslime. Im Unterschied zu heute waren die Beziehungen zwischen Europa und den islamischen Ländern damals von der Überlegenheit der Muslime bestimmt. Watt vergleicht die Rolle Europas in dieser Epoche gar mit der einer Kolonie[5], und Said bezeichnet die islamischen Länder in seinem bekannten Buch »Orientalism« als Träger der höchsten Zivilisation und Kultur zwischen dem Atlantik und Afghanistan.[6] Das Zusammenleben von Christen, Muslimen und Juden auf der iberischen Halbinsel funktionierte ohne größere Probleme, religiöse Differenzen scheinen unbedeutend gewesen zu sein.[7] Das 8. und 9. Jahrhundert markieren den Beginn intensiver Handelsbeziehungen und eines vertieften Austausches von kulturellen, philosophischen und naturwissenschaftlichen Errungenschaften.[8]

Erst als Anfang des 11. Jahrhunderts die Macht der muslimischen Herrscher in Spanien unaufhaltsam abzunehmen begann, verfestigte sich das bis in die heutige Zeit wirkende einseitige Bild von den Muslimen in den westlichen Ländern. Maßgeblich Anteil daran hatten die Reconquista und die aus mannigfachen politischen und ökonomischen Interessen initiierten Kreuzzüge – so dehnten zu dieser Zeit die italienischen Handelsstädte ihren Einflußbereich auf den Mittelmeerraum aus. Zur Mobilisierung der Gläubigen bedurfte es einerseits einer einigenden Ideologie, des lateinischen Christentums, andererseits eines Feindes, »der seinerseits klare, unverwechselbare Züge trug und ein mehr oder weniger einheitliches Bild darbot«[9], wie es zum Beispiel im Roland-Lied zum Ausdruck kommt. Angesichts der Überlegenheit der islamischen Welt auf vielen Gebieten stellten die Christen die »Wahrhaftigkeit und Moral« ihrer eigenen Religion der Rationalität der Muslime entgegen. Um das Minderwertigkeitsgefühl gegenüber der islamischen Welt zu kompensieren, wurden Islam und Muslime auch wider besseres Wissen verfälscht dargestellt. Je negativer das Gegenbild war, desto positiver wurde das Selbstbild: Gewalt und sexuelle Leidenschaften, Machtgier und Besitzhunger widersprachen der christlichen Ethik, waren im christlichen Abendland aber genauso verbreitet wie überall. Die Projektion dieser Eigenschaften in den »Orient« erlaubte es, ihre Existenz im eigenen Umfeld

5 W. Montgomery Watt, Der Einfluß des Islam auf das europäische Mittelalter, Berlin 1988, S. 35.

6 Edward W. Said, Orientalism, London 1979.

7 Zur Geschichte Spaniens unter muslimischer Herrschaft vgl. W. Montgomery Watt/Pierre Cachia, A history of Islamic Spain, Edinburgh 1965.

8 Zu den Beziehungen zwischen abendländisch-christlicher und muslimischer Welt im Mittelalter vgl. Watt, Einfluß.

9 Rodinson, Faszination, S. 22.

zu verdrängen. Die Verteufelung der Muslime diente der Verherrlichung der eigenen Religion und der Wiedererlangung eines Selbstbewußtseins gegenüber einem lang gefürchteten und als überlegen angesehenen Feind. Gleichzeitig konnte sie von den sozialen und politischen Problemen im Europa des ausgehenden Mittelalters ablenken.[10]

Die Konfrontation mit der islamischen Welt hatte aber auch einen positiven Aspekt: Sie machte die Notwendigkeit klar, mehr und bessere Informationen über den Gegner zu erhalten. Arabische Texte wurden übersetzt, Kenntnisse über den Islam und die verschiedenen islamischen Länder gesammelt, und man scheute sich nicht, bei Bedarf Bündnisse mit einzelnen von ihnen einzugehen. Dieses differenzierte Wissen beschränkte sich allerdings auf die politische und religiöse Elite. Was die Masse der europäischen Bevölkerung anging, war weder ausreichendes Interesse an genaueren Informationen vorhanden noch die Mittel, um sich genauere Kenntnisse zu verschaffen: Bücher waren nur einem begrenzten Kreis zugänglich, das Analphabetentum weit verbreitet. Erzählungen beschränkten sich meist darauf, den Wunsch nach Exotik zu befriedigen und den Islam als negatives Gegenbild zum Christentum aufzubauen. So dominierten bald Stereotype die Vorstellung vom Islam: der Islam sei falsch und eine bewußte Verdrehung der christlichen Wahrheit; er sei eine Religion der Gewalt und Grausamkeit ebenso wie der sexuellen Zügellosigkeit. Muhammad wurde als Antichrist per se dargestellt.[11]

Seit der Einnahme Konstantinopels 1453 wurde die islamische Welt verstärkt wieder zur politisch-militärischen Bedrohung für das christliche Abendland. Auf den Trümmern des byzantinischen Reiches hatte sich die osmanische Herrschaft etabliert. Die Araber verschwanden fast völlig in die politische Bedeutungslosigkeit, »das Wort ›Türke‹ wurde zum Synonym für ›Muslim‹«[12]. Es zeigte sich, daß das polemische und apologetische Bild aus dem Mittelalter erhalten geblieben war. Gleichzeitig erlebte der Exotismus[13] einen Aufschwung aufgrund von Reiseberichten, die durch zunehmende Kontakte zum Osmanischen Reich auf politischer und wirtschaftlicher Ebene entstanden waren. Diese janusköpfige Vorstellung manifestiert sich bis heute auch im deutschen Sprachgebrauch: einerseits durch Begriffe wie

10 Vgl. dazu Norman Daniel, Islam and the West. The making of an image, Edinburgh 1960.

11 Vgl. Watt, Einfluß, S. 100 ff.

12 Rodinson, Faszination, S. 55.

13 »Exotismus ist eine allgemeine Geisteshaltung, die die Menschen anderer Völker und die Leistungen fremder Kulturen in erster Linie als Kuriosa begreift, die nur dazu dienen, den Hunger nach neuen Sinnesreizen und die Sehnsucht nach neuen Zeitbildern zu befriedigen.« Stefan Koppelmann, Der Orient Ludwigs II., in: Württembergischer Kunstverein (Hrsg.), Exotische Welten – Europäische Phantasien, Ausstellungskatalog, Stuttgart 1987, S. 104.

»einen Türken bauen« oder »etwas türken«, andererseits durch Bezeichnungen wie türkischer Kaffee, türkischer Honig oder das türkische Bad.

Der »Orient« wird weiblich: orientalisierende Malerei und Literatur

Erst als im 17./18. Jahrhundert die Osmanenherrschaft immer weiter zurückgedrängt werden konnte, verlor der »grausame Türk« an Schrecken, der einstige militärische und religiöse Gegner hatte seinen bedrohlichen Charakter verloren.[14] Das Angstszenario trat zurück, ein exotisch-romantisches »Orientbild« dominierte von nun an die Vorstellungswelt der Europäer und Europäerinnen.[15] Den Beginn markierte Anfang des 18. Jahrhunderts die Übersetzung der märchenhaften Erzählungen aus »Tausendundeiner Nacht«, die den »Orient« weiten Kreisen literarisch erschloß. In Ermangelung fundierter Kenntnisse über die Länder des Nahen und Mittleren Ostens war die Versuchung groß, die Geschichten, die sich um den grausamen Herrscher und die schöne, kluge Scheherazade rankten, als Abbild der dort existierenden Realität anzusehen. Der »Orient« eröffnete der Phantasie nicht nur eine Traumwelt, sondern bot durch die Ferne des Ortes eine Möglichkeit, ihn als Projektionsfläche eigener Wünsche zu mißbrauchen.[16]

Prächtige Paläste, in denen rauschende Feste gefeiert wurden, geheimnisumrankter Harem, Freuden im Hammam, dem türkischen Bad: ab dem 19. Jahrhundert bot der »sinnliche Orient« der Harems und polygamen Paschas ein Ventil für die eigene unterdrückte und tabuisierte Sexualität. Der »Orient« wurde weiblich.[17] Die engen Grenzen der sich in Europa immer mehr durchsetzenden bürgerlich-monogamen Familie, innerhalb derer Sexualität mit der Pflicht zur Fortpflanzung verbunden und einer strikten religiösen Moral unterworfen war, konnten zumindest in Kunst und Literatur überwunden werden.

Davon zeugt der Aufschwung der orientalisierenden Malerei, deren bevorzugte Motive der Harem oder schwüle Szenen im Bad waren. Schon die Namen der Gemälde geben ausreichend Auskunft über ihren Inhalt: »Le bain turc« von Ingres, »Femme sortant du Bain« von Chassériau, »Der Sklavenmarkt« von Gérôme, Odalisken[18] von Renoir, Ingres u.a. Hier konnten – in angemessener Entfernung zur eigenen Lebenswelt – Dinge gemalt, Phan-

14 Zu Türkenfurcht und -feindbild vgl. Petra Kappert, Europa und der Orient, in: Jochen Hippler/Andrea Lueg (Hrsg.), Feindbild Islam, Hamburg 1993, S. 45 f.

15 Vgl. Karl Ulrich Syndram, Der erfundene Orient in der europäischen Literatur vom 18. bis zum Beginn des 20. Jahrhunderts, in: Gereon Sievernich/Hendrik Budde (Hrsg.), Europa und der Orient 800 – 1900, Gütersloh/München 1989, S. 333 ff.

16 Astrid Czerny/Armin Kappel/Silvia Kuske, Das Orientbild des Westens. Die Ideologie hinter den Bildern, in: Medienprojekt Tübinger Religionswissenschaft (Hrsg.), Der Islam in den Medien, Gütersloh 1994.

17 Karl-Heinz Kohl, Cherchez la femme d'Orient, in: Sievernich/Budde (Hrsg.), Europa, S. 360.

18 Bezeichnung für weiße Haremssklavinnen.

tasien hineinprojiziert, verbotene Leidenschaften ausgelebt werden, deren Darstellung am Schauplatz Europa undenkbar gewesen wäre. Die räumliche Verlagerung aber machte sie selbst für eine prüde Gesellschaft akzeptabel.

(Ironie des Schicksals: heute zeigen türkische Zeitungen mit Vorliebe Photos von halbnackten angeblichen Europäerinnen, gedacht als »abschreckendes Beispiel« für den Verfall von Sitten, ein Schmankerl für den moralischen Voyeur).

Die darstellerische Freiheit war fast grenzenlos, da die Frauenwelt des Harems dem männlichen Betrachter verschlossen blieb, keinerlei reale Erfahrungen die Intention des Malers beeinflussen konnten. In den meisten Gemälden kommen so mehr die Gesellschafts- und Geschlechterverhältnisse in Europa zum Ausdruck als die des »Orients«: Die Bilder vermitteln die Ideologie der natürlichen Dominanz des Mannes über die Frau. Die Frauen werden leicht bekleidet oder nackt dargestellt, während sie darauf warten, dem Herrn zur Verfügung zu stehen oder sich für ihn im Bad schön machen. Selbst Szenen, bei denen Frauen auf dem Sklavenmarkt zum Verkauf angeboten werden, lassen jegliche Kritik an diesen Zuständen vermissen. Die weiblichen Körper dienen ausschließlich dazu, das männliche Auge zu ergötzen. War man doch in der westlichen Gesellschaft »zu jener Zeit von der Richtigkeit weiblicher Unterwürfigkeit, von der Wehrlosigkeit der Frauen überzeugt«.[19]

Allen Bildern und meist auch Texten ist gemeinsam, daß der europäische Betrachter nicht auftaucht, er bleibt ein Außenstehender. Dieses In-Sich-Geschlossen-Sein des mysteriösen »Orients« erlaubt es den Betrachtenden, das ihnen Dargebotene ohne moralische Skrupel zu genießen, zumal diese Andersartigkeit als objektive Realität dargestellt wurde.

In der Literatur erfüllte der »Orient« noch eine andere wichtige Funktion: An diesem geographisch und kulturell fernen Schauplatz konnte stellvertretend Kritik an sozialen und politischen Verhältnissen in Europa geübt werden, wenn offene, direkte Kritik zu gefährlich war. Sehr ausgeprägt zeigte sich dies in Frankreich am Vorabend der Französischen Revolution. So läßt Montesquieu in seinen »Lettres Persanes« zwei orientalische Europareisende zeitgenössische Gesellschaftskritik an Frankreich üben. Wenn er Despotentum, Autokratie und Dekadenz im »Orient« beschreibt, übt er in Wirklichkeit Kritik am Absolutismus im Frankreich des 17. und 18. Jahrhunderts.

Voltaire formuliert in seinen Werken, allen voran »Candide« und »Der Fanatismus oder der Prophet Mohammed«, den Wunsch nach mehr Toleranz und weniger Fortschrittsgläubigkeit und geißelt den Dogmatismus des Chri-

19 Lynne Thornton, Frauenbilder. Zur Malerei der »Orientalisten«, in: Sievernich/Budde (Hrsg.), Europa, S. 344 f.

stentums. Sein »Orientbild ist eine Kulisse, ein Handlungsort für didaktische Parabeln, Lehrstücke über die Grenzen und Möglichkeiten der Vernunft, konfrontiert mit Beispielen der eigensüchtigen menschlichen Natur«.[20]

»Orientbilder« im Dienste des Kolonialismus

Die wachsenden kolonialen Bestrebungen der europäischen Mächte brachten als Rechtfertigung weitere Elemente in Literatur und Kunst ein: Der »orientalische« Despot und seine unvorstellbare Grausamkeit wurden gerade zu einer Zeit zum Topos, als vor allem Franzosen und Engländer in Nordafrika ihre Herrschaft zu etablieren versuchten. Nicht nur die überzogen negative Darstellung der Verhältnisse im »Orient«, sondern auch der Vorwurf der Rückständigkeit sollten die Vorgehensweise der Kolonialmächte als segensreich für diese Region erscheinen lassen, brachten sie doch die Früchte der Aufklärung in die von ihnen heimgesuchten Länder.

Das verfälschte Bild vom »Orient« sollte suggerieren, daß »diese orientalische Welt eine Welt ohne Wandel ist, eine Welt zeitloser, unvergänglicher Bräuche und Rituale, unberührt von den historischen Prozessen, die die westlichen Gesellschaften zu dieser Zeit belasteten oder sie verbesserten, die sie aber auf jeden Fall drastisch veränderten«.[21] Dieses Vorurteil diente gleichzeitig dazu, die Überlegenheit des weißen Mannes zu belegen und damit sein Recht auf Herrschaft über die ihm unterlegenen Völker. Dieses ungleiche Machtverhältnis kam in der zeitgenössischen Literatur über die entsprechende Darstellung der Geschlechter zum Ausdruck: Die Rolle Europas entsprach der eines männlichen Eroberers, während den zu kolonisierenden Ländern und ihren Einwohnern und Einwohnerinnen die passive Rolle der zu erobernden Frau zugewiesen wurde.[22]

Die Religion wurde wieder einmal instrumentalisiert. Da sich im Islam weder Aufklärung noch Rationalisierung und Säkularisierung vollzogen hatten, wurde er für rückständig erklärt. Diese Argumentation bildete die ideologische Grundlage für die koloniale Herrschaft, die so zu einer zivilisatorischen Mission erklärt werden konnte.

Das von einem imperialistischen Überlegenheitsgefühl geprägte europäische Bewußtsein des 19. Jahrhunderts brachte eine von einem romantisch-sinnlichen »Orient«bild geprägte Literatur hervor. Das bekannteste populäre Beispiel in Deutschland ist Karl May. Seine Erzählungen um Kara Ben

20 Syndram, Orient, S. 328.

21 Linda Nochlin, The Imaginary Orient, in: Welten, S. 172.

22 Vgl. Kohl, Femme, S. 358. Als Beispiel sei hier Henry Rider Haggard (1856 – 1925) genannt, einer der bedeutendsten englischen Schriftsteller der Jahrhundertwende. In seinem bekanntesten Roman »She« fechten die weibliche Hauptfigur »She« und die männliche, Leo Vincey, exemplarisch den langen Kampf zwischen »Orient« und Okzident aus. Statt der von beiden erwünschten Vereinigung kommt »She« durch eigene Schuld zu Tode.

Nemsi und Hadschi Halef Omar erfreuen sich noch heute einer begeisterten Leserschaft.[23] Bei ihm verbinden sich Toleranz und ethnologisch-geographisches Wissen mit dem Glauben an die Dominanz der christlich-abendländischen Kultur und einem daraus resultierenden missionarischen Eifer. Auf dem Gebiet der Wissenschaft trug die Entstehung der Orientalistik mit der Erforschung des »Orients« zwar zu umfassenden Kenntnissen über Kultur und Religion dieser Region bei. Allzu oft aber dienten ihre Ergebnisse den Kolonialmächten als Mittel, ihre Interessen in den kolonialisierten Ländern besser durchzusetzen.[24] Aus dem im Westen herrschenden Gefühl der Überlegenheit heraus hatte die islamische Welt jedoch ihren bedrohlichen Charakter verloren. Dies begann sich erst langsam nach dem Zweiten Weltkrieg im Zuge der Dekolonialisierung wieder zu wandeln.

Auch wenn wir heute einerseits über mehr und bessere Informationsmöglichkeiten verfügen, und obwohl andererseits der Islam in den Medien wieder zu einer kriegerischen Religion aufgebaut wird, hat sich doch gleichzeitig das exotisch-romantische Bild des »Orients« bis in unsere Tage gehalten. Wie sonst könnte noch heute ein Reiseunternehmen seine Reisen nach Marokko mit den Worten anpreisen: »So erinnern auch heute die Düfte der Gewürzbasare und die überquellenden Läden in den Souks, die Schlangenbeschwörer, Geschichtenerzähler und Wasserträger an ein Märchen aus 1001 Nacht.«[25]

Was früher noch die unerreichbare Traumwelt ausmachte, wird nun benutzt, um Menschen zu einer Reise in diese Regionen zu bewegen. Aber die Phantasiewelt hat eben nur ihren Reiz, wenn sie außerhalb unserer eigenen Erfahrungswelt liegt, wenn man in sie eintauchen, sie aber nach kurzer Zeit auch wieder verlassen kann.

Revolution im Iran – ein »neues« Feindbild entsteht

Nachdem die meisten Kolonien Mitte dieses Jahrhunderts ihre Unabhängigkeit erlangt hatten, wurde die Vorstellung vom exotisch-sinnlichen »Orient«, wie er zum Beispiel in den Werken von Lawrence Durrell, Pierre Loti oder Gustave Flaubert zum Ausdruck kommt, zurückgedrängt. Der »Orient« wurde zunehmend wieder als Verkörperung des bedrohlich Fremden, Anderen gesehen.[26] Eines aber hatte die Beschäftigung mit den islamischen

23 Eine umfassende Studie zu Karl Mays Werk bieten Martin Lowsky, Karl May, Stuttgart 1987, und Gert Ueding (Hrsg.), Karl-May-Handbuch, Stuttgart 1987.

24 Dieses Thema wird ausführlich in Said, Orientalism, dargestellt.

25 Vgl. den Werbetext der Firma Studiosus-Reisen zu Marokko im Reisekatalog 1994 für Mittelmeerländer.

26 Nach dem Zweiten Weltkrieg kam es zu einem Erstarken der nationalistischen Bewegungen in den Kolonialländern, Algerien erlangte 1962 als letzter islamischer Kolonialstaat seine Unabhängigkeit. Weitere Eckdaten sind der Sechstage-Krieg 1967 sowie der Jom-Kippur-Krieg 1973 gegen Israel.

Ländern bewirkt: Das politische »Orientbild« war »mittlerweile nach Ländern differenziert, wandelbar und an aktuelle Ereignisse gebunden«.[27]

Zwar machte die Ölkrise 1973 den Industrieländern die Abhängigkeit von den Ölstaaten deutlich; Palästinenser wurden – spätestens nach dem Anschlag der PLO auf israelische Olympiateilnehmer – mit Terroristen gleichgesetzt; dasselbe Schicksal ereilte die Libyer, und Ghaddafi wurde zum unberechenbaren, gefährlichen Irren hochstilisiert.[28] Diese Verallgemeinerungen umfaßten nun aber keine religiöse Gemeinschaft mehr, sondern beschränkten sich auf einzelne nationale oder gesellschaftliche Gruppen: die reichen Ölscheichs, die Palästinenser oder eben die Libyer. Dahinter stand die Überzeugung, daß auch in den islamischen Ländern eine Säkularisierung stattgefunden habe und somit der Islam als politisches System kein Gegner mehr sei. Auch nach der Iranischen Revolution 1978 überschritten die Negativschlagzeilen über die Islamische Republik Iran in ihrem Geltungsbereich lange Zeit nicht die geographischen Grenzen des Iran. Mit der Zuspitzung auf Islam und Fundamentalismus war nun aber eine schlagkräftige Feindbild-Formel gefunden. Das Repertoire an diesbezüglichen Bildern und Konnotationen, das bis zum Ende des Ersten Golfkrieges zur Standardberichterstattung gehörte, wurde in den letzten Jahren in beinahe unveränderter Form wieder aufgegriffen. Nur werden diese Bilder jetzt nicht benutzt, um die politische und gesellschaftliche Situation im Iran zu dokumentieren, sondern die der gesamten islamischen Welt.

Das erste Jahr der Iranischen Revolution

Die mediale Präsentation der Vorgänge im Iran Ende der 70er Jahre läßt sich in zwei Abschnitte einteilen. Die erste, den Vorgängen eher positiv gegenüberstehende Phase beginnt mit den Unruhen 1978 und endet mit der Besetzung der amerikanischen Botschaft in Teheran. Da es sich hier um den Aufstand eines Volkes gegen seinen pro-westlichen Herrscher handelte, war das Interesse der westlichen Medien von Beginn an groß, was sich in ausführlichen Berichten zu den Vorgängen manifestierte. Kommentare zur Situation wurden fast ausschließlich von Khomeini aus seinem Pariser Exil geliefert. Durch die ihm von den westlichen Medien zugewiesene Bedeutung und die offensichtlich breite Unterstützung des iranischen Volkes für ihn fand schon früh eine Identifikation der Revolution mit Khomeini statt. Wer wollte schon den linksgerichteten Mitinitiatoren mehr zuerkennen, als

27 Syndram, Orient, S. 324.

28 So lautete die Überschrift von »Bild« vom 15. 4. 1986: »Gefährlicher Ghaddafi: Der Wahn, der aus der Wüste kommt«; »Die Zeit« vom 10. 1. 1986 beschrieb ihn als »Bedrohlich wie die Wüste. Muammar al-Ghaddafi: eine gefährliche Randfigur der Weltpolitik«.

Sprachrohr einer Minderheit zu sein? Khomeini wurde »zum Gesicht der unvermeidlich gesichtslosen Menschenmengen, [...] schließlich zum Gesicht des Iran selbst«[29]. Die von ihm in der Öffentlichkeit verkündeten Ziele von Demokratie und Freiheit, sein Eintreten für die »Mostazafin«, die Elenden, Unterdrückten, die bereitwillige Zusammenarbeit mit westlichen Journalisten (Scholl-Latour rühmt sich zum Beispiel, mit ihm von Paris nach Teheran geflogen zu sein) zerstreuten bei vielen Journalisten und Politikern die mancherorts geäußerten Bedenken. Eine Beschäftigung mit den Schriften Khomeinis oder mit den Gründen für seine Ausweisung aus dem Iran hätte dagegen zu berechtigten Zweifeln an den von ihm propagierten Idealen geführt. So aber war die Furcht vor einer Machtergreifung der Linken größer als die vor Khomeini, dessen radikal antiwestliche Haltung erst später deutlich wurde. Kritik am Schah, den noch elf Jahre zuvor bei seinem Besuch in Berlin Tausendschaften von Polizisten vor einer Anti-Schah-Demonstration geschützt hatten, war bis zu diesem Zeitpunkt nicht opportun gewesen.[30] Nun gab es in den Printmedien und im Fernsehen Hintergrundberichte zu seinem Regime, die Folterungen von Schahgegnern durch die Savak, den iranischen Geheimdienst, oder die Prunksucht des Schahs auf Kosten der armen Bevölkerung anprangerten. Im Westen hoffte man, daß sich nur der Titel des Geschäftspartners ändern würde und weiterhin eine gute Zusammenarbeit mit dem Iran unter neuer Führung möglich sei.

Das »Mullah-Regime«[31] in den westlichen Medien

Die Besetzung der amerikanischen Botschaft in Teheran im November 1979 machte jedoch schlagartig klar, daß die Industriemächte die Absichten der neuen iranischen Führungsriege falsch eingeschätzt hatten.[32] Die Besetzung war eine eindeutige Verletzung internationaler Regeln. Khomeinis antiamerikanische Rhetorik und sein antidemokratisches Regime stellten sowohl einen Angriff auf das westliche Selbstverständnis als auch auf das vom Westen dominierte kapitalistische Wirtschaftssystem dar, das von einem amerikaabhängigen Iran profitiert hatte.

Khomeini stellte sich hinter die Botschaftsbesetzung, wobei er die USA als den »großen Teufel« bezeichnete. Der »Kampf gegen den amerikanischen Im-

29 Ebd.

30 Eine gute Dokumentation zum »Berliner Sommer« ist zu finden in: Hans Magnus Enzensberger (Hrsg.), April 1968 (= Kursbuch 12), Frankfurt a.M. 1976.

31 Vgl. den Artikel von Theo Sommer: Mannesmut vor Mullah-Thronen, in: »Die Zeit« vom 24. 2. 1989; die Stuttgarter Zeitung vom 17. 2. 1989 bezeichnet es als »das finstere Mullah-Regime in Teheran«.

32 Eine ausführliche chronologische Darstellung der ersten fünf Jahre ab dem Beginn der öffentlichen Opposition gegen den Schah bietet der autobiographische Bericht von Hans-Peter Drögemüller, Iranisches Tagebuch. Fünf Jahre Revolution, Hamburg 1983.

perialismus« lenkte von den wachsenden Schwierigkeiten im Land (Arbeitslosigkeit, politisches Chaos etc.) ab und mobilisierte die Massen erneut, diesmal gegen einen äußeren Feind.[33]

Die westlichen Medien reagierten: Aus dem für Freiheit demonstrierenden iranischen Volk wurde ein wilder Mob unter Leitung eines finsteren Alten, der mittelalterliche Zustände wiederherstellen wollte. Die Berichterstattung über reale Mißstände, die der Regierung um Khomeini anzulasten sind, wurde zunehmend überlagert von einer tendenziösen. Sie setzte die Meinung großer Teile der iranischen Bevölkerung mit der Khomeinis gleich, die Iranische Revolution wurde zu einer Bedrohung für die gesamte islamische sowie Teile der westlichen Welt hochgespielt. Das beherrschende Bild in den Medien war nun das der Menge, »die Faszination des dramatisch anderen, das sich im Ayatollah und seinem Mob wildgewordener bärtiger Männer und dunkel verhüllter Frauen präsentiert, auf ein unverständliches und beängstigendes Ritual reduziert«.[34] Khomeini benutzte seinerseits die Medien, um den Iran als eindimensionales statisches Gebilde und das iranische Volk als ihm und der Idee eines islamischen Staates treu ergeben darzustellen. Wer unter den westlichen Zuschauenden, der an sloganbrüllende Massen gewöhnt ist, erkennt auf dem kleinen Bildschirm, ob die Menge wie zu Anfang aus fünf Millionen oder nur noch aus einigen tausend Menschen besteht? Die westlichen Medien tradierten das Bild der unüberschaubaren Menschenmenge, Widerstand gegen Khomeinis Diktatur wurde als Randerscheinung behandelt, die Unterstützung des gesamten iranischen Volkes für seine Regierung als Tatsache hingestellt. Um zu erklären, warum ein Volk eine Regierung unterstützt, die ihm die elementarsten Rechte nimmt, den Lebensstandard senkt und jahrelang einen sinnlosen Krieg gegen den Irak führt, wurde auf die Religion als Hauptbestandteil der »anderen« Kultur abgehoben. Dahinter steht der Gedanke, daß zwischen westlichen und islamischen Ländern unüberbrückbare Gegensätze bestünden: Nationen, »die man der westlichen Zivilisation zurechnet, sind offensichtlich automatisch für eine demokratische Politik qualifiziert, während die Iraner der islamischen Welt zugehören, die per definitionem nach anderen Regeln lebt und leben soll«.[35]

Das ständig wiederkehrende Motiv der Masse mußte die Bundesdeutschen doppelt verängstigen: Der fanatische, skandierende, entindividualisierte Mob

33 Die Freude auch linker Iraner über die Konfrontation mit der Supermacht USA beschreibt auch Bahman Nirumand in seinem Buch: Iran. Hinter den Gittern verdorren die Blumen, Hamburg 1987, S. 195 ff.

34 Fazaneh Asari, Das Gesicht der Menge, in: taz vom 26. 5. 1989.

35 Asari, Gesicht. Arnold Hottinger erinnert daran, daß auch im Westen Demokratie erst erkämpft werden mußte: »Nicht nur in Amerika, auch in Europa wird immer wieder die Frage gestellt: ›Sind denn diese Völker überhaupt fähig, sich demokratisch zu regieren?‹ Gemeint

erregte Furcht durch seine Unberechenbarkeit und bedingungslose Ergebenheit in einen Führer.[36] Er erinnerte aber auch auf unangenehmste Weise an Bilder aus der Zeit des Nationalsozialismus, die man zu gern verdrängt hätte. Das Phänomen der Iranischen Revolution erschien dem laizistischen Westen als bedrohlich rätselhaft, da diese Menge auch noch strenggläubig zu sein schien, wie die Bilder von mit Betenden überfüllten Straßen suggerierten.

Die Islamische Republik Iran wurde rasch zum Feind, der sich gegen Individualismus, Fortschritt, politische und religiöse Freiheit und das kapitalistische Wirtschaftssystem stellte. Auch einen weiteren Faktor sollte man nicht unterschätzen: die Entlastungsfunktion des so erzeugten Gegenbildes.[37] Schah Reza Pahlevi und seine Gattin, Farah Diba, waren zum Vorzeigeherrscherpaar hochstilisiert worden, das dem Iran den Anschluß an die westlichen Staaten ermöglichen sollte. Jahrelang beherrschten ihre Fotos die Hochglanzseiten von Zeitschriften. Daß dieses High-Society-Leben auf Kosten der Bevölkerung geführt wurde, daß die ländliche Bevölkerung nichts vom Fortschritt gespürt hatte, daß der Geheimdienst Tausende von politischen Gegnern folterte, einsperrte oder umbrachte, interessierte fast nur die Linken: Es paßte nicht ins Bild. Indem man nun Khomeinis Regime als noch grausamer, ausbeuterischer und unterdrückerischer darstellte, wurde die eigene fragwürdige Pro-Schah-Einstellung relativiert. Die weit verbreitete Überzeugung, daß es allen Menschen zur Schahzeit noch besser gegangen sei, war zuvorderst eine verkappte Rechtfertigung. Sie drückte Genugtuung darüber aus, daß eigentlich doch »der Richtige«, der weniger Schlimme, lange Zeit die Unterstützung und Sympathie des Westens genossen hatte.

Die Darstellung der iranischen Frau in den westlichen Medien trug wesentlich zu Khomeinis Dämonisierung bei. Die verordnete Verschleierung bei hohen Strafen im Falle der Nichtbeachtung, die traditionelle Rolle, die Khomeini Frauen vorschrieb, ihre Instrumentalisierung bei Bedarf (man denke an die Bilder von Frauen im Tschador mit der Kalaschnikow in der Hand), all das stärkte seinen Ruf als Unterdrücker der Frauen und Diktator.[38] Wen interessierte es, daß die westlich gekleideten iranischen Frauen in den Zeitschriften zur Schahzeit nur aus den dünnen Mittel- und Oberschichten

sind entweder die Staaten der islamischen oder überhaupt jene der Dritten Welt. – Diese Frage darf nicht mit einem letzten rassistischen ›nein‹ beantwortet werden. Es ist vielmehr daran zu erinnern, daß die Demokratie in keinem Lande, schon gar nicht in den Staaten Europas, auf Anhieb zustande kam. Der Verfasser erinnert sich noch der Zeit, als man in der benachbarten Schweiz in einem ähnlichen Ton fragte: ›Sind denn die Deutschen der Demokratie überhaupt je fähig?‹ Derselbe, Vom westlichen Mißtrauen gegen den arabischen Pluralismus, in: Bahman Nirumand (Hrsg.), Die kurdische Tragödie, Reinbek 1991, S. 28.

36 So warnt der bekannte Journalist Peter Scholl-Latour vor den »unberechenbaren Leidenschaften der islamischen Massen« in seinem Buch zur gleichnamigen Sendung: Das Schwert des Islam. Revolutionen im Namen Allahs, München 1990, S. 155.

kamen? Wer wollte daran erinnert werden, daß die nach staatlichen Bedürfnissen definierte Frauenrolle kein Spezifikum des Islam ist? Schließlich mußten auch Frauen im Nationalsozialismus Kanonenkugeln gießen, obwohl sie ideologisch auf die Rolle der Gebärerin reduziert waren. Es ist immerhin bemerkenswert, wenn eine Gesellschaft, in der die Frauenfrage nur Unbehagen hervorruft, beim Blick auf islamische Länder die Rolle der Frau plötzlich zum zentralen Kriterium für deren gesellschaftliche Entwicklung erhebt, ohne sich natürlich tatsächlich mit der Frauenbewegung hier wie dort zu solidarisieren.

Der Zweite Golfkrieg – Saddam Hussein ersetzt Khomeini

Hier sollen nicht die negativen Auswirkungen der Iranischen Revolution für die iranische Bevölkerung verharmlost werden. Es soll aber deutlich gemacht werden, daß die Berichterstattung in den Medien zwischen 1979 und 1989 weder objektiv noch von der Sorge um das iranische Volk getragen war. Spätestens die unterschiedliche Haltung der westlichen Staaten während der zwei Golfkriege straft die Behauptung Lügen, daß sich die Unterstützung des Westens an objektiven moralischen Kriterien orientiere. Im Krieg zwischen Iran und Irak wurde der Irak nicht als Aggressor verurteilt, sondern bis an die Zähne bewaffnet, um – für den Westen – den propagierten Vormarsch der islamischen Revolution zu stoppen. Als der solchermaßen hochgerüstete Irak in Kuwait einmarschierte, wurde Saddam Hussein geradezu hysterisch zu einem noch schrecklicheren Gegner als vormals Khomeini hochgespielt, der Iran konnte sich sogar als Vermittler anbieten. Dafür gab es zwei Gründe: Mit dem Angriff auf Kuwaits Ölquellen sah der Westen einerseits seine wirtschaftlichen Interessen bedroht, andererseits ging es um Machtdemonstration: Die Staaten, die der Westen zuvor aufgerüstet hatte, zuerst den Iran, dann den Irak, sollten in ihre Grenzen verwiesen werden. Die Investitionen der westlichen Militärmächte sollten diesen selbst zugute kommen und keine Alleingänge der protegierten Staaten ermöglichen.

Einfluß und Ohnmacht der Medien konnten eindrücklich am Beispiel des Zweiten Golfkrieges nachvollzogen werden. Klaus Bresser nannte ihn einen »Fernsehkrieg«, da er »über dieses Medium vorbereitet und [...] mit seiner Hilfe erfolgreich geführt« wurde.[39] Die amerikanische Regierung erlaubte nur die Veröffentlichung zensierter Berichte und ausgewählter Bilder und scheute sich nicht, eine Werbeagentur mit der Kriegs-»Inszenierung« zu be-

37 Vgl. Iring Fetscher, Feindbilder in der Politik, in: Psychosozial 40 (1989), S. 10 ff.

38 Das Buch »Nicht ohne meine Tochter« von Betty Mahmoody (Bergisch Gladbach 1988) zum Beispiel erreichte in Deutschland höhere Auflagenzahlen als in jedem anderen Land. Vgl. DAAD Letter 1 (1992), S. 13.

39 Vgl. Klaus Bresser, Das Fernsehen ließ sich von den Militärs mißbrauchen, in: Frankfurter Rundschau vom 26. 3. 1992.

auftragen, die auch vor der Verbreitung falscher Tatsachen nicht zurückschreckte. Die anfänglichen Schwierigkeiten der deutschen Presse, den Irak zu einem Feindbild aufzubauen, wurden von »Bild« gelöst. Mit der Überschrift »Was macht der Irre jetzt?« (9. 8. 1990) wurde aus Saddam Hussein der »Irre von Bagdad«. Die Personifizierung des Feindbildes in Gestalt von Saddam Hussein erleichterte die Einordnung des Gegners, was angesichts der Verluste in der irakischen Zivilbevölkerung notwendig erschien. Die bombardierten Männer, Frauen und Kinder durften keinen Subjektstatus erhalten, die Bevölkerung im Westen sollte den Eindruck bekommen, der Krieg würde nur geführt, um den sowohl für Nichtiraker als auch für Iraker gefährlichen Saddam zu bekämpfen. Um seine Gefährlichkeit auch für die eigene Bevölkerung zu demonstrieren, half wiederum ein Griff in die historische Mottenkiste: Man versuchte, Fotos »per Betonung des Schnurrbartes und ›fanatischer‹ Retusche der Augen möglichst an Hitler-Outfits anzunähern«[40].

Den zweifelhaften Höhepunkt bildete eine Karikatur in »Quick« vom 7. 2. 1991. Auf einem Siegerpodest aus Totenschädeln stehen Stalin an dritter Stelle, Hitler an zweiter, Sieger der »Monster-Weltrangliste 1991« (Begleittext) aber ist Saddam Hussein. In der Hand hält er eine Fahnenstange, die in einem Halbmond, dem Symbol des Islam, endet. »Die Botschaft ist offenkundig: Die islamische Welt ist der neue Feind, ja, der Islam hat mit seiner menschenfeindlichen Grausamkeit – verkörpert in der Gestalt Saddam Husains, der auf dem größten Hügel von Totenschädeln steht! – dem Nationalsozialismus und dem Kommunismus bzw. den in deren Namen durchgeführten Völkermorden den Rang abgelaufen: Im Vergleich zu Saddam Husain waren Hitler und Stalin ›gar nicht so schlimm‹.«[41] Solche Vergleiche sind eine besondere Form der Vergangenheits»bewältigung«, denn, wie Reinhard Schulze folgert: »Saddam = Hitler – und schon haben wir unsere Vergangenheit orientalisch entsorgt.«[42]

Noch ein weiteres Mal konnte im Zweiten Golfkrieg auf das Schlagwort Islam zurückgegriffen werden. Demonstrationen in islamischen Ländern gegen das rasche und harte Eingreifen der Amerikaner wurden häufig als »islamische« Opposition gegen die Verteidigung westlicher Werte dargestellt. Dabei wurden sie zum großen Teil von Intellektuellen mitgetragen, die in

40 Jürgen Link, Der irre Saddam setzt seinen Krummdolch an meine Gurgel, in: Frankfurter Rundschau vom 16. 1. 1991.

41 Gernot Rotter, in: Nada Fahed u.a. (Hrsg.), Feindbilder. Arabische und deutsche Karikaturen zum Zweiten Golfkrieg, Frankfurt a.M. 1992, S. 3.

42 Reinhard Schulze, Weil sie ganz anders sind. Alte Klischees verstellen uns den Blick auf einen Orient im Aufbruch, in: Die Zeit vom 1. 3. 1991. Vgl. auch den Artikel von Hans Magnus Enzensberger: Hitlers Wiedergänger, in: Der Spiegel vom 4. 2. 1991, S. 26 ff. Er versucht hier, seine Behauptung Saddam = Hitler (Ankündigung des Artikels auf dem Titelblatt) anhand von Parallelen zwischen beider Verhalten, Massenwirkung etc. zu unterlegen.

»Monster-Weltrangliste '91«. Karikatur aus: Quick vom 7. Februar 1991

ihren Ländern für Säkularisierung eintreten und nur ihren Unmut über die unterschiedliche Konsequenz bei der Durchsetzung von UNO-Resolutionen zum Ausdruck gebracht hatten.

Der Iran und später der Irak sind gute Beispiele, um die mediale Konstruktion von Feindbildern nachzuvollziehen. Fanatisierte Menschenmassen, bärtige Mullahs und Frauen im Tschador, Moscheen und bewaffnete Kinder, diese Bilder waren Bestandteil »unserer« Realität vom Iran. Gegen Ende der 80er Jahre wurde aus denselben Bildern ein Angstszenario entwickelt, das seit dem Zweiten Golfkrieg die gesamte islamische Welt umfaßt. Gezielt wurden dazu Anspielungen auf den Nationalsozialismus verwendet: Fanatismus, die Verwendung von Kollektivsymbolen wie »Feuer« und »Gas«[43], die Angleichung von Saddam Husseins Physiognomie an die Hitlers schaffen historische Parallelen, die weit überzogen sind.[44]

Die beginnende Dämonisierung des Islam fällt zeitlich mit dem Ende des Kalten Krieges zusammen. Der Verdacht liegt nahe, daß der Westen bei der Suche nach einer neuen negativen Folie, vor der er seine Identität und seine Interessen konstruieren beziehungsweise verteidigen kann, auf den nächstgelegenen Nachbarn stieß: die islamischen Länder.

Der Islam – eine Religion wird zur Bedrohung für die »zivilisierten« europäischen Länder aufgebaut

Im Zeitalter der Massenmedien, in dem wir alle täglich mit Neuigkeiten über die für alle – vermeintlich – erfahrbare Welt versorgt werden, kommt den Medien die Hauptrolle bei der Information und der damit einhergehenden Bildkonstruktion zu. Sie beeinflussen den Meinungsbildungsprozeß und geben Werturteile ab.

Dabei können die Medien über selektive Informationsweitergabe – wie im Zweiten Golfkrieg – gezielt manipuliert werden. Vor allem aber ist es der Kampf um Auflagenzahlen und Einschaltquoten, der die Auswahlkriterien für Nachrichten beeinflußt. Erfolgversprechend sind Themen von allgemeiner Bedeutung, Konflikte, Gewalt, Sex und Außergewöhnliches, denn »news is what's different«[45]. So wird selbst bei vermeintlich guter journalistischer

43 Zu Symbolgehalt und Realitätsbezug von Kollektivsymbolen, dargelegt anhand einiger Beispiele, vgl. Link, Saddam.

44 Das zeigt sich auch bei der Berichterstattung über Ex-Jugoslawien, bei der die von Kroatien, Bosnien und dem Kosovo mit deren Selbstdarstellung in den Medien beauftragte amerikanische Werbeagentur Ruder Finn gezielt bestimmte Termini wie »Genozid«, »Konzentrationslager« oder »Massenvergewaltigung« einsetzte. Die Grausamkeiten kann niemand leugnen, aber es ist Finn gelungen, »die Verbrechen zunächst ausschließlich der serbischen Kriegsseite zuzuschreiben und gleichzeitig durch begriffliche Suggestionen und Analogieschlüsse zu den Judenvernichtungen der Nazis die Serben mit dem Stigma des einmalig Bösen zu belegen«. Mira Beham, in: Süddeutsche Zeitung vom 2. 3. 1994.

45 Walther von La Roche, Einführung in den praktischen Journalismus, München 1985, S. 61.

Arbeit zugunsten einer attraktiven Berichterstattung das Fremde, Exotische hervorgehoben. Besonders problematisch ist das Kriterium Konflikt für Themen der Auslandsberichterstattung. Da, nach dem Motto »only bad news are good news«[46], nur spektakuläre Ereignisse eine Chance haben, in die deutschen Medien zu gelangen, »erscheinen viele vor allem nicht westliche Länder, vornehmlich die Länder der sogenannten Dritten Welt, als ein Ort ständiger Kriege, Unruhen und Katastrophen«.[47] Die Notwendigkeit, so aktuell wie möglich zu sein, erzeugt einen ungeheuren Zeitdruck. Unzureichende Recherchen bei der Themenbearbeitung und die daraus resultierende mangelnde Differenzierung sind eine logische Folge davon. Viele Journalisten greifen dann auf stereotype Erklärungsmuster und Bilder zurück, anstatt Hintergrundinformationen zu liefern.

Angesichts dieser Arbeitsbedingungen für Journalisten wird klar, warum der islamische Orient in den letzten Jahren ein hohes Maß an Aufmerksamkeit auf sich gezogen hat. Lassen sich hier doch tradierte Stereotype und historische Ängste, die seit Jahrhunderten Ängste und Wünsche des Westens widerspiegeln, und eine mit dem Christentum konkurrierende Religion stets mit einem publikumswirksamen Schuß Exotik mischen. Die geographische Nähe einiger islamischer Länder zu Europa läßt das Angstszenario als realistisch erscheinen.[48] Der Fundus an brisanten und emotionsgeladenen Bildern, den gegenwärtig die politischen Ereignisse im »Orient« liefern, erleichtert es zudem den Journalisten, ihre Berichte mit Schlagwörtern und sensationellen Bildern publikumswirksam aufzuarbeiten.

Der »homo islamicus« in den Medien

»Das Schwert des Islam«, »Der politische Harem. Frauen zwischen Islam und Demokratie«, »Rückkehr ins Mittelalter? Der Kampf der islamischen Fundamentalisten« – Titel von Fernsehsendungen, die sich mit dem Islam befassen. Schon die Botschaft dieser Titel ist eindeutig antiislamisch. Ohne auch nur eine Sequenz der jeweiligen Sendung gesehen zu haben, werden die Zuschauer und Zuschauerinnen auf das Kommende eingestimmt. Durch den religiösen Kontext, in den Begriffe wie Schwert, Demokratie oder Mittelalter gestellt werden, wird das Publikum darauf konditioniert, nicht einzelne negative Aspekte wie Gewaltbereitschaft, Benachteiligung von Frauen oder Intoleranz zu verurteilen, sondern den Islam als dafür Verantwortlichen. Zur Einstimmung folgen meist Aufnahmen von »typisch orientalischen Szenen«,

46 Vgl. auch Georg Ruhrmann, Zum Problem der Darstellung fremder Kulturen in der deutschen Presse, in: Zeitschrift für Kulturaustausch 1 (1991), S. 42.

47 Astrid Czerny, Zum Problem der Darstellung »fremder Kulturen« in Massenmedien (unveröffentlichte Diplomarbeit), Tübingen 1993, S. 24.

48 Vgl. dazu die Überschrift in der Südwestpresse vom 3. 2. 1994: »Europa durch Raketen gefährdet: Besorgnis über fundamentalistischen Einfluß in Algerien«.

die den Zuschauer und die Zuschauerin das Gezeigte als erkennbar anders, fremd ausmachen lassen. Die Filmproduzenten können dabei auf einen etablierten Fremdzeichenkatalog zurückgreifen. Schon vor langer Zeit hat sich im Abendland »die Vorstellung vom homo islamicus, die auch heute noch weit davon entfernt ist, erschüttert zu werden«[49], durchgesetzt. Das ihn betreffende Repertoire an Fremdzeichen besteht aus einer sozial festgelegten, erlernbaren Menge von Identifikationsmerkmalen, die es uns als christlichen oder zumindest christlich geprägten Deutschen ermöglichen, den anderen als Muslim oder Muslimin zu identifizieren und einzuordnen. Somit sind Fremdzeichen gleichzeitig Abgrenzungszeichen, Grenzmarken zu einem als anders wahrgenommenen Kulturkreis.[50]

Der islamische Kulturkreis bietet ein reiches Repertoire an Fremdzeichen. In den Medien erscheint er jedoch als monolithischer Block, da nur eine begrenzte Auswahl der markantesten Bilder ständig wiederverwendet wird.

Zu den am häufigsten benutzten Fremdzeichen gehören Äußerlichkeiten wie der Schleier oder das Kopftuch bei Frauen, Bart und Kopfbedeckung (Turban, Tücher, Mützchen) bei Männern und Kleidungsstücke wie Kaftan, Burnus oder Galabiyya. Besonders wirksame Handlungen sind das Gebet, vor allem das Freitagsgebet, zu dem sich viele aus Platzgründen auf der Straße versammeln, und das Schächten, das ja schon zur Verunglimpfung der Juden dient(e). Häufig verwendet werden auch mediale Merkmale wie die arabische Schrift und architektonische Elemente, deren augenfälligste Moschee und Minarett sind, sowie Embleme, vor allem der Halbmond. Diese visuellen Zeichen werden ergänzt durch auditive: die arabische Sprache, der Ruf des Mu'azzin und »orientalische« Musik. Des weiteren gehören zu diesem unvollständigen Katalog olfaktorische Zeichen, vom positiv besetzten Döner Kebab bis zum negativ besetzten Knoblauchgeruch.[51]

Die vorherrschenden Bilder von Muslimen in Europa

Seit der Suez-Krise 1956 dominieren vier Stereotype von Muslimen die Vorstellungen der Menschen im Westen und die Darstellung in den Medien. Als Schreckensbild galt lange der Terrorist. Dazu zählten die Mitglieder der PLO, häufig pauschal alle Palästinenser, und die Libyer inklusive Ghaddafi selbst. Zur Zeit der Ölkrise Anfang der 70er Jahre kam der reiche Ölscheich hinzu. Die Furcht vor den armen, ungebildeten muslimischen Migranten – seien es Algerier in Frankreich, Türken und zunehmend alle Muslime in Deutschland – steigt seit Ende der 70er Jahre rapide an. Und mit der Islamischen

49 Rodinson, Faszination, S. 80.

50 Vgl. Hubert Mohr, Gesellschaftliche Bildproduktion und Religion. Fremdzeichenrepertoire und Symbolkonflikte, in: Medienprojekt Tübinger Religionswissenschaft (Hrsg.), Islam, S. 48.

51 Mohr, Bildproduktion, S. 50.

Republik Iran wurde das Feindbild Fundamentalist aus der Taufe gehoben, das sich wachsender Beliebtheit erfreut.[52]

Zeitliche Verschiebungen und Parallelen sind dabei besonders interessant. Die Furcht vor muslimischen Terroristen erreichte in den 70er Jahren einen Höhepunkt, begründet in einigen Flugzeugentführungen und dem Attentat der PLO 1972 auf israelische Olympiateilnehmer in München. Zu dieser Zeit machte sich der Wohlstand in der BRD durch einen rapiden Anstieg von Flugreisen bemerkbar, breite Schichten der Bevölkerung konnten in die Gefahr kommen, selbst Opfer einer Entführung zu werden. Es war aber auch die Phase der heißesten Auseinandersetzungen zwischen dem deutschen Staat und der RAF. Ein entsprechendes Feindbild existierte daher schon innerhalb der BRD. Hinzu kam, daß »muslimische Terroristen« – direkt oder indirekt – für die Aktionen der RAF mitverantwortlich gemacht wurden, da sie deren Mitglieder in speziellen Trainingslagern ausbildeten. Von den – legalen und illegalen – Waffenexporten auch in sogenannte terroristische Staaten wollte dagegen niemand etwas wissen. Am Beispiel Libyens kann man gut nachvollziehen, wozu Feindbilder auch dienen: zur Rechtfertigung militärischer Einsätze. Propagandistisch gut vorbereitet, konnten die USA im April 1986 die Hauptstadt Tripolis bombardieren, wobei 37 Menschen ums Leben kamen. Angebliche Beweise dafür, daß Libyen für einen Anschlag auf die Berliner Discothek »La Belle« verantwortlich sei, genügten. Es gab nur wenig Widerstand in der westlichen Öffentlichkeit gegen diesen Angriff. Terroristen wurden derart häufig mit Arabern gleichgesetzt, daß der Terminus Terrorist heute mitunter sogar als Synonym für Fundamentalist verwendet wird.

Bezüglich der Ölstaaten ist die Sachlage völlig anders. Der »reiche Ölscheich« wurde erst gefährlich, als er drohte, den Ölhahn zuzudrehen und damit Technologie und Zivilisation der Industriestaaten zu gefährden. Diese Krise machte einerseits die Abhängigkeit von den Ölstaaten deutlich, andererseits aber auch die Notwendigkeit, Einigkeit unter den Ölstaaten und damit eine zweite Ölkrise zu verhindern. Obwohl Saudiarabien und Kuwait konservative »fundamentalistische« Monarchien ohne demokratische Ansätze sind und in beiden das islamische Recht, die schari'a, gilt, gab und gibt es keine Einwände gegen eine Zusammenarbeit. Im Gegensatz zum Iran oder Libyen wurden in diesem Fall von den Industrieländern nie unüberbrückbare ideologische Gegensätze oder fanatischer Islamismus angeführt, die eine Zusammenarbeit unvertretbar machen würden. Gemeinsame wirtschaftliche Interessen bieten eine ausreichende Basis für Kooperation.

52 Diese Einteilung basiert auf dem Vortrag von Paul Balta, Les medias et les malentendus euroarabes, gehalten am 22. 9. 1993 in Madrid bei einem Kongreß über »El mundo arabe y su imagen en los medios«.

Die Migranten fallen aus dem rein islamischen Kontext heraus. Unabhängig von ihrer Nationalität werden sie seit geraumer Zeit zu einem massiven Feindbild aufgebaut. Die politische und nationalistische Polemik spielt mit der herrschenden Angst vor »Überfremdung«[53], begründet auf der vermeintlichen Gefahr eines unkontrollierten Zuzugs sowie der demographischen Entwicklung zugunsten der Einwanderer. Da sich die graduellen Unterschiede in der Akzeptanz am Fremdheitsgrad und den jeweils unterstellten Anpassungsschwierigkeiten der arbeitsuchenden Einwanderer festmachen, befinden sich Türken als Muslime, Nicht-Europäer und zudem zahlenstärkste Gruppe im Vergleich zu Einwanderern aus Südeuropa diesbezüglich an unterster Stelle der Beliebtheitsskala. »Die Zuwanderung von Arbeits- und Armutsmigranten [...] wird hier denunziert als Fortsetzung einer angeblich jahrhundertealten, zentral gelenkten Eroberungs- und Bekehrungsstrategie.«[54] Die Verknüpfung von fremder, teils an Äußerlichkeiten auszumachender Religion und ihrer Präsenz praktisch »vor der eigenen Haustür« führt leicht zu der Folgerung, die »Gefahr« lauere schon »mitten unter uns«.

Das aktuellste und massivste Feindbild stellt jedoch seit einigen Jahren »der islamische Fundamentalist« dar. Anschläge auf Touristen in Ägypten, der Wahlgewinn der FIS in Algerien und der Brandanschlag auf ein Hotel im türkischen Sivas, bei dem 35 Menschen ums Leben kamen, werden als Begründung benutzt, um die Muslime generell als gewalttätige Fundamentalisten zu bezeichnen, die eine Weltherrschaft unter dem Banner des Islam errichten wollen. Den Opfern der Fundamentalisten ist aber nicht damit gedient, daß vielerorts hinter jedem Muslim ein Fundamentalist vermutet wird. Mit derselben Vehemenz, mit der der Fundamentalismus als Bedrohung für die gesamte westliche Welt dargestellt wird, verwahrt sich Deutschland dagegen, pauschal der Ausländerfeindlichkeit verdächtigt zu werden »wegen einiger Tausend Rechtsradikaler und vereinzelter Brandanschläge«. Daß es nicht nur um die Verteidigung »westlicher« Werte geht, zeigt sich darin, daß trotz der Panikmache vor dem islamischen Fundamentalismus durchaus politische und wirtschaftliche Beziehungen zu fundamentalistischen Staaten existieren. So gibt es spätestens seit Ende des Ersten Golfkrieges wieder rege politische und wirtschaftliche Beziehungen zum Iran, obwohl sich am Umgang mit Menschenrechten dort kaum etwas geändert hat – was sich neuerdings auch an einer positiven Berichterstattung über

53 Vgl. den Artikel: Angst vor der Überfremdung wird Wahlkampfthema. Der CSU-Vorsitzende rät auch der CSU, die Mitte-rechts-Themen zu besetzen, in: Süddeutsche Zeitung vom 6. 12. 1993.

54 Heinz Halm, Der innere und der äußere Feind, in: Verena Klemm/Karin Hörner (Hrsg.), Das Schwert des »Experten«, Heidelberg 1993, S. 9 f.

den Iran im Fernsehen festmachen läßt.[55] In Afghanistan wurden die Mudjahidin, solange sie gegen die feindliche Sowjetunion ankämpften, finanziell und moralisch vom Westen unterstützt. Nach dem Zusammenbruch der Sowjetunion wurde den ehemaligen Freiheitskämpfern aber in einer kompletten Kehrtwendung das Etikett »Fundamentalisten« aufgedrückt – mit allen negativen Konnotationen. Somit wurde Afghanistan wie die islamischen Staaten der Ex-Sowjetunion in das Angstszenario von der islamischen Klammer, die sich um Europa legt, miteinbezogen. Kombiniert man die Bilder von »Reichtum« und »Macht« (der Ölscheichs), von denen man sich abhängig glaubt, mit der »Gewaltbereitschaft« (der »Terroristen«), dem »Fanatismus« (der Fundamentalisten) und dem »Ungebildet-/Unterentwickeltsein (der Migranten), das heißt, deren Unfähigkeit, mit der Macht »vernünftig« umzugehen, so entsteht eine brisante Mischung. Sie kann Bedrohungsgefühle und schwer kontrollierbare Reaktionen auslösen und legitimatorisch wirken. Das Feindbild »Islam« erhält durch diese widersprüchliche Mischung seine Handlungsrelevanz.

Über verschiedene Maßstäbe bei der Bewertung von Religion

An einer politisch differenzierten Darstellung der islamischen Länder in den Medien mangelt es häufig. Das läßt sich bereits auf der reinen Bildebene belegen, wie folgendes Beispiel zeigt.

In dem Film »Djihad« von Ahmad Taheri, der versucht, objektiv über den »Heiligen Krieg« zu informieren, werden Sequenzen gezeigt, die die Ausbreitung der islamischen Welt veranschaulichen sollen. Es ist ein Ausschnitt einer Karte zu sehen, die außer den islamischen Ländern nur Europa zeigt. Auf der zu Anfang gelbfarbigen Landkarte werden die Länder mit überwiegend islamischer Bevölkerung rasch aufeinanderfolgend schwarz eingefärbt, bis fast der ganze Bildschirm schwarz zu sein scheint. Schon die Symbolkraft der Bedrohungs- und Todesängste hervorrufenden Farbe Schwarz würde genügen, um Ängste vor der Militanz oder der demographischen Übermacht der Muslime zu erwecken. Nun wird die schwarze Fläche aber noch durchlässig, zuerst erscheint nur ein Mann, dann immer mehr, bis schließlich auf der gesamten, vorher schwarzen Fläche eine skandierende Menge mit erhobenen Fäusten nach vorn marschiert, auf die Zuschauer und Zuschauerinnen zu. Diese Sequenz, die mit solch einfachen Mitteln das Gefühl erzeugt, der Islam bedrohe die westliche Welt, ist noch in anderen Sen-

55 In der Dokumentation »Iran – Der verlorene Sieg. Das Erbe der Islamischen Revolution«, gesendet am 2. 3. 1994 um 21.15 Uhr in 3SAT, wird die Islamische Republik Iran sehr positiv dargestellt, sei es auf dem Gebiet des Bildungswesens, der Landreform oder der gleichberechtigten Ausbildung der Frauen.

dungen zum Einsatz gekommen.[56] Offenbar ist es den Filmemachern wichtig, die islamische Welt als gleichförmige Masse darzustellen, die Europa wie eine Zange zu umschließen droht.

Die Tendenz, dem »Orient« eine kulturelle, politische, wirtschaftliche, historische und soziologische Homogenität zuzuschreiben, hat sich verstärkt. Als Argument wird die gemeinsame Religion, der Islam, ins Feld geführt, der die gesamte Region gleichförmig geprägt haben soll. Das schließt die These ein, der Islam sei ebenfalls homogen.[57] Bemerkenswert ist, daß gewalttätige Ausschreitungen, Rückwendung zur Religion, Suche nach neuen/alten Werten etc. im Westen in den letzten Jahren ebenfalls zunehmen, sie hier aber nicht als Bestandteil seiner Kultur, sondern als Auswüchse, Randerscheinungen derselben gewertet werden.

Diese ungerechte Bewertung sozialer und politischer Geschehnisse erfährt seit einigen Jahren noch eine Zuspitzung. Das Bild vom Islam wird zur Zeit von islamistischen Strömungen geprägt, dadurch kommt es leicht zu einer gefährlichen Schlußfolgerung. Wer die Berichte in den Medien verfolgt, bekommt den Eindruck, daß jeder Angehörige der islamischen Glaubensgemeinschaft ein strenggläubiger Muslim sei, dieser wiederum zwangsläufig ein Fundamentalist.

Diese vereinfachende Darstellung befriedigt viele Rezipienten und Rezipientinnen, bestätigt sie doch schon vorgefaßte Meinungen. Sie erleichtert die Berichterstattung, denn der Journalist, der die Ursachen für aktuelle Prozesse allein in der Religion ortet, wird der Notwendigkeit enthoben, nach tiefergehenden Ursachen zu forschen. An genauere Informationen zu kommen, braucht Zeit, und Zeit ist Geld, erst recht für Journalisten, die oft nur nach der Zahl ihrer Zeilen oder den Minuten ihrer Beiträge bezahlt werden.

Auch die Politik profitiert von dieser Art der Berichterstattung. Die heutige Situation auf den Islam zurückzuführen oder sie als unausweichliche Fortschreibung von Handlungsweisen aus Muhammads Zeiten zu sehen[58], schließt gesellschaftliche Veränderungen von vornherein aus und gibt den Industrieländern zumindest vordergründig ein Argument an die Hand, warum sie Wirtschaft und Demokratisierungsbestrebungen islamischer Länder nicht unterstützen. Zwar läßt sich die reale Politik kaum von diesen ver-

56 Vgl. auch die Sequenzanalyse zu diesem Filmausschnitt, in: Jutta Bernard/Claudia Gronauer/Nathalie Kuczera, Auf der Suche nach einem neuen Feindbild, in: Medienprojekt Tübinger Religionswissenschaft (Hrsg.), Islam, S. 206 f.

57 Hierbei wird, bewußt oder aus Unkenntnis, außer acht gelassen, daß im Islam genau wie im Christentum mehrere Glaubensrichtungen und darüber hinaus unterschiedliche regionale Ausprägungen und verschiedene Rechtsschulen existieren. Außerdem wird stillschweigend davon ausgegangen, daß Muslime im Unterschied zu Christen nicht die Möglichkeit haben, über Inhalte und Ausdrucksformen ihres Glaubens persönlich zu entscheiden.

58 Laut Scholl-Latour scheint sie sich »in einem ständigen Kreislauf zu bewegen«! Derselbe, Schwert, S. 88.

zerrten Bildern lenken, sie kann aber bei Bedarf – siehe Libyen – auf sie zurückgreifen, um Aktionen zu legitimieren.[59]

Die Überbewertung des religiösen Faktors treibt seltsame Blüten. In den Zeitungen war von Kämpfen zwischen moslemischen Milizen und serbischen Truppen in Bosnien die Rede, in Israel sollen »schiitische Katjuscha-Raketen« niedergegangen sein.[60] Es ist fast zu einer Normalität geworden, nationale Zugehörigkeit einem religiösen Bekenntnis gegenüberzustellen. Die Absurdität dieser Begrifflichkeit wird erst klar, wenn man versucht, sich »christliche Panzer« vorzustellen.

Die Funktionalisierung des Islambildes in Presse und Fernsehen

Die Aufarbeitung islambezogener Themen erinnert manchmal an die Strategie der Image-Werbung.[61] Die Zuschauer und Zuschauerinnen, die Coca Cola kaufen, möchten damit eigentlich die von der Werbung suggerierten Eigenschaften einkaufen, die das Produkt repräsentiert: jung, sportlich und unbeschwert zu sein. Die Darstellung von Muslimen und Musliminnen stellt das negative Pendant dazu dar. Die Erwähnung von bärtigen Männern und verschleierten Frauen in Text oder Bild ist längst keine subjektive Darstellung mehr, sondern verbindet sich in den Köpfen der westlichen Rezipienten und Rezipientinnen direkt mit Patriarchat, Intoleranz und militantem Islamismus.

Über Jahrzehnte hinweg hat der Kommunismus die Funktion des negativen Gegenbildes zum Westen erfüllt. Angesichts der Ostblockstaaten konnte auf die Vorzüge von Kapitalismus, Leistungsgesellschaft und Individualismus verwiesen werden. Feindbilder rechtfertigen auch polizeiliche und militärische Aufrüstung, sind jedoch nur wirksam, wenn sie über ein glaubhaftes – reales oder suggeriertes – Bedrohungspotential verfügen. Die Sowjetunion mit ihrem zunehmenden Machtverlust seit Mitte der 80er Jahre entsprach diesem Negativ-Image nicht mehr glaubwürdig. Diese Lücke wurde mit den islamischen Ländern gefüllt, die angefangen hatten, sich gegen die Vorherrschaft der Industrieländer zu wehren. Der Iran hatte der Großmacht USA ihre Ohnmacht vorgeführt und sich gegen Kapitalismus und Demokratie ausgesprochen, um seinen eigenen Weg zu gehen. Der Einmarsch der irakischen Truppen in Kuwait bot den passenden Anlaß, um gegen Autonomiebestrebungen der »Dritten Welt« einzuschreiten. Die systematische Propaganda in den Medien arbeitete darauf hin, bei der Bevölkerung eine Akzep-

59 Dieser Aspekt wird ausführlich dargelegt von Jochen Hippler, Islam und westliche Außenpolitik, in: Jochen Hippler/Andrea Lueg (Hrsg.), Feindbild Islam, Hamburg 1993.

60 Vgl. dazu den Beitrag »Wo liegt Moslemien?« von Armin Kappel in: Lilith 7 (1993).

61 Zur Image-Werbung vgl. Bernhard Sowinski, Werbeanzeigen und Werbesendungen, München 1979, S. 64 f.

tanz für einen Krieg gegen den Irak zu erreichen. Die befürchtete Bedrohung der westlichen Ökonomien infolge der Vereinnahmung der kuwaitischen Ölquellen durch Saddam Hussein genügte nicht. »Durchschlagende Wirkung erzielte schließlich aber jenes Szenario, das im Irak das anthropologisch Böse verortete und schließlich in die Behauptung ›Saddam = Hitler‹ mündete.«[62] Mit dem Zweiten Golfkrieg wurde das Forum geschaffen, um historische Ängste vor dem grausamen Araber und längst überholte Stereotype zu reaktivieren. Fast nahtlos konnte den Bewohnern der Industrieländer auf diese Weise ein klar umrissenes Ersatz-Feindbild angeboten werden.

Zudem zeigt das »Feindbild Islam« – im Gegensatz zum »Feindbild Kommunismus« – eine integrative Wirkung nach innen: Die Diskussionen zum Golfkrieg, zu Algerien oder zur Frauenfrage zum Beispiel zeigen, daß sich hier auch ein Teil der Linken »contra-Islam« vereinnahmen läßt, da sich der Westen als Repräsentant von Zivilisation, Aufklärung und Toleranz von einer angeblich religiös bestimmten Gesellschaft, Moral und Politik abheben kann.

Die Feindbilder Kommunismus/Islam in einer vergleichenden Metaphernanalyse

Das neue Feindbild kommt im Sprachgebrauch zum Ausdruck. Bei einer Analyse der Mediensprache wird deutlich, daß sich bei diesem Feindbildwechsel zwar die Begriffe, nicht aber die Kategorien geändert haben, mittels derer die »Anderen« abgewertet werden.[63]

Naturkatastrophen implizieren Unausweichlichkeit, plötzliches Hereinbrechen und Zerstörung. War es früher die »rote Flut«, die drohte, den Westen zu überschwemmen, so ist es heute der »große islamische Sturm«, ein »unberechenbarer Brandherd«, der aus der Wüste droht. Metaphern, die aus dem Tierreich oder Monsterfilmen entlehnt sind, tragen zur Entmenschlichung des »Gegners« bei und senken damit die Bereitschaft, menschlich mit ihm umzugehen, sein Leben zu schonen. Bei beiden Feindbildern gibt es »bereitwillige Kreaturen« und »blutrünstige Herrschernaturen«. Die Technik-Metaphern wie »seelenlose stalinistische Liquidationsmaschine« oder »russische Dampfwalze« haben ebenfalls eine entmenschlichende Funktion, Menschen werden zu gefühl- und seelenlosen Wesen degradiert. Interessanterweise

62 Georg Lakoff, Clausewitz und das Märchen vom Gerechten Krieg. Über das Metaphernsystem der Kriegsrechtfertigung, in: Forum Wissenschaft 1 (1991), S. 14.

63 Die Metaphernanalyse basiert auf Ergebnissen von Jutta Bernard/Claudia Gronauer/Natalie Kuczera, Auf der Suche nach einem neuen Feindbild. Eine vergleichende Metaphernanalyse zu Kommunismus und Islam, in: Medienprojekt (Hrsg.), Islam. Die Zitate zum Kommunismus sind entnommen aus Günther Paschner, Im Teufelskreis des Terrors. Bolschewistische Gewaltherrschaft unter Lenin, Stalin, Chruschtschow, Boppard a.Rh./Bonn 1964; Captain B. H. Liddele Hart, Die Rote Armee, Bonn o.J.; Hans Graf Huyn, Sieg ohne Krieg. Moskaus Griff nach der Weltherrschaft, o.O. 1985. Die Zitate zum Islam wurden dem Buch zur Fernsehserie »Das Schwert des Islam« von Peter Scholl-Latour entnommen.

wird diese Kategorie nicht auf Muslime angewandt, da der technologische Rückstand der islamischen Länder zu deutlich ist, um diese Metaphern medienwirksam auf sie anwenden zu können. Sie werden durch rassistische Metaphern ersetzt, die unüberbrückbare Gegensätze suggerieren sollen. Ausdrücke wie »die Bildung einer massiven exotischen Bevölkerungsgruppe im eigenen Land«, »Verfremdung des deutschen Kulturraumes« oder »eine speziell negroide Frömmigkeit« erinnern mit erschreckender Deutlichkeit an das Vokabular aus der NS-Zeit. Um historische Ängste zu reaktivieren, bedient man sich gern geschichtlicher und mythischer Metaphern. Die »barbarischen Horden des Dschingis-Khan«, der »byzantinische Führerkult« werden ersetzt durch den »neuen Nebukadnezar«, einen »Möchtegern-Bismarck«, »Mächtige Mythen erheben wieder ihr Haupt« und schließlich muß ein »neuer Türken-, Tataren- oder Mongolensturm« befürchtet werden. Dieses Geschichtsrecycling läßt die Wiederholung historischer Ereignisse als unaufhaltsam und zwingend erscheinen. Die Suche nach anderen Ursachen für Konflikte scheint sich zu erübrigen. Gleichzeitig erklärt die Verknüpfung von Vergangenheit mit Gegenwart die wiedererweckten Ängste als begründet und damit legitim.

Die verwendeten Metaphern zeigen nicht nur, daß das Feindbild Islam offenbar bereits voll ausgebildet ist. Die erstaunlichen Parallelen zu den im Kalten Krieg verwendeten Metaphern legen den Schluß nahe, daß auch in der Mediensprache der Wechsel vom Feindbild Kommunismus zum Feindbild Islam vollzogen wurde.

Der alltägliche Umgang mit Muslimen und Musliminnen in den Medien

Die beiden Golfkriege liegen schon einige Jahre zurück. Die in ihrem Verlauf benutzten Stereotype haben sich stabilisiert, sie rufen bei vielen Bilder und Assoziationen hervor, die nicht mehr kontrolliert und nur schwer wieder korrigiert werden können. Die Gesellschaftsfähigkeit der mit ihnen verbundenen Vorwürfe und Schuldzuweisungen verstärkte den ohnehin seit einigen Jahren immer virulenter werdenden Rassismus im Land, der sich häufig gegen muslimische Einwanderer und Einwanderinnen richtet. Die Früchte kennen wir: Brandanschläge an vielen Orten Deutschlands, Briefbomben in Österreich an Personen, die sich für ausländische Mitbürger einsetzen, tätliche Angriffe gegen muslimische Mitbürger (und Angehörige anderer Minoritäten).

Bezeichnenderweise ist das erste »Argument«, das gegen den Islam ins Feld geführt wird, oft der Verweis auf die Rolle der Frau im Islam. Eindeutiges Identifizierungsmerkmal für Musliminnen sind Kopftuch oder Schleier geworden. Sie sind Symbol für Unterdrückung und Entrechtung der Frau, für männliche Gewalt. Sie stehen für Diskriminierung und erlaubte Polygamie. Das Bild einer Frau mit Schleier oder auch nur Kopftuch weist sie nicht mehr nur als Angehörige eines bestimmten Kulturkreises aus, verhülltes Haar steht heute für alles Negative, das mit dem Islam verbunden wird.[64] Dem liegt die eindeutig ethnozentrische Einstellung zugrunde, daß die westliche Vorstellung von Emanzipation die allein gültige und erstrebenswerte sei.[65] Ein entsprechendes Selbstbild seitens der Musliminnen wird als selbstverständlich vorausgesetzt, außer acht gelassen, daß Musliminnen sich immer häufiger aus eigenem Antrieb für die Kopfbedeckung entscheiden, die ihnen Schutz vor sexistischen Angriffen bietet und mit der sie sich von den von außen aufoktroyierten Werten abgrenzen können. Für die westlichen Staaten erfüllt die einseitige Sicht auf die Lage der Musliminnen einen wichtigen Zweck. Mit Hilfe des Symbols Schleier oder Kopftuch, das ja erst durch Zuschreibung zu einem negativen wird, funktioniert die Gegenüberstellung von »Islam als rückständig, intolerant etc.« und »westlicher Zivilisation als fortschrittlich, frei und aufgeklärt« besonders gut. Durch die Stigmatisierung der orientalischen Frau kann sich die westliche Frau um so emanzipierter und freier fühlen.[66] Eine kritische Reflexion der eigenen Verhältnisse und Werte scheint sich durch diese Gegenüberstellung zu erübrigen.

Es liegt mir fern, die Lebensumstände der Frauen in islamischen Ländern zu idealisieren. Aber es ist gefährlich einfach, sie nur auf den Islam zurückzuführen. Die Benachteiligung von Frauen ist ein globales Problem und wird mehr durch die sozio-ökonomische Lage der Länder, in denen sie leben, bedingt als durch die Religion. Wer käme auf die Idee, die miserable Situation der Frauen in Südamerika primär auf den Katholizismus zurückzuführen?

Sind derartige Konnotationen zu Bildern erst einmal Allgemeingut geworden, läßt sich ihre Suggestivwirkung durch Wiederholung gezielt verstärken. Im Trailer zu einer Sendung mit dem Titel »Zwischen Islam und Demokratie«[67] werden 36 Bildeinstellungen gezeigt. Davon zeigen allein 18 Einstellungen Frauen mit Schleier oder Kopftuch. Auf 11 dieser Frauenbilder sind iranische Frauen im schwarzen Tschador zu sehen. Von den verbleibenden Einstellungen dieses Features zeigen 12 Kriegsszenen und nur die verbleibenden 6 zeigen harmlosere Szenen mit Betenden, Politikern und Straßenbilder. Welche Vorarbeit muß geleistet worden sein, damit die Zuschauer und Zuschauerinnen im Westen diese Bilder größtenteils kritiklos als »typisch islamisch« annehmen?

64 Beispiele dafür finden sich u.a. im Sonderheft der Zeitschrift Emma (Februar 1991): Krieg. Was Männerwahn anrichtet, und wie Frauen Widerstand leisten.

65 Ein Vergleich feministischer und islamistischer Frauenbilder findet sich in dem Artikel von Mona Naggar, Ich bin frei, du bist unterdrückt, in: Medienprojekt (Hrsg.), Islam.

66 Vgl. den Beitrag von Karin Hörner, Harem oder Peep-Show – wo ist frau freier?, in: Gernot Rotter (Hrsg.), Die Welten des Islam, Frankfurt a.M. 1993.

67 Die Sendung »Die Menschenrechte haben kein Geschlecht. Zwischen Islam und Demokratie« wurde am 28. 8. 1993 im Abendprogramm von West 3 gezeigt.

Diese quantitative Analyse ist repräsentativ für die Darstellung des Islam in den Medien[68]: Unterdrückung der Frauen und eine geschlechtsunabhängige Militanz prägen das Bild vom Islam in den meisten Beiträgen von Presse und Fernsehen und damit in unserer alltäglichen Wahrnehmung.

Fanatisierte Menschenmassen oder Über die Förderung der Kriegsbereitschaft

Ob es steinewerfende Palästinenser sind, marschierende Iraner vor einem Khomeini-Konterfei oder Demonstrationen gegen den Golfkrieg oder für die FIS in Algerien etc., immer kehrt das Motiv der fanatischen Masse wieder. Fanatismus oder Masse signalisieren als Begriffe ein Moment der Gefahr und der Unberechenbarkeit. In Deutschland, das aus der Zeit des Nationalsozialismus über ausreichend Erfahrung mit fanatisierten Menschenmengen verfügt, sollte man eigentlich einen vorsichtigeren Umgang mit entsprechenden Termini und Bildern erwarten können.

Fanatismus bezeichnet eine extrem einseitige, bedingungs- und kompromißlose Haltung, die mit hoher Energie die Verwirklichung eines kritiklos akzeptierten Zieles anstrebt. Er steht im Gegensatz zu bestimmten moralischen, rechtlichen und politischen Forderungen wie denen nach Liberalität, Toleranz, Menschenrechten, Demokratie oder aufgeklärter Rationalität.[69] Fanatismus verkörpert somit das Gegenteil all dessen, worüber sich der Westen als modern und aufgeklärt definiert. Die Projektion der Gegenseite in den »Orient« verdrängt die auch im Westen nur unvollständige Durchsetzung dieser Ideale. Sie gibt den Industriestaaten das Argument an die Hand, die Durchsetzung einer »neuen Weltordnung«[70] mit militärischen Mitteln zu propagieren. Diese neue Weltordnung wurde während des Zweiten Golfkrieges zum geflügelten Wort, mit dem die amerikanische Regierung ihren Einsatz am Golf verteidigte.

Eine ähnliche Funktion, die Senkung der Hemmschwelle für militärisches Eingreifen, erfüllt die zur Normalität gewordene Darstellung von Muslimen und Musliminnen als unüberschaubare Masse. Menschenmassen sind subjektlos, sie wirken auf die Betrachtenden bedrohlich, unkontrollierbar und keiner rationalen Überlegung zugänglich. Man fühlt sich angesichts von Menschenmengen wehrlos überrollt.[71] Angst bewirkt einen Schutzreflex, den Wunsch nach Abschottung gegenüber dieser in sich geschlossenen, unzugänglichen Masse, mit der man sich konfrontiert fühlt. Im Zuge der Diskussion um die Notwendigkeit einer Festung Europa können mit solchen

68 Dieses Ergebnis beruht auf der Analyse von Fernsehbeiträgen zum Islam über den Zeitraum von vier Jahren hinweg (1989 – 93), durchgeführt vom Medienprojekt Tübinger Religionswissenschaft.

69 Hildegard Cancik-Lindemaier, Fanatismus, in: Gladigow u.a. (Hrsg.), Handbuch, S. 414 ff.

70 So Präsident George Bush bei seiner Rede an die amerikanische Nation am 17. 1. 1991.

71 Vgl. dazu Elias Canetti, Masse und Macht, München 1976, Bd. 1.

Bildern die beabsichtigten Abwehrreaktionen provoziert werden. Das Gefühl der Bedrohung ist wichtig, weil in Europa seit dem Zweiten Weltkrieg nur noch eine Verteidigungssituation die Entscheidung, einen Krieg zu führen, legitimieren kann.

Das so erzeugte Gefühl einer ganz persönlichen Bedrohung soll nur die wahre Intention verschleiern, die hinter der Propagierung dieses und jeden anderen Feindbildes steht. Der Kampf der Länder der sogenannten Dritten Welt, zu der auch fast alle islamischen Länder gehören, gegen Fremdbestimmung, ihr Ziel, Politik und Wirtschaft nach ihren Vorstellungen und Bedürfnissen zu gestalten, gefährdet massiv die Vorherrschaft der Industrieländer, die zu einem guten Teil auf der Ausbeutung der sogenannten Entwicklungsländer beruht (an der deren Regierungen für ihren eigenen Profit sehr häufig mitarbeiten). Das Interesse des Westens an stabilen Verhältnissen behindert gleichzeitig politische Oppositionsparteien, die gegen die allzu oft autoritären Regierungen ihrer Länder und für Demokratisierung kämpfen. Als Beleg dafür kann der neu definierte Aufgabenbereich der Bundeswehr dienen: »Anfang vergangenen Jahres wurde im Bundesverteidigungsministerium ein Papier verfaßt, daß [sic!] die Aufgabe der Bundeswehr als Instrument der Sicherung weltweiter Stabilität neu definiert und der ›Aufrechterhaltung des freien Welthandels und des Zugangs zu strategischen Rohstoffen‹ Priorität einräumt. Militärs und Politiker prägten kurz darauf den Begriff des ›islamischen Krisenbogens‹.«[72] Eindeutiger kann der Zusammenhang von anti-islamischer Polemik und eigenen Bedürfnissen nicht ausgedrückt werden.

Der Konflikt zwischen »Orient und Okzident« ist nicht mehr religiös oder national geprägt, vielmehr handelt es sich um den Konflikt zwischen verschiedenen Kulturen, ja, »es ist mittlerweile schon zu einer Selbstverständlichkeit geworden, von einer Konfrontation zwischen der muslimischen Welt und dem Westen zu sprechen«.[73] Der Islam wird als negative Antithese zur westlichen Kultur angesehen. Der Westen erhält sich sein Selbstbild von einer freiheitlichen, demokratischen und humanitären Zivilisation, indem er diejenigen außerhalb der Festung Europa der Unzivilisiertheit, Rückständigkeit und Bedrohlichkeit bezichtigt. Durch die Anprangerung kritikwürdiger Zustände im »Orient« ist keineswegs deren Existenz im »aufgeklärten Westen« widerlegt, im Gegenteil, »immer wieder entdecken wir hinter dem [...] geschaffenen Zerrbild das Gesicht des Westens, der auf die vielfältigen Kulturen des islamischen Orients seine eigenen unbewältigten Widersprüche und Unmenschlichkeiten projiziert«.[74]

72 Thomas Dreger, Von Feindbildern und Kreuzzügen, in: taz vom 22. 5. 1993.

73 Fredy Gsteiger in »Zeitpunkte« 1 (1993), S. 6.

74 Verena Klemm, Das Feindbild Islam und Peter Scholl-Latour, in: Verena Klemm/Karin Hörner (Hrsg.), Schwert, S. 21.

Die undifferenzierte Darstellung der islamischen Welt ist gefährlich. Sind erst einmal Schablonen für Feindbilder geschaffen, so können sie auf jeden Beliebigen, der das westliche Weltbild in Frage stellt, übertragen werden. Denn das über den islamischen Orient Gesagte läßt sich in mehr oder minder modifizierter Form auf andere Regionen der Welt übertragen. Der Mediendiskurs über den »Orient« ist aber von spezieller Relevanz, weil er unmittelbare Auswirkungen auf die in Deutschland lebenden Muslime und Musliminnen hat. Trotz der Möglichkeit, sich hierüber direkt zu informieren, werden die Feindseligkeiten gegenüber dem »Orient« auch auf hier lebende »Orientalen« und »Orientalinnen« übertragen.

257 – 106

AUTORENVERZEICHNIS

HANS-MICHAEL BERNHARDT, geb. 1949, Studium der Germanistik und Geschichte; seit 1973 im Schuldienst; promoviert über die Emanzipation der Juden in Mecklenburg. Veröffentlichungen über jüdische Kommunalvertreter in Frankfurt a.M. und über die Integration von Ausländern.

VERONICA BIERMANN, geb. 1962, Studium der Geschichte und Kunstgeschichte, promoviert über die Architekturtheorie des frühen 15. Jahrhunderts in Italien.

DIRK HERWEG, geb. 1960, Studium der Geschichte, Politik und Kunstgeschichte; Veröffentlichung zur Religions- und Kunstgeschichte.

CHRISTOPH JAHR, geb. 1963, Studium der Geschichte, Politikwissenschaft und Germanistik, promoviert über Deserteure im deutschen und englischen Heer während des Ersten Weltkrieges. Veröffentlichung zu General von Daimling.

MICHAEL JÄGER, geb. 1966, Studium der Geschichte und Philosophie.

SILVIA KUSKE, geb. 1962, Studium der Islam- und Irankunde und der Religionswissenschaft. Veröffentlichungen zu westlichen Orientbildern und zum islamischen Fundamentalismus.

UWE MAI, geb. 1963, Studium der Geschichte und Publizistik, promoviert über die NS-Siedlungspolitik. Veröffentlichungen über den ländlichen Wiederaufbau während des Zweiten Weltkrieges.

ANDREAS RISTAU, geb. 1958, Studium der neueren und alten Geschichte und Philosophie.

KATHRIN ROLLER, geb. 1962, Studium der Geschichte, Ethnologie und Politologie; Veröffentlichungen zur Ausländerpolitik und Frauenemigration im Kaiserreich und heute.